U0852918

湘江法律评论（第18卷）

主　　　编：黄明儒

执 行 主 编：周青山

编　　　辑：肖　峰　李　锦

　　　　　　覃斌武　李　兰

本卷执行编辑：周青山

湘潭大学出版社
XIANGTAN UNIVERSITY PRESS

卷首语

2023年，时值湘潭大学法学院40周年院庆，《湘江法律评论》也迎来了创刊26周年。若将《湘江法律评论》比作有生命之人，26岁如东升之旭，正是意气风发之时。不过她确乎仍是书本，在26年的时光里基于各种因素只累积出到18卷。《魏书·祖莹传》曾说："文章须自出机杼，成一家风骨"，于刊物发展亦是如此。《湘江法律评论》自创刊以来，在各级领导、诸位师长、学界同仁的指导下，始终坚持以稿件质量为录用之根本，恪守为法学研究者提供优秀学术交流平台之初心，秉持为法学研究者拓宽研究视野之愿景，矢志服务法治湖南和法治中国建设的伟大征程。《湘江法律评论（第18卷）》得到了学界同仁的热情支持，编辑部收稿颇丰，共收到一百余份高质量投稿，最终选取21篇佳作荟聚于此。根据选题特点，本卷设置"特稿""体育法修改专题""刑事法治""信用法研究""法学教育改革研究""专论""译文""书评"八大栏目，论文作者分别来自湘潭大学、南京师范大学、湖南科技大学、中国政法大学、西北政法大学、华中师范大学、南京大学等知名院校。他们聚焦理论前沿问题，输出独到见解，发扬思辨精神，展现出夯实的法学功底和优秀的学术研究能力。

本卷"特稿"是编辑部对湘潭大学法学院宪法学教授胡肖华教授的采访。湘潭大学法学学科已栉风沐雨走过40个年头，正是在这40年里，湘潭大学的法学教育逐渐从稚嫩走向成熟，其中少不了耕耘法学讲坛的教师群体的贡献。胡肖华教授自20世纪80年代硕士毕业后来到湘潭大学，便扎根于此，至今已有34年，见证了湘潭大学法科发展过程中的跌宕起伏。在此"特稿"中，胡肖华教授重点谈及了大学法学教育和法学人才培养的心得和体会，强调法科学生不仅要具备扎实的法学功底，丰富的实践经验，更要保持知识分子应有的公共情怀，将我们"养浩然正气，铸法治精魂"的校训外化于行，内化于心，做最好的自己，成就最好的湘潭大学。

本卷“体育法修改专题”共收录五篇文章，主要对修订后的《体育法》进行论述。《体育法》作为我国体育领域的基础性法律，奠定了我国体育法治建设的制度根基，自颁布以来，为促进我国体育发展事业、增强人民体质发挥了重要作用。尽管《体育法》已经历两次修订，但整体上仍滞后于经济社会新发展阶段，不能完全适应新时代体育改革发展的战略定位，与人民群众日益增长的美好生活需要特别是对体育的需要还存在差距。在此背景下，我国第三次对《体育法》进行全面修订。《体系重构与内容创新：〈体育法〉修改的特色与亮点》一文从指导思想、章节体系、内容创新三方面对《体育法》修改的特色与亮点进行论述。《新修订〈体育法〉中体育权利的宣誓与保障》一文为落实《体育法》明确宣示的体育权利提供了相应建议。《新修订〈体育法〉对高危性体育活动监管制度的完善》一文立意新颖，从监管主体、监管范围、监管内容、监管标准四方面提出高危险性体育活动监管制度的完善建议。《〈体育法〉修订后体育仲裁的法治化路径研究》一文对体育仲裁法治化路径展开研究，在保证体育仲裁公正的基础上，提出了优化体育仲裁效率的方法。《新修订〈体育法〉视阈下盲人助跑的法律风险及其对策研究》聚焦于残疾人等弱势群体的各项权利保障，通过调研“盲人助跑”活动，并结合文献分析、案例分析等研究方法，针对“盲人助跑”中存在的问题，提出解决对策，以维系“盲人助跑”活动中各主体的权利平衡。

学贵常，也贵新。学者的使命在于发现现实中存在的新问题，并将之提炼出来，形成学术命题，利用现有学术理论去解决新的问题，为实践提供理论支撑。青少年是实现党第二个百年奋斗目标，实现中华民族伟大复兴的生力军，以法治阳光呵护青少年健康成长是一项功在当代，利在千秋的工程。“刑事法治”栏目的首篇文章便以《争议声中匍匐前进：“梅根法案”的中国化——性侵未成年人犯罪人员信息公开制度之建构》为题，论及中国建立性侵未成年人犯罪人员信息公开制度的正当性以及建立模式，循序渐进地推进该制度的中国化进程。《从科幻到通过刑法的社会控制：人工智能涉嫌犯罪的刑事归责模式进阶》一文对人工智能涉嫌犯罪的刑事归责模式进行思考，在平衡技术发展和社会秩序的基础上选择最为适当的归责模式。《刑法参与犯罪附随后果调整的理性反思》一文对犯罪附随后果的调整进行理性反思，避免冲突问题的产生。《警惕反腐立法中的过度工具主义》一文对反腐过程中产生的工具主义提出了批评和指责，提出厘清反腐立法限度的必要性。

人无信不立、业无信不兴、城无信不强。党的二十大报告提出，要完善社会信用等市场经济基础制度。社会主义市场经济是市场经济、法治经济。“信用法研究”栏目共收录两篇论文，第一篇是《信用立法中国变迁的法理阐释》，该文从中国语境下，对信用内涵及义务本质予以解释，提出信用立法的法理基础及正当性来源。《论社会信用信息的规范要义》一文对我国现行地方社会信用条例所规定的“社会信用信息”所暴露出的定义抽象问题进行分析，提出应坚持义务履行说，结合法定义务与约定义务标准对社会信用信息进行阐释的观点。

法学教育改革是新时代法学教学与法学理论研究不可回避的重点之一。“法学教育改革研究”栏目聚焦于法学教育改革，为有效促进法学教学建设积蓄力量。该栏目共收录两篇文章，《德法兼修融入法学本科教育的路径研究》一文对“德法兼修”的法学教育意义予以阐释，提出目前法学教育存在的问题，并探寻德法兼修更好融入法学本科教育的路径。《概念与体系：五种〈法律职业伦理〉教科书的比较性评论》一文选取了市面上具有代表性的物种“法律职业伦理”教科书，从法律职业概念与教科书体系、法律职业伦理概念与教科书内容两方面入手考察，探讨“法律职业伦理”教科书所存在的问题，并提出解决方法。

善学者尽其理，善行者究其难。“专论”一栏共收录四篇文章，主要对某一专门问题予以论述。《数字赋能乡村振兴：价值意蕴、现实困境与优化路径》一文通过实践检视，发现数字赋能乡村振兴所存在的问题，并针对所存在的问题提出相应的优化路径。《两大法系著作权制度的融合及其对我国的影响》一文探究以英、美、法、德等国为代表的西方著作权制度的形成和发展以及对我国著作权立法及演进的影响，并在此基础上进一步完善我国相关立法，建设中国特色社会主义著作权法体系，为国际著作权制度的发展贡献自己的力量。《医疗告知后同意法则的一种本土司法逻辑——以2000年以后中国台湾地区系列案例判决为考察对象》一文通过梳理大陆及台湾两地关于“告知后同意法则”的规定发现，两地法律表述接近，但法律适用于司法层面存在较大差距，但大陆台湾政法文化一脉相通，法律意志路径基本相同，基于此，通过梳理分析台高院代表性判决中的相关表述，为大陆地区告知后同意法则的本土化发展提供参考。《论行政公益诉讼第三人的正当性、类型与规则设计》一文对行政公益诉讼是否应当引入第三人，第三人有哪些类型，具体规则如何设计这三个核心问题进行探究，并给出合理解答。

摆脱“幼稚”的第一步是向“成熟”学习。新中国的法律发展起步较晚，但与此同时，海外先进国家的法学研究已经相当成熟，对国外的积极学习，丰富和滋养了中国的法律体系和法学研究，推动中国法学的快速发展。当然，一切对外的学习都要归化为本土的知识，中国也在不断学习的基础上逐渐形成具有中国特色的法律体系，但不断地互动交流是推动中国法学研究发展的重要路径。“译文”栏目共收录一篇文章。《风早八十二与日本马克思主义法学》一文不仅表达了对风早先生的缅怀之情，而且以此为契机，尝试从日本马克思主义法学发展史的视角出发，对风早先生在二战之前的理论构建轨迹加以回顾和追索。

本卷最后一栏为“书评”栏目，该栏目共收稿两篇。《新时代生态文明建设的历史溯源之作——浅析〈中国古代环境资源法律探研〉》一文认为研究我国生态观史和生态法律制度史的目的，不应仅仅停留在其本身，更是要为当下习近平生态文明思想寻找坚实的理论和实践后盾，用以支持当下生态文明的发展，使其适应时代要求的同时也符合人类文明的发展方向。《中国环境资源法律探研》一书对中国传统生态文化的剖析与解构，对习近平生态文明思想的深刻理解有重要作用。《从民事实质诉讼法视域审视我国民事诉讼法律责任——评〈民事诉讼法律责任研究〉》一文认为如何基于民事审判关系衡平当事人与法院在民事诉讼法律责任制度运行过程中的角色定位，是开展民事诉讼法律责任研究无法回避的现实问题。

法学研究是一条迷茫和希望相伴、艰辛与成就共存的一条学术道路。作为编者，非常感谢各位专家学者及青年学者的不吝赐稿。正是因为你们对学术的热情，对中国法律问题的关切，才是大家能在《湘江法律评论》中看到各种学术观点的激烈碰撞。《湘江法律评论》希望通过对中国法学问题的关注、挖掘、表达，不断聚拢优秀的学术伙伴，同时逐渐弥补我们的不足，为当下迈向新时代的中国法学研究带来一些富有创新性、前沿性、自主性的研究成果。

主编：黄明儒

2023年12月25日

目　录

特　稿

体育法修改专题

刑事法治

特　稿

长大后我就成了你①

——胡肖华教授访谈录

问：胡老师，我们了解到您是1981年进入武汉大学法律系学习的，然后又继续在那里攻读宪法学硕士研究生。请问是什么原因吸引您在硕士阶段选择攻读宪法学和行政法学方向的呢？

胡肖华：对的，我是1981年夏天从茶陵的一个乡村中学——茶陵六中（我入学后两年左右，就停办高中了，现改为“湖口中学”）考入武汉大学的。进入武汉大学后，我的英语成绩在本年级中一直名列前茅，自认为有考研的优势，于是，从大学二年级开始就萌发了考研的想法（当时的大学生，国家是包工作分配的，绝大部分的同学毕业后都去了国家机关工作，只有少量外语较好的同学留下来报考了研究生），这个夙愿在1985年的春天终于实现了。至于当时为什么选择宪法学和行政法学这个研究方向，我想也不是偶然的，原因不外乎两个：

第一，人们常说，改变人生命运的“人物”只有两个：第一个是上帝，第二个是老师。上帝是虚拟的，只有老师才是真实的。的确如此！我的硕士指导老师是新中国宪法学界很有影响力的何华辉教授（堪与前宁夏大学校长吴家麟教授、人民大学许崇德教授媲美），是我们湖南益阳人，他是一个非常有个性的学者，为人很谦和，又不失刚直（大学二年级时我就开始学会了吸烟，记得有一次，我们几个同学去何老师家请教问题，一进门，我就给老师递上一支“永光”牌香烟，当即挨了何老师的一顿严厉“教训”，他说：你们到我家里来，你们就是客人，为什么要给我装烟？你的这种做法一看就像是要“讨好”别人，显得“没有尊严”，当时，我被吓得直打哆嗦），

---

① 2022年6月，《湘江法律评论》编辑部对胡肖华教授进行了访谈，胡肖华教授是湘潭大学法科发展的亲历者、见证者、领导者，本辑特予以刊发。访谈稿已经胡肖华教授审定，感谢湘潭大学法学院2021级硕士生向晴、陈静同学的协助。

他从不屈服于任何陈旧的体制，（“文革”期间）他被打成过“右派”，被关过“牛棚”，被强制参加过农场的“劳动改造”，但他至死从不怨天尤人），正义感和亲和力特别强，是他的个性和人格魅力深深地吸引了我。

第二，个人的理想和信念。那个年代，法学学科门类还不怎么齐全，在武汉大学，当时影响力比较大的学科主要是宪法、刑法和国际私法（当然，后来的环境法也很不错）。行政法是到我们本科毕业的时候才匆匆地从安徽大学请来陈安明教授开设的。20 世纪 80 年代是典型的计划经济时代，调整平等主体之间的民事法律相对来说还不是特别发达（我记得《民法通则》都是在我念研究生之后的 1986 年通过的），而且也不怎么管用，倒是国家公权力的渗透力非常大，可以关照到公民生活中的每一个角落，加上我当时也有一个非常纯朴而又幼稚的想法，认为刑法总是要和坏人打交道，而我是从大山里走出来的孩子，天生胆子就小，害怕经常要去“杀人”。而对于国际私法领域，因为当时的国际交流和对外开放程度十分有限，担心学了之后不知道能否找到比较理想的工作。几经思考之后，最终选择了宪法专业，因为它是限制国家公权力的部门法和基础学科。我天真地希望通过对宪法进行学习和研究，能够为限制国家公权力、防止其过度干预公民生活和经济领域（本质上，就是保障公民权和人权）做一些理论上的准备（当然，后来我也发现当时的理想主义色彩还是太浓，其实，宪法也曾经一度被人们戏称为“闲法”。尽管理想和现实之间存在距离，但我从来不后悔当初的选择）。

问：您硕士毕业后就来到湘潭大学教书，到今天您已有 34 年的教龄了，请问您在大学教育特别是大学法学教育和法学人才培养方面有哪些心得和感悟？

胡肖华：是的，我记得是 1988 年的 7 月份来湘潭大学人事处和法律系报到的。不过，与当年前后来湘潭大学执教的胡旭晟老师、杨翔老师、彭熙海老师等有所不同，我当时读研究生就是湘潭大学人事处委托培养的，因此，从这个意义上说，在 1985 年的时候就与湘潭大学存在一定的劳动人事法律关系（正因为这样，所以，我常常自我解嘲地说自己和湘潭大学有着一段“先结婚，后恋爱”的特殊情缘）。三十多年来，我只讲过三门课：宪法、行政法、行政诉讼法；完整地当过一届班主任（93 级经济法班）；全程参与过法学院第一个硕士授权点（诉讼法学）、第一个博士授权点（诉讼法学）、博士后科研流动站和多个重要平台建设；指导过近 20 名博士研究生和近 400 名不同类别的硕士研究生；主持或者参与过法学教育和法学人才培养计划的制定和修正，等等。几乎可以这样说：我基本见证了湘潭大学法科发展过程中的跌宕起伏！现在回想起来，自有着千万种感慨……

纵观世界大学教育发展史，最开始设立的大学专业分别是神学、医学和法学……神学解决的是人类信仰问题；医学解决的是人体健康问题；而法学解决的是人类行为规范问题。由此看来，法学教育和法学人才培养在高等教育中的地位从来就无比显赫。中国的法学教育虽然有着几乎完全不同于西方国家的教育理念，但是，作为大学教育，几乎都是由三个重要主体构成：学校、教师和学生。据我的个人体会，我觉得要培育出高素质的法学人才，必须同时具备以下几个要素：

首先，优秀而又成熟的师资是人才培养的关键。被誉为清华大学“永远的校长”的梅贻琦，他在1931年就职典礼时就曾发出“所谓大学者，非谓有大楼之谓也，乃有大师之谓也”的慨叹。可见，“大师”对于大学人才的培养至关重要。客观地说，湘潭大学法学院或者湘潭大学法科从1982年创办时起，就比较注重师资队伍建设，而且起初的这些老师不仅经历过正规的高等法学教育，同时还具备丰富的实践经验，比如何文燕老师、宋世杰老师、黄庭生老师、刘兰芬老师等，他们都是从法院或者公安机关的领导岗位上调过来任教的，自然就可以很好地做到“理论与实践”的深度融合。后来的这几十年间，我们院也基本上遵循了这项原则，越来越注重从知名高校的博士毕业生中遴选德才兼备的人才来校任教，因此，从总体上来看，法学院的师资队伍越来越精湛、越来越富有创造力。当然，也还存在一些瑕疵，比如，有的老师实践经验太过缺乏，从来没有接触过具体案件，教学中引用的案例都是从别人老生常谈的教材中引入的，从而导致授课内容的“鲜活度”严重不足，等等。

其次，“好孩子都是夸出来的”，要善于培育学生的自信心。1977年国家推行了据称是新中国成立以来最为成功、最为严格、最为公平的人才选拔制度——统一高考制度，它可以根据不同类别大学的要求把德才兼备的草根学子齐刷刷地选拔出来送去各类大学学习、深造。湘潭大学以前既不是“211”大学，更不是“985”大学（当然，现在是“双一流”建设大学了），但要步入这象征着“文理工”同步发展的“三道”拱门也相当不容易，必须要有非常好的高考成绩才能被录取，因此，从这个意义上讲，咱们的本科生已经具备了拥有自信的基础性条件，但仅有这一点还远远不够，还需要老师们在教育培养过程中，因势利导，公平地对待学生，特别是公平对待个别的“问题学生”，多给学生以鼓励和鞭策，对每位学生的成才抱有信心，那么，每一位学生都可能成为国家的法治栋梁（据说，在美国有个休斯乐园，里面有几千棵从世界各地移栽过去的弯树，他们有一个信念就是：“没有一棵弯树是不能成材的”，我觉得这个理念很值得借鉴）。

再次，对学生必须分类施教。我们湘潭大学法科的人才培养层次非常完整。本科生、硕士生、博士生、博士后应有尽有。但是，对不同层次的学生有着不同的培养要求，譬如说，对本科生而言，重点是要培养他们的法学思维模式和基础知识体系，通过教学环节让他们能够掌握好法学的基本概念、基本原理和基本规范，而不是要一味地追求所谓的“高大上”（据个别学生反映，有的青年老师在课堂教学中为了“充分展示个人才华”，专门拣自己博士学位论文中的所谓“精彩”部分给本科生讲课，但疏于对基本概念和基本原理的讲解和强调，我认为这是不妥的）；但对硕士和博士而言，培养的重点应该说是他们的分析问题、解决问题的能力和发散性思维，尤其是在法学某个特定领域的研究和认知专长，这就要求指导教师引导学生多一些社会调研，多涉猎一些经典作品，多发表一些学术成果。

最后，在对学生满怀热情的同时，更须严格要求。一方面，大学生入校，就意味着进入人生的一个新的拐点或者说是完成了人生中的一种蝶变。大学生活与中学生生活迥然不同。除了自我支配能力获得了广泛自由外，更面临着人生观、价值观、世界观的养成与塑造，因此，大学中的教师们就应该满怀热情地用他们相对成熟的“三观”去引导学生的成长与成才。另一方面，也毋庸讳言，中国的大学校园也是个人自由的“天堂”，自律性一旦缺席，那么，四年归来时将是“空空的行囊”。因此，大学教师在学生学业培养过程中一定要从严要求，不能放任自流。中国人的共同“祖师爷”孔子就曾说过：养不教父之过，教不严师之惰。这对我们当代的学生教育培养工作仍然有启迪意义。几天前，欧爱民院长向我转发了一篇校友发表的短文“回忆录”，其中在描述20世纪八九十年代教过他们的老师时，给了我一个“雅号”叫作“胡一刀”（意思是我上的宪法、行政法课程考试太难，不及格者多），开始我还感到有点忍俊不禁，但后来这位同学又补充说，为了不在胡老师这门课程上“趴下”，同学们只好“踏露晨耕，挑灯夜读”。于是，我释怀了，我想这位当年天真可爱的学生并不是有意地“贬损”我，而是说他们见证了包括我在内的我们那一代人当初的“严格”（包括杨翔老师、胡旭晟老师，还有被誉为“西门飘雪”的彭熙海老师等）。事实上，也正因为有了我们湘潭大学法学院一代又一代老师们的言传身教和严格要求，我们这近40年来已经为湖南乃至全国造就了一批又一批法学专家、行政精英和司法楷模。

问：据说您曾无数次在众多学生面前说过：发表才是硬道理！这是否意味着大学生更要注重理论研究，而可以放松对法律实践的追求？

胡肖华：这个理解肯定失之偏颇。在学生面前，甚至有多次是在新生开学典礼大会的致辞中，我都说过“发表才是硬道理”这句话（这是本人借用小平同志“发展才是硬道理”的论断改编而来）。这句话主要是针对研究生而言的，也是我从事高等教育几十年来的心得体会。客观地说，高校是一座人才密集的“金字塔”，是藏龙卧虎之地，可以说入校时几乎每一个学生都处于同一条起跑线上，但到毕业离校时，每一个学生的“水平”区分度就被拉开了。那么，这种“水平”区分度是靠什么衡量指数拉开的呢？无外乎就是与发表论文的数量和质量，以及申报课题或者专利的多少。一个学生即便有超深的理论涵养或者学术潜能，如果不通过一定的形式或者载体将他的思想和智慧外化出来，社会依凭什么认可你的能力、水平和“江湖地位”？那不就等同于只会写无须公开发表的“日记”吗？正是从这个意义上，我号召学生要铭记“发表才是硬道理”这条经验！特别是在当今形势下，毕业生的就业几乎都是“按质论价”的，你从“娘家”带去的“嫁妆”（学术成果）越丰厚，用人单位向你支付的对价就越高。但我要声明的是：我强调“发表才是硬道理”丝毫都不意味着可以放松对“法律实践”和社会实践的追求，相反，只有那些法律实践能力和社会实践能力较强的学生才能写出更加契合中国法治建设的理论文章来，也才能按照习近平总书记的要求，把优秀的文章“写在祖国的大地上”！否则，不是从理论到理论的循环说教，就是与伪命题有关的“无病呻吟”！

问：采访前，我们初步梳理了一下您在学术研究上的侧重点是有关宪法诉讼和高校管理法治化领域，请问是什么原因促使您始终保持着对这两个领域的长期关注？

胡肖华：我们都知道西方国家为了保障宪法的实施很早就建立了比较成熟的违宪审查制度，譬如，美国在1803年的“马伯里诉麦迪逊案”就曾确立了普通法院审查制模式；奥地利于1920年设立了世界上最早的宪法法院等。这些制度的创设对保障宪法的实施无疑发挥了重要作用，所以，我在1988年硕士毕业的时候，就尝试着在当时的《比较法研究》杂志上发表了一篇题为《展望中国的宪法法院》的文章，在宪法学界引起了较大反响（因为当时的学术环境还是偏保守的，多数学者的注意力主要还是聚焦在对1982年宪法的正面诠释上）。来到湘潭大学后，我教的是宪法、行政法和行政诉讼法三门课。在这个过程中，我陡然发现，原来根本不被重视的《行政法》突然变得火了起来，为什么？其中最根本的原因就在于1989年4月我国通过了新中国的第一部《行政诉讼法》，这部法律可以堂堂正正地把行政机关推上“被告席”。为了规范行政权力，促使行政机关少当被告或者不当被告，就必须加强行政法学尤其是加强对国家行政权的研究，就必须被重视！由此我又联想到中国的刑事法律制度、民事法律制度为什么能够几乎被家喻户晓、备受关注，也是因为得益于有了与其配套适用的《刑事诉讼法》《民事诉讼法》，这些法律从程序上唤醒了实体法，激活了实体法。可是，我们一进大学校门，老师就告诉我们：宪法是国家的根本法、是最高法，然而，长期以来，特别是20世纪末期，很多人根本就不知道有宪法这部法律的存在，正如前面我提到的一样，“宪法”被人们直接误认为“闲法”！（当然，进入21世纪以后，特别是中共十八大以后，宪法的地位和权威得到全面复苏，除加强了宪法宣传外，从2014年起，国家设立了“宪法日”，后来，又规定了“宪法宣誓”制度等），为什么会出现这种“误判”？我个人认为，与我们国家缺乏宪法诉讼制度不无关系。这就是为什么我很早关注宪法诉讼制度的直接原因。围绕这个主题，我曾进行过较为系统的梳理和研究，并且撰写了据称为中国大陆第一部关于宪法诉讼制度的著作《宪法诉讼元论》（2002年，法律出版社出版），后来，又在《中国法学》（2007年第1期）杂志上发表了题为《从行政诉讼到宪法诉讼：中国法治建设的瓶颈之治》的文章。当时在学术界产生的反响较为强烈，特别是其中提出要把“选民资格”案件从“民事诉讼”制度中剥离出来，要把“国家机关权限争议”案件纳入宪法诉讼“受案范围”等观点最受关注。当然，据我个人判断，宪法诉讼制度在我国估计最终很难落地（虽然我的学生为我的著作作序时“扬言”道：宪法诉讼之路离我们不会太遥远），因为这些年来，我国在保障宪法实施方面已经采取了诸如法规备案审查制度等替代性措施，我相信，中国问题必有它的中国方案！

至于你们问到的，我为什么长期保持对高校治理问题的关注？我想主要有三个方面的原因。一是我本人的研究领域是公法，当然更关注公权力的设置与运行。高校作为法律法规授权的组织，自然包括在“公权力”之列。

二是高校是培养国家高级别人才的重要场所和重要窗口，而从中央到地方的各级各类公务员都无一例外地接受过不同形式的高等教育。我认为，大学教育不只是单纯地机械地向学生传播文化知识，而且还担负着大学生理念塑造的重要职责。如果大学都不讲依法治理、文明治理，那么，培养的学生进入社会后就很难说会守规矩（目前，社会上有一种奇谈怪论，认为法科毕业的学生不是最适宜“做官”的料，为什么？因为他做什么事情首先想到的是“是不是合法？法律规定能不能做?”，“清规戒律”太多，因而工作中往往缺乏效率，相反，非法科学生的胆子大多了，决策效率高，想干就干，万一干错了再想办法补救！这种观点真是荒唐之至极!）。三是长期以来中国高等教育的立法和管理领域确实存在一些现实的法律问题。这些问题还没有引起理论界和立法界的高度重视（就像一位西方学者说的：大学什么都研究，就是不研究它自己!）。譬如说现在大学里普遍适用的教育部《普通高等学校学生管理规定》，也就是通常说的 41 号令，其中规定了哪些情况下可以开除学生的内容。从法律上而言，受教育权是宪法规定的公民最基本的权利，同时与公民的劳动权等相关联，如此重要的权利是不能被任意剥夺和限制的。学校如果要开除学生应当适用什么法律？很显然，不能由教育部的规章说了算，更不能由各行其是、五花八门的校规说了算！而应当由国家立法，至少要由国务院的行政法规说了算！

问：据了解，欧爱民教授、倪洪涛教授都是您指导的学生，他们非常关注社会公益事业并先后被评为“湖南省最具影响力的法治人物”，请问这里面有哪些故事值得与我们分享？您认为湘潭大学法科培养的学生应当具备怎样的品格？

胡肖华：欧爱民、倪洪涛（现已调离湘潭大学）是早年我指导的研究生的确没错。他们的公益行为在一定程度上受到我个人的思维模式和处事风格的影响也没错；他们俩先后被评为“湖南省最具影响力的法治人物”更没错。他们之所以关注公益事业、关注民生，最重要的是与两个“基因”有关：一个是他们骨子眼里天然地流淌着“公共知识分子”的血液，有着关注社会、关注民生的个人情怀和担当，敢于挑战社会不公与非正义；二是与我们法学院的优秀历史传承息息相关（法学院的院训：养浩然正气，铸法治精魂！早在 20 世纪 80 年代末，胡旭晟老师就牵头组织了包括杨翔老师和我在内的“法律的批判”系列学术讲座，主要就针对当时不合理的法律规定和政策提出建设性、批判性意见，每场讲座都座无虚席，在湘潭大学校园内产生过巨大轰动效应）。

始建于20世纪60年代初期的湘潭市一大桥和后来的二大桥、三大桥往返河东与河西，早期一直都是需要收取5元通行费的，这严重影响了湘潭市城区经济发展和市民通行便利，同时，也加重了居民的经济负担。面对此事，湘潭人民多年一筹莫展。恰逢《中华人民共和国政府信息公开条例》于2008年5月1日正式实施。倪洪涛老师以其敏锐的法律思维抓住时机在该条例生效的第一时间内以开展科学研究的名义牵头（参与的好像还有尹华容、郭树理老师等）就三座大桥收取“通行费”问题分别向湘潭市人民政府和湖南省人民政府申请信息公开。申请的处理结果是：从2009年1月起，湘潭市内三座大桥“通行费”被取消。随后，株洲市也相继取消了市内的大桥收费项目。这件事直到今天，湘潭市民还啧啧称赞，说要感谢湘潭大学法学院，感谢倪洪涛老师（其实，几年前，他还针对岳麓书院门票收费的合理性、合法性问题发起过挑战，这也几乎是家喻户晓的事）。

针对湖南乃至全国普遍存在的“驾考合一”（就是驾驶员申领机动车驾驶证必须经过公安机关指定或者认可的驾驶人培训学校的培训方可报名参加考试，驾驶人培训学校是收费的，这与公安机关交通警察部门可能存在利益输送）制度中可能存在的腐败以及绑架公民自由问题，欧爱民老师多次以学者身份对湖南省公安厅发布的规范性文件的合法性提出质疑，请求有关部门对规范性文件进行合法性审查。经过他的不懈努力，审查的最终结果是：延续多年的“驾考合一”制度被废止。自此，所有申领机动车驾驶证的公民便无须参加驾校培训即可自由申报驾驶证。这既解决了可能存在的腐败问题，也减轻了申请人的经济负担。此举获得了广大驾驶员朋友的高度赞誉。

事实上，像欧爱民、倪洪涛老师这种关注社会民生的鲜活事例，还有许多，据我自己亲历过（我院邹琳老师、宁洁博士是最铁的参与者）的就至少有长沙市政府“暂停”执行（所谓“暂停”只是市政府自己给自己找的台阶，事实上，“暂停”就等同于“永久”）长沙市内车辆通行费收取制度（当时长沙市政府相关文件规定，只要拥有长沙市牌照的车主，不论其是否实际使用过“湘江大桥”等市内桥梁，哪怕是一年四季停放家中，每年一律收取道路通行费600元，否则，不予办理年检。这个规定比湘潭、株洲的规定走得更远、更离谱），凡此等等，不一而足。我觉得这种传统值得不断赓续和传承！

你们问到法学院应当培养什么样品格的学生？我认为上述事例就已经给了你们一个明确的答案，那就是：法科学生不仅要具备扎实的法学功底、敏捷的法治思维、丰富的实践经历，更要保持着知识分子应有的公共情怀！把我们“养浩然正气，铸法治精魂”的院训外化为每一位老师同学的实际行动。这里，我还想啰唆一句，大家要明白，湘潭大学毕竟不是北京大学、不是清华大学。他们靠的是“以校名人”（当然，他们的教师和学生也确实很优秀），但咱们湘潭大学靠的是什么？是“以人名校”！因此，假如咱们每一位老师和同学都能按照院训的要求做“最好的自己”，那么，也就成就了“最好的湘潭大学”，成就了“最好的湘潭大学法学院”！

问：您除了在湘潭大学法学院任教之外，此前还分别担任过一届湖南省人大常委和湖南省政协常委，2022年您又获聘为湖南省人民政府参事室参事，请问您在担任这些社会职务中有哪些经历值得与我们交流？

胡肖华：这个问题我很感兴趣，这也是我除教学科研外的另一段终生难忘的经历。我是在2007年12月到2012年12月担任过湖南省第十一届人大常委会委员；2013年1月到2017年12月担任过政协湖南省第十一届常委会委员，前后共有十年时间，这十年也让我学习了不少知识，长了不少见识，特别是有机会能把我的所学所研激活开来，用于中国的政治实践（人大和政协工作都与宪法直接相关）。在担任省人大常委的五年间，我感触最深的事情主要有几个方面：

一是参与过50多部地方性立法（其中，多数与行政法相关）的修改和制定。这项工作是我们在“象牙塔”下根本无法学到、用到的，除了感觉到这项工作无比神圣之外（因为这是为整个湖南社会制定行为规则，一旦通过即具有强制约束的效力），更有助于我把宪法、立法法等法律规范与地方立法很好地结合起来，同时，又可以将地方立法的生动实践反哺我的宪法学与行政法学理论教学工作。

二是找到了人大监督“一府两院”的真切快感。过去，我们只是在课堂上讲人大代表有哪些法定权利，只讲人大有权监督“一府两院”（当然，现在是“一府两院一委”了），但从来没有真正实践过。但当我成为省人大常委以后，我却积极主动地尝试过两种监督方式。一种是行使代表质询权。质询权是人大监督“一府两院”的最具刚性非常正式的监督权力（1989年被誉为“新中国第一罢免案”的湖南省某副省长就是经过质询后被罢免的）。我清晰地记得，那是在2009年的上半年，时任湖南省审计厅的唐会忠厅长在向省人大常委会的报告中披露：省政府下辖的某个直属局违反法律规定向产品生产企业收取产品检验费 1.1 亿元（属于违法要求企业履行义务）用于发放该局临时工工资（其实就是“小金库”）；省政府下辖的另一个直属局违反法律规定将本应上缴省财政的陈化粮处置款 4000 余万元用于建设办公大楼。获得这些官方信息后，我随即领衔起草了两个质询案材料，在取得其他 8 名常委的共同签名后提交给了省人大常委会。省人大常委会根据法律规定启动质询程序后，时任湖南省人民政府省长的周强（毕竟他是学法律出身的，法治意识就是与众不同）同志高度重视，要求被质询单位必须接受质询并给省人大常委会以及省人大的常委们一个满意的交代。经过多轮沟通交流，省政府决定从当年起，由省财政负责解决检验经费不足问题；对挪用财政资金问题，省政府要求其立即进行整改，并严格实行“收支两条线”，至此，两个质询案在取得监督实效后圆满落幕。这个过程让我真切地感受到了人大代表和人民代表大会制度的独特魅力，也彻底颠覆了过去人们心目中长期存在的人大是“橡皮图章”，“人大代表是人民的管家，当家不做主”的“古老”印象。

三是深刻感受到了“人大”是一个真正讲“民主”“平等”和“重程序法治”的舞台。在这个舞台上，通过议案或者重要决定绝对不是哪个领导人可以一个人说了算。通过技术手段（电子表决器），你可以在法律赋权的框架内不受任何约束地自由表达意志，可以投赞成票，可以投反对票，也可以投弃权票。每个委员都只有一个平等的投票权，表决结果严格按照“少数服从多数”的原则执行（在我担任省人大常委会委员期间，就曾出现过历史上罕见的一幕：某领导力主修改的某地方性法规修正案因表决时未过半数而“夭折”。这件事当时对我的触动很大，我也由此产生了两点想法：自由、民主和平等的实现必须以一定的物质条件为前提，尤其是需要技术手段；希望国家机关的重要领导人更多地能够从有人大工作经验的同志中产生，因为他们都或多或少地经历了“程序法治”的考验）。

2022 年 7 月，湖南省人民政府聘请我为省人民政府参事，对我而言，这几乎是一个全新的舞台。这方面，彭熙海教授比我更有话语权，你们可以去采访他。目前，本人正在不断学习和实践中。

问：您担任法学院院长近十年之久，应该说对法学院的发展作出了很多贡献，现在您已离开院领导岗位多年，请问您认为给法学院留下了什么？

胡肖华：准确地说，我只做过 8 年院长，此前，做过 2 年分管本科教学的副院长。经历过与前院长邱兴隆教授的磨合与配合，经历过与胡平仁教授、夏新华教授、肖冬梅教授，赖早兴教授、肖伟志教授等几位副院长的密切合作，经历过与黄德华（我个人认为，他是湘潭大学各院系书记岗位上最称职的领导者）、廖永安（现任校党委副书记，他是目前我们湘潭大学法科本土出身的少有的兼具睿智与执着的学者和管理者）两任院党委书记兄弟般的和谐共处。我和他们共同见证了湘潭大学法科发展历史上最光辉灿烂的那一段美好时光。因此，要说有什么贡献的话，也是我们整个班子成员的集体贡献。不过，无论如何，我毕竟在各位老师同事的支持下做了整整 8 年的“院长”，自然会有一些感受，在这里，不妨借你们的采访之机用真实的故事顺便回顾一下个人的体会，或许对你们了解你们的学院，乃至于对你们的日后成长有所裨益。

第一，做单位负责人，要做到“三个当回事”。一个是“一定要当回事”！既然上级领导、同事推举你做个“班长”，那是领导、同事对你的能力和人品的一种基本的认可和信赖，甚至还对你寄予某种改变“过去”、憧憬“未来”的期待，因此，一定要认真对待，尽职履责，要真正“当回事”！二个是“千万不要太当回事”！推举一个人出来做“班长”，是希望你能更好地为大家提供相对公平周全的服务，而不是为你的“盛气凌人”“自以为是”和“颐指气使”堆放筹码，一个人“太当回事”最终只会是落得个失去民意，甚至成为“孤家寡人”。三个是“千万不要太不当回事”！那就是不能因为做上了“班长”就只图享受这个“符号”给你带来的“红利”，追求“不求天长地久，只要曾经拥有”的过程效应，而对该做的工作敷衍了事，流于懈怠。

第二，班子的凝聚力和团结心决定单位的发展韧劲与活力。俗话说，火车跑得快，全靠车头带。班子就是一个单位的火车头。车头牵引力的大小和速度快慢取决于这个班子是否具有真正的凝聚力和团结心。如果一个班子具有强大的凝聚力和团结心，那么，这个单位的事业就必然会欣欣向荣，蒸蒸日上。这个单位的成员就必然会与大家同甘共苦，抱团取暖。所谓的“兄弟同心，其利断金”“打虎亲兄弟，上阵父子兵”讲的就是这个道理。而且，在我当院长的 8 年间，也充分验证了这个道理。

第三，“凡事预则立，不预则废”。领导或者领导班子一方面是单位的日常管理者，但另一方面，更应该审时度势地去扮演抢占学术研究高地和专业建设制高点的决策者。比方说，我们全国的大学中共有 600 余家法学院系，但在21世纪初依托法学专业成功创办知识产权本科专业的只有湘潭大学。不仅如此，而且这个专业在肖冬梅教授的倾情打造下已经成为湘潭大学法科、全国大学法科的一张绚丽多彩的名片！还比如说，由廖永安教授亲手创办起来的法科“调解专业”在全国形成了强大的影响力，获得了最高人民法院和司法部等中央国家机关的高度认可等。为什么会形成这种效应？关键就在于当时的这些领导者具有较强的前瞻性和敏锐性，深彻领悟了“知识产权国家战略”“法治国家，和谐社会”这个时代强音和发展趋势！

第四，“同事利益无小事”，领导者必须具备“关爱”情怀和“利益让渡”精神，“要善于走进每位老师的心灵”，要根据每位老师的情感需要和利益诉求分别做好针对性的工作。比方说，大学教师中最感困扰的问题之一就是职称评定。无论过去还是现在，都非常倚重“国社科”项目，可是，“国社科”项目的获得又并非“随心所欲”。这样的话，有的老师教了大半辈子甚至一辈子法律而且教学领域成果斐然，可就是因为无法取得国家级科研项目而一辈子只能当个讲师或者副教授。我认为这种规定是有失公允的，但在我们无法根本性挑战这种制度的前提下，是否可以变通或者创新另外一种弥补机制？我觉得完全是可以的。于是，在我当院长期间，就曾启动过“院聘教授”程序，对那些达到一定工作年限、教学成果特别优秀但暂时未取得国家社科项目的部分老师可以聘其为“院聘教授”，直接享受校聘教授的同等待遇（这个制度后来虽然因为无人正式申报而一直处于“休眠状态”，但是，至少表明当时的院领导班子已经充分关注到了老师们的情感和利益诉求）。还比如，在处理当时院领导班子成员与其他教师，以及不同职称的教师之间的利益关系上，我们这个团队做得也很有情怀。我记得当时学校给我们院行政领导班子核定的岗位津贴是：院长每月945元，副院长每月760元。但考虑到当时法学院吃紧的财务状况以及院领导应当让利于其他老师的初衷，我们经集体研究后每人每月主动下调了岗位津贴200元（这在其他院系是根本做不到的。可见，我们当时院班子成员的思想境界是值得赞许的！）；在处理不同职称的教师利益分配关系上，我们始终秉持“有利青年”发展的原则，将学校规定的教授、副教授、讲师之间的1∶1.5的津贴分配比例缩小为1∶1.2，这样就大大地改善了青年教师待遇，此举也赢得了青年教师的广泛称赞。

第五，“规则治理”是有效缓解院内外矛盾的必备工具。一个小小的法学院虽然只有几十号人马（当然，现在的法学学部已逾百人规模），但它却是一个“小集体、大社会”，在人才引进、岗位安排、利益分配、职称评定、升学就业、研究生推免、本科转专业等领域都需要与社会各方人士打交道，这时候，各种关系网就会“汹涌”而至，不可阻挡，各种利诱都可能发生（传统中国本来就是一个“熟人社会”“乡土社会”，可以理解，但不可惯用）。怎么办？我认为，这个时候最好的办法就是建立“规则治理”机制，利用规则把不够条件的“关系户”友善地“拒之门外”。我清晰地记得，在我就任院长不久，我和德华书记就一起组织院党政班子成员专赴南岳整整地住了一个星期，任务就是制定一系列学院管理规则（包括《人才引进规定》《科研奖励规定》《学院岗位津贴分配办法》《行政教辅人员考勤考核办法》等。其中，在讨论《人才引进规定》时，围绕如何界定“第一学历”以及取得哪一类大学的“第一学历”才符合我院的引进资格等问题，班子成员内部还争得面红耳赤）；沿袭至今的研究生调剂制度，其基本模式也是当年我和永安书记一起亲自主持制定的，只是后来因要求变化作了些修正而已，等等。依据这些规则，我觉得法学院的管理总体上还是井然有序的，人和人之间的相处也变得更加简单而纯朴。

第六，“要公平善待每一个学生和院友”。作为一个学院的管理者，面向的主体无非是两个群体：教职工和学生（包括校友）。其中，对学生管理要求的细腻程度更高，因为这涉及如何培养人和培养什么人的方向性问题。学生行为的塑造除了受教师个体形象的影响外，作为院系，更重要的是按照《教育法》和《高等教育法》的要求为他们的成人成才提供一个公平的制度性环境。比方说，大学生非常看重入党、评先评优和免试推荐研究生，这是个好事，表明我们的学生富有进取心，但问题是每个项目的实现几乎都与学生的学业成绩好坏直接挂钩。这个时候，作为管理者就要考虑修正过去的做法或者创设一个相对公平的“学生评价机制”。我记得当年为了解决这个问题，我（时任分管本科教学副院长）就将建立统一的本科生考试题库制度的设想向邱兴隆院长和黄德华书记作了汇报，他们都赞成我的想法，于是，在当时的院长助理肖伟志老师的积极配合下，法学院在全校率先设立“本科生考试题库”制度（每门主干课程十套试卷入库，同一年级的同一门课程考试使用同一套试题，考试结束后，由同一拨老师按照同一宽严尺度集中评阅给出成绩），这样就解决了同一年级不同班级可能存在的考试评价标准不合理的问题（客观地说，这也包含了对不同授课老师的一种评价效应）。这里，我还想说一下如何善待校友（院友）的事。其实，我们湘潭大学法学院的院友资源相当丰富，可以用这么一句话表达：但凡有法院的地方，就必然有湘潭大学校友！我记得我曾经在多个公开场合说过“三个至上”（教师至上、学生至上、院友至上）观点，大家也很认同。但是要真正做好“院友至上”实属不易。这首先取决于他求学期间，母校（院）和老师们对学生的给予度（不只是知识，还包括情感。就像储户和银行的关系，你当年存款越多，那么，你最后取出的利息也就越丰厚。不过，根据我的个人感受，本科毕业的校友对学校和学院的忠诚度普遍高于研究生，研究生毕业的校友对导师的忠诚度普遍高于本科生，全日制毕业的校友对学校和学院的忠诚度普遍高于非全日制校友）。其次是取决于我们的常态化联络工作做得如何。我觉得这方面我们已经有了很好的基础（2008 年 25 周年院庆和 2013 年 30 周年院庆时，在老一辈李交发老师、陈乃新老师，还有彭熙海老师等的支持下，院友比较集中的城市基本上都组建了院友会）。现在和将来最需要做的是如何组织好队伍，持续地把这项工作做深、做细。要让我们的校友在开心工作的同时，能够享受到另一份来自母校的“深情问候”和“血浓于水的牵挂”。对现任和将来的院领导而言，尤其要克服“一代亲，二代表，三代四代‘了’”的历史周期率弊端，要想方设法利用各种媒体和渠道向院友定期或者不定期地推送相关信息，表达关切，送去祝福，交流沟通感情（不要等到搞院庆或者学科评估时才“临时抱佛脚”，突然想到需要得到他们的支持）。

总之，湘潭大学法学院将会成为我这一生虔诚厮守的故土和家园，我对湘潭大学法科的未来在充满忧虑的同时更充满信心。“江山代有才人出，各领风骚数百年!”的辉煌历史必将反复再现!

体育法修改专题

体系重构与内容创新：《体育法》修改的特色与亮点*

敖　忠** 　周青山***

摘　要：《体育法》自1995年颁布实施以来，为中国体育事业的发展作出了重要贡献，但因属于计划经济向市场经济急剧转型时期的产物，带有较为明显的时代痕迹，现已无法适应发展和改革要求。因此，本次修法对其作出了全面系统的修订。在指导思想方面，重在贯彻执行习近平法治思想和关于体育的重要论述以及弘扬中华体育精神。在章节体系重构方面，将“社会体育”改为“全民健身”，“体育社会团体”改为“体育组织”；新增“反兴奋剂”“体育产业”“体育仲裁”“监督管理”四章。在内容创新方面，深化“放管服”的体育行政管理体制改革，新增平等保障公民体育权，设定中国特色的体育仲裁范围，强化运动员权利保障，保障青少年健康，开齐开足体育课等规定，具有较为鲜明的特色与亮点。

关键词：体育法修改；体育仲裁；反兴奋剂

《体育法》作为体育领域的基本法，自1995年颁布实施以来，为中国体育事业的发展和体育行业的壮大作出了重要贡献。随着市场经济体制的逐步确立和完善，我国的法治建设取得了巨大发展和长足的进步，特别是已经形成了完备的法律法规体系，为我国社会体育、学校体育、竞技体育等发展提供全面法治保障。[①] 但《体育法》毕竟属于计划经济向市场经济急剧转型

* **基金项目：**湖南省教育厅青年项目（22B0159）；湖南省研究生科研创新项目（CX20210556）。

** **作者简介：**敖忠，湘潭大学法学院博士研究生，研究方向：体育法学。

*** **作者简介：**周青山，湘潭大学法学院教授，博士生导师，研究方向：体育法学。

① 马宏俊：《中国体育法治发展报告（1949—2019）》，北京大学出版社2021年版，第4页。

时期的产物，带有较为明显的传统体制和计划经济痕迹，基于《体育法》所体现体育事业的建设和发展模型属于政府主导型与管理型，社会参与型与支持型，而市场经济本质上是开放经济、法治经济，其根本要求是坚持社会、市场为主导，政府支持服务的发展模式和格局。相较于快速推进的体育事业和突飞猛进的体育产业，其相对陈旧、滞后的体系结构和条款内容，针对性、实用性、可操作性不强等问题日益突显，现已无法适应时代发展和改革要求。尽管《体育法》历经2009年、2016年两次修正，但均是“小修小补”。2022年6月24日，第十三届全国人民代表大会常务委员会第35次会议审议通过了最新修订的《中华人民共和国体育法》（以下简称“新修订《体育法》”）。本次修订对《体育法》的体系结构作出了较大调整，在内容方面作出了重大创新，具有较为鲜明的特色。

一、新修订《体育法》的指导思想

《体育法》指导思想是贯穿于整个体育法律制度，指导体育实践和引导体育事业、体育产业稳定、持续、正确发展的核心内容。新修订《体育法》较好地体现了习近平法治思想、习近平总书记关于体育的重要论述以及中华体育精神。

（一）习近平法治思想

习近平法治思想是实现依法治体和体育善治的方向指引和根本遵循。《体育法》作为体育领域的基本法，必须贯彻习近平法治思想，才能保障体育治理由体育法治走向体育善治。新修订《体育法》在以下三个方面贯彻执行了习近平法治思想：

1. 坚持党对全面依法治体的领导，坚持以人民为中心的体育思想

党的领导是实现依法治体的根本保证，是我国社会主义体育法治之灵魂，体育法治必须坚持党的全面领导；人民是实现全面依法治体最为广泛、深厚的基础，推进全面依法治体的根本目的是依法保障人民权益。新修订《体育法》第2条关于“体育工作必须坚持中国共产党的领导，坚持以人民为中心，以全民健身为基础，普及与提高相结合，推动体育事业均衡、充分发展，推进体育强国和健康中国建设”的规定，集中体现了坚持党的领导和以民为本的法治思想。

2. 坚持依宪治体

宪法是国家的根本大法，具有最高的法律效力和权威，依法治体首先得

依宪治体，才能保证体育治理的正确方向。因此，体育立法必须要有宪法上的准绳和依据。新修订《体育法》第 1 条关于“为了促进体育事业，弘扬中华体育精神，培育中华体育文化，发展体育运动，增强人民体质，根据宪法，制定本法”的规定，便是依宪治体的根本体现。

3. 坚持建设中国特色社会主义体育法治体系

体育法作为社会主义法律体系的重要组成部分，全面完善体育立法是坚持建设中国特色社会主义法治体系的本质要求；全面依法治体是一个系统工程，要整体谋划，更加注重系统性、整体性、协同性和可操作性；科学的体育立法是严格执行、公正司行、全民遵守体育法律制度的前提和基础。新修订《体育法》新增“反兴奋剂”“体育产业”“体育仲裁”“监督管理”四章，将“大众体育”修改为“全民健身”，将“学校体育”修改为“青少年和学校体育”，将“体育社会团体”修改为“体育组织”以及完善相关条款规定，是完善社会主义体育法律体系的要求，也是坚持整体谋划体育立法，注重体育法律系统性、整体性、协同性和可操作性的体现，更是严格执行体育法、全民遵守体育法的前提和基础。

（二）习近平关于体育的重要论述

习近平总书记关于体育的重要论述具有丰富的历史内涵和当代意义，是一个开放包容并不断发展的体系。其主要包含了体育改革、体育功能、体育文化、体育强国、体育民本、体育经济、体育外交等内容。②

1. 通过立法确认深化体育改革成果

2017 年 8 月 27 日，习近平总书记在会见全国体育先进单位和先进个人代表时强调，党的十八大以来，体育改革不断深化，我国体育事业取得了长足的发展……加快体育强国建设，就要深化体育改革，更新体育理念，推动群众体育、竞技体育、体育产业协调发展。新修订《体育法》第 3 条将原《体育法》“体育事业纳入国民经济和社会发展计划”中的“计划”改为“规划”，第 4 条将政府和有关部门的“职权”修改为“职责”，第 45 条将“对运动员的强制注册管理”改为“自愿注册管理”，第 67 条关于“体育协会制定行业规则，实行行业自律”等规定，便是深化“放管服”的体育行政管理体制改革理念的体现。

---

② 楼俊超，徐献杰：《习近平关于体育工作重要论述的丰富内涵与重大意义》，载《体育学刊》2019 年第 3 期。

2. 贯彻以民为本的体育强国路线

体育服务的对象是全体人民，发展体育事业就是要为人民幸福美好生活服务。习近平总书记指出，加快建设体育强国，就要坚持以人民为中心的思想，把人民作为发展体育事业的主体，把满足人民健身需求、促进人的全面发展作为体育工作的出发点和落脚点，落实全民健身国家战略，不断提高人民健康水平。新修订《体育法》第 2 条关于“坚持以人民为中心，以全民健身为基础，普及与提高相结合，推动体育事业均衡、充分发展，推进体育强国和健康中国建设”以及“扶持革命老区、民族地区、边疆地区以及经济欠发达地区体育事业的发展”等规定，体现了以民为本的精神。

3. 通过立法支持体育经济发展

体育产业作为体育经济的主体，为国民经济的发展提供了强大动力，也为实现体育强国梦提供了重要支撑。对此，习近平总书记指出，体育是重要的社会事业，也是前景十分广阔的朝阳产业。新修订《体育法》第 11 条关于“国家支持体育产业发展，完善体育产业体系，鼓励扩大体育市场供给，拓宽体育投融资渠道，促进体育消费”的规定以及新增“体育产业”章等，均体现了巩固发展体育经济的要求。

（三）弘扬中华体育精神

习近平总书记曾强调，广大体育工作者在长期实践中总结出的以“为国争光、无私奉献、科学求实、遵纪守法、团结协作、顽强拼搏”为主要内容的中华体育精神来之不易，弥足珍贵，要继承创新、发扬光大。这是对中华体育精神的高度提炼和总结，是培育中华体育文化的全新起点和实践指南。同时，中华体育精神又是一个发展的、开放性的思想和价值体系③。新修订《体育法》第 1 条明确规定，要“弘扬体育精神，培育体育文化”。

首先，为国争光、无私奉献、团结协作、顽强拼搏，既是中华民族的传统美德和民族精神，也是中华民族参与竞技体育特别是国际竞技体育的精神。我们在国际竞技体育活动中团结一致，协助共进，积极顽强，奋力拼搏，努力提高竞技能力和竞技水平，取得优异的竞技成绩，为祖国和人民争得了光辉和荣耀。新修订《体育法》第 39 条规定，“国家促进竞技体育发展，鼓励运动员提高竞技水平，在体育赛事中创造优异成绩，为国家和人民

③ 田思源：《弘扬中华体育精神 培育中华体育文化——〈中华人民共和国体育法〉总则解读》，载《中国体育报》2022 年 6 月 27 日，第 1 版。

争取荣誉”；第42条规定，“运动员应积极参与训练和竞赛，团结协作，勇于奉献，顽强拼搏，不断提高竞技水平”，便是上述中华体育精神的具体体现。其次，体育不仅是一项运动，更是一门科学。因此，它要求我们开展各种体育活动必须坚持科学的态度和求真务实的精神；同时，体育是一项由诸多具有体系化的原则、规则进行约束和规范的活动，这就要求我们开展体育活动必须遵纪守法。只有在科学的理念、求真务实的态度指导下，在制度的框架内，才能真正做到迎难而上，追求卓越。新修订《体育法》第9条规定，开展和参加体育活动，应当遵循依法合规、尊重科学的原则；第18条规定，国家对全民健身制定和实施体育锻炼标准、开展科学健身指导工作；第43条规定，国家对运动员实行科学、文明的训练，维护运动员身心健康等，均是上述体育精神的具体体现。

二、新修订《体育法》章节的体系重构

我国1995年《体育法》共8章56条，包括总则、社会体育、学校体育、竞技体育、体育社会团体、保障条件、法律责任以及附则。为了落实国家发展战略，解决体育事业发展突出问题，协同推进体育事业改革以及与国际体育相关领域接轨等，新修订《体育法》对整个《体育法》的体系进行了重构。

（一）将“社会体育”一章改为“全民健身”

早在20世纪80年代，原国家体委便提出了“全民健身战略和竞技战略协调发展”的口号④。国务院于1995年颁布实施了《全民健身计划纲要》。2009年国务院颁布了《全民健身条例》（2013年、2016年两次修订），后又分别发布了《全民健身计划（2011—2015年）》《全民健身计划（2016—2020年）》《全民健身计划（2021—2025年）》3个五年规划。2014年，国务院《关于加快发展体育产业 促进体育消费的若干意见》首次将全民健身上升为国家战略。2015年《中共中央关于制定国民经济和社会发展第十三个五年规划的建议》，首次提出健康中国战略，强调“发展体育事业，推广全民健身，增强人民体质”。2016年中共中央、国务院发布《“健康中国2030”规划纲要》，将完善全民健身公共服务体系、广泛开展全民健身运

④ 尹家和，晓虹：《1988：中国体育备忘录》，载《辽宁体育》1989年第3期。

动、重点人群参与全民健身作为纲要重要内容。这些举措都有力地推动了全民健身运动的蓬勃发展，有助于人民健康水平和身体素质持续提高。《体育法》作为基本法，仍然采用“社会体育”的表述，对行政法规、国家战略、计划规划等文件无法起到应有的统领作用，且“社会体育”的表述也无法突显全民身体素质在健康中国战略、体育强国战略方面的基础保障作用。此外，全民健身活动与竞技体育发展不平衡，各地区、各行业体育发展不平衡不充分，人民群众多元化、多层次的体育需求尚未得到较好满足。因此，为了保持法律与行政法规、国家战略、计划规划等文件表述的一致性；为了提升国民体质，实现全民健康战略，突出全民健身的重要基础保障作用，促进全民健身活动与竞技体育、高水平体育运动、体育产业均衡发展；为了发挥体育基本法在全民健身战略、健康中国战略、体育强国战略方面的法治引领作用，新修订《体育法》将章名由“社会体育”修改为“全民健身”。自此，我国已初步构建起涵盖法律法规、计划等形式，具有中国特色的全民健身政策法律框架体系，为开展全民健身提供了坚实的制度保障，有力地助推了全民健身法治化进程。⑤

（二）新增“反兴奋剂”章

反兴奋剂是体育法律规范体系的核心内容，其兼具保障运动员身心健康和促进体育公平的价值和功能。我国反兴奋剂法律规范体系经历了一个不断完善的发展历程。原国家体委于1995年发布的《禁止在体育运动中使用兴奋剂的暂行规定》（已废止），对兴奋剂范围、检查、检测分析、申诉、处罚、仲裁等作出了规定。1998年国家体育总局分别发布了《关于严格禁止在体育运动中使用兴奋剂行为的规定》《兴奋剂检查工作人员管理暂行办法》两项规定（已废止）。2004年，国务院通过了《反兴奋剂条例》（2011年、2014年两次修订）。国家体育总局通过了《反兴奋剂规则》等文件，2020年12月全国人大常委会又通过了《刑法修正案（十一）》，新增“妨碍兴奋剂管理罪”等罪名。我国已经形成了较为完善的反兴奋剂法律实施体系。但多年来，我国一直是依靠以《反兴奋剂条例》为首的行政法规、部门规章、规范性文件以及体育组织内部规则等开展具体的反兴奋剂工作，1995年《体育法》仅在第34条、第50条对反兴奋剂及其法律责任作了原

⑤ 刘红建，高奎亭，徐百超：《中国全民健身政策体系演进历程、优势特征及效能转化研究》，载《体育学研究》2022年第1期。

则性规定，其作为体育领域的基本法，对反兴奋剂工作并未起到应有的统摄和引领作用。国家体育总局《反兴奋剂工作发展规划（2018—2022）》提出进一步完善反兴奋剂法治体系。同时，基于国际反兴奋剂工作的理念、原则等已经获得了长足的发展和进步。因此，为了完善我国体育法治，推动反兴奋剂工作的开展以及加强运动员权利保护⑥，在新修订《体育法》中新增“反兴奋剂”章，作为第五章。具体做法是将《反兴奋剂条例》的主要内容进行提炼总结，上升为法律，规定禁止使用兴奋剂的原则，国家设立反兴奋剂机构，建立健全反兴奋剂制度，规范反兴奋剂工作。加强反兴奋剂国际合作。上述规定均体现了我国反兴奋剂的坚定意志和坚强决心。

（三）将“体育社会团体”一章改为“体育组织”

2017年《民法总则》将法人分为营利性法人、非营利性法人以及特别法人三类。非营利性法人又包含了事业单位、社会团体、基金会、社会服务机构等。2020年《民法典》继续沿用这一划分方法。根据我国对社会组织的分类，其包含了社会团体、基金会、民办非企业单位（主要指外国商会）、涉外社会组织以及慈善组织。该五类组织的设立和运行分别适用《社会团体登记管理条例》《基金会管理条例》《民办非企业单位登记管理暂行条例》《外国商会管理暂行规定》《慈善组织认定办法》的规定。由此说明，体育组织的内涵和外延更为广泛，体育社会团体是体育组织的重要组成部分。而为我国体育事业作出重大贡献的社会组织并非只有社会团体，还包含了大量的基金会、民办非企业单位以及慈善组织等其他社会组织。例如，截至2017年底，全国共有社会团体35.5万个，体育类就占了3万个；共有民办非企业单位40万个，体育类就占了1.8万个，占比分别达到8.5%和4.5%。体育社会团体包括中国奥委会、残奥会、体育科学协会、全国单项体育协会等；体育民办非企业单位主要是以开展体育活动为主要内容的民办中心、院、社、俱乐部、场馆等；体育基金会如中华全国体育基金会、各省市体育基金会等。正如有学者指出，《体育法》中的体育社会团体在现行《民法典》下，无法涵盖体育基金会和体育民办非企业单位两类体育组织，应当与体育基金会和体育民办非企业单位并列，共同构成体育社会组织⑦。

---

⑥ 张程龙：《〈体育法〉修改中反兴奋剂制度之完善》，载《体育科研》2021年第6期。

⑦ 肖鹏：《体育社会组织的法人地位研究》，载《成都体育学院学报》2018年第5期。

社会团体的内容，已经不符合国家对行业协会、商会等的改革思路和要求。⑧ 因此，新修订《体育法》作出上述修改，不仅是顺应时代发展趋势的体现，也是保持法律法规统一的需要，更是保护各类体育组织发展权益的要求。

（四）新增“体育产业”章

随着改革开放的推进和社会主义市场经济体制的确立，体育领域逐步确立了面向市场、产业化的发展目标，体育的社会化、市场化、产业化程度得到极大提高。2010 年，国务院办公厅发布的《关于加快发展体育产业的指导意见》指出，坚持体育事业与体育产业协调发展，在加强体育公共服务、不断提高服务能力和水平的同时，不断增加体育市场供给，努力向人民群众提供健康丰富的体育产品；要大力发展健身市场，努力开发体育竞赛和体育表演市场，积极培育体育中介市场，做大做强体育用品业，大力促进体育服务贸易，协调推进体育产业与相关产业互动发展。2014 年，国务院发布的《关于加快发展体育产业促进体育消费的若干意见》进一步指出，要积极培育多元市场主体，吸引社会资本参与，充分调动全社会积极性与创造力，提供适应群众需求、丰富多样的产品和服务；充分发挥体育产业和体育事业良性互动作用，推进体育产业各门类和业态全面发展，促进体育产业与其他产业相互融合，实现体育产业与经济社会协调发展；到 2025 年，基本建立布局合理、功能完善、门类齐全的体育产业体系，成为推动经济社会持续发展的重要力量。

在国家政策的支持下，我国体育产业发展很快，已经形成了包含体育用品业、体育彩票业、竞赛表演业、健康休闲业、场馆服务业、体育中介业、体育培训业以及体育传媒业在内的完整产业链，呈现出一片欣欣向荣的景象。随着体育产业政策体系的完善，体育产业的快速迅猛发展，其成为新的经济增长支柱的同时，也带来了不少问题和挑战。有专家认为，随着体育的市场化和产业化发展，体育产业法治化发展需求与《体育法》关于体育产业的制度供给不足之间的矛盾日益突出，体育市场行为规范缺失，体育产业衍生出的新型权利无法可依，仅靠政策性调整缺乏可预期性和稳定性，成为

⑧ 马宏俊：《试论我国体育法律体系的建立与完善——以〈中华人民共和国体育法〉修改为视角》，载《体育科学》2021 年第 1 期。

制约体育产业高质量发展的重要因素。[9] 而在《体育法》中增加体育产业章节，是完善我国体育法治、促进体育产业发展，构建体育产业政策法律体系、完善《体育法》结构体系的内在要求。[10] 可为我国体育产业的发展和成熟提供良好的法治保障。[11] 新修订《体育法》增加“体育产业”一章，对体育产业发展的政府规划责任、协调工作机制，体育产业链条融合、规范、创新发展，体育产业财税土地优惠，完善职业体育发展机制，建立健全区域体育市场协调发展机制、体育产业专业人才培养等方面作出了全方位的规定。

（五）新增“体育仲裁”章

仲裁已经成为国际上解决体育争议的主要方式，特别是以国际体育仲裁院为代表的国际体育仲裁，已形成较完备的仲裁机制。我国体育纠纷的解决机制应当与国际主流方式接轨。1995 年《体育法》尽管设置了竞技体育的仲裁条款，但一直以来，我们并未真正建立起正式的体育仲裁机制。而且，由于该条款限定在竞技体育领域，范围过窄。同时，由于中立性受到影响，体育组织内部仲裁机制没有发挥其应有的作用，使得很多体育纠纷无法得到圆满解决，运动员及相关主体的合法权益得不到维护，建立专门的体育仲裁机构已迫在眉睫。而多年来，这一直是体育法学界所关注的重点研究主题。在依法治国背景下，体育法治的一项重要任务就是建立体育纠纷的仲裁机制。[12] 因此，新修订《体育法》作出上述修改，专设“体育仲裁”章，在商事仲裁、劳动仲裁和农村土地承包经营纠纷仲裁之外，建立了体育仲裁制度，正是基于对理论和实践的回应，具有重大历史意义。

（六）新增“监督管理”章

近十年来，我国的体育事业发展迅速。自 2008 年举办奥运会以来，我国又成功举办了北京冬奥会等大型国际体育赛事，成绩世界瞩目。同时，体

---

⑨ 王进，朱恒顺，唐宁：《〈中华人民共和国体育法〉修改中的若干问题研究》，载《体育科学》2021 年第 10 期。

⑩ 姜熙：《〈体育法〉修改中增加体育产业章节的研究》，载《北京体育大学学报》2016 年第 4 期。

⑪ 姜熙：《比较法视角下的我国〈体育法〉修改研究——基于 30 国体育法的文本分析》，载《体育科学》2019 年第 7 期。

⑫ 姜熙：《依法治国背景下〈体育法〉修改若干问题的探讨》，载《上海体育学院学报》2016 年第 1 期。

育产业日益壮大扩展。体育事业的蓬勃发展，体育产业的壮大，体育活动的主办主体日益增多，体育经营活动愈加频繁，体育市场也呈现出蓬勃发展的状态，但随之而来的便是“野蛮生长”和乱象衍生，甚至是危及人民生命财产安全。例如，甘肃白银景泰“5·22”马拉松事故，便是一起由于极限运动加上恶劣极端天气以及赛事组织管理不规范、运营不专业，导致重大人员伤亡的公共安全责任事件。⑬ 这说明，一方面，要大力发展体育事业，另一方面，也需要科学监管。但由于地方各级体育行政机构执法机制不完善，执法力量薄弱，成为体育法治化发展的制约因素和结构性短板。因此，需要进一步规范和加强体育行政执法工作。⑭ 此外，1995 年《体育法》规定，体育行政监管主体仅限于体育行政部门，监管对象仅限于以健身、竞技体育为内容的体育活动。不仅导致了监管主体单一的问题，还出现了体育行政部门与市场监督、公安、交通、通信管理、安全生产以及卫生健康、应急管理等部门的协调问题。针对上述情况，新修订《体育法》新增“监督管理”一章，建立健全体育执法机制，授权相关职能部门对体育赛事的组织和运行，体育项目经营，体育市场运营以及全民健身和学校体育等领域进行全方位的监督和管理。

三、新修订《体育法》的内容创新：特色与亮点

（一）深化“放管服”的体育行政管理体制改革

“放管服”改革是激发市场活力、增强内生动力、释放内需潜力的战略举措，在“放管服”改革的大背景下，深化体育行政管理体制改革必须坚持管办分离、政企分开、政事分开以及政社分开的正确方向。《体育法》作为体育行政管理体制改革的基本法，必须为改革确立基本的价值指引和方向。例如，新修订《体育法》第 3 条将“体育事业应当纳入国民经济和社会发展计划”中的“计划”改为“规划”，第 4 条将“国务院其他有关部门在各自的职权范围内管理体育工作”中的“职权”改为“职责”，第 12 条

---

⑬ 甘肃省委省政府联合调查组：《白银景泰“5·22”黄河石林百公里越野赛公共安全责任事件调查报告》，http：//www. gansu. gov. cn/gsszf/c100002/c100010/202107/1643566. shtml，2022 年 6 月 1 日访问。

⑭ 李金霞：《加强地方体育行政执法补齐体育法治建设短板》，载《中国体育报》2021 年 2 月 4 日，第 2 版。

将“国家发展体育教育和体育科学研究”改为“国家支持体育科学研究和技术创新”，第 45 条将“对运动员的强制注册管理”改为“自愿注册管理”，第 67 条规定体育协会制定行业规则，实行行业自律，第 68 条规定国家鼓励发展各类自治性体育组织等，都是贯彻“放管服”改革理念的具体体现。

（二）保障公民平等参与体育的权利

公民享有生命权、身体权、健康权等广泛的基本权利，而进行体育活动是保障健康权、身体权甚至是生命权的重要手段。可以说，对公民参加体育活动的权利进行法律保障，就是对公民健康权、身体权和生命权的保障。但是在实践中，很多群体基于各种各样的原因无法获得平等参与体育活动的机会，特别是未成年人、妇女、老年人、残疾人等弱势群体，需要对他们给予特殊保护，不仅是基于“行为能力”受限的“弱势群体”的客观需求，也是立法实践的一贯做法。例如，《未成年人保护法》《妇女权益保障法》《老年人权益保障法》《残疾人保障法》等。鉴于此，新修订《体育法》第 5 条增加规定了公民体育权利保障条款，即国家依法保障公民平等参与体育活动的权利，并明确对未成年人、妇女、老年人、残疾人等参加体育活动的权利给予特别保障。此外，新修订《体育法》突出了特殊群体体育权利的具体实现问题。其第 82 条第 3 款新增规定，公共体育场地设施的设计和建设，应当有效满足老年人、残疾人等特殊群体的无障碍需求。

（三）设定中国特色的体育仲裁范围

仲裁是解决体育纠纷的主要途径，权威的国际体育纠纷仲裁机构国际体育仲裁院，不仅能仲裁兴奋剂争议、违纪处罚争议等，还可以仲裁体育商事争议。而新修订《体育法》设定的我国体育仲裁范围为：体育社会组织、运动员管理单位、赛事活动组织者按照兴奋剂管理或其他管理规定作出的取消参赛资格、比赛成绩、禁赛处理决定纠纷，运动员注册、交流纠纷以及竞技体育活动中发生的其他纠纷。对于依照《仲裁法》《劳动争议调解仲裁法》规定的可仲裁的民商事纠纷以及劳动争议纠纷，不属于体育仲裁范围。这样规定避免了与劳动争议仲裁机构、民商事仲裁机构发生管辖争议和冲突，同时也避免了出现兴奋剂争议、违纪处罚争议等无法获得救济。当然，我国体育仲裁的范围仍然需要在实践中不断摸索完善。

（四）强化运动员权利保障

1995年《体育法》更多强调体育组织的管理权力，而忽视了运动员的权利保障问题。体现较为明显的便是对运动员实行强制注册管理，以及在反兴奋剂活动中过度强调打击兴奋剂行为，而忽视对运动员的权利，特别是程序权利的保障问题。针对上述问题，新修订《体育法》重点加强了运动员权利保障的相关规定，保障运动员接受文化教育、选择注册与交流的权利，要求实行科学、文明训练以维护运动员身心健康，单项体育协会应当依法维护会员权益，积极反映会员的意见和建议，依照法定程序开展兴奋剂检查工作等。此外，为了保障退役运动员权益，新修订《体育法》还新增特别规定，各级政府应当加强对退役运动员的职业技能培训和社会保障，为其就业、创业提供指导和服务。

（五）保障青少年身体健康

长期以来，学校只注重文化成绩和升学率，体育课在学校等教育机构没有得到应有的重视，体育教师待遇相对较低，由此加重人才空缺，进一步禁锢和限制了学校的体育课程和体育活动的开展。长期以来，体育教师队伍建设一直存在两方面的缺失：数量缺失和能力缺失，存在亟须解决的体育师资队伍短板问题。⑮ 多年来，我们一直提倡德智体美劳全面发展的教育理念未能得到彻底和完全落实。国家体育总局、教育部发布的《关于深化体教融合 促进青少年健康发展的意见》明确指出，深化具有中国特色体教融合发展，推动青少年文化学习和体育锻炼协调发展，促进青少年健康成长、锤炼意志、健全人格，培养德智体美劳全面发展的社会主义建设者和接班人。因此，必须树立健康为首的教育理念，推动学生文化学习和体育锻炼协调发展。针对上述问题，新修订《体育法》在青少年和学校体育一章中明确了教育部门、体育部门各自的职责，推动建立学生文化学习与体育锻炼协调发展机制；新增“将体育纳入学生综合素质评价范围”“将体育科目纳入初中、高中学业水平考试范围”；新增“开齐开足体育课，确保体育课时不被占用”和“在校期间每天参加不少于一小时体育锻炼”；新增“鼓励学校组建高水平运动队”“体育运动学校”等条款。这些规定对于保障青少年身体

⑮ 高鹏，林娜：《新时代高等体育院校体育教师教育模式改革研究》，载《北京体育大学学报》2021年第9期。

健康，促进体教融合，有着积极的作用。

四、结语

体育事业发展离不开体育法治建设，《体育法》作为体育领域的基本法，对于体育事业的发展具有直接的引领和促进作用。新修订《体育法》不仅全新正确地重塑了价值指引和导向，而且重构了《体育法》的章节体系。同时，在内容上也作出了重大创新，具有较为鲜明的特色，必将有力地推动中国体育事业的发展，助推体育强国建设。

新修订《体育法》中体育权利的宣示与保障

张　鹏*

摘　要：新修订《体育法》对于体育权利采用了一元多维的规范进路：在总则中首次明确宣示公民平等参与体育活动的权利，进而在各个章节中分别作出有针对性的解构和规范，辅之以倡导性规范、义务性规范、间接保障规范等形成体育权利的实现机制。体育权利涵盖公民平等参与权、重点人群特殊保障权、青少年体育权利、体育文化权，并创制性地专门规定运动员权利体系、体育赛事组织者权利。为落实上述体育权利，建议强化地方政府及其部门的保障义务，推动地方立法遵循新修订《体育法》开展立改废释、加强新修订《体育法》与相关法律的衔接适用。

关键词：新修订《体育法》；体育权利；保障义务

伴随着体育强国和健康中国新征程的开启，为进一步依法促进我国体育事业高质量发展，① 为保障人民群众多元化、多层次的体育需求得到更好满足，② 2022 年 6 月 24 日，十三届全国人大常委会第三十五次会议表决通过新修订的《中华人民共和国体育法》（以下简称“新修订《体育法》”）。③

---

* **作者简介：**张鹏，南京师范大学副教授，中国法治现代化研究院研究员，法学博士，研究方向：涉外法治、体育法学。

① 张天培，范佳元，孙龙飞，李洋：《体育法迎来全面修订——为新时代体育事业发展提供法治保障》，载《人民日报》2022 年 6 月 30 日，第 18 版。

② 参见《完善保障人民群众参与体育活动的权利——全国人大常委会法制工作委员会社会法室负责人解读新修订的体育法》，http：//www. news. cn/2022 - 06/27/c_1128781569. htm，2022 年 6 月 30 日访问。

③ 《体育法》曾于 2009 年、2016 年进行修订，但均采用与其他法律打包修订的方式，因而修订内容仅限于个别条款。

此次修法贯彻习近平法治思想和习近平总书记关于体育的重要论述，深入践行以人民为中心的立法导向，把完善保障人民群众参与体育活动的权利作为修法重点，进一步明确了各类体育主体的权利义务关系。④ 本文旨在对新修订《体育法》中的体育权利规范条款进行系统梳理，全面总结不同主体在不同领域享有体育权利的具体面向，深刻剖析体育权利的实施保障。

一、体育权利规范条款总览

体育权利在新修订《体育法》中采用了一元多维的规范进路：首次正式在立法总则中明确宣示公民平等参与体育活动的权利，进而在各个章节中就全民健身、学校体育、竞技体育等不同领域作出有针对性的权利规范；⑤ 并以倡导性规范、义务性规范、间接保障规范等三重维度形成体育权利的实现保障机制。

新修订《体育法》中体育权利的原则性宣示与直接规定体育权利的条款，根据作者统计，共计 7 项条款，内含 8 次权利、权益表述。其中，新增权利、权益表述 7 次，修订 1 次。具体而言：第一，新增公民平等参与体育活动权的原则性宣示。新修订《体育法》第 5 条规定国家依法保障公民平等参与体育活动的权利。第二，扩大重点人群覆盖范围，并将各级人民政府需提供方便升级为特别保障。2016 年修订的《体育法》第 16 条中规定，各级人民政府应当采取措施，为老年人、残疾人参加体育活动提供方便。新修订《体育法》在第 5 条中扩大了特殊人群的覆盖范围，将未成年人和妇女列明其中，并强调对上述人群参加体育活动给予特别保障。第三，新增运动员受教育权。新修订《体育法》第 44 条明确国家依法保障运动员接受文化教育的权利；保障运动员完成义务教育成为体育行政部门、教育行政部门的法定义务。第四，明确运动员注册交流权。将 2016 年修订的《体育法》第 29 条中规定的注册管理制度转变为运动员选择注册与交流的权利规定。第五，在原有体育赛事标志保护之外，新增体育赛事组织者权利。新修订《体育法》第 52 条明确，未经体育赛事活动组织者等相关权利人许可，不

---

④ 参见《完善保障人民群众参与体育活动的权利——全国人大常委会法制工作委员会社会法室负责人解读新修订的体育法》，http：//www.news.cn/2022 -06/27/c_1128781569.htm，2022 年 6 月 30 日访问。

⑤ 张鹏：《体育强国建设中的体育权利意涵》，载《人权》2021 年第 6 期。

得以营利为目的采集或者传播体育赛事活动现场图片、音视频等信息。第六，新增体育协会会员权。新修订《体育法》第66条中明确会员所在单项体育协会应当依法维护会员的合法权益，对于会员所提出的意见和建议应当积极向有关单位反映。第七，新增保障体育事业参与主体的合法权益。在2016年修订的《体育法》第41条规定的鼓励自筹资金、捐赠和赞助体育事业的基础上，新修订《体育法》在第78条第1款中明确，国家鼓励社会力量发展体育事业，保障参与主体的合法权益。最后，新增仲裁保障权。新修订《体育法》在第91条中明确，我国建立体育仲裁制度以保护当事人的合法权益。

除上述直接规定体育权利的条款之外，新修订《体育法》还从以下三个维度形成体育权利的实现机制：

一是倡导性规范。法律规范中除禁止性规范、授权性规范外，还存在倡导性规范。所谓倡导性规范，是指并不直接规定主体的权利义务，而是提倡和指引当事人采用特定行为模式的法律规范。[⑥] 新修订《体育法》中的倡导性规范以“鼓励”“支持”“倡导”“促进”等作为关键词。例如，第8条规定：国家鼓励、支持优秀民族、民间、民俗传统体育项目的发掘、整理、保护、推广和创新，定期举办少数民族传统体育运动会。

二是义务性规范。新修订《体育法》一改此前立法宣示性内容多、行为规制条款少的布局模式，[⑦] 代之以国家“构建”“建立”“制定”“推行”“实行”“实施”“开展”“应当”“必须”“必要条件”等为关键词，注重以明确的行为指示确保体育权利的实现。例如，对县级以上人民政府和有关部门、各类主体规定“应当”作为或不作为之处即多达73处；以“开展”为关键词的义务性规定也多达23处。总体来看，义务性规范从作为、不作为两个方面进行规范化设置。例如，第32条第1款从“作为”进行规定：学校应当按照国家有关标准配置体育场地、设施和器材，并定期进行检查、维护，适时予以更新；该条第2款则从“不作为”角度加以规定，学校体育场地不得被随意占用或者挪作他用。

三是间接保障规范。如新修订《体育法》第120条规定：“任何国家、

---

⑥ 王轶：《论倡导性规范——以合同法为背景的分析》，载《清华法学》2007年第1期。

⑦ 张鹏，戚俊娣：《“体育权利”研究反思与立法选择》，载《天津体育学院学报》2013年第3期。

地区或者组织在国际体育运动中损害中华人民共和国主权、安全、发展利益和尊严的，中华人民共和国可以根据实际情况采取相应措施。”尽管本条并未直接表述为权利保障，但有鉴于当下俄罗斯被国际体育组织制裁的情况，⑧ 该条对于保障我国国家主权、安全、发展利益和尊严，以及运动员、裁判员等参加国际体育赛事等方面的权益具有重要意义。

二、体育权利具体规范内容

（一）公民平等参与体育活动权

此次体育法修订中将公民平等参与体育活动权作为修法重点，为广泛开展全民体育运动提供了全民健身充分均衡发展、公共体育服务供给、促进体育资源开放共享等方面的制度支撑。新修订《体育法》从以下五个方面对此进行明确：（1）从总体上明确宣示国家依法保障公民平等参与体育活动的权利（规定于新修订《体育法》第5条）。（2）明确推动我国不同地区的体育事业实现均衡、充分发展（规定于新修订《体育法》第2条），从而保障公民参与体育活动权的平等实现，并将其细化规定为侧重扶持革命老区、民族地区、边疆地区、经济欠发达地区体育事业的发展（规定于新修订《体育法》第7条）。（3）明确规定基本公共体育服务均等化（规定于新修订《体育法》第6条），国家以扩大公益性和基础性公共体育服务供给为保障，逐步健全全民覆盖、普惠共享、城乡一体的基本公共体育服务体系，并以体育资源开放共享保障公民参与体育活动的权利实现（规定于新修订《体育法》第6条）。⑨

---

⑧ 2022年2月28日，国际奥委会敦促所有国际体育单项联合会重新安排或取消他们目前计划在俄罗斯或白俄罗斯举行的体育赛事。自3月1日起，国际滑联（ISU）、国际排球联合会（FIVB）、国际足联（FIFA）、国际羽联和国际乒联等15个以上的国际体育组织都发动了针对俄罗斯的“全面”禁赛令。随后也跟着作出了相同的暂时停止邀请俄罗斯与白俄罗斯选手的决定。这一“禁赛令”并非像以前那样，只是针对国家禁赛，禁止在本协会主办的赛事中，展示俄罗斯标志的国歌国旗，而是彻底禁止有俄罗斯国籍的人，包括选手、裁判和官员参与本协会的任何赛事与工作。

⑨ 参见《完善保障人民群众参与体育活动的权利——全国人大常委会法制工作委员会社会法室负责人解读新修订的体育法》，http：//www.news.cn/2022 - 06/27/c_1128781569.htm，2022年6月30日访问。

(4) 增设专章规定全民健身,[⑩] 并将其置于第一章总则之后，突显其重要意义；该章突出全民健身国家战略，构建全民健身公共服务体系，推行全民健身计划，鼓励和支持公民参加健身活动，促进全民健身与全民健康深度融合。(5) 在第八章“保障条件”中强化公共体育场地设施向全社会开放，并特别规定免费和低收费向社会开放的体育场地设施，国家按照有关规定给予补助（规定于新修订《体育法》第 84 条）；鼓励将旧厂房、仓库、老旧商业设施等闲置资源转变为体育场地设施向社会开放，并鼓励和支持机关、学校、企业事业单位内部的体育场地设施向社会公众加以开放。

（二）重点人群特别保障权

此次体育法修订着力解决重点人群参与体育运动的特殊保障问题。(1) 明确国家对未成年人、妇女、老年人、残疾人等参加体育活动的权利给予特别保障（规定于新修订《体育法》第 5 条）。(2) 将特殊人群的覆盖范围加以拓展，首次将学前儿童参与体育活动纳入法律调整范畴。[⑪] 新修订《体育法》在第 34 条中规定，幼儿园应当为学前儿童提供适宜的室内外活动场地和体育设施、器材，并要求开展与学前儿童特点相适应的体育活动。(3) 首次明确要求对于特殊体质学生参与体育活动和体育测试的特殊保障，体现了《体育法》修订的人文关怀。新修订《体育法》第 26 条第 2 款规定，学校体育课教学应当为病残等特殊体质学生提供适合其特点的体育活动。(4) 对于存在近视、肥胖等不良健康状况的青少年人群作出单独条款规定。[⑫] 新修订《体育法》第 36 条中明确了通过开展体育活动有效控制青少年近视率、肥胖率的双重义务：一是体育行政部门、教育行政部门和各级各类学校负有组织、引导青少年参加体育活动的义务，积极预防和控制近视、肥胖等不良健康状况在青少年人群中的发生率；二是家庭负有配合上述组织、积极推动青少年参加体育活动的义务。

---

⑩ 原《体育法》中“社会体育”部分修改为“全面健身”。详见何毅亭：《关于〈中华人民共和国体育法（修订草案）〉的说明——2021 年 10 月 19 日在第十三届全国人民代表大会常务委员会第三十一次会议上》，http://www.npc.gov.cn/npc/c30834/202206/ef76f5aa9e0f49f081c1ba37f998d501.shtml，2022 年 6 月 28 日访问。

⑪ 周爱光：《新时代我国学校体育改革发展的法治保障》，载《中国体育报》2022 年 6 月 29 日，第 2 版。

⑫ 周爱光：《新时代我国学校体育改革发展的法治保障》，载《中国体育报》2022 年 6 月 29 日，第 2 版。

（三）青少年体育权利保障体系

体育是促进青少年健康成长的重要载体，对于塑造青少年人生观、世界观和价值观发挥着重要作用。我国《宪法》第46条明确规定受教育权是公民的基本权利。新修订《体育法》在第一章“总则”、第三章“青少年和学校体育”等章节中形成了以下五个方面的青少年体育权利的规范保障体系：(1）把青少年和学校体育置于优先发展的战略地位。新修订《体育法》第10条中新增“促进青少年全面发展”的规范。该条规定：国家优先发展青少年和学校体育，坚持体育和教育融合，文化学习和体育锻炼协调，体魄与人格并重，促进青少年全面发展。（2）承续新修订《体育法》第一章中“促进青少年全面发展”的规定，第三章第24条明确提出国家实行青少年和学校体育活动促进计划，健全青少年和学校体育工作制度，实现体育、教育、卫生健康等行政部门与共产主义青年团等群团组织协同推进青少年体育权利保障，促进青少年健康成长。(3）通过体育课程与课余活动双管齐下，保障各教育阶段学生参加体育锻炼。其一，将体育教学课程融入学校教育全过程。新修订《体育法》第26条第1款规定，学校必须按照国家有关规定开齐开足体育课，并确保体育课的课时不被占用。其二，课余体育活动与体育课的衔接。新修订《体育法》第27条第1款规定，校内学生课外体育活动必须被纳入学校的教学计划，并实现课外体育活动与体育课教学的内容衔接。其三，学校体育活动时间保障给出了底线规定。新修订《体育法》第27条第1款规定，学生在校期间必须保证每天参与不少于一小时的体育锻炼。(4）参与课余运动训练保障。新修订《体育法》第27条第2款规定：鼓励学校通过组建运动队、俱乐部等体育训练组织，开展多种形式的课余体育训练；有条件的学校可组建高水平运动队，为国家培养竞技体育后备人才，并在第68条中规定，国家鼓励发展青少年体育俱乐部等自治性体育组织。(5）获得体育专业指导。新修订《体育法》从三个方面对于我国体育教育体系中体育专业指导作出了专门规定：一是合格体育教师的足量配备。新修订《体育法》第31条第1款规定：“学校应当按照国家有关规定，配备合格的体育教师；并明确体育教师应当享受与其他学科教师同等待遇。”二是体育教练员的配备。新修订《体育法》第31条第2款规定：“学校可以设立体育教练员岗位。”三是对于优秀退役运动员的优先聘用作出了明确。新修订《体育法》第31条第3款规定，符合条件的优秀退役运动员应当被优先聘用，参与学校体育教学、训练活动。(6）学校体育场地的配置保障。新修订《体育法》第 32 条从两方面加以明确：一是供给保障。学校应当按照国家有关标准配置体育场地、设施和器材，并定期对于上述场地设施器材进行检查、维护、更新。二是禁止规范。学校体育场地必须保障体育活动需要，不得被任何人随意占用或者挪作他用。

（四）体育文化权

习近平总书记指出，中华传统文化是我们最深厚的软实力；没有文明的继承和发展，没有文化的弘扬和繁荣，就没有中国梦的实现。[13] 新修订《体育法》将培育中华体育文化明确规定于第 1 条立法目的之中。从全文来看，新修订《体育法》有关体育文化权的规范集中体现于以下三个方面。其一，传统体育项目的传承发展。联合国教科文组织在 2015 年修订的《体育教育、体育活动与体育运动国际宪章》中强调体育所蕴含的文化多样性是非物质文化遗产的组成部分，而体育的多样性传承与发展构成体育文化权的核心。武术、蹴鞠等多项民族体育项目被收录于 2006 年国务院公布的第一批国家级《非物质文化遗产名录》之中，民族传统体育项目被确认为非物质文化遗产。新修订《体育法》第 8 条在延续原《体育法》第 15 条的基础上增加对于民俗体育项目和传统体育运动会的内容，该条规定：国家鼓励、支持优秀民族、民间、民俗传统体育项目的发掘、整理、保护、推广和创新，定期举办少数民族传统体育运动会。其二，体育传统特色学校的建设。新修订《体育法》第 41 条规定："国家加强体育运动学校和体育传统特色学校建设，鼓励、支持开展业余体育训练，培养优秀的竞技体育后备人才。"其三，将每年 8 月 8 日全民健身日所在周确定为体育宣传周（规定于新修订《体育法》第 15 条）。

（五）运动员权利

新修订《体育法》在第四章"竞技体育"中新增运动员权利条款，助力实现运动员的全面发展。习近平总书记多次深刻指出要"不断促进人的全面发展"。[14] 运动成绩的取得不能以牺牲运动员文化教育权、就业权等核

---

[13] 参见《〈习近平总书记系列重要讲话读本（2016 年版）〉十一、用社会主义核心价值观凝心聚力——关于建设社会主义文化强国》，载《人民日报》2016 年 5 月 5 日，第 9 版。

[14] 习近平：《在庆祝改革开放 40 周年大会上的讲话》，载《人民日报》2018 年 12 月 19 日，第 2 版。

心权利为代价，已成为普遍共识。为此，新修订《体育法》从以下三个方面强化运动员权利保障：第一，运动员的体育成就权。新修订《体育法》在第39条中规定国家鼓励运动员提高竞技水平，在体育赛事中创造优异成绩，为国家和人民争取荣誉。第二，运动员的职业化保障。新修订《体育法》在第45条中明确运动员的选择注册与交流权，运动员可以参加单项体育协会的注册，并按照有关规定进行交流。第三，新修订《体育法》在原有条文“国家对优秀运动员在就业或者升学方面给予优待”的基础上，为解决学训矛盾等制约运动员全面发展的现实问题，规定了具有操作性的可行举措。⑮ 可以细化为以下三个方面：一是强化运动员接受文化教育的权利保障，在第44条规定“国家依法保障运动员接受文化教育的权利。体育行政部门、教育行政部门应当保障处于义务教育阶段的运动员完成义务教育”。二是就业升学优待权。新修订《体育法》第46条规定，优秀运动员在就业和升学方面应当得以优待。三是退役运动员获得就业创业指导和服务。新修订《体育法》在第47条中强调，各级人民政府均应强化退役运动员的职业技能培训和社会保障，并应当在就业、创业方面为退役运动员提供指导和服务。

（六）体育赛事组织者权利

新修订《体育法》第四章“竞技体育”第52条在原有的体育赛事标志保护外，新增关于体育赛事组织者权利的保护。此前，我国法律并没有明确体育赛事组织者所享有的权利性质、范围和内容。在体育法修订过程中，专家学者对于是否增加体育赛事转播权也是意见不一。新修订《体育法》没有直接采取“转播权”的概念，而是表述为“未经体育赛事活动组织者等相关权利人许可，不得以营利为目的采集或者传播体育赛事活动现场图片、音视频等信息”（规定于新修订《新修订体育法》第52条第2款）。⑯

三、把体育权利保障落到实处

法律的生命力在于实施。2022年7月，国家体育总局召开新修订《体

⑮ 杨国庆：《完善体育立法 保障竞技体育高质量发展》，载《中国体育报》2022年7月1日，第2版。

⑯ 韩勇：《首开先河：体育法关于赛事组织者权利的规定》，载《中国体育报》2022年6月30日，第2版。

育法》贯彻实施动员大会。就体育权利而言，新修订《体育法》中各项体育权利规定要落实落细落地，必须强化义务保障：第一，县级以上地方人民政府及体育、公安、市场监管、应急管理等有关部门必须积极履行法定职责，落实新修订《体育法》规定的各项职责，以实施新修订《体育法》作为契机切实提高依法行政效能。第二，地方体育行政部门推动本地区相关地方性法规、地方政府规章的立改废释，细化权利保障规定，并尽快修改、废止与上位法存在不一致的地方立法。以体育设施的建设保障为例，新修订《体育法》第82条中规定，县级以上地方人民政府应当将本行政区域内公共体育场地设施的建设纳入国民经济和社会发展规划、国土空间规划。现有地方立法多与此规定不同：如《北京市体育设施管理条例》第7条规定将公共体育设施建设纳入城市规划、《江苏省体育设施管理办法》第6条则仅规定纳入国民经济和社会发展规划。第三，强化新修订《体育法》与相关法律的衔接适用。以赛事组织者权利为例，现有规定比传统转播权概念更为宽泛，难免与2020年修订的《中华人民共和国著作权法》中规定的“视听作品”、⑰ 广播权，尤其是信息网络传播权等产生交叉，亟须强化立法解释并在适用中进行有效衔接。

⑰ 《著作权法》第3条规定：“本法所称的作品，是指文学、艺术和科学领域内具有独创性并能以一定形式表现的智力成果，包括……视听作品。”该条的修订被认为将电影电视剧、综艺节目、访谈节目、赛事节目等众多广电媒体制作的视听节目均纳入“视听作品”范围。

新修订《体育法》对高危险性体育活动监管制度的完善*

李　倩**

摘　要： 此次《体育法》修订新增了高危险性体育活动监管的若干条款，充分吸收了我国高危险性体育项目监管制度变革与演进的成果，在填补法律空白的同时，通过明确监管主体、扩大监管范围、完善监管内容、严格监管标准形成了统一的高危险性体育活动监管体系，从而对下位法的相应修订、监管执法的具体实施和高危体育项目目录的更新提出了进一步要求。

关键词： 高危险性体育项目；高危险性体育活动；行政监管

高危险性体育活动主要指兼具高专业性、高技术性、高危险性、人身安全高度相关性的体育活动，普遍具有不同于一般体育活动的高刺激性、趣味性和挑战性。与国外对极限运动（Extreme Sports）倾向于社会组织的自治性管理不同，我国自 2009 年以来就开始探索高危险性体育项目的行政许可监管制度。但此前《体育法》作为体育领域治理的基本法律依据，却未对高危险性体育活动风险治理作出规定，尤其缺乏针对高危体育活动特殊风险实施监管的体系性规定。此次《体育法》修订新增多条高危险性体育活动监管条款，对于高危险性体育活动监管制度的完善具有重要影响。

---

* **基金项目：** 本文系教育部人文社会科学研究项目“司法场域下体育自治的边界厘定与体系重塑研究”（21YJCZH071）和湖南省哲学社会科学基金青年项目“高危险性体育项目风险的多元法律治理研究”（17YBQ004）的阶段性成果。

** **作者简介：** 李倩，法学博士，湖南科技大学法学与公共管理学院副教授，硕士研究生导师，研究方向：体育法，国际私法。

一、高危险性体育活动监管制度纳入新修订《体育法》的背景

(一) 高危险性体育项目经营行政许可制度的设立

20 世纪 90 年代，所有体育经营活动开展均需接受体育行政部门的前置审批，并未区分一般体育活动和高危险性体育活动。高危险性体育项目被专门纳入行政监管制度实质上是 21 世纪初行政审批制度改革的产物。① 国务院于 2001 年启动行政审批制度改革，强调行政审批应退出市场机制与行业自律领域，因此启动了各类非必要行政审批事项的撤销和削减工作。"体育经营活动"因具有鲜明的体育产业市场化和体育行业自治色彩，在 2002 年被纳入《国务院关于取消第一批行政审批项目的决定》的"撤销目录"，自此体育经营活动的行政审批被"一揽子"取消。

2003 年《行政许可法》实施后，依据该法第 12 条，高危险性体育活动作为"直接关系人身健康、生命财产安全的特定活动"进入法定的行政许可范围。比如，国务院将"举办攀登山峰活动审批"列入"确需保留的行政审批项目"目录（2016 年修订），要求对具有高危险性的登山活动设定专门行政许可。体育总局也发布实施《国内登山管理办法》（2003 年），明确要求对高危险性的登山活动设立行政监管②。登山运动成为体育经营活动审批取消后首个由体育行政部门设立专门监管的体育项目，这是一揽子取消体育经营活动全面审批后，高危险性体育活动以个别项目的形式首次被纳入行政监管范围。

2009 年，《全民健身条例》系统地提出"高危险性体育项目"及其经营许可的问题。《全民健身条例》第 32 条（2016 年 2 月已作修订）规定："经营高危险性体育项目的，应当符合下列条件，并向县级以上人民政府体育主管部门提出申请：（一）相关体育设施符合国家标准；（二）具有达到规定数量的取得国家职业资格证书的社会体育指导人员和救助人员；（三）

---

① 《国家体委关于加强体育市场管理的通知（〔94〕体计经管字 201 号）》，https：//www. sport. gov. cn/n315/n331/n403/n1957/c573985/content. html，2022 年 7 月 9 日访问。

② 《国务院对确需保留的行政审批项目设定行政许可的决定（中华人民共和国国务院令第 412 号）》，http：//www. gov. cn/zhengce/2020 – 12/27/content_ 5574585. html 年 7 月 9 日访问；《国内登山管理办法（国家体育总局令第 6 号）》，https：//www. sport. gov. cn/n315/n331/n402/c573909/content. html，2022 年 7 月 9 日访问。

具有相应的安全保障制度和措施。县级以上人民政府体育主管部门应当自收到申请之日起30日内进行实地核查，做出批准或者不予批准的决定。批准的，应当发给许可证；不予批准的，应当书面通知申请人并说明理由。申请经营高危险性体育项目的，应当持县级以上人民政府体育主管部门的批准文件，到工商行政管理部门依法办理相关登记手续。国务院体育主管部门应当会同有关部门制定、调整高危险性体育项目目录，经国务院批准后予以公布。”该条款设定的市场准入条件和标准科学合理，此后体育总局关于高危险性体育项目监管的政策法规均以此条为依据和基础，此次《体育法》修订新增的第105条在结构和内容上也基本采纳了该条款的规定，因此可被视为高危险性体育项目行政监管的“源条款”。

此后，2011年《体育产业“十二五”规划》明确提出“建立健全高危险性体育项目经营活动行政许可制度”“初步建立以高危险性体育项目为重点的体育市场监管体系”，设定了高危险性体育项目行政监管的初步阶段性目标。体育总局最终于2013年出台《经营高危险性体育项目许可管理办法》，并公布了《第一批高危险性体育项目目录》，既明确了高危险性体育项目行政许可的具体规范依据，也形成了对高危险性体育项目实施市场准入管理的基本法律制度，同时标志着高危险性体育项目的行政监管体系得以初步建立。

（二）从准入监管到过程监管

高危险性体育项目行政许可作为传统的事前审批程序，是初期高危险性体育项目行政监管的主要内容。随着全国行政管理体制“简政放权”“证照分离”“放管结合”等系列改革举措稳步推进，体育总局对高危险性体育项目的行政监管制度也随之启动了系列改革。一是简化市场准入许可程序。2018年9月，为激发市场主体活力、加快推进政府职能转变，全国范围内开始推开“证照分离”改革。在第一批全国推进“证照分离”改革的具体事项表中，高危险性体育项目行政许可属于应“优化准入服务”的类别③。体育总局在落实上述改革要求的通知中明确提出“精简审批材料”“压缩审批时限”等要求，并对《经营高危险性体育项目许可管理办法》进行了相

③《国务院关于在全国推开“证照分离”改革的通知（国发〔2018〕35号）》，http://www.gov.cn/zhengce/content/2018-10/10/content_5329182.html，2022年7月9日访问。

应修改。④ 二是强化事中事后监管。国务院于2019年出台《关于加强和规范事中事后监管的指导意见》，要求持续深化“放管服”改革，坚持放管结合、并重，将更多行政资源从事前审批转到加强事中事后的实质监管上来。⑤ 根据上述指导意见，体育总局于2019年12月底印发《关于进一步加强和规范体育领域事中事后监管的若干意见》的通知，明确了对高危险性体育项目市场的监管优化应增加行政检查和落实行政处罚，意味着高危险性体育项目的经营监管从强调事前监管转变为事中事后全过程监管。

高危险性体育项目行政许可制度的设立和全面监管制度的完善充分体现了体育行政权力在高危险性体育项目治理中的主导作用。对高危险性体育活动风险治理的行政干预和监督是中国体育风险治理的独有经验，彰显了体育活动人身安全保障的价值。此次《体育法》修订充分吸收了我国高危险性体育项目监管制度变革与演进的成果，通过立法确认了上述高危险性体育项目行政许可制度和事中事后监管制度。此外，2021年5月甘肃白银“黄河石林百公里越野跑”突发群体性伤亡事故后，高危险性体育活动的风险防控问题受到高度重视，这也是此次《体育法》修订将高危险性体育赛事风险纳入行政监管的重要背景，该事件直接推动了第106条和第113条关于高危险性体育赛事活动行政准入以及执法监督条款的出台。

二、新修订《体育法》对高危险性体育活动行政监管的影响

（一）明确了高危险性体育活动监管的法律依据

1. 补足了高危险性体育活动监管的法律空白

高危险性体育项目的行政许可制度最初设立的依据是国务院行政监管制度改革的政策性文件。2009年，首次颁布实施的《全民健身条例》第12条规定了高危险性体育项目行政许可制度在，这也是此次《体育法》修订前

---

④ 《国家体育总局关于落实“证照分离”改革优化经营高危险性体育项目准入服务的通知（体政字〔2018〕150号）》，https：//www. sport. gov. cn/zfs/n4974/c881317/content. html，2022年7月9日访问；《国家体育总局关于废止和修改部分规章、规范性文件和制度性文件的决定（国家体育总局令第24号），http：//www. gov. cn/zhengce/zhengceku/2018－12/31/content_ 5448798. html，2022年7月9日访问。

⑤ 《国务院关于加强和规范事中事后监管的指导意见（国发〔2019〕18号）》，https：//gkml. samr. gov. cn/nsjg/xyjgs/201910/t20191018_ 307479. html，2022年7月9日访问。

高危险性体育活动监管的最高法律依据。目前高危险性体育项目行政许可的规范依据主要有行政法规、部门规章和地方性法规三类。行政法规是指《全民健身条例》，也是现行效力层级最高的高危险性体育项目监管规范；部门规章主要是 2013 年颁布的《经营高危险性体育项目许可管理办法》，此外在体育总局的系列规章文件或政策文件中也零散涉及高危险性体育项目监管的一些规定；地方性法规主要包括地方性全民健身条例、关于体育市场经营的地方性法规、专门针对高危险性体育项目经营的地方性法规以及单项高危险性体育项目的地方政府规章等。

《体育法》自 1995 年颁布实施以来从未修订，故直至此次立法修订前，高危险性体育项目监管制度始终没有机会进入《体育法》规范范畴。尽管存在上述多层次规范依据，高危险性体育项目监管一直缺乏更高层级的上位法律依据⑥，客观上导致其规范化水平和效力受到限制。在该领域行政许可和行政处罚的设定上，亦存在因缺乏明确法律依据而一度与《行政许可法》和《行政处罚法》的实施产生冲突。此次《体育法》修订明确将高危险性体育项目经营许可与监管的规定纳入了立法，既是对高危险性体育项目监管近十年实践积累与变革的法律确认，也标志着高危险性体育项目正式进入“依法监管”的阶段，对于提升监管效果、强化监管权力具有重要意义。

2. 对地方监管制度的统一

本次立法修订前，高危险性体育项目的地方监管制度并未在《全民健身条例》和《经营高危险性体育项目许可管理办法》下实现全国统一，而是呈现出较大的地方差异。其一表现为地方监管依据的差异化。地方监管的规范形式主要有如下四类：有些省份将高危险性体育项目监管规定在地方性全民健身条例，如《浙江全民健身条例》（2014 年）；有些地市在关于体育市场经营的地方法规中作出规定，如《苏州市体育经营活动管理条例》（2016 年）；有些地区颁布了专门规范高危险性体育项目经营的地方性法规，如《广东省高危险性体育项目经营活动管理规定》；还有地市针对单项高危险性体育项目制定了地方政府规章，如《张家口市滑雪场所安全管理办法》（2018 年）。这些地方规范在制定主体、效力层级、具体内容上均存在很大

⑥ 汪全胜，宋琳璘，张奇：《我国高危险性体育项目的立法缺陷及其完善》，载《武汉体育学院学报》2020 年第 6 期。

差别，并不能达成统一。其二表现为地区监管范围的差异化。根据《行政许可法》，地方性法规只能在该法第 12 条的范围内对上位法没有规定的事项设定行政许可。但部分地区（如重庆、吉林和广东）的高危险性体育项目监管制度并未与体育总局 2013 年公布的《第一批高危险性体育项目目录》保持一致，而是对监管范围和项目类型作了大幅扩展或修改。比如《重庆市体育市场管理条例》（2016 年）并未将上述《目录》中的“游泳”列为高危险性体育项目，却增加了射击、拳击、跳伞、蹦极等“目录外”项目，《吉林市高危险性体育经营活动管理条例》（2009 年）规定卡丁车、轮滑、攀岩、滑冰、潜水、滑翔伞等均属于高危险性体育项目。由于《全民健身条例》和《经营高危险性体育项目许可管理办法》明确了“高危险性体育项目”应为《第一批高危险性体育项目目录》公布的项目，故地方实施的差异有可能导致地方监管制度违反“上位法”的规定。

地方监管依据的差异化不利于高危险性体育市场的地区协调和流通，可能阻碍高危险性体育产业在全国范围内的均衡发展。此次《体育法》修订在《全民健身条例》基础上明确纳入高危险性体育项目监管制度，提升了高危体育监管的立法位阶，为地方立法的修订和完善提供了更为明确和效力更强的上位法依据，有助于统一地方差异化监管制度。《体育法》作为统一适用的高效力、高位阶的规范依据，其关于高危险性体育项目监管的特殊规定，将大幅提升地方监管制度的违法成本，有利于敦促地方监管部门对不合理不合法的规范依据和实施方式进行合法化整改。同时也有利于地方监管部门依法明确监管职能的范围和权限，重视监管执法过程中的程序正义和合法性问题，从而有效提升依法监管能力。

（二）监管范围的扩展

1. 增加了对“高危险性体育赛事活动”的监管

自 2009 年以来，关于高危险性体育活动的监管一直是指对“高危险性体育项目经营”的监管。监管的对象主要是指社会体育领域高危险性体育项目的市场经营行为。此次《体育法》修订增加了第 106 条关于“高危险性体育赛事活动”监管的规定，第 113 条也对体育赛事活动组织者“未经许可举办高危险性体育赛事活动”作出了处罚规定。上述两条新增规定意味着高危险性体育活动监管范围不再局限于经营性的社会体育领域，也扩展到了以体育赛事为主的竞技体育领域。

高危险性体育赛事行政许可和行政监管程序的增设主要是受 2021 年 5

月甘肃白银（第四届）黄河石林百公里越野赛公共安全事件推动。体育总局在该事件后立即出台了《关于进一步加强体育赛事活动安全监管服务的意见》，并同步启动了高危险性体育赛事风险防控及监管的文件起草。此次《体育法》修订扩大了高危险性体育项目的监管对象，草案二审稿相较于一审稿在体育赛事监管的条款中新增了“自然灾害”与极端天气、公共卫生事件并列作为突发事件，明确当上述事件发生而导致体育赛事不具备继续举办的条件时，体育赛事的活动组织者负有及时终止的义务，若是不履行该义务，人民政府应当责令其中止该赛事的规定，该规定充分体现出本次立法修订吸收并强化了上述政策文件的精神。此外，从赛事活动的场地设施到组织方案，安全应急预案等材料，都应当由政府各部门按照自己的职责进行监管。此举充分体现了其作为基本法律对于安全价值与体育特殊价值的慎重衡平。

2. 扩展了高危险性体育项目经营监管对象的范围

关于高危险性体育项目经营监管对象，2009年和2013年版的《全民健身条例》第32条均规定为“经营高危险性体育项目的”，并没有明确经营主体的性质。2013年实施的《高危险性体育项目经营许可管理办法》将经营主体限定为“以营利为目的，经营高危险性体育项目的”，也没有明确指出经营主体的法律属性。但在《全民健身条例》和《高危险性体育项目经营许可管理办法》的2016年修订版中，高危险性体育项目经营者被明确限定为“企业和个体工商户”，实际上将开展高危险性体育活动的高校和事业单位排除在监管范围之外。此次《体育法》修订却并未采纳“以营利为目的”和“企业和个体工商户”的界定，第105条和第116条将监管对象确定为“高危险性体育项目经营者”，理论上将企业、个体工商户和事业单位、政府机构等经营高危险性体育项目的行为都纳入了监管范围，实际上扩大了高危险性体育项目监管的对象。

（三）监管内容大幅度完善

1. 全过程行政监管的介入

不仅规定了准入阶段的许可监管，还规定了经营过程中的检查执法监督和违法行为的处罚监管。新修订《体育法》第105条和第106条分别是对经营高危险性体育项目和举办高危险性体育赛事活动的准入许可监管。准入资质的审查和批准是高危体育活动行政监管的传统方式，也是最基本的监管手段。除了上述两条对准入许可的规定，第107条对包括高危体育项目经营及赛事活动在内的体育执法检查也作出了规定“县级以上地方人民政府应当建立体育执法机制，为体育执法提供必要保障。体育执法情况应当向社会公布，接受社会监督”。第113条和第116条则明确了对高危体育活动违法经营或组织的行政处罚，设定了罚款、没收、禁赛和取消资质等罚型。对高危体育活动设立执法监督与处罚监督，意味着体育行政权的具体实施“长出了牙齿”，将强有力地实现监管效果。

2. 高危险性体育场所及设施的安全标准和安全保障制度的法定化

对社会体育指导员、救助人员、安全技术人员的严格要求。对于高难度、高风险、技术性强的体育项目来说，专业人士的指导和救助是活动参与者安全保障最重要的内容，也是高危体育活动安全准入资质的重要标准。第105条关于高危险性体育项目经营准入资质的规定要求配置社会体育指导员和救助人员，并具有“达到规定数量”的国家级职业资格证书或职业技能等级证书。第106条对于高危险性体育赛事活动的举办则要求“配备具有相应资格或资质的专业技术人员”。这也是体育专业人士首次被纳入《体育法》，将在很大程度上鼓励和推动社会体育指导员的培训和体育专业技术人才的培养。

3. 对体育意外伤害保险和场所责任保险提出强制要求

在此次《体育法》修订前，不管是从《全民健身条例》还是《高危险性体育项目经营许可办法》，或是其他规范性文件，均未对体育责任保险作出硬法规定，而是作为“鼓励”或推广措施纳入软法规范。但此次《体育法》新增第90条，对于高危险性体育项目经营和高危险性体育赛事活动的体育责任保险提出了刚性要求，规定经营者或组织者“应当投保体育意外上海保险和场所责任保险”。从“鼓励”到“应当”的转变意味着，法律对高危体育活动的安全保障义务主体提出了强制投保义务。或者说，投保义务成为高危体育项目经营者或高危赛事活动组织者应履行的安全保障义务之一。这既体现了立法者对于高危体育活动行政监管力度的加强，也标志着安全保障义务在高危体育领域的严格化趋势，从而进一步推动高危体育活动多元法律治理体系的建立和完善。⑦

⑦ 《体育场所开放条件与技术要求 第1部分：游泳场所（GB 19079.1—2013）》，https：//openstd. samr. gov. cn/bzgk/gb/newGbInfo？hcno = D1752BFF7F5B9C0BE92FA1562E485C20，2022年7月9日访问。

三、新修订《体育法》框架下现行高危体育行政监管制度的完善

（一）《全民健身条例》的高危险性体育监管条款及地方高危体育监管规范应依据新修订《体育法》作一致性修改

在监管对象上应删除对“高危险性体育项目经营者”的特别限定。2016 年修订的《全民健身条例》第 32 条将高危体育项目监管的主体限定为经营高危险性体育项目的“企业、个体工商户”，与《体育法》第 105 条的规定存在冲突，应将高危险性体育项目的所有经营者纳入监管对象范围。一些地方性高危体育监管规范的监管对象范围与 2016 年《全民健身条例》一致，如《广东省高危险性体育项目经营活动管理规定》第 4 条，也应参照《体育法》第 105 条作一致性修改。

在监管内容上增加对“高危险性体育赛事”的监管。如前所述，对高危险性体育赛事的监管是新修订体育法为应对重大赛事安全事故而增设的体育行政监管权，是此次《体育法》修订对体育行政监管与执法权力的重要扩充。此前《全民健身条例》和地方规范均缺乏对高危险性体育赛事监管的规定，应参照《体育法》第 106 条和第 113 条增设相关内容，确保该项新增法定执法权限的落实。

在监管标准上应与《体育法》第 105 条作一致性修改。《全民健身条例》第 32 条的监管标准与《体育法》第 105 条存在两大差异：一是《全民健身条例》对社会体育指导员和救援人员的资质提出了更高的“国家执业资格证书”标准。社会体育指导员是健康中国战略下大力发展群众体育和社会体育活动的重要保障措施，但全国范围内实现国家级社会体育指导员的普及显然存在现实障碍。因此，有必要将更为广泛的具有相应专业资质的社会体育指导员和救援人员群体纳入进来。《体育法》第 105 条正是基于社会体育指导员队伍扩大化的现实考量，将该具备相应资质的职业技能等级证书的人员也纳入该标准，在确保社会体育指导员和救援人员专业素质的前提下，拓宽了资质的准入标准。《全民健身条例》与地方监管规范如果继续沿用高于《体育法》第 105 条的标准，将面临与上位法冲突的风险。二是应急救援制度的缺乏。《体育法》第 105 条对高危体育项目应急救援制度的设立主要是针对极端天气、突发事故或应急防疫引发的风险，《全民健身条例》和地方规范应依据此条对高危体育活动应急救援制度的具体实施作出规定。

（二）体育行政执法对"依法监管"和过程监管的落实

在新修订体育法框架下，县级以上体育行政部门对高危体育活动的监管权得到了明显加强，在监管对象、监管范围、监管事项和监管标准上均有扩大或丰富。此前基层体育行政部门在高危体育项目领域的执法权普遍存在依据不明、边界模糊、程序不足等问题，此次《体育法》修订新增 5 条涉高危体育活动条款，均围绕体育行政监管与执法权的设定和实施作出规定。这些法定授权性规范既在此前行政规范和地方性规范基础上提升了其监管权的法律效力，也形成了监管权具体实施的体系化。县级以上体育行政部门必须全面、严格依据上述条款实施监管，尤其是落实组织者、经营者强制保险和对高危体育赛事的审批等新增执法权限。

（三）更新高危险性体育项目目录和安全标准

自 2013 年《第一批高危险性体育项目目录》公布后，被纳入行政监管的高危体育项目目录仅限于游泳、滑雪（高山、自由式、单板）、潜水、攀岩四项。但实践中更多具有高危性的体育活动因未纳入该目录而处于监管的真空地带。尤其是随着北京冬奥会的筹办和举办，具有危险性的"目录外"冰雪运动项目迅速普及，但因目录未及时更新导致的监管缺失将引发极大的安全隐患。该目录长期未更新不仅造成高危体育活动领域体育行政监管的尴尬，也给高危体育活动中因人身伤害引发的民事责任分配带来"（目录）内外有别"的困境。因此当前迫在眉睫的工作是更新和扩充高危险性体育项目目录，并为每一项高危体育项目出台相应的安全标准，为行政监管和民事归责提供具体依据。

四、结语

本次《体育法》的修订，以回应社会热点问题和高危险性体育项目特殊性考量两方面为起点，进一步完善了高危险性体育活动的监管制度，既延续了已有下位法的安全价值框架，亦增设新法将"高危险性体育项目"扩展至更宽泛的"高危险性体育活动"的安全保障。《体育法》此番修订凸显了安全价值，同时在体育权力介入高危体育项目管理的正当性和适当性问题上也对地方体育行政执法提出了挑战，未来需要通过与《民法典》适用和体育组织行业治理相结合，形成高危体育活动风险的多元法律治理格局，突破现行行政监管治理的单一性困境。

《体育法》修订后体育仲裁的法治化路径研究

罗小霜*

摘　要：体育仲裁已成为当今体育领域最重要的纠纷解决机制。随着《体育法》的修改、体育仲裁相关规则的制定以及体育仲裁委员会的成立，我国正式建立具有中国特色的社会主义体育仲裁制度。我国体育仲裁制度的社会主义特色在于：仲裁机构设立于体育行政部门，又独立于体育行政部门；受案范围多元，界限清晰；以行业协会规章及赛事规定为仲裁依据；考量并平衡利益相关方的核心利益；保障救济途径的同时注重节约司法资源。然而，实现我国体育仲裁制度法治化的路径，必然要求仲裁机构摆脱行政属性确保其独立性，规范仲裁员选任制度确保仲裁公正性，在效率与公正的价值平衡中优化仲裁程序。

关键词：体育仲裁；社会主义特色；法治化

建立体育纠纷多元化解决机制作为提升体育法治的重要组成部分，是实现我国体育强国目标的法治保障。2022 年 6 月 24 日，《体育法》由中华人民共和国第十三届全国人民代表大会常务委员会第三十五次会议修订通过，并于 2023 年 1 月 1 日起正式施行。修订后的《体育法》由原来的 8 章共 54 条增加至 12 章共 122 条，其中第九章设为“体育仲裁”专章。《体育法》作为我国体育领域的基本法，对“体育仲裁”专章的设置体现了我国对体育法治发展的重视，夯实了我国体育仲裁制度的社会主义特色，标志着我国体育纠纷解决法治体系的重要完善。

---

* **作者简介：**罗小霜，法学博士，中国政法大学法学院副教授，中国政法大学体育法治研究基地研究员，主要从事体育法学研究。

一、《体育法》增加"体育仲裁"专章的修订背景

建立体育仲裁制度是竞技体育蓬勃发展的必然要求，是完善我国当前体育纠纷解决机制的重要途径，也是我国与国际体育发展接轨的重要体现。

（一）竞技体育发展要求建立体育仲裁制度

竞技体育本身具有竞争性、规范性、不确定性、公平性等特征。伴随着竞技体育发展的日渐国际化与商业化，以及体育产业的持续蓬勃发展，体育纠纷也不断涌现出来。它不仅涉及运动员因违反体育组织的管理规定而引发的纪律性处罚纠纷，如兴奋剂纠纷，也包含因运动员注册、交流发生的纠纷，如运动员转会纠纷等。相比起一般的民商事纠纷，体育纠纷有着其自身的特殊性，该特殊性首当其冲表现在纠纷解决的时效性，它往往要求纠纷解决机构在较短时间内解决纠纷。体育行业的高度自治性决定了体育纠纷解决的复杂性。现有国际体育组织体系复杂，每个组织都制定有自己的实体规则、程序规则并拥有纠纷解决机构。这些特性决定了在体育领域必须要有一种快速、高效、公平、公正的纠纷解决机制，专门解决体育领域发生的纠纷。实践证明，国际体育领域已经摸索出一套较为成熟的纠纷解决机制——体育仲裁，并在全球范围内产生了十分积极的效应。

（二）《体育法》修订前的体育纠纷解决机制弊端

我国当前体育纠纷解决机制主要有协会内部纠纷解决机制、行政复议、司法诉讼、调解等多种纠纷解决机制。1995 年《体育法》虽然在第 33 条（2006 年修改后成为第 32 条）规定"在竞技体育活动中发生纠纷，由体育仲裁机构负责调解、仲裁，体育仲裁机构的设立办法和仲裁范围由国务院另行规定"，但后来由于《立法法》修订等多方面原因，我国体育仲裁制度并没有得到落实，因而，多年来我国竞技体育纠纷主要依靠全国性单项体育协会的内部机构予以解决。然而，当前我国体育行业内部纠纷解决机制并不完善，且各行业协会之间没有形成统一的纠纷解决机制，体育纠纷解决的合法性、公正性、一致性遭到较大程度破坏。

首先，全国性单项体育协会的内部纠纷解决机构制度不健全。据学者调查统计①，全国 30 多个单项协会仅有不到三分之一的全国性单项体育协会

---

① 于善旭：《建立我国体育仲裁背景下完善体育行业协会内部解纷制度的探讨》，载《体育学刊》2022 年第 2 期。

建立了专门的体育解纷机构。其次，全国性单项体育协会制定的纠纷解决规则不完善。除中国足协及中国篮协等少数几个单项协会制定了比较完善的纠纷解决规则外，绝大多数单项体育协会都没有制定相关规则。

（三）与国际形势接轨提出的必然要求

1984 年，在当时的国际奥委会主席萨马兰奇的倡议下，国际体育仲裁院（Court of Arbitration for Sport，简称“CAS”）作为专门解决国际体育领域的纠纷解决机构在瑞士洛桑成立。根据 CAS 数据库统计，截至 2022 年底，CAS 共对 9695 个体育纠纷作出裁决。CAS 作出的裁决，大部分是通过体育组织自觉执行或协助执行，还有一部分与体育相关的民商事纠纷系当事人通过《纽约公约》申请法院予以强制执行。

正是由于 CAS 的高效运作，使得体育仲裁制度在欧美、日本等体育发达国家逐渐兴起。如，2004 年，加拿大成立了体育纠纷解决中心，目的在于公平、合理、透明和高效地解决体育纠纷；2019 年，澳大利亚设立了体育仲裁庭并于次年正式运作，其宗旨是为澳大利亚提供高效、独立、透明和专业的纠纷解决机构并公平解决体育纠纷；2003 年，日本成立了体育仲裁机构，以通过仲裁或调解解决运动员与体育组织之间的纠纷来健全地振兴体育运动。② 除此之外，还有新西兰、英国等多个国家成立了体育仲裁机构。建立与国际接轨的体育仲裁制度是我国竞技体育发展的必然之路，也是保障我国竞技体育法治发展的重要保障。

二、夯实中国体育仲裁制度之社会主义特色

中国特色社会主义法律体系是中国特色社会主义永葆本色的法制根基，是中国特色社会主义创新实践的法制体现，是中国特色社会主义兴旺发达的保障。只有立足于中国国情和实际、适应改革开放和社会主义现代化建设需要、集中体现党和人民意志，体育法律体系才能成为依法治体的基础保障。我国《体育法》作为体育法律规范体系的“龙头”，在此次修改中新增“体育仲裁”专章，是为改变长期以来体育仲裁规定一直未能落地的现状，建立适合中国国情的体育仲裁制度。

---

② 刘永平，李智：《我国体育仲裁制度建构的再思考》，载《海峡法学》2022 年第 3 期。

（一）设立于体育行政部门，又独立于体育行政部门

纵观世界各体育仲裁机构，设立主体不尽相同。例如，加拿大体育纠纷解决中心是由加拿大体育部出资设立，日本体育仲裁机构从一个非法人团体蜕变成为一个公益性法人；新西兰体育仲裁庭则由新西兰体育和娱乐委员会设立。而作为全球最高权威的 CAS 最初由国际奥林匹克委员会予以设立，后来在经过甘德尔案件之后，由国际体育仲裁理事委员会负责 CAS 的人事及财务等各项工作。

在《体育法》修订过程中，负责设立我国体育仲裁机构的部门，经历了一审稿确定的中华全国体育总会到二审稿确定的国务院体育行政部门，并最终在三审稿得以确立。对仲裁机构的设立主体，学者们发出了不同的声音。有学者认为可以由中华全国体育总会负责设立仲裁机构，其原因不外乎以下三点：其一，中华全国体育总会作为我国的全国群众性体育组织，③ 其宗旨是联系、团结运动员和体育工作者，努力发展体育事业，普及群众体育运动，提高全民族的身体素质；不断提高运动技术水平，攀登世界体育高峰；促进社会主义物质文明和精神文明建设，为建设有中国特色的社会主义服务；为实现祖国和平统一与增进世界人民的友谊服务。④ 其二，接受其业务主管单位国家体育总局及社团登记管理机关民政部的业务指导和监督管理。其三，中华全国体育总会不直接与运动员和俱乐部等体育组织发生体育纠纷，因其第三方身份的性质使得它更符合仲裁机构的中立性和独立性原则，其中立性更能获得公众的认可。

然而 2022 年 4 月 19 日通过的《体育法（修订草案二次审议稿）》（以下简称“修订草案二审稿”）表明，国家体育总局作为国务院体育行政部门获得立法机构的认同，认为其应当承担设立体育仲裁机构的职能。之所以考虑由国家体育总局来主持这一工作，立法者主要基于以下几点考虑：其一，国务院体育行政管理部门承担推动多元化体育服务体系建设，推进体育公共服务和体育体制改革、拟订体育事业发展规划和政策，起草有关法律法规草案并督促实施等多项职能。由国家体育总局来承担设立体育仲裁机构的职能符合国务院体育行政部门的职责范围，同时由于高效的行政职能有利于体育

---

③ 体育概论编写组：《体育概论》，北京体育大学出版社 2013 年版，第 167 页。

④ 孙大光，覃燕庆，王军：《中华全国体育总会光辉历程 60 年》，载《体育文化导刊》2010 年第 5 期。

仲裁机构的迅速组建以及仲裁制度的迅速得以实施。其二，在国家体育总局设立体育仲裁委员会并不意味着体育仲裁丧失其独立性与公正性，也不意味着体育仲裁院属于体育行政部门，体育仲裁委员会没有体育行政方面的职权。这一经验来源于解决劳动纠纷的劳动仲裁机构。在我国，劳动仲裁委员会不属于行政部门，而是属于专门解决劳动争议的一个仲裁机构，劳动仲裁委员会没有行政方面的职权。但是，劳动争议仲裁委员会设立在其同级别的行政机关，负责处理本地区发生的劳动争议。因此，并不会因为设立机构是行政部门，就会影响仲裁的中立性原则。

（二）受案范围多元，界限清晰

我国体育仲裁的受案范围一直是《体育法》修改过程中的争议焦点。各学术科研机构也多次召开研讨会讨论我国体育仲裁受案范围应当如何确立。这一过程中，对于体育组织作出的取消参赛资格、比赛成绩、禁赛等处理决定不服发生的纪律处罚纠纷应当作为我国体育仲裁的受案范围几乎没有争议，争议最为激烈的是运动员与俱乐部的工作合同纠纷、薪酬纠纷以及体育法人之间涉及体育的普通民商事纠纷应否纳入体育仲裁范围。

1. 不涉及与体育相关的普通民商事纠纷

有学者认为，我国体育仲裁应当将与体育相关的普通民商事纠纷纳入体育仲裁受案范围，原因主要有三：其一，普通法院法官对于与体育相关的民商事纠纷由于专业知识的局限性，较难理解体育组织之间的知识产权纠纷、转会纠纷等问题。将这类案件的管辖权可以交由当事人进行自由选择，但是并不做强制性要求，这一做法更有利于涉体育的民商事纠纷的公正解决。其二，对于涉体育的民商事纠纷案件的受理，可以通过收取仲裁费用的方式来解决体育仲裁委员运行中的财务问题，从而使得体育仲裁机构不需要通过政府拨款而受到体育行政部门、社会团体或个人的干预，从而可以增强仲裁机构的独立性和公正性。其三，将涉体育的民商事纠纷案件纳入体育仲裁的受案范围有利于与国际接轨。CAS 自成立以来，就设立了普通仲裁庭以受理涉及体育纠纷的民商事案件。至 2022 年 5 月，CAS 共受理了 500 余起与体育相关的合同纠纷案件，不仅有效解决了体育领域的商事纠纷，更是为 CAS 创造了收入来源，增加了 CAS 的独立性。然而，从后来通过的修订后的《体育法》来看，立法者并不认同上述学者的观点。

2. 将运动员注册、转会纠纷与薪酬纠纷区分开来

运动员注册转会问题是体育争议解决领域密切关注的焦点问题。研究体

育仲裁，绕不开对运动员相关问题的关注。相较于《体育法（修订草案）》，二次审议稿在受案范围中增加了“因运动员注册、交流发生的纠纷”这一内容。运动员年度注册工作是竞技体育的基础性工作，是保障运动员正常训练参赛的前提。自2020年初以来，我国受疫情等大环境影响，俱乐部与运动员之间的薪酬纠纷呈高发状态。运动员与俱乐部签署的工作合同与一般的劳动合同看似相同，但实则在工作时间和休息休假、更换用人单位、合同年限等问题上存在巨大差异。

3. 为因竞赛规则发生的技术性纠提供救济渠道

在体育赛事活动过程中，因竞赛规则发生的技术性纠纷也是此次《体育法》修改关于体育仲裁受案范围的争议焦点。《体育法（修订草案）》认为，体育赛事活动过程中，因竞赛规则发生的技术性纠纷不属于体育仲裁范围。然而，二次审议稿删除了这部分内容。将竞赛规则发生的技术性纠纷借鉴了CAS仲裁实践的做法，而且为运动员因裁判纠纷的申诉提供了救济途径。

体育赛事活动过程中，往往会因竞赛规则而发生一些技术性纠纷，每届奥运会无一例外，因裁判引发争议总是成为焦点话题。例如，在2022年北京冬奥会男子短道速滑男子500米半决赛中，韩国选手黄大宪不满被裁判判罚取消成绩而企图向CAS上诉。美国田径队在2016年里约奥运会和2020年东京奥运会均因不满裁判判罚而向国际田联申诉，并获得重新比赛的机会。此外，在2020年东京奥运会上，法国拳击运动员阿利耶夫因为不满裁判判罚取消比赛资格而向CAS特设仲裁庭提起上诉，要求重赛并由全新裁判组执裁，CAS特设仲裁庭举行了听证后作出裁决，仲裁庭根据“尊重赛场裁判决定（Field of Play）”原则，认为赛场裁判的决定为最终结果。截至2022年底，涉及参赛选手对裁判判罚不满而上诉至CAS的纠纷共有二十余件。大部分案件中，仲裁庭都根据“尊重赛场裁判决定”原则驳回了当事人的申请。

由上可见，《体育法》关于体育仲裁受案范围与商事仲裁、劳动仲裁进行了严格区分。随着我国竞技体育以及体育产业的迅速发展，劳动仲裁以及商事仲裁在一定程度上解决了我国体育发展过程中的纠纷，满足了部分纠纷解决的需求。然而随着体育纠纷的增多，许多劳动仲裁部门及法院对于运动员与俱乐部之间的劳动纠纷的处理态度发生了一些改变，而且没有形成统一的观点，导致许多欠薪纠纷既没有在中国足协内部处理，又遭到劳动仲裁委以及法院的拒绝，从而使得我国长期以来运动员工作合同纠纷以及运动员权利救济途径受阻。

（三）以行业协会规章及赛事规定为仲裁依据

长期以来，学者们对体育仲裁的性质之归属尚有争议，有学者认为“体育仲裁属于民间仲裁，自愿性是其本质属性”。⑤ 也有学者基于国外体育纠纷解决实践，认为体育仲裁本质上而言是一种强制属性；还有学者认为，区分体育仲裁到底属于自愿仲裁还是强制仲裁，取决于其解决的纠纷类型。例如，CAS 不仅受理体育组织提起的纪律性处罚纠纷，还对于双方自愿提交至 CAS 普通仲裁庭的涉体育普通民商事案件享有仲裁权。在这种情况下，纪律处罚部分的仲裁属于强制仲裁，而普通仲裁庭的仲裁性质则属于合意仲裁。

我国仲裁制度按性质划分主要可分为民间仲裁和两类。其中，民间仲裁强调仲裁当事人之间的合意性与自愿性；行政仲裁则以强制性为基本特征，不以当事人的意愿为前提，将仲裁规定为解决纠纷的法定必经程序。鉴于与体育相关的普通商事纠纷可以依据《仲裁法》申请仲裁，一裁终局，而不再纳入体育仲裁范畴，且俱乐部与其员工之间的欠薪纠纷，仍然由劳动仲裁委员会予以受理，而不再纳入体育仲裁，笔者认为，这一体育仲裁的范围的设计明确了我国体育仲裁的性质，即系以行业协会规章及赛事规定为仲裁依据的强制仲裁。

（四）考量并平衡利益相关方的核心利益

根据利益相关者理论，将各利益相关者纳入组织决策，既是一种伦理要求，也是一种战略资源。体育仲裁委员会作为中国体育仲裁机构的决策机构，对于体育仲裁委员会的成立与解散、人事安排与聘任、工作方针与部署、内部机构设置、仲裁员选任、体育仲裁运行等其他相关制度等有决定性作用。因此，在体育仲裁机构构建过程中，应将各方利益相关者纳入作为组织决策机构的体育仲裁委员会。根据《体育法》第 93 条之规定，相关利益方不仅包含体育行政部门代表，更重要的是，其包含了体育社会组织和运动员、教练员、裁判员等弱势群体的代表，而且不乏体育、法律专家代表。这一规定充分考量了利益相关方的核心利益，体现了对各方利益的兼顾，运动

---

⑤ 闫成栋：《我国体育仲裁性质有关问题探讨》，载《体育科学》2007 年第 3 期。

员、教练员、裁判员权益保护也不再是一纸空文，真正实现了各利益方的需求与权益平衡。

（五）保障救济途径的同时注重节约司法资源

1. 鼓励建立行业内部救济

行业内部救济是体育纠纷解决的重要途径。根据传统的法学理论，体育行业组织内部的纠纷处理之类的权力，是属于体育行业的“特别权力”，其产生是基于体育行业的成员对体育社会行业组织有关权力的特别承认，体育行业组织与其成员之间具有一种“特别权力关系”。⑥ 如果体育纠纷能够通过行业内部纠纷解决机制予以解决，那么这样能达到节约司法资源的目的，可以避免一些由内部机制就可以解决的当事人的权利救济问题进入仲裁程序，浪费国家宝贵的司法资源。全国性单项协会负有管理本协会的职能，通过内部纠纷解决机构救济渠道，在某种意义上说，也是对体育行业协会的行业管理权限与行业管理秩序的一种维护。鉴于此，《体育法》第 95 条明确了鼓励体育组织建立内部纠纷解决机制的态度。

2. 鼓励用尽内部救济程序

《体育法》第 93 条是对第 92 条关于协会内部救济程序规定的一种延续，两个条款更进一步明确了在体育协会内部存在纠纷解决机制的情况下，当事人申请体育仲裁程序的两种情况：其一，体育组织未及时处理纠纷的，当事人可以申请体育仲裁。其二，对体育组织的处理决定或者纠纷处理结果不服的，当事人可以申请体育仲裁。第一种情形是对内部程序不作为而造成诉权侵害的一种及时补救。事实上，这种补救措施在《世界反兴奋剂条例》第 13.2 条中也有类似体现，它指出，国家内部裁决机构没有及时处理案件的可以上诉至 CAS。

如上文所述，目前我国已有约三分之一的全国性单项体育协会在内部建立纠纷解决机制，但仍有大部分协会并没有建立纠纷解决机制。非体育领域的行政诉讼案件，我国《行政诉讼法》一般会要求当事人通过行政申诉、行政复议等途径用尽行政内部救济措施后再向法院提起诉讼。因此，鼓励用尽内部救济程序原则一方面能够达到实现节约司法资源的目的，另一方面维护了体育领域单项协会的行业自治权。

---

⑥ 王家宏，陈华荣：《用尽体育行业内部救济原则反思——兼谈奥运会对我国社会治理的部分影响》，载《体育与科学》2009 年第 1 期。

三、实现我国体育仲裁制度法治化的路径

（一）确保体育仲裁机构的独立性

2022年12月底，国家体育总局发布了《中国体育仲裁委员会组织规则》和《体育仲裁规则》。2023年2月11日，中国体育仲裁委员会（China Court of Arbitration for Sport，以下简称“CCAS”）在北京设立，标志着中国体育仲裁制度的正式建立。体育仲裁机构作为我国体育纠纷的专门解决机构，独立性、高效性、公平性、一致性应是其根本属性，体育仲裁的独立性又首当其冲。体育仲裁的独立性不仅要求仲裁机构独立，而且要求运行独立，既在财务及人事方面有独立自主的人格，独立于行政机关，且仲裁庭在运行过程中能够独立裁判案件，不受第三人的影响。

1. 独立于行政机关，摆脱事业单位决策的行政色彩

首先，CCAS性质宜定位为非营利性事业单位法人。我国《民法典》第87条对非营利法人的概念以及分类进行了明确。我国体育仲裁机构的设立，主要是为了解决产生于竞技体育领域的纠纷，具有公益性、非营利性的目的，由国家行政体育机关设立，其机构性质宜定义为事业单位。

其次，要摆脱事业单位决策的行政色彩。由于政府作为一种政治力量在体育事业中扮演着运行、监督、管理等多重角色，所以整个事业单位组织体系的运行直接受制于政府，决策过程行政色彩浓厚。另一方面，事业单位不仅由政府制定政策，而且亲自提供服务，所以部分事业单位不仅具有行政性质，而且承担着行政管理职能。鉴于此，CCAS在接下来的运作过程中如何在业务上独立于国家体育总局，摆脱事业单位决策的行政色彩是当前及往后需要考虑的重要问题。

2. 经费来源多元化及财务核算自主化

经济人格独立是机构独立的基础保障。根据《体育法》第93条之规定，体育仲裁委员会由国家体育行政部门设立。这就意味着国家体育总局需要每年拨付一定份额的经费，作为体育仲裁机构的运作经费。在主要经费来源于行政部门的情况下，CCAS如何实现独立于体育行政部门，避免受到行政部门的干预成为亟待解决的问题。

首先，应当通过多种渠道实现仲裁经费来源多元化。经费事业单位法人运行经费单一可能造成其所代表的决策者权限范围很大。多元化的经费来源可以有限缩小决策者的权限，从财务制度到社会福利制度再到人事制度各个

方面无不干涉。因此，应当通过收取仲裁费用及其他合法收入的方式，扩大 CCAS 的经费来源，逐渐减少对行政部门的财政依赖。

其次，CCAS 应当建立自主的财务核算制度。CCAS 对于财产应当有绝对的支配权。从政治与经济的历史发展长河来看，生产资料所有权和经营并非总是统一于同一主体的。国家体育总局设立 CCAS，并不意味着其必须直接对 CCAS 进行经营管理。相反，CCAS 的所有权与经营权应该分开。鉴于此，CCAS 应出于管理之需制定统一的财务制度，以实现体育仲裁的自主理财，实现经济人格独立。此外，有必要在经济核算以及工作考核中设立硬性指标，提高运行效率，防止行政部门、体育协会在改革中的闲置人员分流进来。

3. 确保自主的人事任免权

CCAS 的人事任免不仅涉及体育仲裁委员的聘任，还包括体育仲裁理事会的组成、体育仲裁院秘书长、仲裁员选任委员会、专家咨询委员会、法律援助委员会、回避委员会等专门委员会成员的选任。

首先，各利益相关方对于体育仲裁委员会成员具有自主提名权。因考虑到各利益相关方的利益平衡，《体育法》第 93 条对体育仲裁委员会成员组成予以明确，这意味着中华体育总会、奥林匹克协会或省级体育总会、中国奥林匹克委员会等组织应当具有自主提名权，体育行政部门不得进行干预、替换。

其次，各专门委员会人选、理事会成员以及体育仲裁院秘书长、仲裁员选任委员会、专家咨询委员会、法律援助委员会、回避委员会等专门委员会成员的选任应当由体育委员会自主选任，行政机关、社会团体和其他个人均不得予以干预。仲裁员应当由仲裁员选任委员会提议，并通过体育仲裁委员会予以聘任。

（三）规范仲裁员选任制度确保仲裁员的公正性

仲裁与诉讼一样，同是一个“司法行为”，它们必须被公众人士信任。[⑦] 仲裁员的公正性与独立性是确保仲裁公正、获取公众信任的重要前提。国际律师协会（International Bar Association，IBA）在 1987 年制定的《国际仲裁员道德守则》（Ethic of International Arbitrator，EIA）第 3 条第 1 款中，采用

⑦ 杨良宜，莫世杰，杨大明：《仲裁法——从 1996 年英国仲裁法到国际商务仲裁》，法律出版社 2006 年版，第 561 页。

了反向定义的方法，对不公正和不具备独立性的仲裁员作出定义："不公正的仲裁员在仲裁中偏向于一方当事人，或对争议事项存有偏见，不具备独立性的仲裁员与一方当事人之间，或与该当事人有密切关联的人之间存在某种关系。"⑧ 从《中国体育仲裁委员会组织规则》以及《体育仲裁规则》来看，我国体育仲裁制度已通过建立仲裁员选任制度、信息披露制度、回避制度，确保了仲裁员的独立性。值得一提的是，仍有一些细节问题需要在仲裁实践中不断予以确立和完善。

1. 规范仲裁员选任制度

无论是商事仲裁还是体育仲裁，当事方自由选择仲裁员一直被认为是仲裁的主要标志之一。但也有学者认为，单边选任机制的缺陷在涉及公共利益的投资仲裁中充分暴露，⑨ 带来了诸多问题。如被当事方单方面选任的仲裁员通常难以避免沦为当事方的代理人，从而在一定程度上阻碍了公正的正常输送，容易引发多重风险。⑩ 此外，单方面选任机制还会造成仲裁员重复选任问题，例如由同一方当事人或律师重复任命同一仲裁员。

笔者认为，仲裁员被重复任命是否会危及仲裁员的公正性和独立性这一问题不能一概而论，当前在我国体育仲裁员选任制度中直接取消当事方选任权亦不能解决问题。大多有良知的仲裁员出于维护自身声誉、提升影响力等因素的考虑，也会敦促自己保持独立公正，尤其在被重复选任的仲裁员身上更能印证该观点。因而，单边选任机制宜得到保留，仍应允许当事方选择其认为最有资格解决纠纷的仲裁员，以保障体育仲裁的灵活性和吸引力。为了尽可能避免单边选任机制带来的缺陷，可以通过建立相对稳定的仲裁员名册，规范仲裁员信息披露制度，并增强《体育仲裁规则》中关于仲裁程序透明度予以加强保障仲裁员的独立性。

国际商事仲裁机构大都配备有仲裁员名册，供当事人选择仲裁员之用。CAS 也设立了仲裁员名册。如果在册仲裁员独立公正且专业高效，那么这种强制仲裁员名册将在很大程度上削弱了单边选任机制带来的弊端，它既保

---

⑧ 尹学萍：《国际体育仲裁中指定仲裁员的独立性与公正性——以 Alejandro Valverde 兴奋剂案为视角》，载《天津体育学院学报》2011 年第 3 期。

⑨ 吴宁铂，王勤：《国际投资仲裁中单边仲裁员委任制的困境及改革路径》，载《上海法学研究》集刊 2022 年第 2 卷，第 70 页。

⑩ 孙如玥：《ICSID 改革中仲裁员选任制度研究》，华东政法大学 2020 年博士学位论文。

障了当事方的选任权，又缩小了可选任的仲裁员范围。在强制仲裁员名册下，当事方有权从范围确定的仲裁员名册中自由地挑选仲裁员。由于名册中的每一位备选仲裁员都具备较高的专业能力以及职业素养，并且经过 CCAS 的严格审查，因而不大可能对选任他们的主体形成利益上的依附。在此基础上，为进一步加强选任方式的合理性，降低当事方与仲裁员之间存在利益关系的可能性，建议引入一种具有随机性的选任机制，譬如各方当事人分别在仲裁员名册中选择一名以上的仲裁员，将名单上交至 CCAS 后由委员会随机抽选确定仲裁员的最终人选。这种机制使得当事方对于选任的仲裁员所具备的裁判资质条件是可预期的，但对于最终裁判员的确定又是不可预知的。

2. 规范仲裁员信息披露制度

案件当事人仅仅通过仲裁员名册获取关于仲裁员个人背景信息十分有限，而且一些仲裁员与相关主体的利害关系存在一定的隐蔽性，当事人往往无法全面而详尽地获悉仲裁员的回避事由。于是，仲裁员披露义务制度被设计出来用以解决这一问题。它要求仲裁员主动向当事人、仲裁机构和仲裁庭其他组成人员披露可能会对其独立性或公正性产生合理怀疑的任何事实或关系。[11]

规范仲裁员信息披露制度，不仅可以彰显仲裁员的独立性与公正性，消除当事人疑虑，维护仲裁结果的公信力，也可以防止当事人事后获知回避事由后再通过申请回避或司法审查方式撤销裁决，从而保障了仲裁的效率，避免了司法资源的浪费。因此，大多数国家仲裁法及国际主要仲裁机构的规则及仲裁员行为准则均对仲裁员信息披露义务加以明确规定。在我国，北京仲裁委员会最早于 2003 年正式引入仲裁员披露义务制度，随后，中国国际经济贸易仲裁委员会以及广州、重庆等地方仲裁委员会亦相继对仲裁员披露义务作出明确规定，对我国体育仲裁中信息披露制度具有借鉴意义。

此外，《IBA 指南》对仲裁员因利益冲突而产生的独立性和公正性问题为世界各仲裁机构的仲裁活动提供了较为详细的指引，具有较高的参考价值。《IBA 指南》对于仲裁员披露义务的内容，按披露事项产生合理怀疑的可能性从高到低，将利益冲突分级，为确定披露事项提供了具体而明确的指导，从而使仲裁员、当事人、仲裁机构和法院对披露事项有相对准确和清晰

---

⑪ 汪祖兴：《国际商会仲裁研究》，法律出版社 2006 年版，第 150 页。

的把握，也为仲裁员是否违反披露义务的判断提供参照标准。⑫《IBA 指南》所列举的利益冲突具体、细致且相对全面，具有很高的代表性，也为在清单中未能穷尽列举的利益冲突提供了参考性很高的裁量标准，可操作性强。同时，清单将披露事项与当事人异议权和异议权的放弃结合在一起进行规定，便于维护当事人知情权、督促其行使权利，也减少了当事人滥用异议权利的可能性。目前，这一做法在全球范围内推广开来，也值得我国在仲裁实践中予以学习借鉴。

3. 细化仲裁员回避制度

丹宁勋爵在《法律的训诫》中说：“不仅要主持正义，而且要人们准确无误地、毫不怀疑地看到是在主持正义，这一点不仅是重要的，而且是极为重要的。”⑬ 而这也正是仲裁回避制度所追求的价值。仲裁员回避制度的目的在于对可能影响裁决公正的、与当事人有利害关系的因素予以排除，本质上是一种对仲裁权主体公正性的监督机制，它与信息与披露制度共同构成了对仲裁员独立性问题的事前监督。

在国际商事仲裁中，伦敦国际仲裁院、国际商会仲裁院、解决国际投资争端中心、瑞士苏黎世商会仲裁院、中国香港国际仲裁中心等世界著名的国际仲裁机构均已形成一套成熟的回避制度。《CAS 仲裁规则》中针对仲裁员的公正独立性问题，同样设立了一套完整的回避规则，并通过设立回避专业委员会审议体育仲裁程序中仲裁员主动提出的回避申请以及由当事人提出的回避挑战，来解决有关维持或撤换仲裁员的争议。我国《仲裁法》第 34 条至第 38 条也对回避制度作了详细规定。

然而，体育仲裁的回避制度相对于商事仲裁，存在其特殊性。我国体育仲裁规则应当在回避委员会设立、回避对象等问题上作出明确规定并突显体育仲裁的特色。首先，回避委员会主席应当排除体育社会组织代表，这样能避免当仲裁一方当事人为体育组织时提起回避申请程序中可能产生的不公问题。其次，回避对象不应仅包括仲裁员，还应包括仲裁处主任。理由是，运动员应当有权参与首席仲裁员的指定，即由各方当事人共同指定一名首席仲裁员，如当事人无法达成一致意见，或由双方当事人指定的仲裁员共同推

---

⑫ 徐敏：《仲裁员披露义务制度研究》，西南政法大学 2019 年博士论文。

⑬ ［英］丹宁勋爵：《法律的训诫》，杨百揆等译，法律出版社 1999 年版，第 98 页。

选，推选不成最终由仲裁处主席予以指定；或者运动员无法达成一致意见的，直接由仲裁处主席予以指定。然而当仲裁处主任可能与仲裁案件存在利害关系，从而使得当事人对其独立性或公正性存在合理怀疑时，同样应当赋予当事人对其申请回避的权利。

（三）在效率与公正的价值平衡中优化仲裁程序

体育仲裁作为司法外最重要的体育纠纷解决机制，实际上是一种准司法程序。它的核心价值应当是公正与效率的统一，在效率价值下构建仲裁程序，通过优化程序实现公正价值。然而，在国际体育仲裁实践中，快速高效并未成为体育仲裁机制的鲜明特点及普遍评价。基于效率追求而产生的程序透明度不足、公平性存疑等问题成为国际体育仲裁中不断改革的一大难题，这也是我国建立体育仲裁机制中应当考虑的重要因素。

1. 厘清内部机构的管辖权

遵守效率原则，必定要求以合理的方式设定内部机构。然而提高仲裁效率又绝不仅仅是设立各种机构，它还要求从总体上予以考虑，厘清各内部机构的管辖界限。首先，中国体育仲裁机构在名称上命名为“中国体育仲裁院”，既与 CAS 实现对接，又形成区别。在内部机构设置上，CCAS 并没有分别设置普通仲裁处、上诉仲裁处，反兴奋剂仲裁处，但是明确了有关临时仲裁庭的相关设立，以处理包括全运会、大运会在内的国内重大体育赛事中产生的体育纠纷。

针对临时仲裁庭，建议设立临时仲裁规则。临时仲裁庭的受案范围应当仅限于与国内重大体育赛事有关的纠纷，如运动员参赛资格纠纷、兴奋剂纠纷等，而不应包含因运动员注册、转会而产生的纠纷。此外，为保障国内重大体育赛事不因纠纷处理而影响赛事进程，对于临时仲裁的期限应当作出区别于常设机构的特别规定，例如纠纷处理一般不得超过 24 小时。

2. 调解制度的设立

重视审判外的纠纷处理机关及其解决纠纷的过程，对它们发挥的功能进行研究，不只是因为它们构成一个社会纠纷解决体系的基础部分，因而具有量的重要性，而且还因为对它们的研究在提高社会纠纷解决纠纷的整体质量上也具有重大意义。[14]体育调解作为一种重要的诉讼外纠纷解决机制，从各

---

⑭ ［日］棚赖孝雄：《纠纷解决与审判制度》，王亚新译，中国政法大学出版社 1994 年版，第 79 页。

方当事人利益出发，最大程度尊重其意思自治，不仅减少了资源浪费，亦体现了对效率价值的追求，迎合了现代国际体育的发展和精神。

然而，我国调解主要应用于民商事纠纷及劳动纠纷处理程序中，体育调解制度仅在个别全国性单项协会的章程中有相应的规定，应用范围并不广泛。程序层面，《体育法》修改了 2016 年版第 32 条的相关陈述，删除了有关体育调解的相关条款，这并不影响调解制度在体育仲裁程序中的应用。相反，在职业体育日渐发达的体育事业发展进程中，通过借鉴国际体育纠纷处理中有关调解机制的成熟经验和做法，建立与国际接轨的中国体育调解机制十分必要。

建议 CCAS 与专业第三方专业调解机构合作，共同搭建调解工作室，通过推荐并选拔业内认可的，具有相关体育知识的专业律师或者具有法律知识的体育项目管理人员（包含退休人员）驻点办公，目的在于对管辖权存在争议或准备进行体育仲裁的体育纠纷进行立案前调解，引导当事人选择更为便捷、和谐的方式化解纠纷。在总结前期经验的基础之上，借鉴北京仲裁委员会设置民办非企业单位北京仲裁委员会调解中心方式设置中国体育仲裁委员会调解中心。

建议 CCAS 积极推动具备条件的体育行业协会、社团、体育组织等加入调解工作室，积极推荐具有经验的体育法律师提供相关服务，在运动员薪资纠纷、体育伤害等多领域提供调解服务，拓宽服务范围，汲取经验教训并上升为具有指导意义的调解规则。不断完善立案前调解机制，推进调解组织的制度化、规范化建设，进一步吸纳体育系统内具有法律知识的专业人员，扩大调解组织协助体育仲裁机构解决纠纷的范围和规模，建立健全调解组织网络，发挥调解组织的专业化、职业化优势。

3. 落实公开听证制度

作为法律术语，听证最早源于英国古老的“自然公正原则”，即“任何权力都必须公正行使，对当事人不利的决定必须听取他的意见”。在体育仲裁中，通过对涉及运动员权利的案件建立公开听证制度，无疑是实现仲裁公正价值最有效的手段之一。

2018 年以前，《CAS 仲裁规则》并没有对当事人的公开听证权进行明确规定。自瑞士联邦最高法院审理了德国滑雪运动员佩希施坦因兴奋剂纠纷的上诉撤裁案后，2018 年，国际体育仲裁委员会将《CAS 仲裁规则》第 57 条有关听证举行的问题进行了修改，规定：“如果仲裁当事人要求举行公开听证，且案件涉及纪律性质，则CAS应举行公开听证会。但为了道德、公共秩序、国家安全、未成年人的利益或者保护当事人的私生活，或者如果公开可能有损司法利益、仲裁程序仅与法律问题相关、首次举行的听证会已经被公开，那么这种要求可能会被拒绝”。由此可见，根据新版的《CAS仲裁规则》，只要案件属于纪律纠纷性质且不涉及公共利益或他人的合法权益，运动员的公开听证权的实现不需要取得对方当事人的协商同意，也无需经仲裁院批准，一旦当事人发起申请，CAS就应当满足这一要求。

公开听证有利于呈现案件事实，通过将听证程序公开，实现对听证程序的广泛监督，保障公平听证权。公开的听证程序，使得与听证相关的信息透明化，听证举行的日期、案件审理的过程、裁决公布的时间等都通过CAS发布的新闻公告广而告之。此外，主持听证的仲裁员、双方律师以及证人信息也都将在听证程序中公之于众。这种信息的透明化能够使得仲裁程序受到更广泛的监督，从而更好地实现程序正义。尤其，在案件听证过程中，双方律师将对证人进行询问及交叉询问，对于案件的争议焦点发表辩论意见，仲裁员对于关切的问题进行询问。在这个最重要的环节中，如果一方当事人的听证权没有受到公平对待，可能对案件结果产生直接的不利后果。因此，通过公开听证将听证程序公之于众，有助于实现对听证环节的广泛监督，保障当事人的公平听证权。

体育仲裁中的公开听证较之于传统的案件审查方式，不仅增强听证程序的公开与透明度，促进公平公正的重要价值，更是体育仲裁机制参与体育治理的重要抓手，在化解体育纠纷、推动普法宣传、服务体育事业发展等方面都具有重要的社会价值。因此，有必要通过加强公开听证规范化、加大公开听证宣传力度的相关配套机制予以改善解决，促进仲裁公开听证工作高质量发展。

4. 建立法律援助制度

法律援助制度根植于人权、平等、法治等基本价值理念，最初来源于西方民主启蒙思想，其产生的目的是最大限度地保护公民行使司法权力，它使处于弱势地位的公民能够在经济困难的情况依然获得专业法律帮助，从而使法律面前人人平等的宪法原则不至于沦为一纸空文。

法律援助制度作为公正司法体系的重要支撑，被广泛应用于国际刑事法律制度中。2012年12月20日，《联合国关于在刑事司法系统中获得法律援助机会的原则和准则》由联合国第 60 次全体会议通过，成为联合国第一个专门针对法律援助问题而通过的国际法律文件。除了宣扬的保障人权观念外，上述文件为如何进一步确定刑事案件有效法律援助之核心要素的国际讨论提供了一个详尽框架，并且引发了关于法律援助对于诉诸司法以及在刑事司法系统中确保人权之重要性的广泛讨论。

国际体育仲裁中，CAS 早在 20 世纪 90 年代首次设立了法律援助制度。2013 年，国际体育仲裁委员会制定了《CAS 法律援助指南》，并明确指出该制度适用于奥运会仲裁程序。近年来，国际体育仲裁委员会对法律援助制度不断完善，设立法律援助委员会，明确了国际体育仲裁委员会对法律援助基金的保障义务。在 2020 年东京奥运会以及 2022 年北京奥运会期间，CAS 的法律援助制度成为奥运临时仲裁庭的一大亮点。

建议 CCAS 设立法律援助制度，明确援助对象的范围、条件以及申请程序。值得一提的是，兴奋剂违规案件的自然人应当成为法律援助制度重点关注的对象。在兴奋剂违规纠纷案件中，涉嫌兴奋剂违规的运动员和反兴奋剂机构之间存在着天然的不平等地位，反兴奋剂机构往往有着强大的经济实力和专家团队，而运动员无论是经济实力还是获得专家的可能性，都无法媲之反兴奋剂机构。在技术问题至关重要的案件中，拒绝提供法律援助可能会让运动员处于不利地位，甚至可能会影响运动员的职业生涯。

建议 CCAS 制定申请法律援助的相关细则，明确仲裁机构法律援助部门的责任。在办理案件或者相关事务中，一是应当及时告知当事人有权依法申请法律援助；法律援助机构合理设置法律援助工作站或者联络点，就近受理法律援助申请。二是提供便捷化措施。法律援助机构通过服务窗口、电话、网络等方式提供法律咨询服务时，应当提示当事人享有依法申请法律援助的权利，并告知申请法律援助的条件和程序。三是特定情况更加便利对待，包括提供材料证明法律援助申请人为无固定生活来源的未成年人、老年人、残疾人等特定群体，社会救助、司法救助或者优抚对象，申请支付劳动报酬或者请求工伤事故人身损害赔偿的进城务工人员，以及法律法规、规章规定的其他人员的，免予核查经济困难状况。

四、结语

《体育法》的修订为我国体育仲裁制度的构建提供了最坚实的法律依据，然而，如何使我国体育仲裁在法治化道路上越走越顺，是当前我国体育仲裁制度形成过程中必须重视的问题。总体而言，我国体育仲裁制度的设立应当与《仲裁法》以及国际体育仲裁制度相衔接，要坚持仲裁制度的统一并轨，兼顾专业性、快捷性与国际性，在追求公正价值的同时，实现对公正效率的追求，在程序效率与程序正当性之间达成良性平衡。

新修订《体育法》视阈下盲人助跑的法律风险及其对策研究*

徐　翔** 杨雪茹***

摘　要：随着近年来我国经济社会的全面发展、全面建成小康社会，人权事业的不断发展，以2022年冬季残奥会顺利举办和《体育法》完成第三次修订为契机，社会各界对于残疾人等弱势群体的各项权利保障越来越重视。盲人助跑在全民健身战略的实施下成为一种新风尚，通过调研“盲人助跑”活动，结合文献分析、案例分析等研究方法对盲人助跑的基本原理加以阐释，同时基于中国对残疾人体育权的“硬法”和“软法”保障，针对盲人助跑中缺乏专门制度保障、契约行为存在瑕疵、盲人助跑员资质混乱等法律风险点，提出推动专门性立法的建构和完善、规范行之有效的盲人助跑契约、规范助跑员的资质并充实助跑员队伍的解决对策，以维系盲人助跑活动中各主体的权利平衡。

关键词：体育法；全民健身；盲人助跑；残疾人体育权；社会体育指导员

为进一步体现贯彻全民健身发展战略，落实对人权的尊重和保障，切实维护体育权利落实到残疾人在内的社会各界群体，我国于2022年修订了《体育法》并在该总则中进一步强调了对于残疾人体育权利的保障，扩大了

---

* **基金项目**：2023年陕西省教育厅协同创新重点项目“陕西省加强体育法治建设研究”（23JY078）阶段性成果；2023年西北政法大学研究生教改项目“深入推进涉外体育法治人才培养研究与实践”（YJZC202305 ）阶段性成果。

** **作者简介**：徐翔，西北政法大学行政法学院（纪检监察学院）副教授，硕士生导师，法学博士、博士后，主要研究方向：体育法学、监察法学。

*** **作者简介**：杨雪茹，西北政法大学法治学院、法律硕士教育学院硕士研究生，主要研究方向：体育法学、监察法学。

对于残疾人体育权利保障的主体范围，鼓励社会各界为残疾人体育权利的保障和行使提供相应的支持。盲人作为残疾人群体的重要群体，他们的体育权利同样受到了广泛关注。据统计，我国现有盲人超千万，占世界盲人总数的18% ~20%，每年新增的盲人数量高达45万①。基于此，盲人助跑逐渐进入人们的视野中，但其中伴随着不少法律风险亦逐渐产生，亟需我们加以重视。

一、盲人助跑：全民健身战略下的新风尚

我国“十四五”时期是把全民健身国家战略落实落细的关键时期，整个全民健身工作要以高质量发展为主题，既要承上启下巩固提升全面建成小康社会阶段的全民健身发展成果，又要深入落实为建设社会主义现代化强国夯实健康基础的新要求。随着我国经济社会的持续发展、小康社会的全面建成、社会财富的公平分配、社会福利的普惠性增强，残疾人权利的特别保障越来越得到重视。而残疾人权利的特别保障在体育领域的延伸，就是对残疾人的体育权利进行特别保障。

盲人助跑就是由身体素质较好、经常进行锻炼的非残疾人作为助跑员，带领盲人群体进行日常跑步的体育运动，属于公益性日常体育健身类活动。盲人助跑员是由民间跑团自发组织、带领盲人跑者进行日常跑步锻炼的志愿者群体。目前在我国，盲人助跑员主要包括竞技体育中参加残奥会、马拉松比赛的盲人助跑员，以及日常生活中由体育爱好者自发组织形成的公益跑团两类。本文主要基于新修订的《体育法》，以全民健身领域的盲人助跑为主要研究对象展开相关问题的阐释和分析。随着盲人助跑员团体的壮大，越来越多的问题也随之浮现，如盲人助跑员的资质问题、盲人助跑过程中发生的伤害事故的法律责任等，这些问题目前在《体育法》《残疾人保障法》《全民健身条例》等法律法规中尚无十分明确具体的规定。因此，本文将对盲人助跑员的责任明确、盲人和盲人助跑员的法律风险点和权利保障路径等问题予以探讨。

（一）全民健身助推残疾人体育权的实现

我国一直致力于号召广大群众积极参加全民健身运动，全民健身战略不

---

① 卢文云，王志华，华宏县：《群众“健身难”问题破解路径研究》，载《体育科学》2021年第5期。

仅可以有效促进健康中国战略的实现，最终实现全民健康。而且在全面建成小康社会的历史条件下，也能够不断满足人民对于美好生活的新要求。

早在 1952 年，毛泽东同志就提出新中国的全民健身指导方针：发展体育运动，增强人民体质；习近平总书记 2013 年在会见参加全国群众体育先进单位和先进个人表彰会、全国体育系统先进集体和先进工作者表彰会的代表时强调：发展体育运动，增强人民体质，是我国体育工作的根本方针和任务；党的十八大以来，以习近平同志为核心的党中央坚持以人民为中心的发展思想，始终将全民健康作为全面建成小康社会的重要内涵，努力为人民群众提供全方位、全周期的健康服务，这些健康服务融合了医疗、体育以及各类社会保障等内容。② 在党的二十大上，以习近平同志为核心的党中央亲自谋划推动体育事业改革发展，提出要广泛开展全民健身活动，加强青少年体育工作，促进群众体育和竞技体育全面发展，加快建设体育强国。2022 年冬残奥会在我国成功举办，并且我国残疾人运动员在赛场上取得的佳绩远超其他国家，由此进一步证明了新中国成立以来，在社会主义革命和建设、改革开放和社会主义现代化建设、习近平新时代中国特色社会主义伟大进程中，伴随着残疾人事业的发展，残疾人体育也在不断壮大，我国对残疾人体育权的实现也提供了重要平台和保障。

在全民健身如火如荼的背景下，残疾人作为我国公民中的弱势群体，充分地保障和完善其体育权利的实现，让他们走出家门，参加体育活动，实现自己的体育权利，是“全民健身”的重要一步，是保障“健康中国”事业朝着良好态势发展的重要一环，是实现“全民健康”不可缺少的重要一环。

（二）盲人助跑的残疾人体育权保障意蕴

体育权作为一项重要的新兴人权，是全体社会大众的一项重要权利。其内容除了包含竞技体育权、学校体育权外，还包括最基本的公民体育权。笔者认为在这些体育权利中，尤其需要重视的是儿童、女性、残疾人、难民等弱势群体的体育权。2015 版联合国教科文组织（《体育宪章》）第 1 条第 3 款特别提及学龄前儿童、妇女和女童、老年人、残疾人和土著人口。③ 在我

② 徐翔：《试论全面建成小康社会下的全民健身战略》，载《人权》2020 年第 5 期。

③ 徐翔：《体育权：一项新兴人权的衍生与发展》，载《体育学刊》2020 年第 4 期。

国，随着社会、经济、文化的不断发展，残疾人的权利范围也得到了扩充，不仅包括基本的康复服务权、生存权、发展权等内容，也包括他们作为社会群体参加体育文化活动的体育权。

残疾人的体育权一直是残疾人权利保障中的重要内容，我国于2008年4月修订的《残疾人保障法》中通过法律的形式突出了“以残疾人权利为本”的理念，明确提出了国家保障残疾人享有康复服务、平等接受教育、劳动、平等参与文化生活、各项社会保障等权利。我国最新修订的《体育法》第21条和第23条中也规定了国家机关、企业事业单位和工会、共产主义青年团、妇女联合会、残疾人联合会等群团组织应当根据各自特点，组织开展日常体育锻炼和各级各类体育运动会等全民健身活动以及全社会应当关心和支持未成年人、妇女、老年人、残疾人参加全民健身活动。各级人民政府应当采取措施，为未成年人、妇女、老年人、残疾人安全参加全民健身活动提供便利和保障。为残疾人等弱势群体实现体育权提供了新的立法保障。而盲人助跑员的出现就是为了积极响应国家的号召，保障盲人平等、安全、充分地参与到日常的跑步锻炼中，从而实现自己的体育权利，这也是残疾人体育权利保障的具体实现形式。即盲人助跑是残疾人体育权利保障的具体内容之一，具有深刻的残疾人体育权保障意蕴。

（三）我国盲人助跑的现状

盲人助跑目前在我国主要还是以公益跑团的形式存在，很多跑团中的体育爱好者们自发地带领盲人们跑步：2018年10月21日，奥森公园举办了“光的征途”助盲益跑活动。该活动旨在通过陪伴盲人共同跑步，让更多的盲人朋友走出家门，以更好的心态拥抱更美的生活。助盲团的团长何亚君从2015年组建助盲团以来，成员从开始的不足十人到如今已经壮大到近千人。帮助了数千名盲人走出家门，感受生活的美好。2019年3月开始，浙江省湖州吴兴区彩虹绳公益服务中心发起人朱亮就和陪跑员相约一起，在奥体中心或者其他场地开展每周的例跑。

开展跑步运动可以有效地提高视障群体的体质，但对他们而言，能够独立走出家门都是一件非常困难的事情，参与跑步更是难以想象。绝大多数的视障者都非常渴望能够走出门参加体育活动，长期的缺乏运动对他们的身体和心理都会产生极大的隐患，而盲人陪跑员们帮助盲人跑步这一举措极大地改善了这一问题。据笔者调研发现，盲人跑者一般分为全盲和半盲。全盲者在陪跑中一般使用陪跑绳，陪跑员也需要与建立一定的默契，如配速契合、步幅步调一致，因此一般也会为其配备有经验的志愿者。半盲者在跑步中可以看到基本的路况，可以自己跑，但反应力较弱，因此在拐弯和上下坡时需要陪跑员通过语音告知路况。跑步时两两一组，组成长队，最前面一组的志愿者多为经验丰富者，带领全队保持固定配速前进。这种默契是需要长期的训练和磨合的，他们需要通过对方的呼吸和脚步声来感知视障者当下的情况，从而作出停下休息或者继续坚持的决定。每隔一段时间他们要告知视障跑者当下的配速、需要注意的情况，同时还要承担补给点递水补给的任务。所以陪跑员的培训也是需要陪跑员们耗费相当大的心血的，他们不仅需要蒙上双眼感受盲人在黑暗下的跑步状态、速率、步幅，还需要有足够的耐力和体力支撑他们在跑步的过程中充分照顾到盲人的需求，从而帮助他们顺利地完成比赛。

近年来，盲人助跑员队伍在我国初具规模，越来越多的专业运动员、跑步爱好者等自发地以跑团的形式加入盲人的日常跑步活动中。助跑团的跑步活动基本至少一周组织一次，有些盲人会固定参加，也有的是朋友介绍或者偶然遇到，跑团也会给志愿者组织定期的培训，志愿者多是既热爱跑步又想帮助盲人的爱心人士，大家的出发点都是为了帮助他人，且都能长期坚持下来。然而，跑团对于盲人和志愿者双方的条件都没有明确限制，盲人只要可以独立跑步即可，没有年龄、身体条件等方面的限制，志愿者只要成年、身体健康即可，整个组织形式都较为松散，双方也不会签订严格的合同条款，这就为后期意外事故的产生埋下了“定时炸弹”。

二、我国对残疾人体育权法治保障概览

我国始终坚持残疾人群体作为公民主体，应当始终对其各项权利进行保护，残疾人权利保障始终是我国全面推进依法治国道路上关注的重点问题之一。我国在2002年《政府工作报告》中第一次使用“弱势群体”这个词语，并强调要给予弱势群体特殊的援助，此后残疾人群体的权利开始被一些学者关注。随着社会文化经济水平的全面提高，残疾人的体育权利也逐步开始得到关注。根据《2020年中国残疾人事业发展统计公报》的数据，2020年全国新增设立社区残疾人健身示范点1320处，为10.9万户重度残疾人提供康复体育进家庭服务，培养残疾人社会体育指导员1万名，新增设立13个国家残疾人体育训练基地，开展健身周、特奥日、冰雪季会活动。全国残疾人社区文体活动参与率由2019年的14.6%上升至2020年的17.8%。除

了积极提供硬件设施以保障残疾人体育权得以实现以外，我国还提供了一定的法治保障。

（一）残疾人体育权的“硬法”保障

21世纪以来，为了进一步构建残疾人体育权利保障的体系，完善残疾人体育权利保障的体制机制，我国在《宪法》《残疾人保障法》《体育法》等“硬法”④作出了相关的规定，为残疾人体育权的保障提供“硬法”基础。

我国现行《宪法》虽然尚未明确规定公民体育权，但在其第21条明确规定：“国家发展体育事业，开展群众性体育活动，增强人民体质。”据此可推定国家在鼓励开展全民健身活动过程中，同样保障残疾人参与体育活动的权利，国家需要承担保障残疾人体育权利的义务。1995年《体育法》实施，促进了残疾人体育权利保障的法治化进程，使残疾人体育权利进一步得到了法律的保障。在我国新修订的《体育法》总则第5条中也明确规定：“国家依法保障公民平等参与体育活动的权利，对未成年人、妇女、老年人、残疾人等参加体育活动的权利给予特别保障。”《残疾人保障法》第41条则规定了国家对残疾人平等参与文化生活权利的保障，而且还在该法第五章的文化生活中规定了体育的相关权利内容，虽然未单独列出，但体育权利是文化生活权利的子权利。⑤

因此，可以推定残疾人享有平等参与社会文化体育活动的体育权。总体而言，目前我国涉及残疾人权利保障的相关法律法规有50多部，但对于残疾人体育权利的保障并没有作出非常明确的规定，即使是最新修订的《体育法》，也只是在总则、全民健身以及学校和青少年体育等章节中作出了概括性的规定，而未进行专章规定。当残疾人的体育权利受到现实侵害时，尚无细致的专门性法律法规予以精确保障。这就导致残疾人体育权利的相关法律规定成了“无本之木，无源之水”。难以对残疾人的体育权利形成切实有效的保障，无法真正解决他们的诉求，法律的权威性也会大打折扣。

---

④ 硬法：是指具有强制性法律约束力的相关法律法规，包括宪法、法律、行政法规、地方性法规、自治条例和单行条例等。在体育领域有《体育法》《全民健身条例》等硬法。

⑤ 黄世昌，谢可欣：《残疾人体育权利法理分析与法律保障研究》，载《北京体育大学学报》2020年第1期。

(二) 残疾人体育权的“软法”保障

目前学界并没有给出“软法”的明确定义。国内外许多学者多引用法国学者 Francis Snyder 于 1994 年对于“软法”概念作出的界定：“软法是原则上没有法律约束力但具有实际效力的行为规则。”但该范围过于宽泛，在本文中，将引用姜明安教授对于软法的相关定义，即软法是由一定人类共同体（非国家正式立法机关）制定或者认可的规范共同体组织和共同体成员的行为规则，是国家统一法制的组成部分，不具有国家强制力，由人们的承诺、诚信、舆论或者纪律保障实施，其争议一般由民间调解、仲裁机构处理或者争议当事人自行协商解决的非典型意义的法⑥这一定义来阐述有关残疾人体育权利保障的“软法”规定。

早在 1995 年，国务院颁布的《全民健身计划纲要》中就明确指出：广泛开展残疾人体育健身活动，提高残疾人身体素质和平等参与社会的能力。⑦ 这是我国《全民健身条例》的前身。

此外，《中国残疾人体育发展规划纲要》《全民健身计划》《残疾人体育健身计划》《无障碍环境建设条例》等，对体育俱乐部、体育场馆和设施的无障碍建设和改造等间接影响残疾人体育活动的行为进行了规制。这些法规政策极大地推动了中国残疾人竞技体育和健身体育的开展，与以往相比较，我国残疾人体育呈现出前所未有的新局面。2017 年 2 月，国务院公布《残疾预防和残疾人康复条例》，首次以法规的形式明确了体育活动对残疾人康复工作的重要性。政策的实施，为我国残疾人参与体育运动提供了有力支持。⑧ 2021 年，国务院发布了《关于印发“十四五”残疾人保障和发展规划的通知》，该通知强调要“继续加快发展残疾人事业”，包括巩固拓展残疾人脱贫攻坚成果，强化残疾人社会救助保障、加快发展残疾人托养和照护服务等以促进残疾人全面发展和共同富裕。但这只是政策性文件，具有指导性作用。各地还需结合实际情况出台具体细化、操作性强的专项配套法规，促进法规有效施行。

---

⑥ 姜明安：《软法的兴起与软法之治》，载《中国法学》2006 年第 2 期。

⑦ 许金富：《基于科学知识图谱的我国残疾人体育研究可视化分析》，载《龙岩学院学报》2017 年第 5 期。

⑧ 林秋，鄢行辉：《我国残疾人体育权利保障路径研究》，载《哈尔滨体育学报》2019 年第 4 期。

近年来，我国残联、残疾人体育协会组织等制定不少条例、纲要，但残疾人体育权利保障的诸多问题在法规政策和体育基本公共服务供给等方面仍然存在。由于这些“软法”无法以法律强制力的形式对于侵害残疾人体育权利的行为形成有力约束，在一定程度上影响了残疾人体育权保障的质效。

三、我国盲人助跑的法律风险揭示

盲人作为残疾人群体的一分子，其在参与体育运动中难免遇到法律风险。经过调研，笔者认为在盲人助跑方面所存在的法律风险点主要包括：专门性规章制度缺位、参赛拟定的契约存在瑕疵、盲人助跑员的资质“鱼龙混杂”等。

（一）专门性规章制度缺位

现阶段我国的残疾人体育权利保障体系仍然没有建立出完善的架构，既没有体系完备的“硬法”作为框架支撑，也缺乏足够多条文明确的“软法”填充血肉。在助盲跑的过程中，当盲人在运动过程中出现人身财产损害时，我国目前的法律法规政策尚缺乏针对性的条款，而这样的法律漏洞就会不可避免地导致前期的法律风险评估难以把握，后期相关人员在权利受到侵害时难以获得救济。

《体育法》第 61 条中规定：“国家鼓励、支持体育组织依照法律法规和章程开展体育活动，推动体育事业发展。”由此可推知，盲人助跑团作为公益性质的体育社会团体，其按照章程进行的助盲跑活动是受到国家鼓励、支持的。然而《体育法》中并未提及针对盲人等残疾人的社会团体的具体支持措施，助盲团的具体章程、行为规范、相关责任承担等问题也没有专门的上位法予以规定。此外，针对残疾人从事体育活动的情况，在《体育法》第 23 条中规定：“全社会应当关心、支持老年人、残疾人参加体育活动。各级人民政府应当采取措施，为老年人、残疾人参加体育活动提供方便。”在第 26 条中提到：“学校应当创造条件为病残学生组织适合其特点的体育活动。”在第 84 条中规定：“公共体育场地设施管理单位应当公开向社会开放的办法，并对未成年人、老年人、残疾人等实行优惠。”由上述规定可以看出，目前在《体育法》中对于残疾人的相关体育权利规定还是较为笼统的，只是提出了“支持”“鼓励”等态度，但并没有对不同地区、不同年龄阶段的残疾人参与到日常体育健身活动时的具体行为规则和保护措施等细则作出专门、细致的规定。

国务院新闻办于 2022 年 3 月发布了《中国残疾人体育事业发展和权利保障》白皮书，该书从国家发展促进残疾人体育进步、残疾人群众性体育活动广泛开展、残疾人竞技体育水平不断提高、为世界残疾人体育运动作出贡献、残疾人体育展现中国人权事业发展进步五个方面阐述了近年来我国残疾人体育事业的蓬勃发展，也展示了我国坚定维护人权事业发展，保障最广大人民享有最根本利益的决心。然而这仅仅是一项倡议性规定，既没有将相关的操作细则具体化，也没有法律强制力作为约束。如何将此类倡议性规定落实为具体的法律法规，对包括盲人在内的残疾人群体以及相关组织、个人形成切实有效的保障仍然是一个亟待解决的问题。

（二）契约行为存在瑕疵

在调研中，盲人助跑团的参与人士多次提到，在助跑的过程中最大的法律风险点就是发生意外后的法律责任承担，如在跑步过程中盲人的摔伤、撞伤甚至猝死等问题。一方面，由于助跑的公益性质，跑团一般不会向志愿者强调法律风险问题，更不会签订相关的合同以明确双方的责任负担问题。但意外一旦发生，由于跑团本身没有盈利活动，且参加的盲友大部分经济条件并不乐观，如果没有相关的合同、法律规定明确风险和责任的负担，参加助盲跑的盲人群体最基本的安全问题都将无法得到保障，这会大大挫伤盲人参加跑步活动的积极性。另一方面，由于缺乏专门的法律规定，绝大部分跑团都默认适用《民法典》中的侵权责任、意外事故责任承担以及自甘风险等原则来作为出现意外时划定责任的依据。而盲人群体特殊的身体原因，使得他们在民事领域范围内多被划分为限制民事行为能力人而非民事活动中默认的完全行为能力主体，因此，《民法典》中的某些规定和原则并不能完全适用于盲人助跑这一行为，此时，法官的自由裁量权将会影响到具体案件的责任认定，没有统一明确的责任划分依据将不可避免地导致法律的天平偏向其中一边（多为弱势者一边）。这也将打击志愿者参与的热情和主动性，不利于助盲跑活动的进一步开展。

（三）盲人助跑员的资质参差不齐

助盲跑的法律风险除了缺乏专门的规章制度予以保障、契约行为存在瑕疵等问题，还有盲人助跑员的资质鱼龙混杂这一风险。

在助盲跑活动中，往往要求志愿者在自身擅长跑步、身体素质良好之外还要了解盲人这一群体的身体特性、具有耐心和责任心，在跑步过程中通过声音或者牵引绳对盲人作出正确的指令以保障其安全地参与跑步活动，同时也要求志愿者和盲人尽可能地达成默契，结成对子。但是据跑团内相关人士介绍，大多数跑团并不会对志愿者的资质进行审核，对于志愿者的要求还处于“能跑步、身体素质良好、成年”这种笼统的范围内。产生这一问题的原因在于：第一，盲人助跑团多属于自发组织的公益类社会团体，志愿者参加盲人跑团只是出于热心和帮助他人的目的，如果再用具体的规范进行筛选，志愿者的数量可能会大大减少；第二，盲人助跑团的组织者缺乏制定具体规则要求志愿者的能力和经验，盲人跑团作为近年来兴起的社团还属于萌芽阶段，整个群体尚未发展成熟，行业初期的管理混乱、相关人员缺乏资质等问题仅靠跑团自身还无法有效解决；第三，目前，无论是法律还是规章、制度，都没有专门对助盲跑情景下的盲人助跑员的资质作出具体明确的规定，外部也没有相关部门以任何的形式对于助跑员的资质进行考核，这就导致了助跑员的素质良莠不齐，既有专业运动员、体育爱好者，也有对跑步活动、盲人助跑一无所知的“新手小白”，更有甚者在跑步过程中不顾盲人的安危全程举起手机录制。

从根本上而言，助盲跑的目的是帮助盲人群体参与到日常的体育活动中，以期盲人们能够“走出家门在阳光下”充分行使体育权，在保证自己的身体健康的同时保障自身权利的充分行使，以此填补目前我国在残疾人的人权模式构建和完善方面的空白。然而志愿者素质的参差不齐不仅难以达成助盲跑活动产生的初衷，更可能会产生不良影响。

四、法治保障盲人助跑的路径优化

《中国残疾人体育事业发展和权利保障》白皮书中提到：“残疾人体育是残疾人增强体质、康复身心、参与社会、实现全面发展的有效途径；是人们认识残疾人潜能与价值、促进社会和谐共进的独特渠道。发展残疾人体育，对于保障残疾人平等权利、促进残疾人融合发展、推动残疾人共享经济社会发展成果，具有重要意义。残疾人体育重在参与，这是残疾人的一项重要权利，是人权保障的重要内容。”盲人作为残疾人群体中的一分子，国家和政府鼓励、支持其通过体育活动增强体质、康复身心、参与社会，从而维护盲人群体的身心健康，保证其幸福生活。白皮书作为国家鼓励、支持残疾人积极参与体育活动的重要文件，体现了党和政府对于保障残疾人体育权利充分行使的重视，因此，笔者将以此为契机，针对上文阐释的盲人助跑活动中的相关法律风险问题的法治优化路径提出以下建议：

（一）推动专门性立法的建构与完善

我国新修订的《体育法》第 82 条第 3 款规定："公共体育场地设施的设计和建设，应当符合国家无障碍环境建设要求，有效满足老年人、残疾人等特定群体的无障碍需求。"此外，在新修订的《体育法》中，对残障群体的特别保障还体现在总则第 5 条和第二章第 21 条、第 23 条等。这些立法内容为后期专门性的立法保障奠定了重要的法律基础。针对助盲跑活动中缺乏专门的法律法规这一问题，以全国人民代表大会、政府的体育行政部门、盲人联合会和残联等为首的有关机关、部门和组织应当积极专门性立法的建构，详言之：（1）建议在《残疾人权利保障法》中专章规定对于残疾人体育权利的保障内容并将该章放到第五章文化生活之前。进一步详细对于残疾人体育权利特别保障的内容，并且要注意体育权利保障条款的实效性和可操作性，使得权利保障能够真正落到实处。如可以在该章中规定："全社会应当关心、支持老年人、残疾人、城乡贫民等特殊群体参加体育活动。各级人民政府应当采取措施，为老年人、残疾人、城乡贫民等特殊群体参加体育活动提供方便。"强调并扩大对于残障群体体育权利保障的主体范围，是为了响应近年来国家对残疾人等特殊弱势群体的体育权利的重视和对《宪法》中人权范围的扩大指示的遵守，从立法方面强调对于残疾人体育权利的保护。（2）应当在《残疾人权利保障法》中规定对于残疾人体育权利的特别保障条款。建议在规定增加政府应为残疾人等特殊人群修建公益性的公共体育场馆或者基础设施，并为其在基础体育器械或者场地的使用上提供便利，鼓励残疾人等特殊群体积极参加由政府举办的公益体育活动并给予一定奖励等；在教育章中可专门规定对残障青少年学生群体体育权利的特别保护措施，如有关教育部门可要求学校定期开展残疾学生体育活动培训，为残障学生提供特殊体育器械和专门的辅助老师，以增强保障残疾人权利的可操作性。

（二）实行公平公正的盲人助跑契约

《民法典》第 464 条规定："合同是民事主体之间设立、变更、终止民事法律关系的协议。"而契约是双方或者多方当事人之间的一种协议、约定，通俗地说就是合同，但是比合同的意义更广泛。在现实中，契约有短期的或长期的，正式的或非正式的，显性的或隐性的。在狭义上，所有的商品或劳务交易都是一种契约关系。在广义上，所有的法律、制度都是一种契约关系。[9] 即合同是广义上的契约，故在本文中，将合同的概念等同于契约进行论述。契约的核心内容有：当事人信息、标的、价款、履行因素、违约责任、解决争议的方式、生效条款、附件等。订立合同的目的就在于通过一定的内容约定双方的权利和义务，当其中一方没有履行义务或者损害了对方的权利时对方就可以根据合同的内容请求法律的保护，以此促进公平正义的实现。

助盲团作为民事行为的集合体，在活动开始之前以契约的形式明确双方的权利和义务以维护双方的利益是十分有必要的。目前，助跑团在组织助盲跑活动中很少要求双方签订明确的合同以保障双方的合法权益。针对这一现象，笔者认为：一方面，应当规范民间跑团内部的规章制度，明确规定组织者、志愿者、盲人各方的权利和义务，并要求各方严格遵守跑团内部的行为规则，如组织者在选择跑步场地时应当使得场地符合盲人跑步的条件；志愿者需严格按照规定带领盲人进行跑步；盲人应当如实告知自身身体情况等。另一方面，建议由相关体育行业协会或者相关的体育社会组织统一拟定志愿者和盲人在参加助盲跑时有关责任承担和风险预警的格式合同和知情书并进行公示，广泛征求社会各界的意见以形成行之有效的契约。在志愿者和盲人加入跑团之时，应当由跑团组织者或者第三方进行风险提示并与双方签订合同明确志愿者和盲人分别应当承担的责任和义务。从而保障盲人群体身体受到损害时能够及时有效地得到救治，避免因为责任划分不明确、各方“踢皮球”而耽误救治，酿成恶果。

（三）依法合规地提升助跑员队伍的素质和能力

由于盲人助跑员这一工作较为特殊，助跑员在工作时需要了解盲人的身体条件，在跑步过程中发出正确的指令、与盲人达成一定的默契。虽然作为日常的健身跑，对于志愿者的要求不需要达到职业运动员水平，但基础的体育运动常识仍应掌握。故笔者建议要严格依法合规的组织盲人助跑员。

第一，由残联和跑团共同招募、培训志愿助跑员。由残联主要负责的竞技类助跑员选拔、招募的工作近年来已初具规模，因此残联等相关组织目前拥有选拔、培训的经验和能力，如果能够将此类经验运用到盲人跑团中，将

---

⑨ 聂辉华：《契约理论的起源、发展和分歧》，载《经济社会体制比较》2017 年第 1 期。

极大地有利于助盲跑活动的开展。

第二，由第三方定期对跑团内志愿者开展考察。通过资格证和定期考核的形式对志愿者作出统一的规定和要求以改善志愿者“参差不齐”的现状。通过第三方的把关提升志愿者的素质和水平，从根本上减少由于助跑员素质原因而产生的事故，既能有效保护志愿者的利益，也有利于减少盲人的身体受损。

第三，由相关部门给予“助盲者”适当奖励。助盲跑作为一项志愿活动，为了保护盲人群体的利益而给助跑员一方加码的行为将会极大地打击助跑员参与的积极性。考虑到这一点，笔者认为可以由相关的政府部门、组织给予助盲者一定的福利待遇，如给予一定的助盲补贴、税收减免等优惠，并将此类优惠与参与活动的时长、次数挂钩，同时相关部门和社会组织还可以设立“助盲基金”用以奖励在助盲跑活动中表现优异、有突出贡献的团体和个人，以此鼓励志愿者们积极主动地参与到助盲跑活动中。

第四，充实助跑员队伍。在充实助跑员队伍方面，可以重点吸纳社会指导员的加入。依据我国《社会体育指导员管理办法》的规定，社会体育指导员是指不以收取报酬为目的，向公众提供传授健身技能、组织健身活动、宣传科学健身知识等全民健身志愿服务，并获得技术等级称号的人员。⑩ 从中可以发现，社会体育指导员与助跑员的工作内容存在契合性。且新修订《体育法》第 19 条规定，国家实行社会体育指导员制度。社会体育指导员对全民健身活动进行指导。因此，对于助跑员队伍的管理和规范，可以《体育法》为依据，且助跑员队伍可以逐渐吸纳专业的社会体育指导员，在国家统一的志愿服务法治框架内，遵守和执行志愿服务的基本原则和要求，将这一队伍建设完善。如参照相关体系将大学生村官、公益性岗位人员、残疾人专干和社区工作者等成为领跑员来带领盲人进行日常的跑步活动，使得他们的工作岗位和身份职责连为一体，或是专职从事社会体育指导工作，或是对现有工作岗位职责内容的扩展。⑪ 以此扩大和充实助跑员的队伍的同时，保障了该团队的资质合规。

---

⑩ 于善旭：《公益社会体育指导员工作纳入我国志愿服务体系的探讨》，载《体育学研究》2018 年第 3 期。

⑪ 于善旭：《论我国社会体育指导员制度的多元发展与创新》，载《体育与科学》2014 年第 5 期。

五、结语

近年来，随着世界范围内人权事业的加强、我国人权的内容和范围也不断扩充，人们对于人权的认识不断深化。盲人等残疾人作为人民中利益极易受到损害的一方，其各项权利理应得充分的保障。以习近平同志为核心的党中央也表达了我国高度重视残疾人事业发展的决心。2022 北京冬季残奥会为大众关注残障人士打开了窗口，新修订的《体育法》又进一步明确了残疾人体育权保障的条款。社会各界当以此为契机，充分关注生活在世界各个角落的残疾人群体。除了专业的残疾人体育运动员以外，我们更应当关注的是众多的普通残疾人群体是否能够有机会、有能力走出家门，在阳光下充分行使其体育权利，像你我一样了解四季变化、花怎么开、朝阳怎么升起、夕阳怎么落下，感受这世界的美好。

刑事法治

争议声中匍匐前进："梅根法案"的中国化*

——性侵未成年人犯罪人员信息公开制度之建构

黄明儒** 黄丽颖***

摘　要： 浙江省慈溪市出台的《性侵害未成年人犯罪人员信息公开实施办法》是性侵未成年人犯罪人员信息公开制度在中国的首度试水，被誉为中国版"梅根法案"，因其内含儿童利益与罪犯利益的对立而引起了广泛的争议。从法理学、社会学、心理学、经济学这四个角度来看，中国建立性侵未成年人犯罪人员信息公开制度具有正当性。在制度的初创期，相对于激进的全公开模式，中国选择借鉴保守的有限公开模式更可取。由此，可以从信息采集、信息公开、配套制度三个方面设计中国版性侵未成年人犯罪人员信息公开制度，循序渐进地推进该制度的中国化进程。

关键词： "梅根法案"；犯罪人员信息公开；儿童利益；罪犯利益；中国化

一、缘起：争议声中的中国版"梅根法案"

近年来，诸如小学教师多次猥亵女学生等性侵未成年人的恶性案件屡见报端。根据最高人民检察院颁布的《未成年人检察工作白皮书（2014—2019）》与《未成年人检察工作白皮书（2020）》所披露的数据，2017 年至 2019 年间，检察机关起诉成年人强奸未成年人犯罪分别为 7550 人、9267 人、12912 人，2018 年、2019 年同比分别上升 22.74%、39.33%；起诉猥

---

* **基金项目：** 本文系国家社科基金项目"风险社会背景下行政犯扩张及其适用限缩研究"（19BFX061）阶段性成果。

** **作者简介：** 黄明儒，湘潭大学法学院教授、博士生导师，法治湖南建设与区域社会治理协同创新中心平台研究人员。

*** **作者简介：** 黄丽颖，法律硕士，佛山市季华知识产权发展促进中心工作人员。

亵儿童犯罪分别为 2388 人、3282 人、5124 人，2018 年、2019 年同比分别上升 37.44%、56.12%；起诉强制猥亵、侮辱未成年人犯罪 665 人、896 人、1302 人，2018 年、2019 年同比分别上升 34.74%、45.31%。2020 年，检察机关起诉强奸未成年人犯罪 15365 人，猥亵儿童犯罪 5880 人，强制猥亵、侮辱未成年人犯罪 1461 人，同比分别上升 19%、14.75%和 12.21%。① 这些触目惊心的数字背后是无数朵本该快乐绽放的花朵被蒙上一层阴影的事实，而因被害人缺乏性教育、羞耻感或者害怕被报复等原因导致的犯罪黑数也提醒着人们一个事实——在法律的阳光照不到的角落里还有很多不为人知的凋落。性侵未成年人犯罪案件的高发和危害后果的严重性深深刺痛着人们的神经，早在 2016 年就有地方机关采取了针对性的措施，即浙江省慈溪市出台的《性侵害未成年人犯罪人员信息公开实施办法》（以下简称《办法》），② 这是我国首次对性侵未成年人犯罪人员信息公开制度进行的实践探索。根据《办法》，符合条件的性侵未成年人罪犯应当在规定的时间内向检察院登记个人信息；负有未成年人保护、监管责任的相关单位或个人可申请查询信息；对于具有严重侵害未成年人行为或者具有较高再犯风险的犯罪人员，检察院应联合法院、公安、司法局等部门通过各自门户网站公开其个人信息，或者通报未成年人聚集区域。同时《办法》还规定了相关的救济规定。《办法》与美国著名的"梅根法案"规定的性犯罪记录与社区公告制度相类似，因而被称为中国版"梅根法案"。美国的"梅根法案"是世界上最早从罪犯信息公开的角度来预防性侵害犯罪的立法，是美国关于性侵未成年人犯罪人员信息公开制度的一系列法案的统称。③

《办法》在 2016 年面世后，迅速被推向舆论旋涡的中心。性侵未成年

① 最高检发布《未成年人检察工作白皮书（2020）》https://baijiahao.baidu.com/s?id=1701375313660520937&wfr=spider&for=pc，2022 年 1 月 8 日访问。

② 《性侵害未成年人犯罪人员信息公开实施办法》首次出台是在 2016 年，后几经修改，2017 年出台最新版，其规定也更为细致，本文以 2017 年版进行分析。

③ 1994 年，美国新泽西州一名 7 岁的小女孩梅根·康卡被邻居强奸并谋杀，后来才得知邻居是一名有两次性犯罪前科的恋童癖惯犯。梅根的父母认为若事先得知罪犯信息，女儿和自己就会有所防范，悲剧就不会发生，因而发起一场要求公开性侵罪犯个人信息的公民运动。这场运动推动了新泽西州《犯罪登记与社区公告法》的出台，人们便以"梅根法案"称之以示纪念。这就是初代的"梅根法案"，后来被美国联邦法律所认可和发展，如 1994 年的《雅各布魏特琳法案》、1996 年的联邦《梅根法》、2006 年的《亚当沃尔什儿童保护和安全法案》等。

人犯罪人员信息公开制度在网络讨论中赢得一片赞成声，而且不少学者对构建性侵未成年人犯罪人员信息公开制度的必要性予以肯定。但是其质疑声也不绝于耳，归纳起来有以下几点：第一，侵犯罪犯的个人隐私权；第二，极易对罪犯及其家人造成极大不良影响，一方面，可能被社会孤立，甚至招致“民间执法”，另一方面，堵塞罪犯回归社会之路，增加其攻击性；第三，政府投入成本高而实际效果有限，美国有 90% 的研究指出“梅根法案”在遏制和预防犯罪上没有效果；第四，极易对被害人造成二次伤害，不仅使其面临信息被泄露的风险，而且唤醒其痛苦回忆，使其难以走出被害的恐惧。

尽管性侵未成年人犯罪人员信息公开制度在理论上还面临着必要性与正当性的诘问，但是这项制度在官方的推动下，实践中却是一路高歌猛进，如 2017 年江苏省淮安市淮阴区发布了《关于性侵未成年人犯罪人员从业禁止及信息公开制度》，2019 年广州市花都区建立了全省首个未成年性侵信息库，最高人民检察院发布《2018—2022 年检察改革工作规划》指出将建立健全性侵害未成年人违法犯罪信息库和入职查询制度，全国教职工入职查询制度也在 2020 年 9 月落地实施，2020 年 10 月 17 日修订的《未成年人保护法》第 98 条规定了以信息查询的方式将罪犯信息向密切接触未成年人的单位进行有限公开。可见，性侵未成年人犯罪人员信息公开制度从地方逐步走向全国，但也不能就此越过对制度的正当性拷问，否则走不好、走不远，而且这些针对制度的正当性的质疑声有助于揭示制度本身存在的问题，对健全完善制度大有裨益，使其走得好、走得远。此外，新修订的《未成年人保护法》第 98 条初具性侵未成年人犯罪人员信息公开制度的雏形，但并没有真正建立该项制度，其更多是作为职业禁止制度的配套制度而存在，且在具体操作上还存在很大的可讨论空间。基此，本文拟先对性侵未成年人犯罪人员信息公开制度的正当性予以考察，然后从国外的制度中采撷精华，以他山之石，雕琢中国图景。

二、证成：性侵未成年人犯罪人员信息公开之正当性

法律是社会的调节器，需要考虑到社会生活的方方面面，满足社会的现实需要，那么从另一个角度来看，社会的现实需要催生法律，反哺法律制度的正当性。社会科学中的各学科以科学的方法从不同角度来研究社会现象，具有科学性。在考察性侵未成年人犯罪人员信息公开制度的正当性时，融入

社会科学的各学科，能够论证该制度与我国社会生活的内在契合度，同时将全面性、谨慎性、科学性渗透到证成过程中。本文将借助法理学、社会学、心理学、经济学这四个社会学科来论证建立性侵未成年人犯罪人员信息公开制度的正当性。

（一）法理学维度：对儿童利益的优先保护与社会防卫的目的实现

对于性侵未成年人犯罪人员信息公开制度的正当性，质疑者主要将批判的火力集中于隐私权问题。诚然，在公开包括犯罪记录、身高、照片、住址等罪犯信息这一举措上，公权力的权杖或多或少伸向了个人权利领域，由此形成儿童利益与罪犯隐私利益对立的局面。罪犯信息包括犯罪记录和罪犯身份信息，对于犯罪记录是否以隐私权予以保护，学术界存在争议，不少学者对此持否定态度。对此，笔者认为若完全否定隐私权在罪犯信息中的存在空间，会无限制地公开罪犯信息，触发公权力过度扩张的警灯。从罪犯回归社会的角度来看，这会导致罪犯在社会中的立足空间被压挤，使其被驱逐至社会的对立面，甚至产生报复心理而沦为社会的"不定时炸弹"；罪犯还可能会认为他已经为其犯罪行为承担刑事责任的事实不被社会所承认，甚至认为回到监狱更好，在这种自暴自弃的心理支配下，极端的罪犯则会走回犯罪的迷途。从罪犯的亲属的角度来看，在网络发达的今天，人们能通过罪犯信息而顺藤摸瓜获取罪犯亲属的信息，对罪犯亲属的正常生活造成不良影响，甚至将仇恨转移到罪犯亲属身上。可以说，无限制地公开罪犯信息在一定程度上具有株连色彩，殃及罪犯的亲属，这与罪责自负原则以及人权保护理念背道而驰。因此，应当肯定罪犯在罪犯信息上的隐私权，当然这并不意味着否定性侵未成年人犯罪人员信息公开制度的正当性。虽然隐私权应当受法律保护，但是隐私权也是有内在界限的，是可以加以限制的。个人信息秘密并不是绝对权利，法律为个人的信息秘密所建起的保护屏障并非坚不可摧、密不透风的，在某些情形下，压倒性的公共利益可以冲破个人信息秘密的法律保护屏障，将个人信息公之于众。由此引申出下一个问题，即何种情形下可以限制隐私权，具体到性侵未成年人犯罪人员信息公开制度的正当性讨论中，即儿童利益与罪犯隐私利益对立时，是否可以限制隐私权。对此，可以通过利益衡量的方式来理性分析，在正义的天平上对两者进行衡量，保证位阶高的利益得到优先保护，同时兼顾其他利益，最大程度实现天平的平衡。那么，儿童利益与罪犯隐私利益，孰轻孰重？对此，儿童最大利益原则能够给出答案。儿童最大利益原则是联合国《儿童权利公约》确立的一项基本法律原则，[④] 我国于 1991 年 12 月 29 日加入《儿童权利公约》，应当在立法和司法实践中贯彻落实该原则。儿童最大利益原则要求国家在关于儿童事务的政策制定与执行上都要首要考虑儿童最大利益，其中就包括面临儿童利益与其他利益相冲突时，应优先选择保护儿童利益，即便在一定程度上损害其他利益，也应当宽容这一损害，只是应尽可能减小这一损害。而且，儿童利益是以生命健康权和性自主权为具体内容，而罪犯隐私利益则是一般人格权。毋庸置疑，生命健康权作为公民最基本、最重要的权利，其价值位阶在法理、立法以及司法中都优于一般人格权。因此，在儿童利益与罪犯隐私利益相对立时，应优先保护儿童利益。

国家亲权理论和社会防卫理论也能够为性侵未成年人犯罪人员信息公开制定提供法理学支撑。第一，在国家亲权理论中，国家被赋予儿童终极监护人的身份，以保护儿童为职责。由于儿童的心智成熟度和是非辨别能力较低，若儿童身边是一个有性侵犯罪前科的人，国家明知而没有提醒、告知家长，国家则是不称职的“家长”，在悲剧发生之时，国家难辞其咎。因此，在儿童利益与罪犯隐私利益相冲突时，国家基于终极监护人的身份，公开性侵未成年人罪犯信息以优先保护儿童利益，是妥当履行基于国家亲权的干预性保护责任的体现。第二，社会防卫理论认为犯罪侵犯了社会生存条件，作为社会管理者的国家有防止犯罪发生的权力和义务。同时，该理论重视对罪犯个体的预防，倡导以人道的方式矫治犯罪人，使其不再犯罪，以此实现保护社会安全的目的。在现有诸如监控探头、警察巡逻等预防手段难以在预防性侵未成年人犯罪上发挥理想作用的背景下，作为社会管理者的国家应当寻求更有效的措施来防止犯罪发生。性侵未成年人犯罪人员信息公开制度能增强官方对罪犯的监督，也能提高民间的预防意识，能够有效地从外部限制罪犯的再犯能力以保护社会公共安全，正是国家出于性犯罪的高再犯率和保护未成年人免遭性侵害的目的的考量而实施的一种必要的特殊的社会防卫手段，相较于完全不考虑犯罪人的身体健康权的“化学阉割”手段而言，公开信息的方式更为人道，契合社会防卫理论的要求。

---

④ 《儿童权利公约》第 3 条第 1 款规定：“关于儿童的一切行为，不论是公私社会福利机构、法院、行政当局或立法机构执行，均应以儿童的最大利益为一种首要的考虑。”

（二）社会学维度：重启陌生人社会中失灵的社会非正式控制力

随着城市化的进程不断推进，我国传统的熟人社会已然呈现瓦解之势，陌生人社会悄悄登场。传统的熟人社会以社会成员间的血缘、情缘以及地缘形成紧密的联系纽带，社会成员在行为与事物认知上体现鲜明的趋同性和一致性。若有成员有犯罪行为，不仅可以通过口口相传、互相提醒的方式，提高人们的预防意识，而且在快速且大范围的传播下，有犯罪前科的成员承担的社会舆论的否定评价与谴责更为严厉，增加了其犯罪成本，进而倒逼其遵守共同社会行为准则，起到一定程度的预防效果。在陌生人社会中，受城市化的冲击，社会成员间更多是互不了解、互不关心的陌生人，社会成员间原本紧密的联系纽带被冲散，罪犯信息的传输渠道也就被截断了，进而导致社会非正式控制力式微：一方面，社会成员无法获知身边有罪犯，这弱化了对罪犯的监控力度和防范意识；另一方面，罪犯所要承担的社会舆论的谴责减轻了，这降低了犯罪所带来的信誉成本，加上自我道德约束力的削弱，会导致难以有效实现犯罪预防。性侵未成年人犯罪人员信息公开制度则能够代替传统社会中的口口相传、互相提醒的方式，以建立信息公开平台的方式来重新连接陌生人社会中的信息传播渠道，进而帮助人们识别性侵未成年人的罪犯，提高人们的防范意识，同时提高犯罪带来的对信誉的不良后果，以此约束有前科的社会成员的行为，达到预防其再犯的效果。

（三）心理学维度：干预成瘾性的先天人格缺陷的理性威慑外力

性侵未成年人的罪犯往往在心理上有恋童癖倾向或者一定的心理变态，据研究表明，从25%～40%的性侵未成年人的罪犯身上可以发现恋童癖的特征。心理正常的人会以关爱的态度对待未成年人，而恋童癖患者则会产生性冲动。一方面，这种病态的性冲动是难以抑制的，许多性侵未成年人的罪犯往往在冲动控制上存在缺陷。正如弗洛伊德的人格结构理论所指出的，罪犯超我几乎不存在，自我力量太小，几乎被本我控制，自我控制能力削弱甚至丧失，形成罪犯人格。性侵未成年人的罪犯即便认识到其行为违法或者不符合伦理道德，也难以控制自己，因而具有高度再犯可能性，这一结论从国内外的实证调查中也能得到印证。据"女童保护"统计，我国2017年至2020年性侵未成年人的罪犯多次作案的案件数量分别为120件、124件、167件和196件，在当年所有性侵未成年人案件的占比分别为31.75%、

39.11%、55.48%和59.04%。[⑤] 国外对性犯罪者的长期追踪研究发现，在英国有1/4性犯罪者再次实施性犯罪，挪威则是1/5。另一方面，这种病态的性冲动的产生具有生理和心理基础，无法通过后天矫正来彻底改变其人格缺陷。位于多伦多的加拿大成瘾和精神健康中心（CAMH）的詹姆斯·康托及其同事研究发现，恋童癖患者的大脑结构、一些身体性状都与常人不同，在后续研究中还发现患者大脑中的白质少于常人。可见，恋童癖并不是一种选择，而是患者一生都难以改变的基因，后天矫正的结果往往不如人意。如1993年，英国政府在两个10岁的恋童癖杀人犯Jon Venebles和Robert Thompson身上花费巨大的人力、财力和时间，希望引导他们走向正常，但最终以失败告终。[⑥] 基于这种难以自制、难以矫正的病态的性冲动，性侵未成年人的罪犯具有高度再犯风险。正如美国精神医学学会的《精神疾病诊断与统计手册》指出："假如没有外力干预，恋童癖的一生中都无法停止性侵儿童。"既然希冀于罪犯自我控制或者通过后天矫正改变人格缺陷是不现实的，那么就应当借助外在的强制力量进行干预，性侵未成年人犯罪人员信息公开制度则是一个很好的选择。性侵未成年人的罪犯信息公开制度将罪犯置于公众和官方系统的监督之下，一方面，可以提高公众的防范意识，进而使被害人或潜在被害人主动与罪犯相隔绝，以外力阻断罪犯的病态性冲动的实现场域的形成；另一方面，可以对罪犯产生威吓的心理强制，使其逐渐形成不敢犯罪的潜意识，最终实现预防再犯的效果。

（四）经济学维度：SWOT分析法下契合度考察的理智选择

SWOT分析法，亦被称作态势分析法，发端于经济学、管理学领域，是一种综合考虑事物的自身条件及其外部环境的各种因素后进行系统评价，并

---

⑤ 参见《"女童保护"2017年性侵儿童案例统计及儿童防性侵教育调查报告》，https：//www.sohu.com/a/224728229_99996733；《"女童保护"2018年性侵儿童案例统计及儿童防性侵教育调查报告》，https：//m.sohu.com/a/298646877_99996733/；《"女童保护"2019年性侵儿童案例统计及儿童防性侵教育调查报告》，https：//www.sohu.com/a/395990331_99996733；《"女童保护"发布2020年儿童防性侵教育调查报告》，https：//baijiahao.baidu.com/s?id=1693124262344610941&wfr=spider&for=pc；2022年1月8日访问。

⑥ 参见《10岁男孩虐杀2岁男童 出狱后持有儿童色情图再入狱》，http：//news.jstv.com/a/20171125/1511573732752.shtml，2021年7月21日访问。

以此指导未来的发展战略的分析工具。SWOT 分析法的研究内容包括事物自身内部的优势（Strengths）、事物自身内部的劣势（Weaknesses）、事物外部环境的机会（Opportunities）和事物外部环境的威胁（Threats）。SWOT 分析法的适用范围广泛，各行各业都能够运用这一分析工具指导其未来战略规划。将 SWOT 分析法灵活运用于性侵未成年人犯罪人员信息公开制度的分析中，对该制度的优势、劣势、机会和威胁进行全面透视和立体剖析，进而实现对该制度的系统分析和精准解构，由此不仅能够从内外角度佐证性侵未成年人犯罪人员信息公开制度与我国国情的契合度，以此论证其正当性，而且能够为其未来发展指明方向。

其实，当前理论界对性侵未成年人犯罪人员信息公开制度的质疑观点，有些是对该制度的实施结果的误解，在对该制度展开 SWOT 分析前，有必要先澄清这些误解。第一，对于公开罪犯信息而对被害人造成二次伤害的这一论点就存在重大误解：一方面，公开罪犯信息时并不会公开被害人信息，或者对被害人信息作特殊技术处理，都不会使被害人陷入信息泄露的危险中；另一方面，被害人对被害过程的痛苦回忆一直存在，公开罪犯信息并不会对被害人所受的创伤有太大的不良影响，相反能够向被害人传达国家对罪犯的侵害行为的否定性评价以及国家对儿童保护的重视，结合后期对被害人的心理辅导，对被害人创伤安抚大有裨益。第二，对于性侵未成年人犯罪人员信息公开制度的预防犯罪的实际效果有限的质疑，笔者认为支持这一质疑的相关研究结果具有片面性。即便公开罪犯信息后，性侵未成年人的犯罪没有减少，那也只针对特殊预防而言，并不能以此否定其一般预防的作用，也不能以此否定该制度的效果。更何况中美两国国情不一样，美国的研究结果并不一定契合我国国情，以此来断绝该制度在我国的发展空间并不合理。而且正如李玫瑾教授所指出的："从犯罪学角度出发，立法与犯罪数量无关，不能用信息公开制度的效果大小来决定是否实行该制度……犯罪数量多少跟犯罪者的机会、频率以及社会刺激相关。"

笔者将以《办法》为例，构建性侵未成年人犯罪人员信息公开制度的 SWOT 分析表，如表 1。

表1　SWOT分析表

内部因素 / 外部环境	S（优势）	W（劣势）
	（1）预防犯罪，包括一般预防和特殊预防； （2）对公众起到警醒作用，提高其防范意识； （3）罪犯再次犯罪时，警方能够通过数据库迅速锁定罪犯，有效打击累犯； （4）便于从业禁止等其他预防措施的开展； （5）信息库为政策制定和学术研究提供参考数据，提高研判能力	（1）存在侵犯隐私权的风险； （2）对罪犯及其家属的正常生活造成负面影响，不利于罪犯回归社会； （3）实行成本高； （4）制度不完善
O（机会） （1）国家对儿童利益的重视以及政策支持； （2）性侵未成年人犯罪形势严峻； （3）现有预防手段明显不足； （4）有国外多年实践经验可供借鉴； （5）社会公众的支持	S－O战略：突出优势，紧抓机会	W－O战略：突破劣势，紧抓机会
T（威胁） （1）社会大众对罪犯普遍存在排斥心理，加上熟人社会的“余热”与传统文化的影响，易导致抵制罪犯的过激行为的发生； （2）社会保障制度相对滞后且地区间发展不平衡，罪犯的生存困境更为艰难	S－T战略：突出优势，规避威胁	W－T战略：突破劣势，规避威胁

根据SWOT分析表，从整体来看，构建性侵未成年人犯罪人员信息公开制度内部的优势指标大于劣势指标，外部环境中的机会指标大于外部环境中的威胁指标，且能够通过在具体制度设计时通过利益平衡来有意识地消解其负面内容，以最小成本来获取最大收益，因此，构建性侵未成年人犯罪人员信息公开制度不但是可行的，而且具有重要价值。

三、抉择："梅根法案"之模式及其选择

"梅根法案"下的性侵未成年人犯罪人员信息公开制度在美国诞生后逐渐走出国门，得到世界范围内的认可与效仿，在英国、韩国、澳大利亚等多个国家生根发芽，形成不同的发展模式，如英国的制度建立也是以一起奸杀未成年人的案件——"萨拉案"为导火索，⑦ 被害人的父母在得知罪犯有性侵前科后，积极呼吁英国政府效仿美国公开有性侵前科的罪犯信息，最终英国政府制定了英国版的"梅根法案"，但不同于美国的全公开方式，英国采取有限公开的方式。由此，"梅根法案"在发展过程中形成两种模式，即以美国为代表的全公开模式和以英国为代表的有限公开模式。

（一）激进的保护者：全公开模式

选择全公开模式的国家往往是基于性侵害未成年人的犯罪活动猖獗的现实情况，对儿童利益的保护的需要更为迫切，进而化身为即便牺牲罪犯利益也要保护儿童利益的激进保护者。在全公开模式下，每一个性罪犯在回归社会后，需定期向相关部门登记备案其个人信息，并及时申报更新，该模式的激进之处在于以全公开的方式向社会公布罪犯的信息，即信息受众为不特定主体，且以主动公开为主，辅之以提供官方信息公开网站供公众查询。采取该模式的国家主要有美国和韩国。在美国的"梅根法案"下，所有性犯罪者应向警方登记姓名、住址、社会保障号、DNA 等信息，且在信息发生变化后及时向警方报告更新，这些信息被录入全国共享的"全国性犯罪人信息库"。美国实行分级管理体制，根据再犯风险将罪犯分为三个等级，不同等级的罪犯在信息留存时限、信息更新频率以及期限减少上不同。值得注意的是，所有性罪犯无论危险等级高低，其信息都会被对外公开。在信息公开方式上，美国有两种途径：一种是警方主动向居民和社区进行通告；另一种是公众在"德鲁·索丁全国性犯罪人（信息）公共网站"上查询。在韩国，由于性侵未成年人的犯罪行为猖獗，在性犯罪防控上也采取了激进的态度。2000 年，韩国颁布了《青少年性保护法》，要求登记并向社会公众公开性侵害未成年人的罪犯的信息，并成立专门部门负责信息登记与公开工作。2009 年，韩国通过了《儿童、青少年性保护法》，对罪犯的登记与公开做了更为

⑦ 萨拉案简介：2000 年，8 岁女孩萨拉·佩恩在自家附近玩耍时，被恋童癖者、曾有性侵案底的罗伊·怀廷掳走并奸杀。

细致完整的规定。韩国通过两种途径公开罪犯信息，一种是法务部主动通过网络或媒体向社会公开，并向居住社区有未满19周岁成员的家庭发送信件，另一种是公众在“性犯罪人公布栏”网站上查询。公开时间的长短取决于罪犯的刑期及其潜在再犯可能性。

（二）保守的缓和剂：有限公开模式

选择有限公开模式的国家则更为关注儿童利益与罪犯利益的平衡，所采取的公开方式也在一定程度上对两种对立的利益起到缓和剂的作用。有限公开模式也要求罪犯进行信息登记和定期更新信息，但出于对罪犯的隐私权与回归社会的考虑，以被动、有限的相对温和的方式公开罪犯信息，具体而言，该模式将信息受众限制在特定主体，以有限披露为原则，以全公开为例外。以英国为例，英国设立性犯罪者名册，登记信息包括姓名、住址、DNA等信息，并要求罪犯履行定期登记义务，登记期限取决于刑期，但有权查阅该名册的只有政府相关部门以及与儿童密切联系的雇主，原则上一般公众不能随意获取信息。在后续发展中，英国新增了有限披露的例外规定，即对于不遵守登记规定且去向不明的高风险性犯罪者，将其信息公布在一个公共网站上（www. ceop. gov. uk）。澳大利亚与英国类似，建立全国性侵害儿童犯罪人名册，但也仅提供给相关特定单位或者场所。

四、启示与选择

两种模式在信息登记、更新上大同小异，主要区别在信息公开的程度上，这是因为两者在儿童利益和罪犯利益上的权衡比重的不同。虽然两者在利益权衡上都选择优先保护儿童利益，但是保护程度存在差异，前者由于更为严峻的性侵犯罪形势而更为激进，保护儿童利益的力度更大；而后者则考虑到罪犯隐私权和回归社会的问题，采取更为保守的方式。两种模式都有其可取之处，都具有重要的借鉴意义。第一，做好登记工作，实行全面登记制度，并及时更新信息，同时建立全国共享信息系统。两种模式都要求所有性犯罪者都要登记信息，不论犯罪类型和危害性程度。只有保证信息的内容全面、准确，同时摆脱信息公开的地域限制，公开才有意义。第二，建立科学明确的再犯风险评估机制、分级管理机制等配套机制，以科学的方法来评估罪犯的再犯风险，进而区别对待，以此平衡儿童利益和罪犯利益。第三，在公开方式上，不局限于单一公开方式，结合向特定主体公开和向不特定主体公开，主动公开和依申请公开。

在信息公开方式模式选择上，结合本文构建的SWOT分析表，既要重视性侵未成年人犯罪人员信息公开制度的正向效能和有利环境，也要正视其面临的劣势和威胁，而且制度的构建应当循序渐进，在制度的发展初期不宜过于激进，应先建造稳固的制度基石，不应贸然强调发挥制度的积极效应而忽视制度本身的短板，否则后续建构的制度大厦摇摇欲坠，何谈制度的长远发展。因此，应当先抓住有利时势抛来的橄榄枝，建立性侵未成年人犯罪人员信息公开制度，同时尽力消解制度内部的劣势部分。基此，当前阶段宜采用W－O战略，较为温和的有限公开模式符合W－O战略，且注重利益平衡的有限公开模式能减小制度所面临的最大阻力，即儿童利益和罪犯利益的矛盾，因此在信息公开方式上，可以借鉴有限公开模式来设计中国版的性侵未成年人犯罪人员信息公开制度。虽然新修订的《未成年人保护法》第98条规定了以信息查询的方式将罪犯信息向密切接触未成年人的单位进行有限公开，但只将信息受众限于密切接触未成年人的单位，这种做法过于保守，不足以体现对儿童利益的优先保护，也没有充分利用制度发展的有利环境和发挥制度的预期效果，不仅难以震慑具有高度再犯危险性的犯罪人员，而且难以使普通公众知晓身边的危险，不利于预防犯罪。新修订的《未成年人保护法》第98条的做法与英国初期的信息公开制度相类似，都只通过信息查询的方式将信息受众限于特定群体，但在制度发展过程中英国意识到了这种做法的过度保守和效果有限的问题。后来，英国内政部为了增强罪犯遵守登记规定的意识，同时方便警方尽快找到罪犯或者采取下一步行动，新增了特殊情形下将罪犯信息公布在公共网站上的规定，将全公开的方式作为例外情形纳入公开方式中。对此，我国的制度建设应以英国的经验教训为殷鉴，建立以有限度公开为原则，全公开为例外的有限公开模式，如此既不会过于激进，又不会过度保守。

五、路径："梅根法案"之中国版本设计

在官方的推动下，性侵未成年人犯罪人员信息公开制度远渡重洋来到中国，在慈溪崭露头角，逐渐走向全国多地进行试点，如今新修订的《未成年人保护法》在立法层面上纳入了依申请进行有限公开罪犯信息的做法，但规定过于抽象，也没有系统地建立性侵未成年人犯罪人员信息公开制度，而更多是作为职业禁止制度的配套制度而存在，且在具体公开方式上过于保守，那么该如何构建中国版的性侵未成年人犯罪人员信息公开制

度？笔者主张，应当综合吸收国外两种模式的先进之处，进行本土化的版本调试，从信息采集、信息公开、配套制度三个方面来建构中国版的“梅根法案”。

（一）信息采集：全面登记与及时更新

信息的准确性是整个信息公开制度的前提和基础，因而需要建立一个内容翔实、动态更新、全国共享的性侵未成年人的罪犯信息数据库，以大数据的方式进行管理和利用信息，同时要有完善的信息登记与更新机制来保证信息的准确性。在信息登记上，应当建立全面登记制，这种全面包括登记对象和登记内容的全面。美国、英国等都要求所有性侵未成年人的罪犯在刑满释放后到相关机关进行信息登记，但《办法》将登记对象限制在五类人员，登记范围过窄，难以实现全方位预防和信息公开制度功能的最大程度发挥。登记信息不等于公开信息，在有限信息公开制和分级管理制的中和下，全面登记制并不会对罪犯权利造成过度限制，而且，信息的全面有助于公安机关在罪犯再次犯罪时及时侦破案件和掌握罪犯的去向，因此应当全面登记性侵未成年人的罪犯信息。在登记方式上，存在被动登记和主动登记两种方式，前者是由登记机关主动向罪犯核实登记信息，后者是由罪犯在刑满释放后或者缓刑、假释期间及时主动向登记机关登记与更新信息。主动登记在节约司法成本上更为优势，结合违反登记义务的惩罚措施，能够在降低司法成本的同时保证信息的完整与动态更新，而更为可取。在登记内容上，登记的罪犯信息应全面翔实，以实现预防犯罪为目的尽可能全面采集罪犯信息。罪犯信息可以分为身份信息与犯罪信息，前者包括姓名、性别、民族、近照、体貌特征、住址、工作单位、DNA信息等能够识别、定位罪犯的信息，后者包括刑事判决书载明的信息以及其他犯罪行为的记录。在信息更新上，罪犯信息应当及时更新，否则公开制度将会因信息的时效过期而失去公开意义。信息更新可以分为定期更新和随时更新，前者要求罪犯定期到登记机关更新信息，可以借鉴美国根据不同风险级别而规定不同的更新频率；后者要求罪犯在其信息发生变化后，及时到登记机关更新信息，无需等到登记期限再去登记。在信息数据库的建设上，数据库应当是全国共享的，使各地区间信息互通有无，充分利用公安机关、检察机关、审判机关、行政机关的各类数据库，如公安户政系统、公职人事管理系统，进行交叉核验，保证信息的完整与准确，同时节约司法资源。尤其需要注意的是信息数据库的安全维护，避免造成信息泄露。

（二）信息公开：有限公开与分级管理

信息公开是性侵未成年人犯罪人员信息公开制度的核心部分，也是儿童利益与罪犯利益间矛盾最激烈之处。如前所述，应当借鉴域外的有限公开模式，并结合以再犯风险为标准的分级管理体制，以实现对儿童利益的最大限度地优先保护，同时在科学的纬度内考虑罪犯隐私权、回归社会等问题，以实现对罪犯利益的限制成本的最小化和总体效益的最大化，这是制度建设初期的较为温和妥当的选择。《办法》在具体规定上初具分级管理的雏形，如根据危险性的不同，区分公开期限，一般公开期限为5年，特殊情况则为终身，令人遗憾的是《办法》只在公开期限上体现分级管理的色彩，而且5年和终身的跨度较大，分级设置缺乏递进性，司法实践中可能公开的情形基本上能够被包括在5年这一档的情形中，如此一来，分级的意义大打折扣。笔者主张将分级管理融到信息公开方式，因为不同的公开方式所产生的预防再犯效果不同，这一点与以再犯风险为标准的分级管理不谋而合，应将分级管理与有限公开相融合，在科学评估的基础上，建立起层级区分、标准清晰、方式有别的有限信息公开方式制度。

首先，应先根据再犯风险对性侵未成年人的罪犯进行分级，可以借鉴美国的三级分级方式（一级为低风险人群，二级为中风险人群，三级为高风险人群），如此既不会因分级过多而操作烦琐，也不会因分级过少而削弱分级的意义。分级所依据的风险评估标准将在下文进行论述。其次，在对不同风险等级设置相应的公开方式前，先对公开方式进行总结和区分。有限公开并不决然排斥向社会公告的方式，而是以有限度公开为原则，全公开为例外，这种有限性体现在信息受众的有限性，即向特定主体公开。因此，应以向特定主体公开为原则，向不特定主体公开为例外。在具体的公开途径上，可以分为信息查询和信息公告。前者是有查询权限的人主动向相关机关申请查询，后者是相关机关主动公开，相对来说，前者所公开的信息内容一般较后者完整详细。有限公开和全公开都可以通过信息查询和信息公告两种途径实现。最后，不同的风险等级适用不同的公开方式规则。对于低风险人群，通过信息查询实现有限公开。查询主体除了包括国家机关，还应包括监护人以及与未成年人有紧密联系的单位，如学校、游乐场、托儿所等单位；对于后两种查询主体，只能以保护未成年人利益为目的申请查询，如出于为未成年人招聘教师的目的，且查询的内容应做特别规定，仅限于有无性侵记录，而不能查询其他身份信息和犯罪信息，还应当遵守保密规则。对于中风险人群，通过信息查询和信息公告实现有限公开。具体而言，在信息查询上，相关规定与对于低风险人群的查询规定一致；在信息公告上，登记机关应主动向相关的与未成年人有紧密联系的单位通报信息，并对相关社区居民提起模糊警示，这种模糊警示的内容仅限于告知社区内有危险。对于高风险人群，适用全公开的方式，登记机关应向相关的社区以及与未成年人有紧密联系的单位通报信息，还可以建立全国性侵未成年人犯罪人员信息公开网站进行全公开，公众也可以在该网站上进行查询。值得注意的是，基于犯罪记录封存制度的要求，若犯罪人员为未成年人，应当将其信息进行封存，不得公开其信息。另外，对于公开期限，也应当根据不同风险等级而适用不同的公开期限，如低风险人群、中风险人群和高风险人群的公开期限分别为5年、15年和终身。对于具有表现良好、遵守等级规定、无犯罪记录等体现再犯危险性降低的情形的罪犯，可以酌情减短期公开期限，反之则增加。

（三）配套制度：风险评估与权利救济

从前文分析可以发现，信息更新频率、公开方式和公开期限都是以罪犯的再犯风险为标准适用不同的规定，以此平衡儿童利益和罪犯利益。可见，再犯风险评估制度在衡量儿童利益和罪犯利益的利益天平上发挥着标尺的作用，是信息公开制度中必不可少的一部分。风险管理是精算性、超前性和预示性的，犯罪风险的管理需要预先对风险进行评估。科学合理的再犯风险评估制度是信息公开制度的成本最小化、效果最大化的保障，然而《办法》所规定评估方法仅以刑罚量和再犯情形作为标准，经验化色彩浓重，因缺乏科学的论证过程而面临科学性阙如的困境。在心理学维度上，性侵未成年人罪犯的高再犯风险率与罪犯的心理缺陷有千丝万缕的关系，可以引入心理学领域的研究成果，如心理学量表、阿贝尔性兴趣评估、精神病态筛查表等。而且无论借助什么评估工具，评估过程都不可避免地渗入主观性预测，评估结果也不是绝对性的结论，而是一种概率，这些主观性与不确定性在一定程度上削弱了评估的科学性，而如果加入心理学这门社会科学，就能够为评估过程和结果涂绘上一层科学性色彩。具体而言，可以建立一个量表，设定适当的测评项目，赋予一定比重，经过专业评估后得出综合结论。具体测评选目可以分为三大部分，分别为犯罪前基本情况（如文化程度、家庭状况、社区交友、心理状态、兴趣爱好、惩处记录等）、犯罪时具体情况（如与被害人关系、性侵人数、加害次数、被害人年龄、危害后果、悔罪表现、再犯情况、刑期等）以及改造情况（可参考监狱和社会改造的对服刑人员的计分考核结果)，满分为100分，三部分的权重可分别为30、30、40。值得注意的是，尽管评估是一种主观性预测判断，但是在测评项目的设定时不应加入民族、性别歧视等要素。

性侵未成年人犯罪人员信息公开制度是以牺牲罪犯利益来实现保护儿童利益和社会防卫的目的，但这种牺牲不是无限度的，更不是放弃保护，否则会使罪犯被驱逐至社会的对立面而成为社会的长期不稳定因素，最终走向制度初衷的对立面，因此在对罪犯利益的限制超过合理范围时，应当对罪犯的合法权利进行救济。尤其是在互联网时代，作为敏感信息的犯罪信息搭乘着网络数据线，能够迅速且广泛传播在公众间，所造成的危害后果严重且难以弥补。《办法》虽然对罪犯的权利救济做了规定，但是本质上还是传统的权利救济途径，难以在犯罪信息被不当公开后实现对罪犯合法权利的及时有效保护。因此，应当建立性侵未成年人犯罪人员救济渠道，设置快捷的申诉和复议机制，使犯罪人员可以在侵权现象发生后尽快申诉或者复议，及时止损，最大程度保障其合法权利。此外，在申诉或者复议成功后，还应当对相关人员进行追责，使其承担一定的民事赔偿责任，以此弥补犯罪人员所遭受的人身和经济损失。

六、结语："梅根法案"的中国化应在争议声中匍匐前进

《办法》是"梅根法案"在中国的首度亮相，其内含的儿童利益与罪犯利益的冲突使其一经面世则陷入争议声中，对此，既不能迷失于赞美声中而贸然前行，也不能因质疑声而畏缩不前，应当理性思考是否应当继续"梅根法案"的中国化进程，如果要继续，又应当如何走。从法理学、社会学、心理学、经济学这四个维度来看，我国建立性侵未成年人犯罪人员信息公开制度具有正当性，应当继续"梅根法案"的中国化进程。新修订的《未成年人保护法》也从立法层面上表明了实行罪犯信息公开的倾向，但是并没有进行系统的制度建构，相关条文更多是作为职业禁止制度的配套规定而存在的，也缺乏具有可操作性的具体规定，且公开方式过于保守。国外多年的制度实践则为"梅根法案"的中国化发展指出两条路：激进的全公开模式和保守的有限公开模式。两种模式都有其可取之处，在设计中国版的性侵未成年人犯罪人员信息公开制度时可以萃取各自的精华，但是在公开方式的选择上应当选择有限公开模式，这不仅是SWOT分析法下的科学结论，也是平衡儿童利益与罪犯利益的理性选择。性侵未成年人犯罪人员信息公开制度

肩负着保护儿童利益与社会防卫的重要职责，但也面临着儿童利益与罪犯利益的冲突所带来的强大阻力，在制度初创期不应急于求成而忽视对罪犯利益的保护，应当打好根基，突破劣势，怀以任重致远的决心在“梅根法案”的中国化道路上前进。

从科幻到通过刑法的社会控制：人工智能涉嫌犯罪的刑事归责模式进阶

杨彩霞*

摘　要：人工智能广泛应用存在诸多隐忧，作为最强大社会控制手段的刑法必须将其置于规制框架下。伴随人工智能由弱到强再到未来可能的超人工智能的阶段发展，人工智能涉嫌犯罪的刑事归责模式分别对应于间接归责模式、“自然—可能—后果”的风险责任模式以及直接归责模式。其本质是在人工智能与其背后研发者、使用者等相关人员间按照结果关联度和控制能力等因素进行责任分配。当前技术水平下主要适用前两种模式，其中自然可能后果责任模型承认类似监督过失责任，在通过产品刑事责任实现归责的同时应从回避可能和信赖原则两方面限制责任范围。基于人工智能的自由意志、法律人格、刑罚适应性等方面争议，直接责任模式尚未形成共识。若采用人类中心主义立场且不固守传统罪责观念，权衡利弊之下有必要允许直接归责。但总体上刑事归责必须重视技术造福人类与维护社会秩序间的平衡。

关键词：间接归责；自然—可能—后果；直接归责；监督过失；归责条件；责任方式

一、从科幻到现实：人工智能的阶段性发展

1956 年在美国举行的达特茅斯会议上，人工智能（AI）的设想首次被正式提出：“让机器能像人那样认知、思考和学习，即用计算机模拟人的智能”。此后科学家们开始致力于人工智能的研发，不过受制于计算机技术水平，人工智能的进展一度非常缓慢。于是人们将对未来生活方式的向往投射进科幻电影，一系列经典的 AI 形象被塑造出来。比如在《终结者》《星际

* **作者简介**：杨彩霞，华中师范大学法学院副教授。

迷航》《星球大战》等知名科幻电影中，具备人工智能的机器人或计算机不仅具有意志力和决断力，能够以自我意识实施行动，甚至具有了人类的情感。尽管这些只是人类的遐想，但是从科幻电影中诞生的人工智能灵感，也一定程度上影响到人工智能的发展。时至今日，曾经的幻想逐渐成为现实，自动驾驶汽车、战胜世界围棋高手的Alphago、打败剑桥法律系高才生的机器人律师Case Cruncher Alpha，以及聊天机器人、护理机器人、管家机器人等不断涌现，已渗透到日常生活的各个领域。

当前人工智能发展速度惊人，但迄今为止，人工智能的定义仍然难以被精确界定。其重要原因在于，究竟什么样的表现或举止可以称之为“智能”很难精准描述，这涉及诸如意识、自我、思维等等复杂问题。虽然如此，对于人工智能的核心内涵，人们普遍认可它是一门新的技术，通过程序设计可以使计算机等实施一定的智能行动，模拟人的意识、思维过程，延伸和扩展人的智能。由于“学习”“理解”和“行动”是“智能”最基本的三大要素，因而一般来说，人工智能反映了人类学习和处理信息的能力。由此从科技发展史的角度来看，对应于我们直观理解的智能的不同特征水平，人工智能的发展至少可以分为弱人工智能与强人工智能两个阶段。

“弱人工智能”是指任何接收数据并对该数据作出反应，依照预定算法规则来处理问题的人工智能。就目前来看，弱人工智能仅能够通过计算机或软件等模拟、再现人类智能的某些方面，我们几乎随时随地都在与弱人工智能打交道，比如搜索引擎、全球定位系统、语音识别等，但显然其专注于完成单一任务，功能扩展性较差，充其量也就是一个优秀的数据处理者，因而人们更愿意将弱人工智能视为一种纯粹的工具。

“强人工智能”则是指有自我意识、自主学习、自主决策能力的人工智能，① 一般需具备下列几方面能力：（1）当存在着不确定因素时，拥有进行推理、使用策略、解决问题、制定决策的能力；（2）拥有知识表达的能力，包括常识性知识表达的能力；（3）规划能力；（4）学习能力；（5）使用自然语言进行交流沟通的能力；（6）将上述能力整合起来、实现既定目标的

① 莫宏伟：《强人工智能与弱人工智能的伦理问题思考》，载《科学与社会》2018年第1期。

能力。[②] 在此，计算机不仅是用来研究人的思维的一种工具；相反，只要运行适当的程序，计算机本身就是有思维的。它能够真正了解并认知反馈有关信息，并真正推理和解决问题，因而“强人工智能”被认为是有自我意识的、能够匹敌人类的智慧。强人工智能发展到高级阶段最终可能出现“超人工智能”。按照来自牛津大学的知名人工智能思想家 Nick Bostrom 的观点，未来超人工智能将“在几乎所有领域都比最聪明的人类大脑都聪明很多，包括科学创新、通识和社交技能”。[③]

近年来我们已经见证了弱人工智能的快速发展，商用的弱人工智能产品也迎来了爆发式增长。未来对人类影响最大的变化，恐怕亦属人工智能的崛起。然而，诚如著名科学家霍金所言：“人工智能的真正风险不是它的恶意，而是它的能力。一个超智慧的人工智能在完成目标方面非常出色，如果这些目标与我们的目标不一致，我们就会陷入困境。因此人工智能的成功有可能是人类文明史上最大的事件，也有可能是人类文明的终结!”[④] 因此在从弱人工智能到强人工智能再到或许可能的超人工智能的人工智能革命旅途中，时刻警惕技术风险就是我们面临的时代挑战。

二、从现实到法律控制：人工智能涉嫌犯罪的刑事归责必要与可能

（一）人工智能广泛运用的未来隐忧

事实上早期的科幻电影在表达人类对未来科技光怪陆离的想象之余，便开始透射出社会对人工智能的技术发展所存在的担忧和焦虑。对许多人来说，人工智能的概念让人想起一种可怕的计算机声音，它宣布那些在附近的人类被消灭，如果不是整个人类被消灭，或者至少是某种形式的接管，在这种接管中，人类沦为奴隶，为越来越强大的机器主人服务。因此，有人大声疾呼“不要开启人工智能这个‘潘多拉’魔盒”。但是伴随着人工智能带来

---

② 李开复，王咏刚：《人工智能来了》，中国台湾天下文化出版社 2017 年版，第 148 – 150 页。

③ 王春晖：《从弱人工智能到超人工智能 AI 的道路有多长》，载《通信世界》2018 年第 18 期。

④ 赵万一：《面对人工智能，法律应该做什么》，载《光明日报》2019 年 5 月 12 日，第 07 版。

的巨大便利，人工智能技术仍然在日常生活中大放异彩。

而从最近的一系列事件来看，人工智能的广泛运用已经开始显现出其可能带来的各种后果：自动驾驶汽车在 2016 年首次致人死亡；[5] 自动交易在 2018 年引发了美国股市的崩溃；[6] Tay“聊天机器人”在 2016 年 8 月被关闭之前，在 Twitter 上反复发表种族主义和粗鲁的言论，[7] 等等。可以预估，人工智能的运用在未来还会以意想不到的各种方式伤害人类的身体、财产、情感，甚至引起社会恐慌。比如当自动驾驶汽车在街道上变得司空见惯，我们迟早需要考虑如何防止黑客利用侵入自动驾驶系统可能犯下的新型犯罪，以及利用智能汽车的扩展能力实施恐怖主义犯罪。

（二）法律尤其刑法控制对于人工智能的意义

在以人类为中心的社会中，人工智能必须服从于人类社会的法律控制。正如 1950 年艾萨克·阿西莫夫在他的科幻名著《我，机器人》中确立的机器人学的三个基本定律之一所说，“机器人必须服从人类给它的命令除非这样做会伤害到人类”。由于人工智能技术并不比其他任何技术更牢不可破，技术的滥用会威胁人类的生存发展，故其不得不受法律的制约。历史已经多次提醒我们“不要过分陶醉于我们对自然界的胜利，对于每一次这样的胜利，自然界都报复了我们”。[8] 比如曾给我们生活带来巨大便利的塑料现在却沦为了环境污染的罪魁祸首。由于“将技术世界绝对化就将毁灭个体自我”，[9] 因此人工智能技术必须接受人类理性的约束，符合人类法律的基本要求，防止人工智能技术失控给人类带来毁灭性的打击。而刑法体现了现代文明中最强大的法律社会控制，因而人工智能也必须置于刑法的规制框架

---

⑤ See Jeff Plungis, *Tesla Driver in Fatal March Crash Was Using Autopilot, NTSB says*, https://www.consumerreports.org/car-safety/tesla-driver-in-fatal-march-crash-was-using-autopilot-ntsb-says/，2021 年 9 月 19 日最后访问。

⑥ 《美股暴跌：都是机器人干的好事?》，https://finance.sina.com.cn/roll/2018-12-26/doc-ihqhqcis0562783.shtml，2021 年 9 月 19 日最后访问。

⑦ Brandon Wirtz, *AI's Subconscious Mind: Microsoft's Tay Turns Into A Racist Nymph for Lack of Jiminy Cricket*, https://www.linkedin.com/pulse/ais-subconscious-mind-microsofts-tay-turns-racist-nymph-brandon-wirtz，2021 年 9 月 19 日最后访问。

⑧ 《马克思恩格斯选集》第 3 卷，第 527 页。

⑨ ［德］卡尔·雅斯贝斯：《时代的精神状况》，王德峰译，上海译文出版社 1997 年版，第 173 页。

之下。

（三）社会现实超越现行法律的技术基础

目前我们正处于人工智能广泛应用的重大突破边缘，如自动驾驶汽车已经开始被大量允许上路运行或进行道路实测。例如在美国，2011 年内华达州是第一个允许和规范自动驾驶汽车运行的州，截至 2017 年，有 33 个州已经出台了与此相关的立法。传统上，交通运输是受法律严格管制的基本人类活动，除交通法规外，刑法亦有足够的机会进行干预。在发生交通事故时，刑法可以追究肇事司机的刑事责任。然而在自动驾驶致人死伤的案件中，社会现实已经超越了制定和颁布相关法律时在技术上可行的范围。从刑法视角来看，刑事归责必须具备两大方面积极的基本要素：一是事实要素，主要是犯罪行为，及行为结果与客观情状等；二是心理要素，即与行为相关的犯罪意图或认识等。除此之外，精神障碍等免责事由则可以理解为消极的归责要素。人工智能的介入对刑法归责要素无疑提出了严峻挑战。

首先是行为要素。尽管行为在犯罪论体系上的地位素有构成要件与行为说的对立，但无行为则无犯罪一直是亘古不变的原理。而无论是立足于追求事实性的、存在论的行为概念，如果采用因果行为论、目的行为论、人格行为论，还是立足于探索价值性的、规范性的行为概念，如果采用社会行为论，都强调行为必由“人”所实施，是人的身体动静，或受人的主观目的支配，或是主体性人格的现实化，或是具有社会意义的人的举动。显然，人工智能的“行为”并非传统意义上的自然人所实施的行为，人们会质疑人工智能的肇事者究竟是传统意义上坐在驾驶室的“司机”还是替代司机实际操控驾驶的自动驾驶汽车。有时人工智能亦不完全按照自然人的直接指令去行动。譬如前述误入歧途发表偏激言论的“聊天机器人”。因此人工智能的兴起促使我们考虑是否有必要重新考虑作为当代刑法理论基石的行为概念？我们是否需要取代、扩大或丰富“身体运动”这个过时的概念来回应这一新的景观？

其次是心理要素。不同犯罪对犯罪心理要素的要求是不同的，但无论是故意还是过失，都与人的认识和意志有关。随着人工智能的发展，大多数人工智能系统都能通过发达的视觉、声觉、触觉等感官接收器传输接收事实数据并对数据进行分析，从而逐渐从周围环境的刺激中学习，以此获得知识和技能。然而在目前智能水平下，人工智能只能按照其研发者预先设定的指令行事，而不能像人那样理性选择自己的行为，没有人会认为机器人在绊倒在桌子上时选择改变路线是自我选择的，因为它只是遵循了背后的算法，所以它的智能只是表面的、非实质性的，并不真正拥有像人类那样的意志。不过人工智能处理信息和学习的能力不断增强，当它可以脱离人类指令而“判断”并“决定”如何应对前所未有的情况时，其是否还应像无意识的动物一样被对待就值得思考。故犯罪的心理因素对于人工智能犯罪的归责是真正的法律挑战。

再次是责任能力。通常认为就该当构成要件的违法行为对行为人予以刑法非难的前提必须是行为人于行为时具备理解法规范的能力以及依此理解而行为的能力。即在刑法语境中，一个人只有能够区分对与错，并且处于可选择的位置，才可能因选择错误而承担责任。报应主义者声称刑法的目的是惩罚道德上的错误行为。基于此，精神病人或者儿童可能不被归责。而机器不能移情，它们缺乏本能、情感和同情心，到目前为止，人工智能也没有表现出写笑话或创作伟大小说的能力。尽管它可能能够学习和作出人类无法预见的决定，但却不能意识到它的自由，不能把自己理解为一个拥有过去和未来的实体，当然更不能理解拥有权利和义务的概念。[10] 因此即便人工智能具备行为和心理要素，但能否因为缺乏责任能力而免责颇值得研究。而由于人工智能的水平不断提高，能否认为其责任能力日渐增长从而亦可能否考虑归责的问题同样值得研究。其实人工智能是否会在未来发展出一种良心的形式，甚至是道德和推理能力，使其能够与人类的代理人一样受到指责，这是一个悬而未决的问题，它对传统刑法体系的冲击将是颠覆性的。

（四）人工智能涉嫌犯罪的归责可能与关键

在人工智能对刑法理论和司法实践构成挑战的背景下，不能忽视的是，所有涉嫌人工智能的犯罪中都存在着人类的行为，人工智能最初从输入和适应中学习的方式都取决于设计和编程，而设计和编程背后必有人的存在，如其设计者、程序员和开发人员作为相关的参与者。而在人工智能的运行阶段，人工智能也必须与运营商以及他们必须与之合作的其他人类行动者互动。例如自动驾驶汽车上路时必须与其他司机互动。所有这些人都被“带”到犯罪现场接受审问，迫使刑法在规定责任时作出艰难而有趣的决定。因此人工智能犯罪的刑事归责问题并不意味着人工智能本身是唯一可能的责任主

---

[10] See Lawrence B. Solum, *Legal Personhood for Artificial Intelligences*, 70 N. C. L. REV. 1231 (1992).

体。在当前的刑事责任理论下，关注的焦点应更多放在与人工智能相关的自然人上。由于人工智能的智能复杂程度不同，与人类互动的方式不同，因而在人工智能的不同发展阶段上，可能刑事归责的模式也就不同。

三、人工智能起步阶段：人工智能作为犯罪工具的间接归责模式

（一）弱人工智能的犯罪工具性

在弱人工智能时代，由于弱人工智能产品一般只能在设计和编程的范围内进行判断并作出决策，即按照相关人员的指令行事，而其本身缺乏对行为的辨认控制能力，所以从刑法角度来看，这种人工智能类似于完全精神障碍的精神病人或智力能力缺乏的儿童。在缺乏刑事责任能力的情况下，人工智能就像一把复杂但却没有生命的工具。当犯罪者使用这一工具或机器达到预期的结果时，犯罪仍然被视为犯罪者的行为。正如窃贼用螺丝刀打开窗户时，螺丝刀不负刑事责任，螺丝刀的“行为”实际上是窃贼的。因此人工智能成了“无辜的代理人”，其幕后的行为人才是真正需要归责的主体。基于人工智能的工具属性而归责于背后可能的犯罪者，这便是间接归责模式；犯罪者的刑事责任根据则在于无辜的工具的行为和该犯罪人自己的心理态度。⑪

（二）间接归责模式下的责任承担者

如果将人工智能的生产过程看作一个链条，那么研发者就是链条的起点，终点是产品的使用者。既然人工智能作为工具不能归责，那么责任承担者就归结到如下两名候选者：

1. 人工智能的研发者

人工智能的研发者可能会设计一个程序，以便通过人工智能实体实施犯罪。譬如一个办公室清洁机器人，可以被别有用心的研发者利用它的机载视觉检测技术来实现杀人的目标，如果预先输入了被杀对象的相关资料并设定好程序，当机器人发现杀人目标时，就会根据智能设定直接朝着这个人走去并实施爆炸杀人。⑫ 需要注意的是，研发者既包括程序设计者，也包括生产

---

⑪ Gabriel Hallevy, *The Criminal Liability of Artificial Intelligence Entities – From Science Fiction to Legal Social Control*, 4 Akron Intell. Prop. J. 171, 179 (2010).

⑫ House panel delving into promises, dangers of artificial intelligence, 2018 WL 1006401.

者，因为单纯的人工智能技术其实是中立的，但技术转化为产品的过程中，具体设计软件或生产者均有可能如为了追逐利益而在某一环节略施手脚。此外研发者不一定是某个具体的人，也可能是一个团队。

2. 人工智能的使用者

第二个幕后的犯罪者是人工智能的使用者。通常投放市场的人工智能产品合理使用并不会带来危害，但如果被人恶意滥用，钻程序的漏洞就需另当别论。如前述聊天机器人，设计它的目的是与人类进行善意的互动交流，但由于被居心不良的网友教会它各种脏话，只能被迫下线。如果它被教坏后用来执行主人的命令去辱骂他人，显然这和命令自己的狗去攻击他人并无不同。由于用户在下令实施攻击时有犯罪意图，即使这些罪行实际上是通过人工智能体实施的，凶手也只能是使用者而非作为工具的人工智能。

（三）间接归责模式的适用条件

首先，基于以上分析可见，间接责任模式首先要求研发者、使用者主观上存在故意，即有利用人工智能实现犯罪目的的意思。例如，一个程序员为无人驾驶汽车设计时蓄意操控软件，使其在运营中按照指令通过碾压无辜的人们来杀死他们，此时无人驾驶汽车成了程序员杀人的纯粹的工具。而当人工智能体的软件不是为实施特定的攻击而设计的，即特定的人工智能体不是居于无辜的代理人地位，即便是半无辜的代理人，都不再适用这一归责模式。

其次，间接归责模式要求研发者、使用者能够支配侵害结果的因果流程，换言之，侵害结果的发生与研发者、使用者的恶意行为之间存在因果关系。通常，机器人的研发者在智能机器人的错误行为中起着重要的因果关系作用：他可能创造了一种识别和比较不同的行为过程、汇集机器人培训师提供的道德观点以及在结构相似的道德情境之间类比的算法，从而塑造了机器人的决策过程。人工智能的使用者则通过直接下达指令来实现因果发展过程。因此如果能够证实二者支配、控制了因果流向，就有适用间接归责模式的余地。

再次，间接归责模式仅适用于并不涉及人工智能高级功能的情形，具体可能是“不使用人工智能高级功能的情况下适当进行攻击”，或者“使用一个非常古老的人工智能版本，它缺乏现代人工智能的高级功能”。[13] 因为在

---

[13] Gabriel Hallevy, *The Criminal Liability of Artificial Intelligence Entities – From Science Fiction to Legal Social Control*, 4 Akron Intell. Prop. J. 171, 181 (2010).

因果发展的过程中，人工智能本身的“行动”是一个存在诸多不确定性的介入因素。如果人工智能所为的都是自然人事先所规划好、安排好的程序，他们虽然有初步的侦测识别等能力，但并没有自我得以控制的所谓思想，故充当的只是工具角色，而不能成为有责任能力的“人”。相反，当人工智能实体基于其自身积累的经验或知识可以决定实施犯罪时，间接责任模式就不一定适用。此时需要考虑人工智能介入因素对最终结果的原因力大小及其介入是否异常等来决定最终的责任归属。

四、人工智能发展阶段：“自然—可能—后果”的风险责任模式

（一）“自然—可能—后果”风险责任模式的含义与缘起

假定研发者或用户深入参与人工智能实体的日常活动，但不打算通过人工智能实体实施任何犯罪或某特定犯罪，而人工智能却在使用过程中意外造成了危害结果。例如，人工智能软件旨在检测来自互联网的威胁，并保护计算机系统免受这些威胁。软件被激活几天后，它发现检测此类威胁的最佳方法是进入其定义为危险的网站并销毁任何被认为是威胁的软件。当软件做到这一点时，它就犯了计算机犯罪，尽管程序员并不打算让人工智能实体这么做。这种情况下由于相关人员主观上缺乏特定的犯罪意图，因此不能适用第一种间接归责模式。由此普通法上关于共犯归责的“自然—可能—后果”的责任模型被引入。

这一模式原指“当某犯罪行为是犯罪计划的自然、可能的结果，所有参与犯罪计划者都应当承担刑事责任”。即该模式最初适用于共犯领域，当共犯犯了一项并非所有共犯都计划的、并非共谋的罪行时，自然可能后果责任被用来对其施加刑事责任。[14] 正如理性的人知道某具体的犯罪是其行为自然的、可能的结果时，不得以“不知危害结果”为由进行抗辩。[15] 后来这种共犯责任被扩展到“自然和可能的后果”的犯罪者行为并被重新定义。[16]“自然—可能—后果”模式适用于涉人工智能犯罪，不需要程序研发者或用

---

[14] See United States v. Powell, 929 F. 2d 724 (D. C. Cir. 1991).

[15] Robert P. Fine & Gary M. Cohen, *Is Criminal Negligence a Defensible Basis for Criminal Liability*?, 16 BUFF. L. Rev. 749 (1966).

[16] See, e. g. , United States v. Andrews, 75 F. 3d 552, 553 – 57 (9th Cir. 1996); State v. Kaiser, 918 P. 2d 629, 632 – 39 (Kan. 1996).

户现实地知道自己的行为可能引发的犯罪，但其应该知道即将发生的具体犯罪的可能性，当实际犯罪行为是他们行为的自然的、可能的后果时，由于其主观上至少存在疏忽的心理态度，因此可被归责。这是刑法面对人工智能这一新技术伴随的未知风险保持高度警惕而基于风险刑法理论必然采取的新兴归责模式。因为刑法不能无视国家风险控制的需要，当人工智能的安全隐忧屡屡成为现实时，就需要考虑预防必要性，建立新的刑法范式，由此“归责的过程不再是将特定后果通过归因归咎于行为人的过程，而是为了分配责任的需要而进行归责的过程”。⑰

（二）类似于共犯责任的“自然—可能—后果责任”

在这种具体情形中，研发者或用户同第一种间接归责模式下一样也有利用人工智能实现犯罪的特定意图，且故意地编程或使用人工智能，但由于人工智能已经具备了一定的高级功能，最终人工智能偏离了计划，不是犯下人们所期待的罪行而是犯下计划罪行之外或代替计划罪行的其他罪行。这种情形类似于我国《刑法》第29条第2款规定的“被教唆的人没有犯所教唆的罪”。例如，一个程序员编程一个人工智能实体在一家银行实施暴力抢劫，但程序员没有编程一个人工智能实体杀死任何人。在实施抢劫的过程中，人工智能实体杀死了银行里抵抗抢劫的一个人，由于指使人工智能抢劫的暴力包含致人死亡的高度风险，所以死亡应视为是行为自然可能的结果，只要该结果对行为人而言在可预见范围内，行为人就仍应对这一结果承担责任。但如果最终人工智能实施的犯罪与当初的意图完全无关，例如一个机器人被命令偷一封信，结果却烧毁一座房子，则幕后的犯罪者因缺乏预见可能性就不能被追究刑事责任。

（三）“自然—可能—后果”风险模式下的过失刑事责任

1. 责任本质：监督过失与管理过失

自然可能后果责任模型也允许将责任建立在纯粹过失的基础上。例如当风暴来临人类飞行员试图中止飞行任务返航时，自动驾驶飞机的程序员疏忽地将其编程为在不限制人身伤亡的情况下捍卫飞行任务，从而人工智能将飞行员杀死，则程序员应对飞行员的死亡负过失责任。虽然死亡结果和程序员的过失行为之间介入了人工智能的中间项，但是人工智能并没有违反程序指

⑰ 陈晓明：《风险社会之刑法应对》，载《法学研究》2009年第6期。

令，结果原因主要是处于发号施令地位的程序员没有预见并回避结果的发生，其主观上存在过失，更进一步说，这种过失类似于大陆法系国家刑法理论中的监督过失。

所谓监督过失，有狭义和广义之分。狭义的监督过失是指对因过失直接引起结果发生的直接行为人存在指导、指挥、监督关系的人，因为指挥监督上的不适当所构成的刑法上的过失。广义的监督过失则除狭义的监督过失外还包括管理过失，即对一定的人或物的组织负有管理责任的人，因为没有确立安全管理体制所构成的刑法上的过失。⑱ 可见两者均属业务过失的范畴，区别在于是否介入了直接行为人这一中间项，不过在涉人工智能犯罪案件中，中间项特殊表现为人工智能的“行为”。

此时究竟应如何分配责任，取决于使用人工智能的目的是提升人类工作表现还是为了给人类提供便利。详言之，如果人们使用人工智能的目的是提升人类的工作表现，那么就需要承担监督作为帮手的人工智能的职责。例如手术机器人主要是为了提升医生的手术能力，因为他们可完成人类无法做到的切割、进入体内、任意弯曲等工作，但手术中遇到突发状况时医生必须指挥机器人甚至在必要时中止手术机器人的行为，完全信赖机器人进行手术是不被许可的，故如果医生没有合理履行其对手术机器人的监督职责导致病人受伤等，就应承担狭义的监督过失责任。而如果人工智能的目的是给人类提供便利，让使用者仍然承担监督过失的责任就不太合适。如人们使用自动驾驶汽车主要是为了节约驾驶时间，以便用以休息、娱乐等，一旦自动驾驶汽车普及开来，让人们因疏于监督自动驾驶汽车而承担责任就有些荒谬。⑲ 彼时可能还会出台为避免人类的不当驾驶引发事故而禁止人类驾驶的法律。不过驾驶者虽长远看来不宜承担监督过失的责任，⑳ 对于研发者、生产者等而言，由于有必要直接确保人工智能产品的安全性，其责任本质更类似于管理过失。

2. 管理过失的责任实现：产品缺陷刑事责任

民事责任体系中存在基于产品的缺陷要求研发者等承担较为严格责任的

---

⑱ 马克昌：《比较刑法原理》，武汉大学出版社2002年版，第269页。

⑲ 〔美〕约翰·弗兰克·韦弗：《机器人也是人：人工智能时代的法律》，郑志峰译，元照出版公司2018年版，第34－35页。

⑳ 当然在目前的自动驾驶技术未成熟的情况下，法律可能仍然要求驾驶者负有监督行使状况并及时接管的义务，所以驾驶者仍可能构成过失犯罪。

做法，将其引入刑法领域便产生了产品缺陷刑事责任。产品缺陷包括三种基本的诉因：制造缺陷、设计缺陷和警示缺陷。㉑ 在产品销售之前，设计者、生产者必须确保自己的智能产品符合伦理道德标准和科学技术标准，并对其安全性已进行充分的可行性测试；当产品投放市场时，生产商必须持续监控客户的反馈，并对产品造成的事故或伤害投诉立即作出反应。为避免进一步的损害，生产商还必须发出警告，召回有缺陷的产品进行修理，甚至停止销售。销售者则对产品流通环节中的毁损等负有注意义务。违反这些义务造成他人死伤等严重后果的就应当承担过失刑事责任。由此可见，人工智能开发制造等各个环节的相关人员都必须尽到谨慎的注意义务，确保投入市场的人工智能产品安全有保障，不会对社会秩序构成威胁。

鉴于产品标准只是对产品的低要求，且产品标准的制定和调整相对滞后，所以还有学者认为就人工智能这一快速发展的新事物而言，产品缺陷的过失刑事责任尚不足以规制，而应当适用严格责任。㉒ 不过如果因为一般公众具有担忧人工智能技术应用结果失控的恐惧倾向就一概追究刑责，有过度管制技术的嫌疑，可能沉重打击研发者的积极性，遏制科技发展，所以过失责任可以是说平衡研发者等人员刑事风险与受害者权益的杠杆。㉓

3. 过失责任的限制：回避可能与信赖原则

从产品刑事责任的形成来看，造成这种产品刑事责任的原因，主要不在于非法创设风险，而在于研发生产者等在追求经济利益的同时，通过制造或销售一种不能安全预测和控制其反应的智能体，为公众合法地创造了风险。如果对这种产品过失刑事责任不加任何限制的话，机器人很快就会从市场上消失，人类预期可享受的相关利益也将丧失。事实上自动驾驶汽车的经营者确实会给他人的生活和健康带来风险，但人们不应忘记，传统的个人驾驶汽车的制造和销售也是如此。基于此，为给人工智能产业的发展预留足够空间，风险责任模式下必须考虑如何限制过失犯的成立，具体可从两个角度展开：

㉑ American Law Institute, Restatement of the Law, Torts – Products liability (St. Paul, MN: American Law Institude Publisher, 1998), §2.

㉒ Sabine Gless, Emily Silverman, Thomas Weigend, *If Robots Cause Harm*, *Who Is to Blame*: *Self – Driving Carsand Criminal Liability*, 19 New Crim. L. Rev. 428 (2016).

㉓ 卢嘉程：《人工智能体侵权责任承担可行路径研究》，载《东南大学学报（哲学社会科学版）》2018年第20卷增刊。

一是排除当前技术上缺乏回避可能性情况下的归责。现代人工智能带来的是具有高度不确定性、不可控性与偶发性的复杂技术风险。如果将过失犯的处罚根据求之于加以注意就应预见到危害结果的发生，却因为精神懈怠未能预见而值得受刑法非难的心理状态，而这种预见又被界定为抽象的结果预见可能性的话，那么过失犯的成立范围就会漫无边际，因而新过失论将结果回避义务作为客观的行为基准而设定为客观的注意义务，使之成为违法要素，而客观的结果回避义务又以客观的结果预见义务为前提。然而当人工智能通过自主学习表现出类似于人类的判断力和决定力时，人们很难提前预知某一产品可能带来的社会风险，如果“客观的预见可能性”的程度以“具体的预见可能性”为标准，则过失犯的成立范围又会过于狭隘，因此在这种情况下考察的重心应当转移到在当前的技术条件下假设发生了行为人事先没有具体预见的严重结果，行为人是否有避免结果发生的技术能力，如果目前技术条件即便能够抽象预见但也无法避免这一结果的发生，则不能对行为人予以归责。人类应该学会忍受这种不幸的发展，就像忍受由于飓风而导致的桥梁倒塌或轮胎漏气导致的车祸那样。换言之，将人工智能产品投入流通时的技术水平尚不能发现缺陷所在应阻却归责，㉔ 同时应站在事后立场上按照一般人观念判断人们在设计制造时是否履行了规避发生产品缺陷的最大努力，对结果回避可能性的客观考察也应作为排除过失刑事责任的重要因素之一。

二是在人工智能研发使用过程中存在分工基础上的合理信赖时阻却责任。为划定过失竞合时责任界限而逐渐发展起来的信赖原则能否适用于监督过失领域在理论上一直存在较大争议。否定论者担心信赖原则的适用会使得监督者逃脱责任与被害人保护弱化，但是如果考虑到人工智能技术带来的巨大福祉，以及被害人可循民事赔偿等途径得到救济等因素，则对于人工智能的研发者等就不能过分苛责。事实上，现代社会生活的前提是社会分工，“只有在上下左右之间存在一定信赖关系的基础上这种分工才能够事实上建立起来”，㉕ 譬如自动驾驶汽车的运行依赖于专门的导航软件，如果汽车的

㉔ 这种发展风险抗辩仅针对设计缺陷和警示缺陷，制造缺陷不适用，因为制造只是执行设计的意旨，与技术无关。参见周友军：《民法典编纂中产品责任制度的完善》，载《法学评论》2018 年第 2 期。

㉕ ［日］西原春夫：《过失认定的标准》，载西原春夫：《日本刑事法的形成与特色》，法律出版社、日本成文堂 1997 年版，第 267 页。

生产者还要为导航软件数据的科学性负责，那么恐怕没有厂商愿意生产自动驾驶车辆。因此“只有通过信赖原则的干预，才可以将从事某一业务环节的行为人从过重的随时关注、抗议或者改正同僚错误的重担中解放出来”。㉖不过为了避免上位监督者依据信赖原则推卸责任而仅追究底层从业人员的责任，这种信赖应限于存在水平分工的相关人员之间。

（四）“自然—可能—后果”风险模型下的其他责任承担者

当应用自然可能后果责任模型时，还可能存在其他与人工智能交互的人需要承担刑事责任的情况。如谷歌自动驾驶汽车就曾被以一辆人类驾驶的汽车追尾。认定后者驾驶员的过失刑事责任与当前基于与其他任何机器或人类交互的人类行为而提起的责任主张并无不同。

较有疑问的是，人工智能机器人本身的刑事责任是什么？对此有两种可能的结果：如果人工智能作为一个无辜的代理人，那么它不会被追究刑事责任，它所犯的罪行归结于背后的行为人，即回归到第一种间接归责模式。但是如果人工智能不仅仅是作为一个无辜的代理人，那么人工智能能否直接对特定的犯罪行为承担刑事责任则是如下需要探讨的第三种模型。

五、人工智能终极阶段：人工智能体作为责任主体的直接归责模式

（一）人工智能的直接归责模式可能吗?

1. 纠缠不休的争论

第三种模式假设人工智能体对特定的程序员或用户没有任何依赖性，而关注的是人工智能本身是否应直接承担刑事责任。这也是目前争执不休、交锋激烈的话题。梳理各方观点，可见其争论焦点主要围绕如下方面：

第一，人工智能是否具有自由意志？从法理角度来看，人工智能欲作为责任主体，首先从事实条件来看必须实际具备认识和选择行动的能力，这也是法律层面赋予其享有权利和履行义务资格的前提。对此，有学者指出人工智能系统的分析过程与人类理解的过程相似。人脑通过分析数据来理解眼睛、耳朵、手等接收到的数据，先进的人工智能则试图模仿人类的认知过程。事实上借助于各种感知系统，事实性的认知对人工智能来讲轻而易举。

㉖ 王海涛：《过失犯罪中信赖原则的使用及界限》，中国人民公安大学出版社 2011 年版，第 195 页。

而且人工智能并不止步于大数据的积累和人类经验的输入，更多在于它可以进行深度学习以及被训练，能够像人类一样具有创造力和直觉，表现出类似于人类的判断力和决定力，这才是“智”的真正体现，故而，不能把人工智能产品简单地理解为“智能的机器”。人工智能的这一特点，使其具备了可以独立作出决策的能力。㉗ 或许到了超人工智能时代，这种决策能力进一步强化，甚至表现为完全独立的类似人类的意志能力。有学者明确指出可以比照自然人的刑事责任年龄，按照人工智能体的智能化程度来确定其刑事责任能力，即亦承认其有自由意志。但也有学者认为人工智能缺乏规范性认识，即不能认识行为的应当与否，并据此来调整自己的行为。即便强人工智能体能进行深度学习，自行归纳和提炼规则，但这种“规则”并非法律和道德意义上的规范性规则，而更多只是一种规律性，一种算法。㉘ 而刑法意义上的控制能力，强调的是行为人对“是否触犯刑法”的控制力和决定力，由此人工智能在依预先设定的指令运行过程中，虽然可能通过深度学习使摆脱先前指令的控制而行动，但其本身对这一行为造成的法益侵害结果并不能真正理解，无法认识其行为的社会属性，也就不具有规范评价意义上的行为“目的性”与独立控制行为的意志自由可言。㉙

第二，人工智能究竟更接近于人还是更接近于物？应否被赋予法律上的主体地位？这是在规范法律层面的探讨，因为即便人工智能具备自由意志也只是法律上赋予人工智能主体资格的必要而非充分条件。在“人—物”或“法律主体—法律客体”的两分模式下，人工智能是否应有法律上的人格也存在对立见解。肯定论者有的从权利角度出发，通过分析人类社会中权利主体的演变过程，得出权利主体并不限于生物学意义，也不限于物种的结论，以此说明人工智能机器人可以成为法律上的权利主体。㉚ 有的从现实、历史与理论多个层面论证“电子人”主体的合理性，并特别强调人工智能失控的风险是技术创新附带的、需整个社会分担的风险，只令设计者、编程者等

㉗ 姜涛，柏雪淳：《谁之责任与何种责任：人工智能的责任模式配置慎思》，载《河南社会科学》2019 年第 4 期。

㉘ 冯洁：《人工智能体法律主体地位的法理反思》，载《东方法学》2019 年第 4 期。

㉙ 时方：《人工智能刑事主体地位之否定》，载《法律科学》2018 年第 6 期。

㉚ 张玉洁：《论人工智能时代的机器人权利及其风险规制》，载《东方法学》2017 年第 6 期。

部分人承担全责，不合正义法则。[31] 还有的为了进一步论证人工智能较之动物更接近人类，不仅从逻辑思维能力和理性判断方面对比人工智能与人类的相似性，还借鉴法人这一主体的设定理念予以说明。法人既没有物理意义上的身体存在，也没有思维等精神要素，然而非人类的法人却被法律拟制成了主体，那么机器人为什么就不能破例拥有法律人格?[32] 2017年欧洲议会亦大胆建议“从长远来看，为机器人创造一个特定的法律地位”，对“自主决策或独立与第三方互动”的机器人授予电子人格。[33] 否定论者则指出，人工智能更接近于动物，二者均无法满足法律主体的规范条件。在人类主导的社会之中赋予动物享有权利和履行义务的法律资格是不可取的，这么做从根本上无法促进人类的利益，反而可能会为相关自然人规避自身责任提供渠道，所以同理赋予让机器人法律主体地位既不可能也不可欲。[34] 人工智能也不像公司那样只是一个虚构的故事。它至少在最初创造之后可以独立地存在，而不需要人类参与，它也可以推理。更关键的是，“在法律拟制的背后法人有实际的人，而完全独立的超智能机器人则没有”,[35] 法人仍然是自然人的集合体，它和其成员的关系有如代理人和被代理人的关系，法人的概念被创造出来并没有超脱以人为中心的法律框架，故人工智能的法律地位并不能完全类比法人。还有学者指出承认机器人的合法人格的有害性，如机器人在场就可能使人们“产生被关注的感觉”从而侵犯人们的隐私；失去机器人时人们可能受到情感伤害；残酷对待机器人也可能会导致一些人受到道德伤害，等等。

第三，对人工智能施加刑事责任能否起到刑罚效果？人工智能是否具有刑罚适应性？对此否定论者认为刑罚的本质是惩罚，通过对犯罪人施加刑罚

---

[31] 郭少飞：《“电子人”法律主体论》，载《东方法学》2018年第3期。

[32] See Colin Davies, *An Evolutionary Step in Intellectual Property Rights – Artificial Intelligence and Intellectual Property*, Computer Law & Security Review 27 (2011), p. 601.

[33] The European Parliament, With Recommendations to the Commission on Civil Law Rules on Robotics with recommendations to the Commission on Civil Law Rules on Robotics [2015/2103 (INL)], http://www.europarl.europa.eu/doceo/document/A-8-2017-0005_EN.html，2021年10月12日最后访问。

[34] 冯洁：《人工智能体法律主体地位的法理反思》，载《东方法学》2019年第4期。

[35] Ignatius Michael Ingles, *Regulating Religious Robots: Free Exercise and RFRA in the Time of Super Intelligent Artificial Intelligence*, 105 Geo. L. J. 507, 516–517 (2017).

痛苦，使其不能、不敢或不愿再次犯罪。承认人工智能刑事责任主体地位最直接的目的也是希望刑罚能够对人工智能产生威慑与遏制的效果。然而机器人没有自然人所具有的道德、良心，只有基于程式的反复和预先设计而总结出的规律，作为冰冷的机器，它也缺乏痛苦的感受，因而既不能其基于内心感知进行善恶评判和行为选择，也无法通过对其在人类看来不道德的行为进行否定性评价而实现抑制或矫正其行为的效果。简言之对人工智能适用刑罚的效果是存疑的，即使强人工智能已经到来，考虑对其增设刑罚种类也意义不大。[36] 肯定论者则认为，惩罚人工智能虽不能发挥传统刑罚的威慑功能，但却能够实现康复功能，这种致力于改善人工智能系统的性能的目的，对于人类而言在许多情况下可能是次要的，但是对于人工智能系统来说，却可能是惩罚的主要目的。站在报应的角度，惩罚机器人还可以满足受害者要求报复的心理。[37] 除此以外，对于人工智能犯罪，如果机器学习不能改变其行为方式，只有剥夺犯罪能力才能提供恰当的答案，[38] 那么刑罚无疑也能够做到这一点。假设我们可以惩罚人工智能，一个新的问题随之出现：其该如何惩罚？对此普遍承认传统的刑罚种类，譬如自由刑、罚金等对人工智能无法适用，于是肯定论者针对性地提出了一系列新的刑罚措施，包括物理破坏机器人（相当于“死刑”）、销毁或重新编写机器人的道德算法（相当于“医疗命令”）、防止机器人投入使用（相当于“监禁判决”）以及责令从保险基金中支付罚款（相当于“罚金”）等。我国也有学者提出了删除数据、修改编程、永久销毁三种专用于智能机器人的刑罚种类。[39] 不过亦有学者质疑这些刑罚会形同虚设，如删除数据后，智能机器人又能通过深度学习重新掌握。

2. 争议背后的思考

事实上，肯定和否定对人工智能可直接归责的观点各执一端，无论如何争论也不可能达成共识，就如死刑的争论存在千百年一样，无论废除死刑论

---

[36] 周铭川：《强人工智能刑事责任之否定》，载《上海政法学院学报》2019 年第 2 期。

[37] Christina Mulligan, *Revenge Against Robots*, 69 S. C. L. REV. 593 (2018).

[38] Gabriel Hallevy, *When robots kill: artificial intelligence under criminal law*, Northeastern University Press 2013, p. 161.

[39] 刘宪权：《人工智能时代我国刑罚体系重构的法理基础》，载《法律科学》2018 年第 4 期。

者多么大声疾呼，肯定论者必然都能够针对废除死刑的理据提出针锋相对的反驳意见，反之亦如是。这是因为他们思考问题的角度、所秉持的理论根基并不相同。

首先，肯定论者采用发展的眼光看问题，更加关注的是人工智能的发展及其可能带来的灾难，因为人工智能的成功有可能是人类文明史上最大的事件，但也有可能是人类文明的终结者，由此在不能拒绝人工智能发展的情况下，就要对人工智能可能给人类带来的浩劫有充分的预估并进行前瞻式的防范，进而应承认人工智能的法律人格。而否定论将肯定论者所作的研究视为“伪命题”或认为其滑向不可知论，原因在于目前人工智能技术的确还没有发展到人工智能的智慧可以比肩人类的水平，而刑事立法必须以现存的社会状态为背景，刑法学研究也不能仅凭想象，“冥想式的法学研究”充满着神奇的悖论，故而“主张人工智能具有主体资格……不具有现实性意义”。[40]可见，争议的形成与学者们立于不同的人工智能发展阶段相关。

其次，肯定论者清醒地认识到人工智能对传统的社会结构、社会关系、人伦关系所带来的影响都是颠覆性的，古典哲学家们如洛克和康德等以人的自我反思能力为基础确立人格的方法，并没有考虑当代人工智能，[41] 所以主张抛弃、修正或重新解读传统刑法上的自由意志论、道义责任论和刑罚论等观点，即其应对挑战的方式也是全新的、颠覆式的，可以是对法律体系的全盘重塑。而否定论则坚守传统的法律理论框架体系，从而在考虑人工智能独特的意志特征、缺乏道德情感和刑罚适应性的基础上拒绝采取直接归责模式。可见，争议的形成亦与学者观念的激进与保守相关。

但不能忽视的是，无论是否赋予人工智能责任主体地位，终极目标仍是要促进人类生活的全面进步，维护人类自身的利益，甚至未来人工智能超越了人类的智慧，人类的立法也只会秉持人类优先的理念，在这一意义上，人类中心主义并没有离我们远去，所以两种观点的对立也并非不可调和，这只是一个利弊权衡之下的政策选择的问题。

（二）人工智能作为直接责任主体之必要

衡量人们对人工智能拟人化的担忧与对人工智能施加刑事责任可能带来

---

[40] 刘艳红：《人工智能法学研究中的反智化批判》，载《东方法学》2019年第5期。

[41] Sabine Gless, Emily Silverman, Thomas Weigend, *If Robots Cause Harm, Who Is to Blame: Self-Driving Carsand Criminal Liability*, 19 New Crim. L. Rev. 417 (2016).

的好处，不难发现，种种被提及的担忧其实是微不足道的。如前述指出的一旦赋予人工智能人格，人们可能因失去其受到感情伤害，但这和人们失去宠物的情感伤害并无二致；机器人侵犯隐私等感觉在机器人完全融入人类生活后亦很难再出现。承认人工智能的主体地位也并不排斥原有责任主体依然可以依据行为和心态承担责任，只是可能影响刑事责任的重新分配。[42] 相反，直接施加责任于人工智能存在如下好处：

首先，可以实现对不法行为的严厉评价和谴责，避免刑事责任的落空。由于对犯罪者施加刑事责任隐含着法律否定评价的价值判断，因此将人工智能贴上可能的"罪犯标签"，可以向社会成员传达其做法是值得刑法谴责的价值观念，进而也有助于找出真正对所造成的严重后果负责的罪犯。其次，可以减轻对受害者的情感伤害。已有实验证明，在机器人看来很痛苦的情况下，人们会同情机器人，而且随着机器人变得更加拟人化，人们的这种行为会有更大倾向。[43] 反之，在机器人的行为方式不符合最低道德标准时，人们的愤怒、沮丧和痛苦也是真实的。由此将从事此类不当行为的机器人定为刑事犯罪可能会为受害者所经历的道德愤怒提供一个出口，从而抚慰受害者的不平心理。避免其对机器人、机器人设计师、制造商或用户可能的私力报复。再次，它将有利于减少人类对人工智能的恐惧，维护其他实体以及社会的信心。在大多数情况下，人们对人工智能机器人的恐惧是基于这样一个事实：人工智能机器人不被认为受法律约束，特别是受刑法约束。如果其中任一实体不受刑法拘束，其他实体的信心就会受到损害，更广泛地说，整个社会的信任感会受到损害。因此，社会必须作出一切努力，使所有能动实体服从刑法。[44] 正如过去人们害怕公司及其犯下一系列罪行的能力，但由于公司是受刑法和公司法约束的法律实体，这种恐惧已大大减少。所以"将人工智能机器人置于刑法中可能会减轻我们对人类与机器人共存的恐惧"。[45]

虽然人工智能无法领会和交流深邃的内心世界，可能永远无法具备最能

---

[42] 刘宪权：《对强智能机器人刑事责任主体地位否定说的回应》，载《法学评论》2019 年第 5 期。

[43] Christina Mulligan, *Revenge Against Robots*, 69 S. C. L. REV. 579, 586 (2018).

[44] Gabriel Hallevy, *When robots kill: artificial intelligence under criminal law*, Northeastern University Press 2013, p. 22.

[45] See John C. Coffee, Jr., *No Soul to Damn: No Body to Kick: An Unscandalised Inquiry Into the Problem of Corporate Punishment*, 79 MICH. L. REV. 386 (1981).

反映人的特性的能力，尤其难以企及人类在文学艺术、精神信仰、哲学思辨等方面的成就，但它却可能具备征服或毁灭人类的能力，并且不可小觑人工智能技术领域的重大突破乃至飞跃的速度。㊻ 因此在笔者看来应当注重与技术伴生的风险防范相关法律问题的研判预测，而不宜全盘将这一研究作为“伪命题”排除。故未雨绸缪式地承认未来可能出现的直接归责模式亦是有必要的。

（三）直接归责模式的条件与责任承担方式

对人工智能的直接归责首先有赖于适当转换罪责观念并放松对行为和主观罪过等概念的把握。如果将罪责观念建立在“罪责的归属不是对错误行使自由意志的道德反应，而是一种恢复社会对罪犯所违反法律有效性的信任的手段”的基础上，那么无论人工智能是否具备理解并遵从法规范的能力，为了恢复被破坏的社会信任都应当允许直接归责。至于行为与主观罪过，均与自由意志相关，由此归责的关键条件在于人工智能能否作出可以被视为其“自己”意志产物的自主判断行为。尽管我们不得不承认，人工智能的意识和自由意志的表现形式有别于自然人，但在满足下列条件时，完全可以类比人类：首先，人工智能必须配备能够作出道德决策的相关算法，即人工智能应被设计出一个具有“优点”和“缺点”分析功能的类似于人类在道德上的自决系统用于他们作出某些决定，进而人工智能应被教导对“道德困境”作出反应，例如在面临价值决定时，自动驾驶汽车必须决定在紧急情况下撞上哪个人，或者如果目标只能通过造成重大附带伤害来实现，那么就应选择放弃对目标的追求。道德算法能够形成机器人所遵循的道德规范，并反过来又决定机器人对特定刺激的反应。这是人工智能与普通工具的差别所在。其次，人工智能表现出沟通道德决策的能力，即其非机器故障而确有不当地、违反道德的行为。事实上，由于智能代理具有适应环境的能力，因此它们能够模仿人类的认知过程，基于信息收集、分析作出决定，自主地确定要达到为其设定的目标所需采取的步骤。例如，一辆自动驾驶汽车很可能能够识别接近交叉口的另一辆车，并“决定”不停车，因为它根据所学知识假设自己有通行权。而如果一个聪明的代理人能够认识到自己的某一行为是不受欢迎的，并因此能够将其评价为“消极的”，但仍然选择犯错，那么他就可能

㊻ 何怀宏：《何以为人 人将何为——人工智能的未来挑战》，载《探索与争鸣》2017年第10期。

因自己的“行为”而承担责任。再次，人工智能的“行为”必须处于无人监督的状况，人工智能的干预必须打破操作者行为和所造成伤害之间的归属链，换言之，必须排除由错误的编程或生产、销售者的其他疏忽行为造成危害结果的情况。实际上，智能机器人可能会采取任何制造商或培训师都无法预见的行动的例子已经可以在 alphago 击败世界顶尖的围棋选手的比赛中找到，其下棋方式被评论人士视为“没有人能理解”。由此也可见，完全用人类的自主意识作为强人工智能意识判断标准的合理性和科学性本身就是值得商榷的。[47] 因此，与其纠缠于人工智能能否作出体现自由意志的行为的事实问题上，不如回归到规范刑法学层面更加重视对人工智能刑事责任能力的区分上。换言之，人工智能的刑事归责模式主要应与其智能水平相关，实际上是在人工智能与其背后相关人员之间按照“联系越紧密，能力越大，责任越重”规则进行的责任分配，重点需要考虑的仅仅是人类利益能否得到最大维护，因而只要对传统刑法理论能够作出适应于人工智能特征的相应调整就不必严格排除人工智能本身的刑事责任。

在强人工智能乃至超人工智能时代，基于人工智能自身呈现出来不同特征与运行机理，亦没有必要强求其责任承担方式与自然人完全相同。不过刑罚的实际意义或者说惩罚的理论基础是什么仍需被追问。如果是为了报复，那么最令受害人满意的结果是物理上销毁机器人。如果仅仅是确保人工智能的犯罪行为减少，那么可行的刑罚就应当包括许多其他措施：一是删除或修改控制人工智能实体的程序或数据，从而使违规的人工智能体丧失行为能力，这可能取得与死刑相同的结果。二是暂停使用，即在一定期间内限制人工智能的自由，不允许任何与人工智能自由有关的行动，这同监禁对于人的意义在于剥夺自由如出一辙。三是社区劳动。事实上在生命刑和自由刑之外还存在财产刑，主要表现为罚金。然而对人工智能判处罚金需要仔细斟酌，因为它可能没有任何金钱或资产。所以有些学者提出应建立一个无故障保险制度，使任何直接参与机器人行动的人都支付一笔钱，以确保机器人实施有害和危险行为后能得到救济。英国曾提出的《车辆技术和航空法案》要求针对自动驾驶汽车实施强制性保险某种程度上看就是为了确保机器人犯罪者有能力支付罚款。然而这实际上是将责任转嫁给了人工智能背后的相关人员，从而回归了传统的责任承担方式。对于人工智能本身而言，其虽然没有

---

[47] 孙占利：《智能机器人法律人格问题论析》，载《东方法学》2018 年第 3 期。

自己的财产，但却可以从事劳动，而财产是通过劳动获得的，因此笔者认为可以将对人工智能的罚金转化为劳动形式来收取，即命令人工智能从事一定的社区劳动。

六、结语

如果刑事责任的最终目的是在特定社会中强化法律的社会控制，那么在人工智能时代背景下，必须协调应用以上三种模式，使人工智能体和相关人员为其可能带来的危害社会后果各负其责，而具体归责模式则需要立足于人工智能的不同智能发展水平。即在从弱人工智能到强人工智能再到超人工智能的进阶过程中，刑法必须不断权衡人工智能的社会效应与潜在危害，从而寻找到技术造福人类与维护社会秩序的平衡点，进而采取谨慎合理的归责途径。当然由于我们目前处在弱人工智能向强人工智能的过渡阶段，超人工智能能否真正实现仍是未知数，因而由人工智能背后的人承担刑事责任仍是最普遍的情形。

刑法参与犯罪附随后果调整的理性反思

刘泽洞[*]　黄旭巍[**]

摘　要：犯罪附随后果形成于刑法之外，在性质上属于非刑法的法律后果。犯罪附随后果与犯罪法律后果相辅相成，共同构筑犯罪预防体系。犯罪附随后果会对犯罪人复归社会产生负面但有限的影响。作为二次法规范体系，刑法参与犯罪附随后果调整的基础是前刑法规范无法充分发挥作用。在我国刑法体系中建立前科消灭制度以缓和犯罪附随后果，存在与前科报告、审判公开等法律规范相冲突，引发破窗效应的风险，应当谨慎提倡。

关键词：犯罪附随后果；犯罪预防；前科消灭；破窗效应

一、问题的提出

无论是在我国还是域外，行为人一旦触犯刑法规定的罪名，不仅要受到刑法的制裁，还将面临刑法之外社会公众自发形成的非规范性评价，以及大量成文法之中的制度性约束。有学者在整理分析后指出，在我国刑法体系之外，有10余部法律法规和200余部部门规章以及行业规定，对犯罪人特定资格的禁止或限制进行了规定，① 并且随着时间的推移，这一数字还在持续增长。同时，这种不利后果还进一步延伸到犯罪人的其他家庭成员，形成“前科株连效应”。② 此外，相较于刑法之中的从业禁止、禁止令以及剥夺政

* **作者简介：**刘泽洞，南京大学法学院2020级研究生。

** **作者简介：**黄旭巍，南京大学法学院副教授。

① 解志勇，雷雨薇：《基于“醉驾刑”的“行政罚”之正当性反思与重构》，载《比较法学研究》2020年第6期。

② 于志刚：《前科株连效应的刑法学思考》，载《法学研究》2011年第1期。

治权利等限制性措施通常具有执行期限与适用对象的限度，刑法之外的规定多数情况下不区分罪之轻重，而只是在责任要素（故意还是过失）③、刑罚执结期限④、特定种类的犯罪⑤几个方面设置一定的限制性条件。针对上述现象，学界一般称之为“犯罪附随后果”或“刑罚附随后果”。⑥ 由于刑罚是犯罪的主要法律后果，因此通常情况下两种表述并无本质差异。但考虑到表述的周延性，⑦ 使用“犯罪附随后果”的表述更为妥当。

事实上，犯罪附随后果并非一种新现象，⑧ 但在很长的一段时间内却并未引起我国学界的足够重视。笔者在中国知网以“犯罪（刑罚）附随后果”为主题进行检索，所得结果显示当前公开发表的相关论文尚不足百篇。⑨ 然而近年来，这一课题在学界迅速升温。2022 年最高人民法院所发布的司法研究重大课题之一即为“犯罪附随后果研究”。王平教授亦指出，不管是在实践抑或理论层面，犯罪附随后果皆有望成为继刑事合规以后，又一个值得

---

③ 例如，《中华人民共和国公证法》第 20 条规定：“有下列情形之一的，不得担任公证员：……（二）因故意犯罪或者职务过失犯罪受过刑事处罚的；……”

④ 例如，《中华人民共和国注册会计师法》第 10 条规定：“有下列情形之一的，受理申请的注册会计师协会不予注册：……（二）因受刑事处罚，自刑罚执行完毕之日起至申请注册之日止不满五年的；……”

⑤ 例如，《中华人民共和国公司法》第 146 条规定：“有下列情形之一的，不得担任公司的董事、监事、高级管理人员：……（二）因贪污、贿赂、侵犯财产、挪用财产或者破坏社会主义市场经济秩序，被判处刑罚，执行期满未逾五年，或者因犯罪被剥夺政治权利，执行期满未逾五年；……”

⑥ 除此之外，还存在个别学者使用“刑罚附随性制裁”的表述。参见王瑞君：《“刑罚附随性制裁”的功能与边界》，载《法学》2021 年第 4 期。

⑦ 例如，《中华人民共和国道路交通安全法》第 91 条规定：“……醉酒驾驶机动车的，由公安机关交通管理部门约束至酒醒，吊销机动车驾驶证，依法追究刑事责任；五年内不得重新取得机动车驾驶证。……”显然，“刑罚附随后果”不能包含这种情况。

⑧ 在北大法宝上以“受过刑事处罚”为关键词进行检索，所得检索结果显示：在各项部门规章中，1988 年出台的《公安部所属普通高等学校招生工作暂行办法》既已规定，报考公安高等学校的考生若有受过刑事处罚的情形，不予录取；在各项法律中，1995 年出台的《中华人民共和国人民警察法》既已规定，曾因犯罪受过刑事处罚的，不得担任人民警察；在各项行政法规中，1997 年出台的《证券、期货投资咨询管理暂行办法》既已规定，证券、期货投资咨询人员申请取得证券、期货投资咨询从业资格，必须未受过刑事处罚。

⑨ 检索结果表明，最早发表的与犯罪附随后果相关的论文出现在 2007 年。参见刘飞宇，黎建锋：《对“曾被剥夺政治权利的人员禁止在娱乐场所从业”规定的若干质疑》，载《山东社会科学》2007 年第 2 期。

深入挖掘的“富矿”。⑩

笔者认为，犯罪附随后果之所以愈发受到学界的重视，与司法实践中危险驾驶罪的高发密切相关。自2011年《刑法修正案（八）》增设以来，危险驾驶罪的数量呈现明显的上升趋势，并于2019年超越盗窃罪，成为我国“刑事第一罪”。众所周知，盗窃罪所侵犯的是公私财产的所有权，这种法益与社会公众之间的距离很近，一旦受到侵害，很容易引起社会集体的共鸣，这是刑法为其配置的法定最高刑为无期徒刑（在《刑法修正案（八）》之前为死刑）的重要原因之一。正因如此，对犯盗窃罪的行为人设置严重的附随后果，通常为一般人所接受。然而，危险驾驶罪的法定最高刑仅为拘役，其所侵犯的法益是公共交通安全，并且是一种抽象危险而非具体危险。对于危险驾驶这样一种失范行为，是否有必要动用刑法加以规制，一直存在争议。但为绝大多数学者所认同的是，让触犯危险驾驶罪的行为人承担与触犯其他法定刑更重的犯罪的行为人相似的附随后果，属于法律和个人的“两败俱伤”。而在危险驾驶罪的废除短期不可能实现的情况下，有效的解决路径只有一条，即调整危险驾驶罪的附随后果。随着理论研究的不断深入与实践中法定最高刑在一年有期徒刑以下的新罪不断增设，学者们逐渐意识到，真正需要调整的不仅仅是危险驾驶罪，而是所有罪质、罪量较轻的犯罪，也即轻（微）罪的附随后果，并且方向应当是缓和与松绑。⑪

纵观既有研究，已有部分学者以比例原则、正当程序原则等法治原则为分析框架，对犯罪附随后果的失范进行检讨。但囿于现行刑法并不存在能够直接有效调整犯罪附随后果的具体规定，多数学者最终转向对域外部分国家既已推行的前科消灭制度的考察，进而主张应当将其纳入我国刑法体系。⑫

---

⑩ 参见《最高人民法院2022年度司法研究重大课题“犯罪附随后果：规范基础、配置原则与治理效能最大化”开题论证会在中国政法大学召开》，载 http://xssfxy.cupl.edu.cn/info/1116/8856.htm，2022年11月29日访问。

⑪ 王瑞君：《我国刑罚附随后果制度的完善》，载《政治与法律》2018年第8期。

⑫ 梁云宝：《我国应建立与高发型微罪惩处相配套的前科消灭制度》，载《政法论坛》2021年第4期；崔志伟：《积极刑法立法背景下前科消灭制度之构建》，载《现代法学》2021年第6期；周光权：《论刑事一体化视角的危险驾驶罪》，载《政治与法律》2022年第1期。

可是，犯罪附随后果是由刑法之外的成文法所规定，⑬ 调整犯罪附随后果的本质是社会治理。相较于能够直接塑造国民行为模式的行政法、民商法，刑法的实质是二次法规范体系，只能间接为国民设定行为模式，⑭ 所以如果前刑法规范能够有效解决社会问题，刑法就没有足够的必要介入牵涉诸多主体互动的社会治理，以恪守其保障法之基本属性，即“需要谨慎提倡刑法积极参与社会治理”。⑮ 正因如此，值得考察和反思的是，当前刑法学界提倡的刑法参与犯罪附随后果的调整，是否属于“过度刑法化”的表现？本文的基本思路是，在厘清犯罪附随后果的属性与内涵的基础上，对刑法参与犯罪附随后果调整的制度风险进行分析，再结合前刑法规范参与犯罪附随后果调整的可行性分析，最终回答刑法是否有必要参与犯罪附随后果的调整。

二、犯罪附随后果的属性辨析与内涵重释

（一）犯罪附随后果的属性辨析

之所以要讨论犯罪附随后果的性质，是因为在缺乏明确规定的情况下，当前犯罪附随后果基本属于叠加适用，由此产生的影响与刑罚并无本质差异。⑯ 此外，界定犯罪附随后果之法律属性亦能为明确其内涵提供重要依据。既有研究表明，针对犯罪附随后果的法律属性，尚存在“刑罚体系外的（准）资格刑”“行政法后果说”“保安处分说”三种观点。笔者认为，这些观点均或多或少反映出犯罪附随后果的一定特征，但总体来看仍不尽合理。

“刑罚体系外的（准）资格刑说”认为犯罪附随后果是以行政处罚之名而行资格刑之实，所以可视其为“准资格刑”。但该说在使用“刑”这一表述的同时，却无法回答为什么能在刑法以外的法律之中设置刑罚。尽管犯罪附随后果在形式上与刑法规定的禁止令、从业禁止相似，但二者在性质上明

⑬ 如前所述，社会公众自发形成的对犯罪人的非规范性评价同样属于犯罪附随后果，但这通常只存在合理与否而与合法性无关。因此如无特别说明，本文所讨论的犯罪附随后果不包含这一部分内容。

⑭ 梁根林：《刑事法网：扩张与限缩》，法律出版社2005年版，第34页。

⑮ 何荣功：《我国轻罪立法的体系思考》，载《中外法学》2018年第5期。

⑯ 付强：《论犯罪行为的刑罚附随后果》，载《法学杂志》2015年第7期。

显有别。因此，本说有违罪刑法定的基本原则。

“行政法后果说”内部可分为三种观点，即认为犯罪附随后果属于“行政资格罚”,[17] 或者“行政上的处分”,[18] 又或是“行政责任”。[19] 前两种观点的问题在于，行政处罚（处分）是行政机关以一种积极的姿态去确认行政相对人的责任，但犯罪附随后果的生效通常并非相关机构主动确认的结果，而是需要犯罪人主动申请进行某种资格的确认。此外，行政处罚（处分）的相对人属于违反行政管理秩序的“行政违法人”，而犯罪附随后果的相对人实施的是被刑法类型化的具有严重社会危害性的行为，属于“刑事违法人”，二者存在明显区别。后一种观点在肯定附随后果多数具有行政责任（包括行政许可、行政确认、行政奖励、行政给付）性质的同时，亦承认有些附随后果不能为行政法所包容，这就意味着仅将附随后果理解为行政责任存在以偏概全的问题。[20]

“保安处分说”注意到保安处分与附随后果在功能（预防犯罪人再次犯罪）、内容（从业禁止）、体系定位（刑法内外皆可）以及适用理念（具有相当的人身危险性）上的相似之处,[21] 应当说有一定的道理。问题在于，保安处分的适用既需要具备一般要件（合目的性与合理性），也需要遵循必要性原则与相当性原则。[22] 可正如前文所述，当前学界检讨犯罪附随后果之失范的重要原因即在于其对比例原则、正当程序原则等法治原则的背离。换言之，肯定“保安处分说”的前提是否定犯罪附随后果的设立违背上述法治原则，但这显然难以成立。此外，保安处分之生效以宣告为必要，而犯罪附随后果之生效通常无须宣告，亦表明不宜将犯罪附随后果之法律属性界定为保安处分。

由此来看，在各种主张均存在一定缺陷的情况下，更为合理的选择是将

---

⑰ 马克昌：《刑罚通论》，武汉大学出版社 1999 年版，第 710 页。

⑱ ［日］前田雅英：《刑法总论讲义》，曾文科译，北京大学出版社 2017 年版，第 362 页。

⑲ 徐安住：《犯罪行为的附随法律责任初探》，载《求索》2008 年第 1 期。

⑳ 例如，根据《中华人民共和国拍卖法》第 15 条之规定，因故意犯罪受过刑事处罚的，不得担任拍卖师。而本法在我国属于民事法律，而非行政法律。

㉑ 徐久生，师晓东：《犯罪化背景下犯罪附随后果的重构》，载《中南大学学报（社会科学版）》2019 年第 6 期。

㉒ 张明楷：《外国刑法纲要（第三版）》，法律出版社 2020 年版，第 393 页。

犯罪附随后果界定为“非刑法的法律后果”。这既考虑到附随后果与刑罚在本质上的差异，弥补了“刑罚体系外的（准）资格刑说”的局限，又兼顾了附随后果不仅仅是行政法意义上的一种后果，解决了“行政法后果说”的问题，还有效避免了“保安处分说”为犯罪后果在适用与执行上所设置的严格条件。

（二）犯罪附随后果的内涵重释

前已述及，当前学界对犯罪附随后果的关注点主要在轻（微）罪之上，其中又以醉酒型危险驾驶罪为重心。因此，考察犯罪附随后果的内涵，实际上需明确的是轻（微）罪的附随后果，这又以对轻（微）罪之概念的把握为前提。我国《刑法》第 13 条在对犯罪的概念进行界定时，尽管存在“但书”的规定，但并没有使用重罪、轻罪乃至微罪的概念，它们只是我国学理上的称谓。[23] 这种称谓的提出和使用，与其他国家犯罪分层制度的引介密切相关。不过，由于各国在制度设计上确立的标准有所不同，受此影响，目前我国学者在罪之轻重的划分标准上，仍存在“实质标准说”“形式标准说”以及“综合说”三种主要观点。[24] 本文不就犯罪分层的标准及具体问题作进一步阐述，而是以储槐植教授所倡导的标准作为分析框架，将法定刑三年有期徒刑作为重罪与轻罪的分界线，法定刑拘役作为轻罪与微罪的分界线，[25] 从而把醉酒型危险驾驶罪划入微罪之范畴，进而聚焦于对微罪附随后果的内涵的解读。[26]

1. 微罪附随后果的设置是对微罪法律后果弊害的弥补

按照我国刑法的规定，犯罪的（广义的）法律后果存在三种表现形式，由重到轻依次为：（1）给予刑罚处罚；（2）适用实体上的非刑罚处罚与保安处分方法；（3）宣告行为构成犯罪。[27] 其中，刑罚对犯罪人权益的剥夺、限制，包括“生命、自由、财产、资格”四种。一般认为，在四种权益性质的严厉性上，生命刑最重，自由刑次之，财产刑较轻，资格刑最轻。由于

㉓ 梁云宝：《积极刑法观视野下微罪扩张的后果及应对》，载《政治与法律》2021 年第 7 期。

㉔ 郑丽萍：《轻罪重罪之法定界分》，载《中国法学》2013 年第 2 期。

㉕ 储槐植：《解构轻刑罪案，推出“微罪”概念》，载《检察日报》2011 年 10 月 13 日，第 3 版。

㉖ 如无特别说明，后文对犯罪附随后果的分析即聚焦于微罪。

㉗ 张明楷：《刑法学（第六版）》，法律出版社 2021 年版，第 660 页。

微罪的法定最高刑仅为拘役，所以可将生命刑排除在外。而自由刑与财产刑尽管内部仍存在一定的问题，[28] 但总体结构还是相对完善，今后仍将作为微罪最主要的刑罚方式。至于资格刑，在具有限制或消除犯罪人对特定犯罪的再犯可能性功能的同时，亦顺应非监禁化、轻缓化的世界刑罚改革趋势，因而被不少学者认为是我国刑罚改革的重要方向。不过，我国资格刑的设置具有浓厚的政治色彩，侧重于对犯罪人政治权利的剥夺。正因如此，规定在刑法之外，以职业（资格）禁止、限制为主要表现的犯罪附随后果，最大程度弥补了我国刑法在资格刑配置上的不足，可谓“切中要害”。认为附随后果的设置“无依据、无逻辑、无关联”，恰恰是没有意识到附随后果与法律后果之间是相辅相成，共同构筑犯罪预防体系的表现。

进一步而言，微罪作为法定最高刑仅为拘役的犯罪，所实际执行的刑罚时间通常较短，仅适用刑罚存在不足以教育、改善受刑人的隐患。此外，相关调查统计指出，高发微罪“醉酒驾驶型危险驾驶罪”在全国范围内的缓刑适用率已经超过50%，部分省市（如湖北省、山东省威海市）甚至超过80%，[29] 更会进一步扩大微罪刑罚的严厉性弱而没有威慑力的问题。正因如此，为微罪设置与轻罪、重罪相似的附随后果，能够有效弥补微罪法律后果的弊害，提高一般预防的效果。

2. 微罪附随后果的设置并未达到严苛的地步

当前学界批判微罪附随后果的核心要点在于其严厉性，有违刑法的谦抑性。笔者认为，这一观点存在如下问题：

其一，用刑法的基本原则去禁锢刑法之外的规定，是“越权”的表现。谦抑主义隐含国家刑罚权限制与个人权利保障的关系，其基本立场是刑罚的配置与适用应尽可能宽缓，[30] 因此可以作为论证刑罚是否过度供给的重要工具。然而，刑法规定的是犯罪的法律后果而非附随后果，附随后果设置在刑法之外，不可能受到谦抑主义的制约。有学者之所以会认为“附随后果的手段过于严厉，有违刑法的谦抑性”，显然是将附随后果与刑罚等同，偷换概念式论证的结果。

---

[28] 自由刑规定的主要问题是长期自由刑上限过低，而短期自由刑适用范围过宽、过泛。财产刑的主要问题则是罚金的裁量方法不够合理以及执行难。

[29] 孙硕：《缓刑视角下的醉驾刑事案件》，载《人民司法·应用》2019年第10期。

[30] 孙国祥：《反思刑法谦抑主义》，载《法商研究》2022年第1期。

其二，没有准确认识到附随后果对犯罪人的影响。一方面，附随后果主要是对犯罪人特定资格的剥夺、限制，与刑罚之中的资格刑之差异更多体现在体系定位上的不同。如前所述，四种权益性质的刑罚的严厉性表现为“生命刑 > 自由刑 > 财产刑 > 资格刑”。换言之，剥夺、限制资格，是对公民相对轻微的处罚。此外，在不同层次的法律乃至狭义的规范性文件之中设置犯罪附随后果，确实容易给人一种“无边界”的直观感受。但细致看来，这些规定的内容都相对集中，即是对有刑事犯罪记录的人员进行职业、资格类限制或剥夺，而并未对其交通出行、餐饮消费、社交娱乐等基本社会活动实行限制。

另一方面，从被剥夺、限制资格的具体内容来看，所谓行为人一旦因醉驾被定罪，就不能从事某些相关职业，甚至同家庭成员一道失去国家信任，进而事实上丧失了国民待遇的观点，[31] 显然属于夸大其词。附随后果所设置的是“特定”而非“全部”的职业（资格）的禁止或限制。以职业禁止或限制为例，有过刑事犯罪记录的人员（及其子女）不得从事的职业，绝大多数属于“有前途的、理想的、体面的”职业（如公务员、教师、律师等）。这些职业人人向往，但即便是遵纪守法的公民，最终能从事这些职业的也是屈指可数。换言之，附随后果所包含的职业（资格）禁止、限制是一种正常情况下一般人都难以获得的权益，因此相较于对必然获得之权益的禁止、限制，显而易见是轻缓的。进一步而言，认为附随后果中的职业禁止或限制属于职业歧视，亦是无法被接受的。在犯罪人复归社会的道路上，不可否认基于“犯罪标签”所产生的排斥客观存在，但犯罪人自身的态度才是决定其能否融入社会的根本因素。事实上，我国包括制造业、电子信息产业在内的诸多产业仍面临较为突出的缺工状况，[32] 而这些产业背后的行业规定，通常并不存在对犯罪人的特别规定。因此，不应以有限的职业限制去夸大附随后果对犯罪人的负面影响。

应当承认，上文对犯罪附随后果内涵的重释，更多是基于一个守法公民的视角所展开，因而必然与犯罪人视角下对犯罪附随后果的认知有着较大差

---

[31] 桑本谦：《如何完善刑事立法：从要件识别到变量评估（续）》，载《政法论丛》2021年第2期。

[32] 《2022年第一季度全国招聘大于求职“最缺工”的100个职业排行》，载 http://www.mohrss.gov.cn/SYrlzyhshbzb/dongtaixinwen/buneiyaowen/rsxw/202204/t20220427_445453.html，2022年11月29日访问。

距。对于守法公民来说，制度层面对犯罪附随后果的缓和与松绑，意味着需要向犯罪人让渡一定的权益，或许多数人难以接受。而对于受过（广义的）刑事处罚的公民来说，尽管是否复归社会的主动权仍掌握在自己手中，但还是会期望社会对其多一份宽容与支持。特别是对于触犯以危险驾驶罪为典型的微罪的行为人而言，他们往往并不认同自己“犯罪人”的身份，迫切希望在接受“短暂的刑罚”过后迅速回归正常生活。不过，微罪附随后果的存在有效弥补了微罪法律后果在预防犯罪上效果不佳的问题，是严密微罪治理体系的重要组成。同时，微罪附随后果虽不可避免对犯罪人复归社会产生一定的负面影响，但只要犯罪人积极融入，社会从未对其真正关上大门，这也是全面评价犯罪附随后果所不应忽视的事实。

三、刑法应谨慎介入犯罪附随后果的调整

（一）刑法参与犯罪附随后果调整存在制度风险

既有研究表明，刑法参与附随后果调整的主要路径有：（1）审判阶段的出罪（主要依据《刑法》第 13 条但书）；（2）起诉阶段的不起诉（主要依据《刑事诉讼法》第 177 条第 2 款）；（3）侦查阶段的不立案或撤案；（4）建立犯罪记录封存制度；（5）建立前科消灭制度。其中，前三种措施在司法实践中早已存在，且由于实际效果并不显著，因此被认为并不能有效解决犯罪标签泛化问题，而只能作为常态性的辅助措施。第四项措施在刑事立法中已有一定的体现，即现行《刑事诉讼法》第 286 条规定的“未成年人犯罪记录封存制度”，但由于其并不是绝对意义上的封存，并且适用对象被严格限定在未成年人之中，因此对犯罪附随后果的调整并无太大帮助。已存在于域外部分国家，集犯罪记录注销与法定权利（资格）恢复为一体的前科消灭制度，被多数学者认为是缓和犯罪附随后果影响的根本方法。但笔者认为，将其引入我国刑法体系，至少存在以下两个方面的制度风险：

1. 与相关法律规范的冲突

其一，与前科报告所追求的价值相悖。前科报告，是指除非犯罪时未满 18 岁并且被判刑罚在 5 年有期徒刑以下，受过刑事处罚的人一律需要在入伍、就业时向有关单位报告自己曾受过刑事处罚的事实。按照法工委有关专家的解释，刑法之所以这样规定，“是为了便于用人单位掌握本单位职工的

情况，便于安置工作以及对该有关人员开展帮助和教育”。[33] 可以看出，前科报告的设立不仅是为了保障有关单位的知情权，更是隐含着社会防卫的思想，即有关单位在接到前科报告后，可以接替矫正机构，承担起继续教育、改造前科者的责任。然而，一旦建立前科消灭制度，犯罪人自然不会主动向就业单位报告自己的前科，也就意味着就业单位帮助、教育前科者的潜在功能同时丧失。

其二，对审判公开制度的冲击。在我国，审判公开不仅是诉讼法中的重要原则，更是一项宪法原则。审判公开，是民众知情权的重要体现，是民众监督国家政权的宪法权利以及对审判信息知情的司法权利的重要构成。[34] 为了防止对其他利益的更大损害，审判信息公开存在一定的界限，即涉及国家秘密、商业秘密和个人隐私的案件不公开。显然，一般意义上的犯罪案件并不在审判不公开的范围之内，也即原则上应当公开。那么，就没有必要为了促进犯罪人复归社会而注销相关犯罪记录，与保障司法公平公正的重要制度产生实质冲突。

其三，直接导致刑法之外的前科规范被架空。前科消灭通过对犯罪记录的完全封存，使得有关部门无法核实确认相关前科信息，就意味着前科规范无法发挥作用，即事实上被废止。问题在于，刑法之外前科规范的大量存在，表明不同层级的法律在“犯罪记录是否应当公开”这一问题上态度一致，即应当公开（且可查询）。而前科消灭制度若最终在刑法之中确立，则说明刑法认为犯罪记录不应当公开（且可查询）。由此也就产生了“法律冲突”。根据法秩序统一性原理，法律规范不可能单独存在，法体系是一个以宪法为最高点的阶层构造，其之下依据刑法、行政法等部门法的各自原理而形成独立的法领域。不同领域之间原则上不应存在矛盾，并为法秩序之整体而存在。[35] 因此，当刑法与其他法律产生冲突时，并不具有当然的效力。特别是在包括现行刑法在内的多数法律均持有一致立场的情况下，前科消灭提出的必要性是存疑的。

---

[33] 何帆：《刑法注释书（第二版）》，中国民主法制出版社 2021 年版，第 187 页。

[34] 龙宗智：《“内忧外患”中的审判公开——主要从刑事诉讼的视角分析》，载《当代法学》2013 年第 6 期。

[35] ［日］曾根威彦：《刑法学基础》，黎宏译，法律出版社 2005 年版，第 211—212 页。

2. 可能引发“破窗效应”

事实上，极力倡导控制犯罪附随后果的学者亦不否认，国家制度层面将无犯罪前科作为某些职业、资格的准入条件，不单单是一个法律问题，往往还牵涉政治上的考虑，试图通过逐一修改来解决附随后果的失范，并不现实。一项制度的建构和适用，就是将该制度的价值基础和取向转化为实践的过程。在“确立制度价值基础→设计制度具体内容→适用制度解决问题”这一制度运行的全过程中，如果仅关注到第二个环节与第三个环节之间的联系,而忽略了这种联系是以第二个环节与第一个环节的相连为前提，就会导致整个制度的总体崩塌。所谓犯罪附随后果引发了严重的社会治理问题（犯罪人难以复归社会），正是没有注意到犯罪附随后果的设置是为了应对另一个更为严重的社会治理问题（犯罪的特殊预防与一般预防）的表现。进一步而言，一旦引入前科消灭制度，就有必要警惕“破窗效应”的发生。

“破窗效应”是“破窗理论”的具体内容。破窗理论，最初是被用于分析经济学中一类常见的谬误，即只注意到短期的后果而忽略了长远的后果，进而得出的一个经典结论就是“一块窗户的破碎引起的连锁反应将有益于全社会”。后来，这一理论引起了犯罪学家们的注意。美国学者威尔逊（James Q. Wilson）与凯林（George L. Kelling）在《“破窗”——警察与邻里安全》一文中指出，环境可以对人产生强烈的暗示性和诱导性，如果容忍轻微犯罪行为，既可能使得“肇事者”获得一种暗示许可，进而引发“犯罪升级”效应，又可能导致民众产生犯罪恐惧，对警察与政府失去信心，最终丧失对法律的认同。所以，社会治安最根本的措施就是要从各种反社会的行为和轻微犯罪着手，使其没有机会转变为重大犯罪。[36] 换言之，在引发民众被害恐惧上，不符合道德规范的行为、轻微犯罪与重大犯罪并无本质区别。重大犯罪固然不容忽视，但民众最为关心的其实是轻微犯罪行为，因此，必须积极预防轻微犯罪的发生。

前已述及，微罪法律后果存在的问题是严厉性弱所造成的威慑力不足，而微罪附随后果的设置使得犯罪人在摆脱刑事监管后仍受到一定的限制，无论是从对犯罪的特殊预防还是一般预防的角度来看，都具有积极的意义。有

---

[36] 姜涛:《破窗理论与犯罪规制模式的重构》，载《国家检察官学院学报》2016年第1期。

观点指出，附随后果中的资格剥夺与权利限制可能对犯罪人产生现实压迫，最终成为其再次犯罪的重要诱因。但是，如果犯罪人（特别是触犯微罪）真的因为附随后果的影响而再次犯罪，那正是说明其仍然没有履行遵守法律这一公民的基本义务，主观恶性和人身危险性依旧处于较高层次，还是法律应当重点监管和约束的对象。

建立前科消灭制度，对微罪附随后果的松绑，实际上反映的是对微罪的容忍。储槐植教授指出，在微罪案件中，人们摒弃了传统意义上对犯罪的仇恨情绪，……社会对微罪犯罪人的理性接纳，是现代化法治建设的需要。㊲ 可是，既然“犯罪是一种具有严重社会危害性的行为”已为学界所普遍承认，那么就应当进一步承认，所谓的“微罪、轻罪、重罪”只不过是在“严重社会危害性”内部进行的再次划分。换言之，一种行为只要在性质上被认定为是刑事犯罪，就与一般违法行为产生了不可逾越的鸿沟，就应当受到相同的负面评价。正如张明楷教授所言，许多法益侵害行为，以前人们可以容忍的，现在不能容忍。㊳ 近年来刑法所增设的一系列轻罪、微罪，正是反映人们已经不能容忍法律只将这些行为视作一般违法行为的结果，那么，储槐植教授所言人们摒弃对微罪的仇恨情绪，在理论上就是值得商榷的。当然，社会公民对微罪究竟持何种态度，还有待进一步的实证研究加以证明。

同理，微罪附随后果究竟在多大程度上影响了犯罪人复归社会，也不是简单的理论分析。因为一旦对微罪附随后果进行大幅松绑，结合微罪法律后果的实际作用可能有限，就会给社会公民释放一种危险的信号：即便触犯微罪，对个人的负面影响也是有限的。那么按照破窗理论，对微罪的惩治不力，就会造成犯罪的广泛蔓延，最终引发严重犯罪，导致社会失序。“千里之堤，溃于蚁穴”，谨慎提倡建立前科消灭制度，对微罪附随后果的松绑，目的正是“防微杜渐”。

（二）前刑法规范能够有效调整犯罪附随后果

首先，肯定犯罪附随后果对犯罪人影响的有限性，并不意味着否定对犯

㊲ 储槐植，李梦：《刑事一体化视域下的微罪研究》，载《刑事法评论》2018年第2辑（总第43卷），北京大学出版社2018年版，第179页。

㊳ 张明楷：《增设新罪的观点——对积极刑法观的支持》，载《现代法学》2020年第5期。

罪附随后果调整的必要性。原因在于，当前犯罪附随后果在立法权限、适用对象、适用内容以及适用期间上的无序扩张，[39] 不仅对犯罪人产生了一定的负面影响，往往还造成了法律内部之间的冲突。例如，针对经纪人资格的限制，不同省份所制定的地方性法规存在明显偏差，[40] 这显然有损法律权威。但针对此类现象，完全可以在上级部门的组织下，及时引导各地方调整规定，实现犯罪附随后果的有效调整，并不需要刑法的介入。进一步而言，犯罪附随后果是由前刑法规范所设置，其所产生的无序现象反映的是相应立法技术的失当，而立法技术的失当归根结底是因为当前我国对立法权限的规定不够明确。基于源头治理的理念，一旦加强对立法权限的有效规制，提高相关立法技术，前刑法规范就能够有效对犯罪附随后果进行调整。

其次，前刑法规范调整犯罪附随后果的精确性高于刑法。即便是倡导建立前科消灭制度的学者也不会否认，犯罪附随后果之存在具有必要性，不应消灭犯罪附随后果。那么，相较于通过前科消灭调整犯罪附随后果，可能导致部分应当存在的附随后果被不当消灭，前刑法规范通常只能调整对应立法者所自己创设的附随后果，有效避免了不当干涉的发生。

最后，前刑法规范可以通过创设救济制度，间接调整犯罪附随后果。犯罪附随后果的存在可能使犯罪人在复归社会后的一定时间内丧失某些正常人所能享有的权利、资格，这种规定既可能实质合法亦可能非法。通过建立完善的犯罪附随后果合法性审查制度，就能有效确保犯罪附随后果的设置实质合法，保障犯罪人在复归社会后的合法权益。

四、结语

创设犯罪附随后果的主导价值取向是公共利益的维护，基本功能是犯罪的有效预防，而犯罪人权益的维护只能是在公共利益得到有效保障情况下的一种价值平衡，促进犯罪人复归社会也只能建立在犯罪有效预防的基础之上。不可否认，近年来犯罪附属后果在我国实践中确实存在无序扩张的倾

---

[39] 于志刚：《犯罪记录制度的体系化建构》，载《中国社会科学》2019 年第 3 期。

[40] 《上海市经纪人条例》第 11 条规定："刑事处罚执行完毕未满三年的，不予经纪执业注册，但过失犯罪的除外。"《贵州省经纪人管理条例》第 8 条规定："因经济犯罪被判处刑罚，执行期满未逾三年的，不得取得经纪人资格。"《广东省经纪人条例》第 9 条规定："因犯诈骗罪被判处刑罚，刑罚执行完毕后不足三年的，不得取得经纪人资格。"

向，其对犯罪人的负面影响也在逐渐扩大。但这并不意味着刑法就此应当介入犯罪附随后果的调整之中。刑法介入犯罪附随后果调整的前提在于前刑法规范不能有效发挥作用，若前刑法规范能有效调整犯罪附随后果，刑法就应恪守保障法之基本属性，避免“过度刑法化”。

警惕反腐立法中的过度工具主义*

吴　霞**

摘　要：域外在反腐败法的执行过程中产生了工具主义的批评与指责。我国的权力型反腐是典型的工具主义的代表，但它具有存在的历史合理性。而十九大之后反腐逐渐进入法治常态化阶段，应当警惕反腐立法过程中的过度工具主义。过度的工具主义带来法律的过剩与污染。就刑事制裁而言，如果过多地追求工具主义，那么腐败犯罪的门槛将会越来越低，刑罚会越来越重，法律体系的建立将会缺乏明确性与统一性，刑法仅具有实现短视性政治目标的功能。从本质上来看，腐败是行为人利用所掌握的资源分配的资格打破社会原有的资源分配格局的一种行为。《反腐败法》有利于扭转公民在社会资源二次分配中的不利地位，但任何职业者在自己掌握的资源范围内都存在着腐败的可能，而法不责众，故厘清反腐立法的限度显得十分必要。

关键词：反腐常态化；过度工具主义；象征性立法；腐败根源

十九大报告提出“推进反腐败国家立法”，腐败和反腐是社会转型时期不可回避的话题。有关腐败和反腐的研究涉及生活的方方面面，除了腐败频发的政商圈之外，教育领域、演艺圈乃至慈善领域等都存在一定的腐败现象。网络反腐、商业反腐、审计反腐等成为反腐研究的重点。① 在政策方

---

* **基金项目**：本文系湖南省教育厅科学研究项目“功能主义刑法观下宽恕事由本土化研究”（21B0149）的阶段性成果。

** **作者简介**：吴霞，湘潭大学法学院讲师，硕士生导师，法学博士。

① 徐祖澜：《网络反腐的谣言困局与法治出路》，载《法制与社会发展》2015 年第 6 期；胡杨：《网络反腐的制度化路径分析》，载《河南社会科学》2011 年第 1 期；杨力：《商业反腐的结构性治理和模式》，载《中国法学》2016 年第 5 期；彭华彰，刘晓靖，黄波：《国家审计推进腐败治理的路径研究》，载《审计研究》2013 年第 4 期。

面，“无禁区”“零容忍”一直是反腐高压下的口号。“反腐立法刻不容缓”“反腐立法地方先行”② 等醒目的标题，提示人们反腐常态化的迫切需要。毋庸置疑，中国在经历了“运动型反腐”“权力型”反腐之后，制度内的常态化反腐显得尤为必要。而各种治理手段中，法治反腐是最为长效且有力的策略。反腐单独立法的呼声越来越高。然而，人们关注的焦点大多是立法体系的总体设计问题，在具体方略上，除了参照部分地区和国外立法，很少有人反思反腐败立法的功能和效果问题。尽管人们也在关注腐败的原因，但诱发腐败的因素如何与预防腐败的立法措施进行合理的接洽，却很少有人关注。一旦人们忽略了腐败的法益侵害本质，那么“腐败”一词在生活中的运用将会十分泛滥。③ 而这些问题已经在域外反腐执法的过程中出现过。因而，关注反腐的限度与边界、腐败入罪的门槛性问题，吸收域外反腐的经验和教训，警惕反腐立法的过度工具主义，是亟待提上反腐立法日程的议题。

一、域外反腐的情状及工具主义的批判

自20世纪末以来，欧盟各成员国为了迎合联合国和欧盟关于提高公务员行为准则的要求，在反腐方面制定了一系列的措施，但依然难以遏制腐败的盛行。④ 例如罗马尼亚通过立法的程序制定了《行为守则》，赋予该守则以法律地位。但同时该守则面临着指责：用“硬法”来控制“软法”本该控制的公务员道德，而对法律执行中的问题法律却保持缄默。⑤ 另一个典型的例子是意大利。在欧盟成员国中，意大利的廉洁指数排名较为靠后。⑥ 从

---

② 杨春：《反腐败立法已成当务之急》，载《南方日报》2011年10月11日；刘武俊：《反腐败立法不妨地方先行》，载《法制日报》2013年7月11日，第7版。

③ 典型的例子就是，地方官员将反腐倡廉的有关规定强加于百姓身上。村民被要求禁止“大摆”宴席，对宴席的规格进行严格限制。毫无疑问，本来用来约束党员干部的党内规范，却禁锢了一般民众的日常生活。不难想象，纵然反腐败走上法治的轨道，如果缺乏合理的界限，那么反腐治理的对象很可能会转移到一般民众身上。

④ 欧盟各成员国的反腐压力不仅来自于国内民众，而且还有欧盟和其他国际组织的施压。但也有人指出，欧盟对成员国在遏制腐败方面的影响力极为有限。

⑤ See B M. *Issues in Anti－Corruption Law: How Can Code of Conduct Laws Be Drafted in Order to Reduce Corruption in a Public Sector like Romania's* [J]. European Law Journal, 2012, 18 (2): 289 - 322.

⑥ See Batory A. *Why do Anti－Corruption Laws Fail in Central Eastern Europe? A Target Compliance Perspective* [J]. Regulation & Governance, 2012, 6 (1): 66－82.

1990年到2002年，审判实践的效力远远达不到法律的规定。在自然人犯罪中，87.63%的与腐败有关的人被判处了缓刑。⑦ 根据最高审判机构的数据显示，意大利每年因腐败而耗费600亿欧元，在2011年仅仅0.1%的金额通过制裁的方式被追回。⑧ 人们在大众媒体上批评反腐立法，并为之贴上了象征性的标签。意大利当局也有人指责反腐立法只是一个象征，而不是一个有效的工具。⑨ 2012年是意大利反腐政策的转折点，议会批准了新的反腐败法。批评者认为尽管反腐败的法律得到了发展，但意大利难以提高遏制系统性腐败的效率。⑩ 德国很多学者认为《德国刑法典》的第108条只是象征性的反腐败法。尽管后来对该条进行了改革，但仍有学者认为新条款故意设置了一些漏洞、某些含糊、不确定的概念以及一些例外，这些都会阻碍与议会腐败的斗争。⑪ 从欧盟反腐的总体效果来看，2010年的全球腐败指数显示，来自9个新成员国的将近17%的调查对象表示在过去一年中实施了行贿行为。⑫

除了欧盟，其他国家同样面临着反腐立法与反腐运动所带来的工具主义或者象征性的批判。在美国，有学者以纽约的反腐政策与立法为例，描述了过度追求廉洁性而采取的诸多监管措施造成的行政效率的低下、公共治理能力退化的情况。实际上，很早就有学者对反腐立法采取了怀疑的态度。⑬ 他们认为法律只是一种假象，法律规范及其效果最终取决于更基础的经济、政治和文化的力量；相比于其他的社会控制形式，法律对人的行为的影响并没

---

⑦ See Canestri D. *The* 2012 *Italian Anti – Corruption Law in Light of International Best Practices* [J]. Journal of Financial Crime, 2014, 21 (3): 264 – 309.

⑧ See Canestri D. *The* 2012 *Italian Anti – Corruption Law in Light of International Best Practices* [J]. Journal of Financial Crime, 2014, 21 (3): 264 – 309.

⑨ See Canestri D. *The* 2012 *Italian Anti – Corruption Law in Light of International Best Practices* [J]. Journal of Financial Crime, 2014, 21 (3): 264 – 309.

⑩ See Canestri D. *The* 2012 *Italian Anti – Corruption Law in Light of International Best Practices* [J]. Journal of Financial Crime, 2014, 21 (3): 264 – 309.

⑪ Wolf S. *Dark Sides of Anti – Corruption Law: A Typology and Recent Developments in German Anti – Bribery Legislation* [J]. German Law Journal, 2016, 17: 7 – 18.

⑫ See Batory A. *Why do Anti – Corruption Laws Fail in Central Eastern Europe? A Target Compliance Perspective* [J]. Regulation & Governance, 2012, 6 (1): 66 – 82.

⑬ See Trubek D M, Galanter M. *Scholars in Self – Estrangement: Some Reflections on the Crisis in Law and Development Studies in the United States* [J]. Wis. l. rev, 1974 (4): 1062 – 1102; Davis K E, Trebilcock M J. *The Relationship between Law and Development: Optimists Versus Skeptics* [J]. American Journal of Comparative Law, 2008, 56 (4): 895 – 946.

有太多的意义。也有人解释道："在美国反腐工作的脆弱性取决于权力平衡的不断变化"。⑭ 俄罗斯通过了反腐败立法，但是其在实践中的作用与预期的效果相反，社会腐败的水平并没有下降，反腐运动并没有预期的效果。⑮ 所谓的日常生活包括医疗、教育、住房等领域的腐败，2005年达到了30亿美元，超过一半的俄罗斯人发现他们在生活中被迫行贿至少一次；商业腐败从2001年到2005年腐败金额达到了843亿美元。⑯ 有学者解释道：俄罗斯新的改革刺激了企业通过与官员达成非正式协议来减少官僚主义的繁文缛节，从而创造出新的腐败行为。⑰ 这就意味着一个新的减少腐败的举措可能带来原有领域的改善，但是会在另一领域滋生新的腐败。

总之，面对腐败，包括欧盟成员国在内的政治决策者的典型反应就是制定与通过越来越多的法律，对已经存在的问题层层控制。但这种控制本身是否真的合理、有效，依然是一个值得商榷的问题。

实际上，域外很多学者面对不断涌现的反腐败法律与政策，一直对法律本身、法律的实施效率及其带来的影响抱着怀疑的态度。例如有学者从法律实际执行效果的角度认为，尽管国际上20世纪末以来的反贿赂立法表明第一世界的国家在反腐方面已经取得了进步，但是选择性执法将案件非司法程序化，反而加固了大型企业的传统观点：腐败以及惩治腐败带来的相关费用只不过是商业的一种成本而已。虽然很多新闻吹嘘反腐执行的成功，但可以说世界上的很多国家只是含糊其词地作出消除贿赂的国际承诺，许多行贿人继续大规模地活动而不用遭遇制裁。⑱ 反腐计划效果的存疑促使反腐机制与所打击的腐败共存。⑲ 也有学者提出了过分追求廉洁所带来的可能后果：为

---

⑭ Davis K E. *The Prospects for Anti – Corruption Law*: *Optimists Versus Skeptics* [J]. Hague Journal on the Rule of Law, 2012, 4 (2): 319 – 336.

⑮ See Tulaeva, S. *How Anti – Corruption Laws Work in Russia* [J]. Russian Analytical Digest, 2011: 9 - 12.

⑯ See Trushina I. *Corruption and Transparency in Russia*: *The Anticorruption Role of Libraries* [J]. Access to libraries and information: Towards a fairer world, 2008: 13 – 18.

⑰ See Tulaeva S. *How Anti – Corruption Laws Work in Russia* [J]. Russian Analytical Digest, 2011: 9 - 12.

⑱ See Thompson A K. *Does Anti – Corruption Legislation Work*? [J]. Social Science Electronic Publishing, 2015: 101.

⑲ See Sampson S. *The Anti – Corruption Industry*: *From Movement to Institution* [J]. Global Crime, 2010, 11 (2): 261 – 278.

了根除腐败而激增的一系列法律制度严重破坏了政治治理能力。这种控制正如学者指出的那样，它造成的影响并不亚于腐败本身，二者共同构成了当代公共行政的危机。还有人直接指出法律功能自身的缺陷，认为法律的影响非常有限，法律制度设计的预期会因为实施的问题而变得复杂。[20] 针对反腐法律功能的失效以及部分失效问题，有学者归纳了四种类型：过度犯罪化的反腐法律，主要表现为不均衡的刑罚和犯罪预防，限制了反腐的实效；规定间接损害的反腐法律，反腐被设定为一种跨部门的政策，对社会正当的行为产生明显的副作用；象征性的反腐法律，一种故意无效的手段，虚假的反腐；扭曲的反腐法律，专制政权的一种工具，带来执法的选择性以及彰显反腐的利己主义。[21] 这四种类型通常是人们批评反腐败法的主要理由与根据。

从上述批判中可以看出，人们对反腐立法的批判绕不开两个主题：一个是立法目的角度仅仅追求政治目标的工具主义，另一个是执行效果角度的象征性[22]问题。而实际上这两种批评所针对的是同一个问题：法治完整性、统一性的破坏。工具理性与象征性通常被视为是相互对立的两个方面。前者是哈特等在研究手段与正义之间的冲突时最先采用的概念，同时也与法治所要求的规则主义或者形式主义相对立，强调“法律是或应该被自觉地或故意地用来达到预先决定的特定目的”，[23] 具有功利主义的倾向。[24] 后者是指各种无效的立法实例，这些法律不需要被遵守，仅仅是为了表达某种政治价值与立场。象征性立法所服务的政治和社会目的比其正式宣布的目标往往更多且更加重要。从表面上来看，一个侧重现实主义、功利主义，一个流于形

---

[20] See Batory A. *Why do Anti – Corruption Laws Fail in Central Eastern Europe? A target Compliance Perspective* [J]. Regulation & Governance, 2012, 6 (1): 66 – 82.

[21] Wolf S. *Dark Sides of Anti – Corruption Law: A Typology and Recent Developments in German Anti – Bribery Legislation* [J]. German Law Journal, 2016, 17: 7 – 18.

[22] 需要说明的是，此处的象征性是从消极意义的角度而言。在积极的意义层面，象征性的符号意义为社会提供了基本的价值观念，是社会期望的表达，具有重要的认知功能。而消极意义层面的象征性是指法律的符号意义被人为的操控，而大众处于无知的状态。

[23] Nelson W E. *The Impact of the Antislavery Movement Upon Styles of Judicial Reasoning in Nineteenth Century America* [J]. Harvard Law Review, 1974, 87 (3): 515.

[24] See Lyons D. *Legal Formalism and Instrumentalism – a Pathological Study* [J]. Cornell L. rev, 1981, 66 (5): 949 – 972.

式、表征符号，两者具有难以调和的对立性。但从本质上来说，从工具性和象征性角度对反腐败法的批判所强调的是同一个内容，即反腐败法是一个自上而下的产物，它的诞生是一个被创造的过程而非发现的过程。套用卢曼的话来说，该法在功能分化的社会中缺乏有效的沟通。其所带来的影响都是法治的破坏。正如有学者指出的那样，象征性立法不是工具性立法的对立面，象征性的法案极有可能为工具性目标服务。从法律的象征性这样一个结果层面来看，象征性是工具性的当然结果。正是由于社会问题一旦出现寄希望于法律的制裁这种工具主义理念，很多具有修补性质的立法由于缺乏法治的统一性、系统性等导致执法过程的艰难与短暂，最终只剩下象征性的功能。从象征性立法这样一个政策性手段来看，其与工具主义一样，采取了“目的—手段”式的思维，将法律视为实现特定政治与社会目标的工具。一般而言，符号化的立法一个最为明显的负面效应就是权力机构试图给人留下一种社会危机得到控制或者避免了这种危机的威胁的印象。此时的法律成了当局稳定社会的一种工具，尽管这种工具很有可能成为泡沫。所以，从本质上来看，作为政治性概念的象征性立法同样具有工具主义的性质。故，在包括反腐在内的现代社会的治理中，应当警惕工具主义的过度化。

二、中国反腐进程中的工具主义

（一）工具主义

工具主义理论在西方经历了“盛行—摒弃—复苏”这样一个过程。从温和的工具主义来看，它是一个更加接近现实主义或者实证主义的中性词，在强调法律的外部合法性来源时，被学者视为一个褒义词。但作为法社会学批判的对象，“工具主义”的概念一般与“形式主义”的概念对立，二者被视为法律决策过程中的两种对立模式。前者强调“手段——目的”的思维，人们所期待的决策的后果是选择的基础；[25] 后者一般表现为规则主义的应

---

[25] See Nelson W E. *The Impact of the Antislavery Movement upon Styles of Judicial Reasoning in Nineteenth Century America* [J]. Harvard Law Review, 1974, 87 (3): 513 - 566; Hurst J W. *Law and social process in United States history* 9 [M]. University of Michigan Law School, 1960.

用、演绎推理的思维、将细节置于统一范畴之下的理念等。[26] 工具主义者将法律视为达成目的的手段、推行社会政策的工具，某种程度上与实证主义者一样，拒绝法律是完整和统一的形式主义的观念，强调结果主义。[27] 所以，工具主义很容易违背或者削弱法律的确定性和稳定性。反对工具主义恰恰体现了人们对法治的信心。

刑罚工具主义是工具主义理论的重要内容，一般是指将刑罚作为社会政策的工具，忽略了刑罚作为工具实现特定目标的条件，忽略发动刑罚所必需的限制性条件。[28] 其首要特征就是将威慑和惩罚作为抑制犯罪行为的工具。报应主义与结果主义成为刑罚适用的重要根据。以刑事立法为例，近年来，刑法作为社会防控最为严厉的手段，不断加强社会治理的参与，我国犯罪化领域出现扩张的态势。例如在我国经济社会发展转型期，刑法修正案增加的拒不支付劳动报酬罪、考试相关的犯罪、网络犯罪、恐怖主义犯罪等，都是国家在面对社会刚性需求时而设立的罪名。学者将这种立法范式称为回应型法。[29] 这种立法模式主要是针对丹尼尔·贝尔和乌尔里希·贝克所宣称的后工业社会和风险社会在形式理性面临危机时的路径选择。其和卢曼强调的“社会充分复杂”的概念、托依布纳的“反身型法”、昂格尔的“后自由主义法”等具有相似的逻辑机理，都是在寻求法律系统、社会其他子系统的变迁，乃至法律系统与社会系统的共变性问题。针对越来越频繁的工具主义的尝试，人们担心过度的工具主义对法治完整性的破坏。但就温和的工具主义而言，它是社会变迁过程中必不可少的法律方法之一。从现实的角度，在功能分化的现代社会中，法律对社会的控制难以抛开刑事制裁这样一个最为严厉的手段。所以，我们应当认可刑罚在社会治理过程中所具有的威慑与预防的工具性意义。正如有学者试图总结的，非工具性的法律观点在我们现代

---

[26] See Kennedy D. *Legal Formality* ［J］. Journal of Legal Studies, 1973, 2（2）: 351－398.

[27] See Lyons D. *Legal Formalism and Instrumentalism－a Pathological Study* ［J］. Cornell L. rev, 1981, 66（5）: 949－972.

[28] See Blad, J. R. *Against penal instrumentalism. In IIRP* （Ed.）, International Institute for Restorative Practices, Building a Global Alliance, 2003: 130－141.

[29] 美国学者诺内特和塞尔兹尼克提出了一种法律演变的模型：从压制型法到自主型法再到回应型法。

人的感觉中是不合理的，或天真的或略显可笑的。[30]

（二）工具主义的典型：权力型反腐的必要性与局限性

在反腐领域，我国一度存在着权力型反腐的现象，它所贯彻的是典型的工具主义的思想，即将刑罚作为威慑和惩治腐败的工具，这种工具主义的反腐具有历史的必然性。首先，十八大以来，高强度、专项活动式的反腐，取得的成果有目共睹。根据《2018年最高人民检察院工作报告》显示，五年期间检察院立案侦查的职务犯罪人数为254419人，《2023年最高人民检察院工作报告》显示，仅本年度已经移送职务犯罪8.8万人。这样的反腐力度在国际上也是令人惊叹的。其次，权力型反腐的工具主义被人们诟病最多的是反腐的选择性执法，但是选择性执法是反腐初期难以回避的问题，并不能因此而摒弃权力型反腐。因为腐败根植于政治和权力，反腐实际上是政治秩序的再次整合，在反腐的初期它依赖于同样具有强制力的权力。在历史的特定阶段，治理历史或者社会进化过程中遗留的或者深埋的问题时，被治理者极易游走于静态治理模式的边缘，针对性、集中性的治理则显得尤为迫切。正如学者指出的那样，腐败的最重要因素是处理腐败时缺乏政治意志。[31] 最后，尽管权力型反腐含有政治性、工具主义的所有弊端，但是与其他的社会问题不同，反腐的执行力都与良好的政治生态息息相关，否则反腐将会是一个充满风险而无人问津的话题。恰如，历来刑法典都对官员的腐败问题制定了一系列严厉的惩罚措施，但在现实中却依然存在大量的贪腐现象。腐败源自于权力，而腐败的源头性治理，难免需要回归到权力，即权力对权力的直接性制约。

但是权力型反腐毕竟是一种耗时、耗力、耗财的暂时性措施，作为一项政治任务，它投入的成本远远高于制度运作所需要的社会资源。[32] 更重要的是这种工具主义的固有缺陷，难以实现反腐的常态化治理。如果在反腐专项运动取得阶段性胜利，应当进入法律全面规制的阶段时，依然依赖于权利型

---

[30] See Tamanaha B Z. *Law as a Means to An End: Threat to the Rule of Law* [M]. Cambridge University Press, 2006.

[31] Dion M. *What is Corruption Corrupting? A Philosophical Viewpoint* [J]. Journal of Money Laundering Control, 2010, 13 (1): 45-54.

[32] 例如有学者指出，“反腐资源投入与腐败治理成效之间存在严重悖反现象”。刘艳红：《中国反腐败立法的战略转型及其体系化建构》，载《中国法学》2016年第4期。

反腐，那么就可能走向了工具主义的极端。首先，因为权力型反腐具有专项运动的间接性或者阶段性，而随着政治性反腐对政权廉洁性的净化与提升，专项反腐很有可能退居幕后，权力又回到真空地带，腐败悲剧将会再次上演。腐败也会随着反腐压力的不同而间接性的滋生。其次，由于权力型反腐的目标集中于离权力中心较为接近的范畴，"拍蝇"活动并不能立竿见影。例如一个热点新闻，不管是真是假，几经反转，总会引起民众对滥权和贪腐的联想。于欢案、校园暴力事件、强制拆迁事件等都是大众热切关注的焦点。人们对这些案件的联想从侧面反映了中国当前的反腐策略具有一定的局限性。专项反腐很难触及社会底层的"腐瘤"，而人们则愈加关注与自己切身利益相关的贪腐现象。这将会导致民众对官僚体系期待的落空。因此，一项触及社会底层的具有强制力和连续性的长效治理机制是当下民众更加关心的议题。因而反腐法治化和规范化，建立统一完整的反腐法律体系才是反腐败的未来走向。但生活中人们所理解的"腐败"并不能都成为民事、行政法律乃至刑事法律所规制的对象。

（三）警惕过度工具主义带来的危害

完善的法律体系是反腐常态化的有力保障，但是纯工具主义立法所导致的法律过剩、法律污染，以及立法成本和收益的问题，是在《反腐败法》制定过程中不可忽视的问题。由于人们过多地寄希望于法律治理这一强制力手段，而忽略了治理的效果，"法律污染"不但不能促进社会变革，反而会拖累和窒息社会的发展，破坏社会系统自身的原有动力。从法律功能自身的有限性来看，托依布纳指出，"法律工具主义侵蚀或者轻视的是法律在智识上的完整性、法律的价值以及法律相对于政治的自洽性"。[33] 从立法的动机来看，法律工具主义来源于立法需求，反过来又造成了立法需求的无限扩大化和依赖性，象征性立法就成了繁重立法的当然结果。哈贝马斯称这种现象为"法律对人类生活世界的殖民化"。[34] 过度的法律化带来的后果——法规越来越多，程序愈加官僚化，规范的闲置使得法律只剩下象征性意义。反腐单独立法就是这样一种回应社会需求而将要付诸实践的活动。如果立法过分地附和这种需求，而忽略法律系统内生的演绎逻辑，那么《反腐败法》要

---

[33] ［英］科特威尔：《法律社会学导论》，彭小龙译，中国政法大学出版社2015年版，第66页。

[34] ［德］莱塞尔：《法社会学导论》，上海人民出版社2014年版，第326页。

么是卢曼所倡导的以高度概括和抽象化的概念为主导的极简纲略，要么就成为诺内特和塞尔兹尼克所主张的以目的为导向的尽可能多的法律参与。㉟ 如此，反腐立法将会成为象征性立法的牺牲品。为了回避这一危机，反腐单独立法需要明确具有部门法属性的预防措施的性质，以及针对不同腐败程度进行调整的限度。

就刑事制裁而言，如果《反腐败法》过多地追求工具主义，高估惩罚性制度的积极意义，而低估其负面影响，那么恐惧和焦虑将会难以遏制。首先，过度工具主义将会无下限地降低腐败犯罪的门槛，带来新的社会问题。立法过度的工具主义挑战着罪刑法定、刑罚手段的最后性等基本原则。刑法中腐败概念的界定以及腐败主体的认定将会不可控制地扩张。在“零容忍”的刑事政策下，腐败犯罪的门槛也会越来越低。如此，地方官员的行政行为将会因为小心翼翼而受限，损伤社会治理的能力。普通民众会因为反腐的泛化，生活受到干扰，基本权利和自由被侵犯。掌握反腐话语权的群体也有可能在新的机制中进行权力寻租，滋生新的腐败。因一个反腐机制的出现而大量滋生新的腐败，反而得不偿失。其次，走向极端的法律工具主义容易加重刑罚制裁。如前所述，刑罚工具主义以结果主义为基础，侧重刑罚的预防和威慑，重刑思想很容易出现在反腐败法中。这显然有违现代文明所倡导的轻刑化的司法理念。同时，过于激烈的惩罚会减少行为人悔罪的可能性。再次，过度的法律工具主义会导致法律体系的建立缺乏明确性与统一性。如果反腐立法贯彻纯工具主义的思想，那么在法律文本中很可能会出现诸多含糊不清的概念或者条款，以便法律适用中再次造法，或者在今后的立法过程中查漏补缺。在纯工具主义者看来，只要立场对立的双方能够就问题提供合理的解释，那么法律就不是唯一的答案。如此，反腐败法律将会是一个空壳架子，今后的适用将会呈现一个要么悬置的象征性场景，要么各种司法解释逐渐出现又废除的循环往复乃至冲突的场面。最后，过度的工具主义反腐立法，容易将包括刑法在内的法律直接成为实现短视性政治目标的工具。政治目标的不断更新必然提高法律变动的频率。一旦反腐败法律体系的统一性和完整性遭到破坏，那么反腐败法在今后的各种修改中就成为实现短视性政治目标的工具。

㉟ See Gunther Teubner. *Substantive and Reflexive Elements in Modern Law* [J]. Law & Society Review, 1983, 17 (2): 239 - 285.

三、反腐立法的限度

（一）反腐本质

关于腐败的根源，域外学者大多以客观的环境要素为蓝本进行研究。例如，艾克曼认为影响腐败的因素包括公共利益和资源的紧张、官僚程序的复杂、经济基础的薄弱、法律执行的薄弱、民主选举的虚假等。[36] 特瑞斯曼认为对自然资源的依赖、法规的烦琐、政权的不稳定、对外贸易开放的程度较低、经济发展的落后等是助长腐败的原因。[37] 韦托·坦茨认为，腐败因素包括直接和间接因素，前者如管制和授权的存在、税收、支出决策、决策权等，后者包括体制质量、工资水平、处罚代价、法规透明度、领导人榜样等。[38] 我国学者中具有代表性的观点是寻租理论和现代化根源说和私有制说。寻租理论在中国改革开放初期由经济学家吴敬琏等提出。由于政府缺乏对市场的监管，市场发育不良，官员利用手中权力追逐租金各方面的利益，例如通过双轨制、倒卖批文等手段来获取利益。[39] 现代化根源说由亨廷顿提出，他认为现代化促使文化、经济、制度发生了全面的改变，而这些改变为滋生腐败提供了契机。私有制说，是长期以来人们的认知里，滋生腐败的根本性因素。[40]

客观因素的全面调查与分析，让我们更加清楚地掌握腐败产生的原因，这是全面遏制腐败的重要前提。但是，这些因素只是产生腐败的客观诱发机制，并没有揭示出滋生腐败的根源。从中国社会发展中腐败的客观原因来看，历史的局限，改革开放的背景，一代人教育的断层等都是腐败滋生的因素。对于权力寻租理论，笔者认为，权力之所以可以寻租，同样离不开特定历史时期经济发展的超前和制度改革的落后这样一个社会现实。而当这些客

---

[36] See Susan Rose. *Ackerman Corruption and Goverment* [J]. Internationail Peacekeeping, 1999, 15 (3): 328 – 343.

[37] See Treisman D. *The Causes of Corruption: A Cross – National Study* [J]. Journal of Public Economics, 2000, 76 (3): 399 – 457.

[38] 胡鞍钢：《挑战腐败》，浙江人民出版社 2001 年版，第 213 页以下。

[39] 吴敬琏：《“寻租”理论与我国经济中的某些消极现象》，载《经济社会体制比较》1988 年第 2 期。

[40] 李晓明等：《腐败根源深层次因素的寻找》，载《苏州大学学报》2009 年第 5 期。

观条件在社会变迁的过程中得以扭转的时候，我们要问的是，腐败是否还会滋生，这是治理腐败的关键问题。同样，现代化腐败论成为很多学者潜意识里认同的观点，而这种认知极其危险。因为它很容易将反腐治理带入逻辑的陷阱。承认现代化中的腐败，很容易将腐败归咎于现代化发展本身，将腐败视为现代化应有的代价。如此，反腐治理将会被搁置。实际上，现代化转型期只是腐败产生的一个社会背景，不应当被过度强调，否则变相成为腐败合理化的借口。最后，对于私有制说，与其说腐败和私有制这一经济形式具有一定的关系，不如说腐败产生于交换这一经济雏形的出现，可以交换而无论交换的等价性与合理性、合法性，就已经决定了社会资源在分配过程中的腐败可能性。而当在国家机器出现之后，在国家对社会资源已经分配的基础上，社会分工的精细化导致了人们在职业权力范围内对社会资源“权力寻租”的二次分工。如此，全民都可能会在“资源二次分配”过程中成为贪腐的共谋，其手段通常是制度所无法掌控的。

探究腐败的根源，应当从整个社会体统的运转、发展和变迁来观察。在人们的传统观念中，腐败是资本主义社会的固有产物，是剥削阶级对被剥削阶级的公然掠夺，以至于相当一段时期内人们都无法正视自己身边的腐败问题。如果承认资本主义或者剥削阶级的属性，那么他们公然与民争利的腐败存在预设的前提，即社会契约，大多数人在社会契约下已经默认和服从了这种被公然被剥夺利益的现实。对此，世界价值观调查协会曾经做过试验，12%的受访者表示可以接受腐败，尽管大多数人不接受腐败，但他们相信其他人都接受腐败；尽管53%的人认为逃税是不合理的，但76%的人认为几乎所有人都参与了逃税。[41] 然而这种推论并不能掩盖资本主义社会在权力运作中重视和惩治腐败的力度与决心。因为腐败无论在哪个国度，都是权力秩序正常运转的重大障碍，而一个公然腐败的政权难以维持。除却意识形态这样一个前提，腐败的共同特征都是在隐匿的阴暗角落自我颓废与销蚀殆尽。那么，腐败的源头到底在哪里？

我们认为可以追溯到社会分化或者职业分工的发端。从本质上来看，掌握权力的公务员也是职业分工的产物。由于职业分工而产生的公共权力，普通职员掌握了一定的社会资源，在支配这些资源的权力限度内，任何可能的

---

[41] See Batory A. *Why do Anti – Corruption Laws Fail in Central Eastern Europe? A Target Compliance Perspective* [J]. Regulation & Governance, 2012, 6 (1): 66 – 82.

腐败都会产生。而在有限的资源调配的权力范围内，可怕的不是单个权力主体的索利，而是职业团体集体索利的共谋或者社会分工下的集体腐败，例如，医生收取红包、家长向学校送礼等。在腐败成为社会风气的情况下，清廉者也将会失去反抗的能力。总之，贪腐的本质是行为人利用自己所掌握的对资源分配的资格，打破社会最初的资源分配格局。

而这些问题实际上是在权力制约机制失衡的情况下产生的。在问题日益突出的时候，人们习惯于用更高的一个权力去制约另一个权力，却忽视了制约权力的一个长效机制，即权力相对人对权力的制约。只有职业权力的相对人或者说职业权力的受益人对一定职业权力的监督与制约，才能够避免部分职业团体的抱团，从根本上遏制腐败。法律是连接权力人和权力相对人最实效的机制。因此，反腐败的预防应当着眼于权力相对人对权力人的牵制，注重保护被索利者的合法权益，消除繁文缛节的程序审批滋生腐败的可能性。

（二）反腐立法的门槛

从本质上来看，反腐单独立法是在法律层面对社会责任的一种转嫁。腐败侵害的是公共利益，即公法益。反腐立法侧重的是社会法益的保护，而社会法益对应的是社会责任。当然，法律对社会法益的保护无可厚非，但是如果因为社会责任主体的缺失，社会控制手段的紧俏，或者社会治理信心的不足、社会容忍限度的饱和，而将此责任以保护社会法益的目的或者目标而转嫁给个人，进而损伤个人法益，是存在问题的。虽然反腐被政策标榜为“无上限、无禁区”，但是在刑事惩罚方面，依然遵循的是现有刑法典对相关贪腐犯罪的规定。如果单独制定含有预防性质的反腐败法，那么在治理门槛、体系性、策略性等方面，定然会涉及不同的内容，而且还需要考虑体系内部的自洽性问题。实际上，很多实体法对包括权力在内的资源分配的内容，是可以消解在程序法中的。例如，为了避免权力主体对权力相对人的明示或者暗示的“索利行为”，在反腐预防中设置包括资源分配相关人在内的权力相对人针对权力主体的畅通而有效的制约机制。

关于《反腐败法》的定性及内容安排存在一定的分歧。域外相关立法大体上存在三种类型：一种是综合性法律的性质，它是集刑事实体和程序乃至组织法为一体的综合性反贪法律，如英国的《反贿赂法》、印度的《反腐败法》等；一种是刑事实体法的性质，它被视为刑法典的补充，如日本和我国台湾地区；一种是刑事程序法的性质，例如新加坡。在大陆，早期有学者强调《反腐败法》是实体法、程序法、组织法的汇总。[42] 如今《反腐败法》应当具备综合性这一观点成为学界的通说。但仍有学者强调本法不应再另行规定与反腐相关的刑罚和行政措施，参照已有的相关法律法规即可，在其看来，预防才是本法的关键。[43]

刑法对贪腐的治理必须设定和遵循一定的门槛。关于这个问题，意大利的处理方式值得我们借鉴。在意大利 2012 年反腐败新法批准之前，为了解决该问题，大多数人解决的方案集中在镇压而不是预防上。而新法带来的问题是如何衔接预防性措施与既定的刑法结构或刑事条款。有些专家认为应当借鉴英国 2010 年的《反贿赂法》，但意大利立法者选择重塑现有的系统，增加准则的数量，反对用新的单一化的结构来替代已有的整个框架，削弱司法部门已经熟悉的系统。[44]

总之，反腐刑事制裁只是反腐各种措施中的最后一种防护措施。反腐立法策略，无论采用集中立法模式还是分散立法模式，在刑事制裁方面，都不应当超越既有刑法典对贪腐治理的限度，破坏已有的刑法体系。在预防措施方面，《反腐败法》对腐败治理的强度也不应当超越罪刑法定的原则。现代刑法的风险，即突破传统刑法的理念与原则，对“以暴制暴”乐此不疲，这是值得人们反思的。

---

[42] 杨鸿台：《国家反腐败法的立法构想》，载《法学》1998 年第 9 期。

[43] 刘仁文：《法律行者：刘仁文法学随笔之三》，中国人民公安大学出版社 2010 年版，第 118－119 页。

[44] See Canestir D. *The* 2012 *Italian Anti－Corruption Law in Light of International Best Practices* [*J*]. Journal of Financial Crimo, 2014, 21 (3): 264－309.

信用法研究

信用立法中国变迁的法理阐述*

蒋都都**

摘　要：信用立法在中国以前所有未有的面貌迅猛发展，它突破了经济与契约关系，向社会各个领域延伸，从根本上改变了传统信用法的范式，形成了独特的中国社会信用法。在中国语境下，信用内涵强调其义务本质，其外延由守约义务向守法义务扩张，失信责任的追究方式向公私合力方式转变，社会信用法的性质则向行政法深度延伸。虽然社会信用立法这种独特的中国语境引发了诸多争议，但是，信用立法的此种变迁具有正当性，其正当性来源于信用制度价值与法价值的同质性、信用与法的契约共性以及我国社会发展的历史阶段对国家保障义务的要求。

关键词：信用；信用法；社会信用立法；社会信用体系；失信惩戒

随着中国社会信用体系建设的推进，社会信用立法如雨后春笋，各种形式的信用立法在各地区各部门蔓延开来。社会信用立法在中国突破了传统经济领域的信用关系界限，向社会各个领域全面延伸，形成了独特的中国语境，但同时存在不少争议，面临“致命的合法性问题”①。《中华人民共和国社会信用法（部门起草稿）》（以下简称《社会信用法》）的起草②也曾陷

---

* **基金项目**：本文系 2021 年度司法部法治建设与法学理论研究部级科研项目（21SFB4029）；2019 年度湖南省哲学社会科学基金青年项目（19YBQ098）。

** **作者简介**：蒋都都，湘潭大学法学部/信用风险管理学院专任教师，硕士生导师，研究方向：宪法学与行政法学、信用法治、数据法学。

① 沈岿：《社会信用体系建设的法治之道》，载《中国法学》2019 年第 5 期。

② 陶凤，彭慧：《社会信用立法在即 2/3 省市已出台或研究地方法规》，载信用中国网，https：//www.creditchina.gov.cn/xinyongyanjiu/xinyongyanjiuhuicui/201909/t20190905_167790.html，2019－09－05。

入了法律定位的困境③，并于2022年调整为《社会信用体系建设法（公开征求意见稿）》。到目前为止，还无法制定一项协调一致的计划，以解决在促进和管理社会信用方面日益复杂的问题④，使得决策者和实践者在一定程度上愈发难以摸到“继续过河的石头”⑤。

社会信用立法引起学界关注，近年来观点纷呈⑥。虽然，学界仍有少数观点反对我国扩大的社会信用体系建设，认为并不需要制定《社会信用法》，但多数观点则基于我国社会信用缺失的现状，基本支持社会信用体系建设，并认为“经过多年分散实施，……统一立法无从回避”⑦。学界为社会信用体系建设的法治化提供了诸多良方。然而，对于如何在确保法治原则的前提下，满足我国当前特有的社会信用立法需求，为我国社会信用体系建设提供合法性依据，现有研究则远未能提供正向的法理支撑⑧。

社会信用立法在中国的发展，有着特殊的背景和功能期待。在预设了我

③ 在2019年8月30日国家发改委组织的立法座谈会上，发改委及多个部门的代表及专家对《社会信用法》的法律定位存在困惑，并进行了讨论，但未能形成清晰统一的认识，最终仅认为制定《社会信用法》势在必行。信息来源：湘潭大学信用风险管理学院两位教师参与了此次座谈会，两位教师向笔者简要口述了座谈会内容。为此，学界也将社会信用法的定位问题作为社会信用立法应当关注的主要问题之一。参见《“夯实信用基础，开创新时代信用综合治理之路”跨学会研讨会举办》，载人民网，http://sh.people.com.cn/n2/2020/0927/c134768-34320898.htm，2022年9月28日访问。

④ See Dai Xin. *Toward a Reputation State: The Social Credit System Project of China* [J]. Available at SSRN 3193577, 2018.

⑤ 戴昕：《理解社会信用体系建设的整体视角：法治分散、德治集中与规制强化》，载《中外法学》2019年第6期。

⑥ 沈岿教授对此总结了四种观点，参见沈岿：《社会信用体系建设的法治之道》，载《中国法学》2019年第5期。

⑦ 戴昕：《理解社会信用体系建设的整体视角：法治分散、德治集中与规制强化》，载《中外法学》2019年第6期

⑧ 戴昕等学者为社会信用体系建设从法治分散、德治集中、规制强化角度进行了理解，基于现实而指出“东西既然已盛进去，再批评‘箩筐’本身是一个‘箩筐’，实际意义不大”，但并未提出正向的法理支撑。参见戴昕：《理解社会信用体系建设的整体视角：法治分散、德治集中与规制强化》，载《中外法学》2019年第6期。

国社会信用体系建设目标的情况下⑨，要消解社会信用法的合法性危机，破除《社会信用法》制定的理论障碍，必须透析社会信用法的中国语境，并分析此种发展趋势的正当性。

一、信用定义的发展与信用立法的中国变迁

概念是判断、推理的要素，也是开展研究对话的基础，⑩ 更是我们了解制度变迁的窗口。社会信用立法的中国语境，在信用定义的演变上尤为明显。为此，本文将首先探析信用的传统内涵及其在中国的新内涵。

（一）信用定义的经济属性时代

尽管社会信用近年才逐渐成为我国研究热点，但关于社会信用，尤其是信用定义的研究则由来已久。信用是一个发展的概念，从现有研究来看，信用的定义在不同语义及不同学科之间存在较大差异，在时间轴上则经历了从窄到宽的历程。

关于信用的定义，就当前而言，占主导地位的是经济学与法学领域的定义。在2014年《社会信用体系建设规划纲要（2014—2020年）》（以下简称《社会信用规划纲要》）出台之前，信用的法学概念也基本以经济学上的概念为基础。经济学一般认为，“信用是指以偿还和付息为条件所形成的商品或货币的借贷关系”⑪，主要体现在货币的借贷和商品交易的赊销或预付两个方面，是主体之间以某种经济生活需要为目的，建立在诚实守信基础上的心理承诺与约期实践相结合的意志和能力。⑫ 在这一信用关系中，一方提

---

⑨ 党中央、国务院多次在各类重要文件中强调社会信用体系建设的要求和目标。如，十八届四中全会强调“加强社会诚信建设，健全公民和组织守法信用记录…使尊法守法成为全体人民共同追求和自觉行动”；《社会信用体系建设纲要》提出将社会信用体系作为完善市场经济体制、加强和创新社会治理的重要手段；习近平总书记在2016年的中央深改组第25次会议上提出构建“一处失信、处处受限”的惩戒大格局，等等。

⑩ 蒋都都：《立法协商概念界探》，载《邵阳学院学报（社会科学版）》2018年第1期。

⑪ 中国社会科学院经济研究所编，刘树成：《现代经济词典》，凤凰出版社/江苏人民出版社2005年版。其中该词典还指出，广义的信用亦称“社会信用”，是指人们按照法律法规和各种交易中的合约规定，履行相关义务和责任的行为状况。可见，其广义信用也仅限于契约关系。

⑫ 戴志敏，金欣：《信用及信用风险的内涵研究》，载《浙江学刊》2010年第1期。

供一定的价值物，另一方面在一定期间内予以偿还，亦即“以现有的财物或货币，回复将来支付的一种承诺”⑬。在法学领域，到21世纪初，我国学界基本认为，法律上的信用是指民事主体所具有的偿付债务的能力而在社会上获得的相应的信赖和评价。⑭ 由此可见，此时的信用定义，不管是经济学还是法学的定义，均主要限于经济关系中，具有很强的经济属性。这一属性，在近年信用立法的论争中再次显露，一些学者针对信用定义的扩张，特别重述和限定信用定义，认为社会信用指的是金融信用，即一个人或机构能够先行获得金钱或商品，日后再行付款的限度。值得注意的是，《信用基本术语》（GB/T 22117—2008）所规定的标准定义也坚持了此种属性：建立在信任基础上，不用立即付款或担保就可获得资金、物资或服务的能力，这种能力以在约定期限内偿还的承诺为条件⑮。在境外，现代信用制度主要也是限于金融领域⑯。

（二）信用法律定义与信用立法的中国变迁

随着社会信用体系建设的推进，尤其是国务院提出建立守信联合激励和失信联合惩戒制度⑰、构建以信用为基础的新型监管机制⑱以来，信用的定义在立法文件中扩张明显。是时以来，信用的定义逐渐突破经济关系，向行政法律关系等领域延伸并越来越多的涵摄违法行为，失信与违法边界日渐模糊。如，由国家发改委牵头其他单位签署并公布的51个联合奖惩合作备忘录，其中仅文件标题中含有“违法”二字的就有13份⑲；又如，在目前已

---

⑬ 戴志敏，金欣：《信用及信用风险的内涵研究》，载《浙江学刊》2010年第1期。

⑭ 吴汉东：《论信用权》，载《法学》2001年第1期。持此观点的还有如：李新天，朱琼娟：《论“个人信用权”——兼谈我国个人信用法制的构建》，载《中国法学》2003年第5期；秦宝燕，江雄：《信用法概论》，上海财经大学出版社2015年版，第2页。

⑮ 不过，《信用基本术语》也注明还存在社会上广泛应用的信用定义。

⑯ Chen Y , Cheung A S Y. *The Transparent Self Under Big Data Profiling: Privacy and Chinese Legislation on the Social Credit System* [J]. Social Science Electronic Publishing, 2017.

⑰ 参见《国务院关于建立完善守信联合激励和失信联合惩戒制度加快推进社会诚信建设的指导意见》（国发〔2016〕33号）。

⑱ 参见《国务院办公厅关于加快推进社会信用体系建设构建以信用为基础的新型监管机制的指导意见》（国办发［2019］35号）。

⑲ 参见“信用中国”网的“联合奖惩”版块：https：//www. creditchina. gov. cn/lianhejiangcheng/? navPage =6；截至2019年11月，国家层面共签署51个联合奖惩备忘合作备忘录，最后访问时间：2020年8月22日。

经颁布的关于社会信用的地方性法规，无不将一些违法行为纳入失信名单⑳，甚至与违纪、违反职业道德和职业规范等绑在一起㉑。如此，信用概念已经大大超过了原来商业和银行信用的范畴，信用由一种经济现象变成广泛的社会现象㉒。“信用”在立法文件中，亦逐渐被“社会信用”所取代。在定义的表述上，“社会信用”一词，已被我国学界和地方立法较为广泛地界定为：具有完全行为能力的自然人、法人和非法人组织遵守法定义务或者履行约定义务的状况。㉓ 至此，信用的法律定义在中国发生了革命性的变化。

信用法律定义在中国此种演变的背后，是信用体系建设目的、信用制度发展模式以及信用制度功能（或期待中的制度功能）的中国化。传统和西方的信用体系，是市场和社会在长期的重复、演化博弈和理性选择中，自发和内生地演变而成，目的在于降低跨期交易成本，㉔ 而其核心功能则是为提高跨期资源配置的效率㉕。西方信用法律制度，是在信用体系经市场或社会自我发展到一定程度后，由于自发形成的信用制度的动态非有效，而基于效率改进的制度互补，对相关制度由立法加以确认和形塑。以美、英、日三国

⑳ 截至2020年9月，制定了省级“社会信用”条例的有河南省、上海市和山东省（尚未生效），制定了“社会公共信用信息（管理）”或“社会信用信息”条例的省份有河北省、湖北省、辽宁、浙江和陕西。

㉑ 《江苏省自然人失信惩戒办法（试行）》第9条规定：“重点职业人群是指社会法人或者其他经济组织的法定代表人或者主要负责人以及重要岗位工作人员、依法应当取得执业资格的人员、公务员以及行政事业性岗位工作人员，其失信行为主要包括：……（三）其他违法、违纪或者违反职业道德和职业规范，造成不良影响的失信行为。”

㉒ 刘肖原等：《我国社会信用体系建设问题研究》．知识产权出版社2016年版，第5页。

㉓ 学界持此观点有罗培新、顾敏康等人，参见罗培新：《社会信用法：原理·规则·案例》，北京大学出版社2018年版，第38页；顾敏康：《试论社会信用法的学科性质》，载《中国信用》2020年第4期；地方立法，如《上海市社会信用条例》第2条、《宿迁市社会信用条例》第2条、《福州市社会信用管理办法》第3条、《厦门市经济特区社会信用条例》第2条等。当然，笔者认为社会信用的守法义务需要根据具体的守法场域进行确定的，违法行为并不一定都应视为失信。限于文本的旨趣，此处不予详述，另文再述。

㉔ 黄卫挺：《理解现代社会的信用制度》，经济科学出版社2012年版，第39－66、177页。

㉕ 黄卫挺：《理解现代社会的信用制度》，经济科学出版社2012年版，第39－66、177页。

为例，美国在19世纪30年代，其两大信用体系，即消费信用体系和企业信用体系，随市场经济发展而自发产生，逐步走向成熟，经历了长达一个世纪的民间发展，但直到20世纪30年代才在1934年《证券交易法》中写入关于企业信用评级的认可制度，到20世纪70年代才制定《公平信用报告法》以规范和管理消费信用[26]；同样，英国信用体系在1830年开始内生发展，但直到20世纪60年代才开始立法规范信用市场；日本在1892年出现民间信用机构，逐渐形成征信体系和信用产业，但直到20世纪80年代才开始立法规范各方对个人信息的收集、使用、管理等行为[27]。可以说，西方信用法律制度，基本上是在社会信用体系自发和内生发展的基础上，通过立法加以确认和形塑，是自下而上的发展结果。

与西方截然不同，我国信用法律制度，基于独特目的，经由完全相反的发展模式，被赋予全新的功能，是外生和自上而下的结果。具体而言，我国社会信用体系和信用立法，是在党中央、国务院顶层设计之下，从无到有的，经由一种建构主义的规划所推动，基于“提高全社会的诚信意识和信用水平”之目的，试图通过社会信用体系建设来“完善社会主义市场经济体制、加强和创新社会治理”，[28] 亦即被寄予了降低交易成本和加强社会治理的双重功能。尤其是随着《关于加快推进社会信用体系建设构建以信用为基础的新型监管机制的指导意见》的发布，社会信用体系的社会治理功能日渐被政府所厚望，其建设亦被纳入国家治理体系之中。由此，逐渐形成了社会信用体系和社会信用立法的中国范式[29]。

在此种范式转换之下，我国出台了一系列社会信用体系建设的政策文件，经由自上而下的政治决策推动，我国特色社会信用规范体系初露端倪。

---

[26] 孙志伟:《国际信用体系比较》，中国金融出版社2014年版，第1-74、127-128、147-149、190-194页。

[27] 孙志伟:《国际信用体系比较》，中国金融出版社2014年版，第1-74、127-128、147-149、190-194页。

[28] 参见《国务院关于印发社会信用体系建设规划纲要（2014—2020年）的通知》（国发〔2014〕21号）。

[29] 境外学者也指出中国的社会信用体系与以往的信用评级等制度相比，呈现出范式转变。

经检索分析[30]，我国现有社会信用立法，在规范层级上，形成了除法律外[31]，遍布各个层级的社会信用规范集群；在主题上，形成了以“征信”“信用信息”“黑名单”“联合奖惩”“信用评价（评级、评分）”“个人信用”“信用修复”“信用服务”“信用监管”以及综合性的“社会信用”等主题共同构成的规范架构；在内容上，形成了涵盖社会各个方面、各个领域，涉及“任何人、任何事”[32] 的规范格局；在数量上，形成了数以千计的社会信用规范文件，并且仍在与日俱增，不过多数规范沉积于规范性文件层次，其中规章以上数量达60余份[33]。

二、信用立法中国变迁的法理逻辑

信用立法在中国的此种范式转变，不仅引起了西方世界诸多质疑，在国内亦饱受争议，使得社会信用法面临合法性与法律定位的困境。为此，需要对信用立法在中国演变的法理逻辑进行解读。目前学界大多从国家治理、政府规制以及制度逻辑的视角对我国社会信用体系建设进行解释[34]，主要侧重于社会信用体系的“事理”解释，但缺少对其进行“法理”解释，也未能为社会信用体系由政策目标向具体的法律目标转化提供有效途径。为此笔者

---

[30] 检索、统计来源于北大法宝，通过对属于信用范畴的相关关键词进行标题检索，包括现行有效和颁布待生效的规范文件，统计时间截至2022年3月6日。

[31] 当然，我国诸多法律个别条款涉及或提及社会信用，据检索，目前有50部法律、59部行政法规中包含信用条款，但无专门或以信用为主要内容的法律。不过，现有法律、行政法规中的信用条款，基本上是传统信用语境下的信用条款。

[32] 沈岿教授亦对社会信用规范所涉及的领域进行了梳理，并指出我国社会信用体系是在几乎任何人、任何事上使用声誉机制（reputation mechanism）。参见沈岿：《社会信用体系建设的法治之道》，载《中国法学》2019年第5期。

[33] 具体为：行政法规有1部关于“征信”和1部关于“企业信息公示”，6部关于“社会信用”的综合性地方性法规和8部关于“信用信息”的地方性法规，部门规章1部关于“征信”、2部关于“信用信息”、1部关于“信用评级”和1部“个人信用”，地方政府规章有1部综合性的关于“社会信用”规定、27部关于“信用信息”、5部关于“征信”、3部关于“信用评价（评级、评分）”、1部关于“信息监管”、1部关于“联合惩戒”、3部关于“个人信用”。检索日期截至2020年11月13日。

[34] 如，戴昕从“法治分散”“德治集中”和“规制强化”对社会信用体系进行整体阐释，以论证此种变化之正当性，参见戴昕：《理解社会信用体系建设的整体视角：法治分散、德治集中与规制强化》，载《中外法学》2019年第6期；孟融从国家治理体系和政治国家视角阐释社会信用体系内在逻辑，参见孟融：《国家治理体系下社会信用体系建设的内在逻辑基调》，载《法制与社会发展》2020年第4期。

拟从法教义学的视角进行解读，相对于现有研究多侧重于社会信用体系，笔者侧重于我国信用立法层面的解读。

（一）内涵：信用内涵从权利向义务的本质揭示

在当前中国语境下，法对信用的强调不再是以权利为核心，而是强调主体的社会信用义务，旨在建立起促使公民诚实守信并遵守相关义务的社会信用制度。信用的此种转变，从法理视角而言，是对信用内涵的本质揭示，并不存在正当性障碍。

信用性质的既有法学研究，虽略有异同，但多认为是一种权利，只是各方对其属于财产权抑或人格权存在争议[35]。如，李新天、朱琼娟认为信用应属于人格权的范畴[36]，吴汉东教授认为“信用不是一种人格利益，而应归类于无形财产的范畴”[37]，而李晓安则认为是一种混合权利[38]。笔者认为，类此关于信用性质的观点，在一定程度和视角内无疑是正确的，但这些观点未能触及信用的本质。信用在本质上应该是一种义务，是信用主体履行其承诺的义务。

从前文定义的论述中可知，信用是一种相对关系，是以一方提供一定的价值物，另一方在约期内予以偿还的双方行为。在这一过程中，偿付一方在社会上将获得相应的信赖和评价。在此种社会关系中，一方主体可以凭借其良好的社会信用，获得诸如无抵押贷款、延期支付货款等经济利益，为此，信用也被一些学者归纳为一种财产权或人格权，并进而建构成“信用权”，在《民法典》中则被确定为公民的名誉权[39]。但是，不可忽视的是，信用之经济利益或人格利益，是以债务人（受信人）在期间届满后完全履行其所应承担的义务为基础的，否则债权人（授信人）绝不会提前为授信人提供价值物。而且，即使是具有良好社会信用评价的信用主体，也不能在任何买卖等关系中，随意向他人行使延期付款的权利，而是只有在债权人相信其会履行义务并同意给予期间利益的情况下，该主体才具有所谓的信用利益。同

---

[35] 随着《民法典》的颁布，信用权正式被确立为人格权，参见《民法典》第1024条。

[36] 李新天，朱琼娟：《论“个人信用权”——兼谈我国个人信用法制的构建》，载《中国法学》2003年第5期。

[37] 吴汉东：《论信用权》，载《法学》2001年第1期。

[38] 李晓安：《论信用的法权性质与权利归属》，载《法学论坛》2020年第2期。

[39] 参见《中华人民共和国民法典》第1024条。

时，即便是信用度高的主体，在经济交易中，其他主体也可以拒绝给予相关期间利益。因此，信用的核心是一种守约义务，脱离“义务”而谈信用权，是毫无意义的，会导致信用权成为无源之水，无本之木。事实上，所谓信用权，是社会主体为降低交易成本、鼓励交易，在信用制度建构中，因需要给予各主体信用评价而衍生。比如，信用评价机构因需要对信用主体进行信用评价，以促进守信、惩戒失信，由此产生了信用主体不被错误评价的权利，并因此种评价而获得一定社会交往利益。但无论如何，信用权所产生的利益，是建立在受信人曾经良好履行义务之表现且他人相信其将继续良好履行其义务的基础上的。所以，信用首先是一种义务，其次才是一种权利。事实上，信用的义务本质早已在休谟的理论中得以体现，休谟认为我们遵守承诺是因为我们具有“义务感”，而不是主要因为契约关系的原因[40]。

（二）外延：信用的外延从守约义务向守法义务的扩张

当前，诸多学者认为信用已经被泛化，大量违法行为被纳入信用，模糊了信用与法律之间的关系，是信用惩戒的滥用。虽然，将违法行为涵摄至信用，存在合理与合法性的困境，但这种变迁却正是中国社会信用体系的特色，构成了中国范式的重要内容。暂且不论这种范式的正当性，当前的社会信用法所呈现出的一系列表征，与传统信用相比，最鲜明的特殊性在于将主体的信用义务由守约义务延伸为一种更广泛的守法义务，而且这种外延之界限仍然未得以明确。这在已有信用立法中暴露无遗：社会信用被定义为“具有完全行为能力的自然人、法人和非法人组织遵守法定义务或者履行约定义务的状况”。进一步而言，在中国语境下，社会信用所强调的守法义务又集中表现为一种遵守公共秩序的法律义务。

信用立法在中国发展的突出特点是，遵守公共秩序的义务被涵摄至社会信用立法中，并被作为社会信用体系建设的最终目标之一。这从一些实证法的立法目的之表述中即可略见一斑，如《宿迁市社会信用条例》第 1 条开宗明义地指出“为了……完善社会治理和市场运行机制，根据有关法律、法规，结合本市实际，制定本条例”。同样，在国家层面，国务院将“实现社会和谐稳定和长治久安”作为社会信用体系的目标，而社会信用体系也

---

[40] 关于休谟所认为的义务感是人们之所以遵守承诺的动因分析，参见［英］大卫·休谟：《人性论》，中国社会科学出版社 2009 年版，第 360－366 页。

被纳入社会治理体制的重要组成部分。[41] 这种对社会和谐稳定与长治久安的渴望，在立法中被转化为对良好社会公共秩序的追求。这一公共秩序立法目的之确立，也使得信用外延在信用立法中俨然从主体的一种守约义务扩张至关于公共秩序的法律义务。

社会信用外延的扩张，是当前争论的焦点，也是现有社会信用立法合法性困境之关键，至于其正当性，后文再专门论述。

（三）法律责任：失信责任的“自力”追究向“公私”合力共同追究转变

不同于传统及西方信用体系，我国社会信用体系下，国家直接介入社会信用关系，正试图建立起一套可由国家直接对失信行为进行惩戒的法律制度（实践中已经展开）。在传统信用法律制度下，法律并未直接规定失信行为的法律责任，面对失信行为，只能通过信用机构的负面评价和授信人未来的交易选择来间接惩戒失信人，或由受损失者经司法途径追究失信人契约责任，通过索赔的方式间接追责。在这一模式下，对失信人责任的追究，基本上是“自力”模式，尽管可以向法院提出诉讼请求，但法院仍然是中立的裁判者，在某种程度上只是权利人（授信人）“自力”的延伸，而且即使判决支持赔偿后还将面临执行难的问题，责任有可能最终未能得到追究。相反，我国正在推动的社会信用体系，政府不仅直接通过行政性约束和惩戒的方式追究失信行为的信用责任，而且积极推动其他社会主体共同参与，意图构建一个由政府推动、社会共同参与的，政府部门协同联动、行业组织自律管理、信用服务机构积极参与的信用责任追究机制[42]。

国家直接介入社会信用关系，通过行政手段追究失信人的责任，实质上是代替授信人追究失信人的责任。这在某种程度上与国家在刑事案件中代替被害人追究犯罪人责任相通。国家代为追究失信责任，不仅能够更为有效地追究特定信用关系中失信人的失信责任，比如能够更为有效的打击“老赖”，而且还能追究不特定的抽象信用关系中失信人的失信责任，如，可以追究社会公约、国家公约（法律）中的失信责任。当然，对社会公约、国家公约的失信责任，在现有法律体系下，是可以通过现有民事责任、行政责

---

[41] 《国务院关于印发社会信用体系建设规划纲要（2014—2020 年）的通知》（国发〔2014〕21 号）。

[42] 参见《国务院关于建立完善守信联合激励和失信联合惩戒制度加快推进社会诚信建设的指导意见》（国发〔2016〕33 号）。

任、刑事责任予以追究的，但这种转变的背后，是我国当前诚信建设的现实需求以及当局针对现有法律制度在信用治理上所存在的局限之超越。这种当局对现有制度不足的弥补，被一些学者总结为是我国现有法律责任体系的短板与盲区，进而主张将“信用责任（失信惩戒）纳入法律责任体系，使其作为与民事责任、行政责任与刑事责任比肩而立的第四类新型独立法律责任”。[43] 信用责任的提出，在印证失信责任的“自力”追究模式向因国家“代为”追究的引入而形成“公私”合力追究模式转变的这一法理逻辑的同时，也使得我们思考国家追究公民失信责任的可行路径与理论依据。[44]

（四）法律性质：从民商、经济法属性向行政法属性的深度迈进

信用内涵本质的揭示、外延的扩张、责任追究机制的变化，随之而来的是社会信用法法律性质的革命性变化。揆诸信用立法的中国变迁，从部门法视角而言，在某种程度上是信用法向行政法领域延伸和强化的过程。这种趋势，正是社会信用法中国范式的典型特征，也是带来诸多新问题的症结所在。由于这种法律性质的变化，尚未得到充分的认识和确认，在一定程度上加剧了《社会信用法》在起草中的定位困惑。[45]

西方国家及传统信用法，主要以民法、商法、信息法共同构成信用法体系[46]，其中一些国家制定了专门的信用法律，但这些信用法律的性质，主要是私法性质的，行政机关的介入也只是对信用市场秩序的监督。以美国《美国公平信用报告法》（Fair Credit Reporting Act）为例，该法主要强调信用报告中消费者权益的保护和信用报告所应遵循的合理程序。[47] 这些程序规则基本上是信用机构的商业行为准则，所调整的主要是信用机构与消费者以及信用机构之间的关系，在很大程度上具有商法性质。行政机关在这一过程中并不直接介入信用关系，仅作为信用机构监管者的角色在必要的时候出

---

[43] 刘俊海：《信用责任：正在生长中的第四大法律责任》，载《法学论坛》2019 第 6 期。

[44] 当然，失信责任的范围必须予以明确并符合法治原则。

[45] 关于《社会信用法》起草中的定位困惑，详见笔者论文：蒋都都，唐志勇：《社会信用立法定位的多维透视及其立法模式选择——以〈社会信用法〉的草拟问题为核心展开》，载《法治社会》2022 年第 6 期。

[46] 李锋：《社会主体信用奖惩机制研究》，中国社会科学出版社 2017 年版，第 62 页。

[47] 《美国公平信用报告法》（FCRA）第 602 节（15 U.S.C. 1681）的目的陈述。

现，从这意义上而言，信用法也带有一定经济法性质。也正是基于此，有学者将信用法定位为经济法。[48] 然而，随着我国社会信用体系建设的推进，信用法的民商法、经济法性质发生了重大变化，正向行政法性质延伸，形成了公私法交融的以行政法为主的混合型法。

现有社会信用法的行政法性质主要体现在四个方面，一是行政主体与信用行业之间产生的监督管理关系，二是行政主体与信用主体之间产生的信用治理关系，三是行政主体在监管过程中因信用工具的使用而产生的监管关系，四是社会公权力组织与信用主体之间形成的信用治理关系。此外，关于政务诚信，由于《社会信用规划纲要》将政务诚信作为四大诚信领域之一予以规划，因而诸多学者指出政务诚信也应当是社会信用法的调整内容。[49] 目前信用立法中关于政务诚信的规范相对较少，尤其是法律规则意义上的立法更少，已有规范基本表现为抽象的宣示性条款。因此，本文此处暂不论政务诚信。不过，即使未来社会信用法延伸至政务诚信，这些政务诚信的信用规范也将是行政法性质的，因为对政务诚信的规制是针对行政机关及其职员的行为，此种规范是典型的行政法规范。

其一，行政机关与信用行业之间的监督管理关系。这类关系是行政机关或法律法规授权组织在对信用行业的监督管理过程中产生，即信用主管部门对相关信用行业进行法律监督和管理。如《征信业管理条例》第 4 条规定，中国人民银行及其派出机构依法对征信业进行监督管理；又如《厦门经济特区社会信用条例》第 43 条规定，信用主管部门应当对条例中规定的特定社会信用评级评价报告进行抽检。这类关系原则上也属于西方传统信用法所调整的内容，但在我国，这类关系的行政法性质更为厚重，相较于西方国家“守夜人”式的监管，我国对信用行业的监管是积极主动的，如《征信业管理条例》第 7 条规定，申请设立经营个人征信业务的征信机构，应当向国务院征信业监督管理部门提交申请书和证明其符合条例第 6 条规定条件的材料，国务院征信业监督管理部门有权进行审查，若未经批准则不得设立经营个人征信业务。相反，西方国家信用机构的设立无需通过专门的信用主管机

---

[48] 秦宝燕，江雄：《信用法概论》，上海财经大学出版社 2015 年版，第 8 页。

[49] 王伟：《社会信用体系建设中的理解分歧及其辨析》，载《人民论坛》2021 年第 25 期。

关的批准。[50]

其二，行政机关与信用主体之间产生的信用治理关系。此种关系主要因行政机关或法律法规授权组织为提高社会主体的守约守法水平，而对相关违约违法主体施加惩戒、对守信主体予以激励等信用措施的实施过程中产生。如《上海市社会信用条例》第30条规定，“对违反法定义务和约定义务的失信主体，行政机关在法定权限范围内就相关联的事项可以采取以下惩戒措施……”。这类规定目前正大量涌现，发改委牵头的51个国家层面的信用联合奖惩合作备忘录、相关行政部门制定的一系列“黑名单”文件、一些地方政府建立的城市信用分制度，其所形成的法律关系均属此类。此类法律关系的未来发展趋势，集中地规划在了国务院关于《建立完善守信联合激励和失信联合惩戒制度加快推进社会诚信建设的指导意见》的文件中。

其三，行政主体在监管中因信用工具的使用而产生的监管关系。这类监管是行政机关或法律法规授权组织在其本职监管工作中对相对人的公共信用信息进行记录、归集、使用，并按照一定指标体系开展评价、评级、分类，进而分别采取激励或惩戒等措施，实现政府监管目的的系列行为。这类监管随着《国务院办公厅关于加快推进社会信用体系建设构建以信用为基础的新型监管机制的指导意见》的出台而被各级各地政府部门广泛引入，随着大量此类地方政府规章[51]、规范性文件[52]的出台，逐渐被实务及学界广泛称为信用监管。与前述第二类关系不同的是，此类信用监管关系直接目的是服务于政府实现其各类行政目的，以优化监管，信用措施在此时具有工具性，是基于政府监管或规制而引入，为此也被学者称之为政府规制中的信用工具或信用规制。[53] 也正是由于信用措施的工具性，使得行政主体得以在任何领域运用信用措施，也在一定程度上造成了信用的泛化，饱受诟病。

---

[50] 事实上，西方国家的信用行业早于其信用立法，其信用立法是在信用制度成熟的基础上才开始的。其中，最为明显的是美国《美国公平信用报告法（FCRA）》第602节（15 U. S. C. 1681）关于“国会的依据”陈述中直接指出“国会基于如下事实：……（2）调查与评价消费者信用价值、信用等级、偿债能力、身份与总体声誉的一整套精密的机制已经建立。”

[51] 如《宁波市企业信用监管和社会责任评价办法》（宁波市人民政府令第226号）。

[52] 如《珠海市文化广电旅游体育市场信用监管分级分类制度（试行）》（珠文广旅体字〔2020〕15号）。

[53] 王瑞雪：《政府规制中的信用工具研究》，载《中国法学》2017年第4期。

其四，社会公权力组织与信用主体之间形成的信用治理关系。我国社会信用体系建设的思路是“部门联动，社会协调”，最终目标是建立一个“政府部门协同联动、行业组织自律管理、信用服务机构积极参与、社会舆论广泛监督的共同治理格局”[54]。为此，政府在社会信用体系建设中致力于推动建立市场性、行业性、社会性的约束和惩戒制度，试图构建起市场信用体系、行业信用体系以及其他社会自治范围内的信用体系。[55] 由此，形成了社会公权力组织与信用主体之间的信用治理关系。在立法上，一些地方社会信用条例对社会组织参与社会信用治理进行了确认。如《上海市社会信用条例》第13条规定，企业事业单位、行业协会等可以依法记录自身业务活动中产生的社会信用信息，或者根据管理和服务需要依法记录其会员、入驻经营者等主体的社会信用信息。在实践中，这类信用体系更是方兴未艾。[56] 在这些信用治理关系中，行业协会商会、企事业组织以及其他社会自治组织乃至信用服务机构，通过协议或公约方式对其成员或用户进行信用信息收集、处理和评价，并对其进行奖惩或向第三方提供信用报告。这些社会组织，在各自领域维护着相应信用秩序，是社会信用治理的自治形式，并因此形成了社会组织与信用主体之间的自治关系。

对于社会信用自治关系之法律属性，需要分析这些社会组织的权力性质和对公民权利的影响两个方面。首先，这些社会组织的信用治理权力具有“行政权”的性质，是社会公权力。尽管这些社会组织不是行政机关或法律法规授权的具有公共管理职能的组织，但实践中能够形成市场性、行业性、社会性约束和惩戒的组织，基本上在其自治领域或行业领域具有支配性的权力，尤其是那些在行业中具有垄断地位的行业协会及具有市场支配地位的企

---

[54] 《国务院关于建立完善守信联合激励和失信联合惩戒制度加快推进社会诚信建设的指导意见》(国发〔2016〕33号)。

[55] 参见《国务院关于建立完善守信联合激励和失信联合惩戒制度加快推进社会诚信建设的指导意见》(国发〔2016〕33号)。

[56] 如，家政行业、电力行业、种子行业等行业已建立或正在建立行业信用体系。参见《专家解读：家政行业信用体系》，载广东省家庭服务业协会微信公众号，https：//mp. weixin. qq. com/s/lcqxO8b6ESN1j1Ri5I7p4w；蒋协新：《在种子行业信用体系建设培训会议上的致辞》，载中国种子行业协会微信公众号，https：//mp. weixin. qq. com/s/Z0MkWxtesjK6G2A0MToVWA；《电力行业信用体系建设信用评价服务指南》，载广东能源行业协会，https：//mp. weixin. qq. com/s/ROWRw1OAkeXwFtm0BeYmog. 2020年7月21日访问。

业之权力，与行政权的威慑力相当。更为重要的是，这机构的信用奖惩决定和评价等报告，经诸多立法规定可以作为行政机关相关行政行为的依据[57]，使得这些社会组织的行为具有了前置行政行为的色彩，其权力也被赋予了某种间接行政权力的效果。其次，这些信用关系中的社会组织之行为能够对公民的法律权利产生重大影响。这些组织除了通过作为行政行为依据影响公民的权利外，还能直接影响公民的各项权利，如行业协会可直接根据其信用记录和评价对其成员采取业内警告、通报批评、降低会员级别、取消会员资格等惩戒措施[58]，而更为广泛的影响是，社会组织机构的信用评价常被第三方作为是否与该被评价人合作或给予其便利的重要参考，从而影响公民的生活和市场机会。

鉴此，笔者认为，社会信用自治关系可属于行政法律关系的范畴。[59] 当然，这需要从新行政法的角度去认识。随着“公”“私”法之间界限的模糊，行政主体的范围已经从过去仅限于行政机关或法律法规授权的组织延伸至社会组织，对于那些“虽然在事实上是‘私’的，但当他们对特定领域实施管制权力时却披上了某种间接国家权力的外衣……实施着独占权，所以它们应受公法支配……公法原则会适用于这种主体，即便它在形式上是‘私’的”[60]，亦即这些“私”主体也应当被视为行政主体。因此，当拥有

---

[57] 如《上海市社会信用条例》第28条规定，各级行政机关根据履行职责的需要，在以下工作中查询信用信息和购买信用服务：（一）实施行政许可、行政检查、监督抽验和大额行政处罚裁量；（二）政府采购、招标投标、资金和项目支持、国有土地使用权出让、科研管理等……（六）其他日常管理工作。这说明，行政机关信用服务机构所收集的信用信息及报告是可能被行政机关查询或购买用作其执法依据的。而第30条的规定则更为直接。明确规定，对违反法定义务和约定义务的失信主体，行政机关在法定权限范围内就相关联的事项可以采取以下惩戒措施：（一）在实施行政许可等工作中，列为重点审查对象，不适用告知承诺等简化程序；（二）在财政资金资助等政策扶持中，作相应限制；（三）在行政管理中，限制享受相关便利化措施……当然，这些地方立法规定的具体内容，是否合理值得斟酌，但社会信用评价作为行政机关相关行为的参考是值得肯定的，在国外亦有先例。

[58] 参见《上海市社会信用条例》第27条。

[59] 其中，关于社会自治处罚法律关系的分析，参见蒋都都：《社会自治处罚的法治悖反、制度回应与规制路径》，载《深圳大学学报（人文社会科学版）》2021年第3期。

[60] ［新西兰］迈克尔·塔格特：《行政法的范围》，金自宁，钟瑞华译，中国人民大学出版社2006年版，第230－231页。

着垄断权力或一定支配力的自治领域组织行使着同行政机关一样的公权力时，要防止其威胁，就应该将适用于行政机关的监督机制和程序控制延伸至私人主体，把它们当作行政机关来对待。[61] 所以，根据新行政法理论，将社会信用自治法律关系涵摄至行政法律关系，是行政法原理的内在要求。

上述四种信用法律关系的产生，表明信用法已经由民商法、经济法范畴深入渗透至行政法范畴。与此同时，从社会信用体系建设的政治决策上来看，尤其是在国务院、发改委明确提出建立以信用为基础的新型监管机制的政策导向下[62]，信用法未来所调整的行政法律关系将进一步扩大和复杂化。这意味着（社会）信用法的行政法性质将得到持续地强化。

三、信用立法中国变迁之正当性

学界对信用立法中国变迁及范式的正当性之质疑，主要在于信用外延的扩张和失信责任追究机制的转变，亦即立法将信用义务从守约扩大至守法和国家直接追究失信人失信责任这两方面。[63] 信用立法在中国此种发展的正当性，主要来源于三个方面：信用制度的价值追求、法的契约性以及中国社会信用发展的历史阶段对国家义务的要求。当然，此处的论证，不同于学界目前关注较多的失信联合惩戒的正当性问题。[64] 相较于目前失信联合惩戒多着眼于微观具体的实证法上的合法性论证，本文仅从抽象意义上对我国信用立法范式正当性进行论证，主要是从法哲学上进行论证，并不是为实践中的信用泛化现象和案例提供正当性支持，因为具体的信用立法仍然需符合法治原则。

（一）法价值：信用制度价值与法价值的同质性

信用制度是社会对秩序追求的集中体现。人类具有对秩序的天然需求，

---

[61] 杨解君，蒋都都：《〈行政处罚法〉面临的挑战与新发展——特别行政领域行政处罚应用的分析》，载《行政法学研究》2017 年第 3 期。

[62] 参见《国务院办公厅关于加快推进社会信用体系建设构建以信用为基础的新型监管机制的指导意见》（国办发〔2019〕35 号）。

[63] 值得说明的是，各界对实践中信用工具滥用的质疑，实质上是对信用外延扩张质疑的一种表现形式。

[64] 关于失信联合惩戒正当性论述的文章，参见门中敬：《失信联合惩戒的正当性拷问与理论解决方案》，载《法学杂志》2021 年第 6 期；李烁：《论失信联合惩戒的合法性及其补强——以〈对失信被执行人实施联合惩戒的合作备忘录〉为样本的分析》，载《中国法律评论》2021 年第 1 期。

存在要求确立社会生活有序模式的倾向，也一直试图确立某种适于生存的秩序形式。[65] 在这种倾向下，人类建立了各种官方和非官方的制度，以实现社会进程中的一致性、连续性和确定性。[66] 信用制度的产生，体现了人类对秩序的追寻。最初的商业交往中，商业主体为了保障其预期利益的确定性和确保其商业的持续，往往通过对债务人过往履约情况和履约能力进行评价，再决定是否给予其延期付款便利或贷款。随着社会的发展，信用逐渐形成一项正式的法律制度（在法律确认之前信用制度已形成非正式制度），并成为银行、国际贸易等商业领域秩序的重要保障。可见，信用是与秩序相伴而生的，起初只是为了实现授信人所期待的秩序，而后逐渐发展为一个行业的秩序。这与法的秩序价值具有同质性。因此，将社会信用外延从守约义务扩张至关于公共秩序法律义务，与传统信用制度所蕴含的秩序心性及其价值追求并无质的区别。

中国当前正在建设的社会信用体系，其制度逻辑在某种意义上是“试图在实现对某些原有非正式制度领域的治理”，使原有正式制度与非正式制度调整的范围在一定程度融合，将相关非正式规范纳入正式制度，[67] 从而更好地实现治理目标。这与传统信用法发展有着相同的逻辑，都是一个为实现某种秩序价值将原有非正式制度纳入正式制度的过程。

（二）法性质：信用与法的契约性共性

信用向守法义务扩张，其最基本的正当性是建立在对“契约”理解的转变基础上的，即应将相关法律法规理解为每个人所承诺的“契约”。事实上，在宪政理论中，法律早已被视为全体公民所认可的社会契约。从这一意义而言，法律“承载着社会的最大公约数，是民众应当共同信守的契约”[68]，遵守法律所规定的公共秩序，无疑是公民的守“约”义务，也体现着公民

---

[65] ［美］E·博登海默：《法理学：法律哲学与法律方法》，中国政法大学出版社 1999 年版，第 220 页。

[66] 秩序概念被解释为“意指自然进程和社会进程中都存在着某种一致性、连续性和确定性”，参见［美］E·博登海默：《法理学：法律哲学与法律方法》，中国政法大学出版社 1999 年版，第 219 页。

[67] 戴昕：《理解社会信用体系建设的整体视角：法治分散、德治集中与规制强化》，载《中外法学》2019 年第 6 期。

[68] 罗培新：《遏制公权与保护私益：社会信用立法论略》，载《政法论坛》2018 年第 6 期。

的信用度。

对于将法作为“社会应当共同遵守的契约”而推定将信用的含义延伸到守法的正当性论述，一些学者认为这在逻辑上无法成立，“因为，即便是成熟的民主制，法律也不可能是所有人形成的契约”[69] 而由此否定契约论作为社会信用扩展的合法性基础。诚然，从现实的角度而言，法不可能是所有人形成的契约，但是我们同样也不能忽视法作为人民公意凝聚的制度安排。而且，法律对主体的行为规范要求是最低限度的道德，即使是一般法律认知水平的主体亦能判断期行为违法与否，亦即尽管法不是由所有人形成的契约，但可以成为全体公民的普遍共识。从这一视角而言，将一部分违法行为适当纳入信用，法的契约性仍然可以作为其理论依据。更何况，即便狭义的经济信用中约定俗成的交易习惯或自发形成的信用机制，也不可能是所有人之间形成的契约。因此，仅仅认为法不可能是所有人形成的契约而否定将信用含义延伸至守法的正当性，在理论上是不成立的。

当然，反对者还会认为，对于违法行为，法律已经规定了惩罚措施，再建立包含违法行为的信用体系是否有必要。对此必须承认，法律惩罚只能规范行为人的外在行为，尽管外在行为的惩罚具有一定的预防功能，但无法深入行为主体主观观念和意识的内部，无法激发主体的善念意志，不能让主体从内心上真正认识到失信、违法的恶之所在。同时，也必须承认“依照法律秩序实施的有效行为，在其目标的实现过程中存在局限”，实践中的法律实施与法律所规定的理想秩序之间存在鸿沟。尽管不能将实践中存在的法律实施问题正当化，但在加强法律实施的同时，也应正视实践与规范之间不可避免地存在难以弥合的裂缝。因此，需要探求实现法律目标的新路径。

既然，法具有契约性，并且如果将违法行为作为违反契约的失信行为，通过信用机制能够激发行为主体守信守法的主观意志和“强化法律实施”[70]，那为何要固守法与契约之间的藩篱，而不能接受信用机制作为法律制度的补充机制的正当性呢？

---

[69] 门中敬：《信誉及社会责任：社会信用的概念重构》，载《东方法学》2021 年第 2 期。

[70] 强化法律实施正是我国社会信用体系建设的目的之一。参见沈岿：《社会信用体系建设的法治之道》，载《中国法学》2019 年第 5 期，孟融：《国家治理体系下社会信用体系建设的内在逻辑基调》，载《法制与社会发展》2020 年第 4 期。

不过，法的契约性为信用法中国范式提供正当性，并不意味着为社会信用的外延可以无限扩张，它仍然需要遵守现有的各项法治原则，尤其是比例原则和正当程序原则，而且必须以违法事项的契约性为基础，确保立法具有足够的公民契约基础。

简而言之，目前实践中社会信用外延扩张的度，或许失之偏颇，需要予以限制。但无论如何，不必拘泥于过去的经济属性。事实上，被不少学者视为“信用”一词最初法律来源的罗马法中的 Fides[71]，在罗马法中被定义为“相信他人会给自己以保护或某种保障”，本就是被广泛用于各种场合，既可以涉及从属关系，也可以涉及平等关系，包含了对政府、法官及私人的信任，甚至用作“公共信义”（publica fides）。[72]

（三）法作用：国家义务与我国社会信用发展的历史阶段需求之契合

信用立法在中国的这种际遇，跟中国的特殊发展阶段之需求有关，这种历史需求产生了社会信用体系建设的国家义务，进而为社会信用体系建设的国家行为提供了正当性。

中国自改革开放以来，面临着日益加深的信用危机[73]，不仅“履约践诺、诚实守信”的社会氛围尚未形成，而且还存在较多“重特大生产安全事故、食品药品安全事件……商业欺诈、制假售假、偷逃骗税、虚报冒领、学术不端”[74] 等一系列具有违法性质的不诚信现象。这些不诚信行为频繁发生，不仅严重地影响到人民的人身与财产安全，也影响到社会经济发展、人民生活质量，更是影响到人民安定有序的心性，引发社会信任危机。[75] 公民的人身、财产安全是中国宪法直接规定的基本权利，而社会经济发展是人权理论中的第三代权利。这表明，中国当前社会普遍存在的不诚信行为，正影响着我国公民的基本权利。

---

[71] 在《罗马法史》中被翻译为“信义”，参见［意］朱塞佩·格罗素：《罗马法史》，黄风译，中国政法大学出版社 2009 年版，第 176 页。

[72] ［意］朱塞佩·格罗素：《罗马法史》，黄风译，中国政法大学出版社 2009 年版，第 177－178 页。

[73] 吕志祥，廖荣：《论信用及信用体系的现代构建》，载《云南行政学院学报》2004 年第 1 期。

[74] 《社会信用体系建设规划纲要（2014—2020 年）》（国发〔2014〕21 号）。

[75] 相关社会信用危机问题，参见沈杰：《为什么今天的社会充满不信任》，载《中国青年报》2011 年 10 月 17 日，第 02 版。

将信用制度从经济领域延伸至公共秩序领域，其正当性在于“国家的义务是满足公民权利的需要”。公民权利的需要决定国家义务并进一步决定国家权力，国家权力服务于国家义务并进一步服务于公民的权利。[76] 信用在西方立法之时，其所建立的法律体系已经较好地规制了企业生产、商业欺诈、制假售假、偷逃骗税等公共秩序领域的诚信行为，因而公民权利对信用立法的需要集中于经济、金融领域，但在我国，市场经济发展晚，加之法治社会尚未建成，公民权利保护对信用之需，不仅要求社会主体在经济、金融领域诚实守信，更是要求社会主体广泛地在诸如生产安全、食品药品安全、产品质量、缴税纳税等公共秩序领域诚实守信。简而言之，中国当前公民权利需求与西方建立信用法律制度之初的权利需求是不同的。权利的需要是不断变化的，国家的义务也应当随之变化，并依据新的国家义务进一步调整国家权力的范围。[77] 因此，社会信用立法从经济、金融领域扩张至更广泛的公共秩序领域，是国家保护义务所决定的。

当然，反对者会指出，公民在公共秩序领域中的信用立法需求，已经由现有法律制度所包含，前述生产安全、食品药品安全、商业欺诈、制假售假等均已由相应的立法所规范。诚然如此，但是现实的社会信任危机表明，我国现有法律制度未能有效满足公民权利保护之需。尽管，按照常规的逻辑，我们应当通过完善现有相应法律制度或加强法律实施来提升上述领域的诚实守信水平，但是，在现有法律制度信用治理欠佳之际，立法机关有正当理由补充立法或授权政府探索建立新的信用机制来实现这些领域的规制，以便更好地满足公民权利保护之需，而不是固守传统狭义的信用制度边界。

四、结语

黑格尔有言，“法律绝非一成不变的，相反地，正如天空和海洋因风浪而起变化一样，法律也因状况和时运而变化。”[78] 信用立法在今日中国之发展，岂不如是哉？信用立法，无需恪守信用法的传统疆域，亦无需过分担忧

---

[76] 陈醇：《论国家的义务》，载《法学》2002 年第 8 期。

[77] 陈醇：《论国家的义务》，载《法学》2002 年第 8 期。

[78] ［德］黑格尔：《法哲学原理》，范扬，张企泰译，商务印书馆 1979 年版，第 7 页。

此种演变对现有法治的暂时性冲击。学界应当透析信用立法中国语境的法理逻辑，理解社会信用立法在中国变迁的正当性，并在此基础上探索信用立法的中国道路，构建起一套既有内在法理逻辑、又不偏离正当性，且又能回应实践需求的社会信用法理论，最终促进建立起能够满足我国社会信用体系建设需求、符合法治国原则的社会信用法律制度。

论社会信用信息的规范要义*

张　路**

摘　要：我国现行地方社会信用条例所规定“社会信用信息”暴露出定义抽象的问题。社会信用信息属于规范性概念，应明确其规范要义发挥应有之功能。社会信用认定的意愿与能力说、三维构成说存在法律与道德混淆致命问题，应坚持义务履行说，结合法定义务与约定义务标准进行阐释。义务的正当性源于社会契约理论，实证法视野下义务应具备效力性与强制性。法定义务中的“法”包括正式的法律渊源与非正式法律渊源的转化形式；法定义务中的“义务”则包括法律原则具体化与法律规则创设的强制性义务。约定义务具有独立的价值，约定义务中的“约”应符合民事法律行为的生效要件。依照义务的强制性标准，涉及纯粹财产关系的合同与信用承诺属于约定义务，人身协议所创设的义务则应当具体认定。

关键词：社会信用；社会信用信息；法定义务；约定义务

近年我国社会信用体系各项建设工作正如火如荼地展开，全国各省、市地方性信用法规相继出台。地方性法规的试点为未来全国性的社会信用立法积累了宝贵的经验，但同时也暴露出普遍的问题：“社会信用信息”定义抽象。以《上海市社会信用条例》第2条规定为例，“本条例所称社会信用信息，是指可以用以识别、分析、判断信息主体守法、履约状况的客观数据和资料。”其他各省、市对于社会信用信息的认识也大多遵循这一思路，将社

* **基金项目**：国家重点研发计划项目“跨部门跨地域社会信用法治关键技术研究与应用示范”课题“社会信用治理范式研究”（2022YFC33303201）。

** **作者简介**：张路，法学博士，湘潭大学信用风险管理学院讲师，硕士生导师，湖南省信用研究体系法治保障研究会理事。

会信用信息定义为记录信用主体履行法定义务和约定义务的状态的数据和资料。然而，何谓“法定义务”“约定义务”？其指向与判断标准几何终未在条例中予以明确。此造成的疑问颇多，法定义务中的“法”是狭义的法律，还是涵盖一切规范性文件？是否对其中所设义务履行状态的数据和资料都可以称作是信用主体的信用信息？约定义务中的“约”是否仅指合同，抑或包括身份行为乃至所有承诺？社会信用信息是否绝对与道德领域无涉？本文尝试针对以上问题进行分析和解答。

一、社会信用信息规范要义之明确

（一）描述性或规范性：社会信用信息概念的属性辨析

准确阐释社会信用信息概念，应明确其性质与目的，即我们究竟在何种意义上使用社会信用信息这个概念，希望通过这个概念达致什么样的目的。一方面，法学家使用某些日常用语并且按照专业需要在教科书或评论中对这些日常用语下定义。另一方面，法学家们又创设了一些特有的专业术语。这样，法律概念分为两种类型：描述性概念与规范性概念。① 陈述事实的描述命题具有“真”“假”二值；规范命题则不以“真”“假”，而以“效力”为其存在方式。②

立法者在界定和使用社会信用信息概念时，究竟是想让其成为单纯的描述命题，抑或是想让其成为规范命题，产生特定的判断和约束效力？选择和定位的不同将对概念本身和条文体系本身产生不同的影响：如果是描述命题，则立法者重在通过这一概念陈述社会业已存在的事实，并不能从概念中得出准确的判断要件，进而通过该概念从社会信息中识别出社会信用信息；如果是规范命题，则社会信用信息的概念还包含了约束效力，通过概念要件式的拆解与判断能够起到社会信用信息的识别作用。描述命题的社会信用信息标明了社会信用法的规制对象，但由于其是描述性质的，实质起到的是价值宣示与引导作用，真正具体的规制对象须通过后续规范性质条文予以明确，如公共信用信息目录中明确予以列举的信用信息类型，而规范命题的社会信用信息包含了要件与效力的约束，所有的社会信用信息都应当被规制，

---

① ［德］伯恩·魏德士：《法理学》，丁晓春，吴越译，法律出版社2013年版，第85页。

② 朱庆育：《民法总论》，法律出版社2017年版，第43页。

并纳入后续条文所明确的规制途径中，后续的条文是社会信用信息概念的制度细化与拓展。

本文认为，社会信用信息概念应是规范式而非描述式的。社会信用信息的界定具有效力，包含相关的判断要件。社会信用信息概念的发展经历了从描述命题到规范命题的演变。“信用”“信用信息”等概念最早由生活用语拓展至金融、法律领域，而社会信用法中的社会信用信息有其专属的规范意涵。在中国古代汉语中，信用一词的本意是遵守承诺，实践成约，从而取得别人的信任。③ 古汉语“诚”的本义是真实，“信”的含义是真实无欺。故“诚”“信”二字的含义在古汉语中可以互通。④ 在古代西方，与汉语“信用”一词对应的词汇是 Credit，它来自拉丁动词 Credo，意思是“我相信（I believe）”。而 Credo 又来源于 Card 和 Do，Crad 的梵文解释为信任（Trust），而 Do 是拉丁动词，意思是我给予（I Place）信用的原始意思即为我给予信任（I Place Trust）。⑤ 生活用语意义层面的信用及相关的信用信息只可能是描述性的概念，并不包含某种普遍、确定的判断要件，信用与否，哪些是信用信息，更多出于个体的主观标准。“信用”真正成为规范概念主要是在经济、法律等领域。西方国家对于信用的认识更多是从纯经济学角度出发的，在英美法中，信用与信贷等交易活动有关，是当事人特殊经济能力的表现，同时也是一种经济上的信赖，来源于债权人对对方当事人的评价。⑥ 对与信用紧密相关的诚实信用原则，费雷伊拉（Ferreira）认为其是被吸收到法中的人类生活关系要素，但法并非在不赋予其术语的精确性的情况下吸收它，而是把它在转化为一个法律概念。⑦ 可以看出，当信用生活用语逐步嵌入某一学科领域并成为该领域专业用语时，其描述性逐步消失而规范性日益增强。社会信用信息作为社会信用法的专业概念，具有其专属的意涵，从描述性概念发展为规范性概念也是必然的趋势。

社会信用法的研究开展与《民法典》、《个人信息保护法》、地方信用条例的相继出台，是社会信用信息规范性概念的确立的基础。《民法典》与

---

③ 顾敏康，肖伟志：《社会信用法概念》，中国计划出版社 2021 年版，第 1 页。

④ 李新庚：《信用理论与制度建设研究》，中国书籍出版社 2019 年版，第 19 页。

⑤ 林钧跃：《企业赊销与信用管理：上》，中国经济出版社 1999 年版，第 1 页。

⑥ 吴汉东：《论信用权》，载《法学》2001 年第 1 期。

⑦ 徐国栋：《民法基本原则解释——以诚实信用原则的法理分析为中心》，中国政法大学出版社 2004 年版，第 60 页。

《个人信息保护法》的出台更是将个人信息的保护地位提升到显著的高度，形成了有关个人信息界定、信息处理原则、知情同意、敏感信息特别规定、信息主体权益保护在内的诸多共识。个人信息与社会信用信息间存在高度的联系，既然个人信息的相关概念能够被规范性地研究和阐释，没有理由将社会信用信息局限于描述性的使用。学界目前已形成对社会信用信息的基本观点，并进一步将社会信用信息分类为公共信用信息与市场信用信息。地方性信用条例围绕公共信用信息归集与市场信用信息采集已形成配套制度。接下来的问题仅在于如何使得这一规范概念更加明确，发挥功能。

（二）现行社会信用信息认定观点的评析

社会信用信息由“社会信用”与“信息”构成；社会信用信息概念的规范化，有赖于社会信用与信息概念的规范明晰。关于信息，学界一般倾向于将其认定为客观的数据和资料；而对于社会信用的认识，则观点甚多。依照是否与特定信用主体相联系的标准可分为宏观的与微观的社会信用。宏观的社会信用更多是从整体或总和层面对信用的表述。⑧ 如“社会信用是指社会的信用状况，是用以维持社会秩序、沟通贸易往来的基础”。⑨ 社会信用是一国社会各种信用的总和，是社会主体参与社会经济活动中为获取预期资本或支付能力的信用活动总称，是一种基于信任而产生的依赖与被依赖关系，反映了诚实守信品行应得到推崇的一种社会状态。⑩ 包括我们经常提及的社会信用体系建设，也是从整体的角度对社会信用进行的使用。微观的社会信用则与信用主体相联系，“社会”作为“信用”的领域限制，更多侧重强调特定信用主体在社会领域的信用状况。

由于社会信用具有宏观与微观的双重用法，社会信用信息也应有广、狭两义。广义的社会信用信息应是反映社会信用状态的数据和资料总和；狭义的社会信用信息则应指记录特定主体信用状态的数据和资料。整体性质的社会信用或社会信用信息不能作为社会信用法的具体调整对象，因此本文所研究的具有规范要义社会信用或社会信用信息主要是微观层面的，相关观点主

---

⑧ 肖伟志：《“社会信用”界定的四种方法》，载《首都师范大学学报（社会科学版）》2021年第4期。

⑨ 秦凤鸣：《城市形象塑造的根基：社会信用体系》，载《东岳论丛》2002年第6期。

⑩ 宋珊：《社会信用法律制度研究》，黑龙江大学2014硕士学位论文。

要包括意愿与能力说、三维构成说、履行义务说。

1. 意愿与能力说评析

此说认为，信用是“建立在信任基础上，不用立即付款或担保就可获得资金、物资或服务的能力”。广义的信用指诚信原则在社会上的广泛应用。信用是指“个人或组织履行承诺的意愿和能力”，且“承诺包括法律法规和强制性标准规定的、合同条款等契约约定的、社会合理期望等社会责任的内容”。[11] 可以看出，早期2008年版的《信用基础术语》中还是将信用的含义局限于传统的金融或商业领域，强调的是信用的工具属性。虽然其已经认识到广义信用的存在，但此时其还是将广义的信用等同于诚信原则。相比2008年版本，2018年版本的《信用基础术语》对于信用的界定有了改变：一是以“承诺”取代了传统的金融或商业领域，极大地拓展了信用的范围。从金融或商业拓展至法律法规、强制性标准、合同条款、社会责任所调整的诸多领域。二是将信用的含义落实于履行承诺的意愿和能力两方面，意愿是履行承诺的主观方面，能力则体现了履行承诺的客观方面。相对传统的信用观点，履行承诺的意愿与能力说拓展了信用的范围，同时强调了信用的主客观结合，有了明显的进步，但仍存在问题。

第一，承诺的含义过于宽泛，且对承诺的解释存在谬误。表现为：(1) 法律法规的表述模糊。承诺强调了“强制性标准”，那么为什么对于法律法规不作强制性的限制表述？众所周知，法律法规中同样存在诸多不具有强制力、单纯的管理或指导性的内容。(2) 逻辑层次混乱。强制性标准与法律法规并非同一层次的规范概念。国家强制性标准的上位法依据是《中华人民共和国标准化法》，其强制性的效力来源于法律法规。如果强制性标准单独列出，那么依据法律法规所作出的司法判决、执法行为等具有强制性效力的规范或行为都应当单独列出。(3) 未区分道德与法律领域。承诺中还包括社会合理期望等社会责任。社会的合理期望并不具有强制的效力，如疫情、灾情时期，社会普遍希望大型企业或富豪能够慷慨解囊进行捐款。最终企业或个人是否捐款完全取决于自觉，属于道德调整的范畴。

第二，履行承诺的意愿与能力存在矛盾且信用程度的证明力不足。首先，履行承诺的意愿与能力并不总是一致的，个人或组织可能存在履行承诺的意愿却缺乏相应的履行能力；也可能有履行承诺的能力却缺乏相关履行的

---

⑪ 参见《信用基本术语》(中华人民共和国国家标准 GB/T 22117—2018)。

意愿。此时对个人或组织进行信用评价是依据其意愿还是能力？其次，履行的意愿与能力有大小之分，究竟什么程度的意愿与能力才能认定其是守信或失信的，标准很难确定。最后，履行承诺的意愿与能力与最终的履行结果完全是两码事，不具有履行承诺意愿的个人或组织也有可能屈从于外在的法律、道德压力履行承诺。因此，履行承诺的意愿与能力只是最终履行承诺的必要条件而充要条件。

2. 三维构成说评析

此说认为，信用是三维的：一维是诚信度，二维是合规度，三维是践约度。一个人或一个企业的信用就由这个人或企业的诚信度、合规度和践约度三个方面综合构成。⑫ 其中，诚信度（Intergity）表现为信用主体的基本诚信素质，涉及信用主体的道德文化理念、精神素养、意愿、能力及行为，体现的是信用主体的信用价值取向；合规度（Compliance）是信用主体获得管理者信任的社会资本，表现为信用主体在社会活动中遵守社会行政管理规定、行业规则、民间惯例、内部管理规定的意愿、能力与行为结果，涉及信用主体的一般社会活动，体现的是信用主体在社会活动中的价值取向与信用责任；践约度（Performance）是获得交易对手信任的经济资本，表现为信用主体在信用交易活动中遵守交易规则的能力，主要是成交能力与履约能力，涉及信用主体的经济活动，体现的是信用主体在经济活动中的信用价值取向与信用责任。⑬ 信用的三维构成论全面和系统地概括了信用的构成因素，涵盖交易规则、社会规范与主体的诚信素质，深刻揭示了信用与社会环境、社会文化、民族、历史间的联系，但作为规范性社会信用信息概念，其局限性也很明显：

第一，三维标准存在矛盾。主要体现在如下方面：（1）主观与客观标准的矛盾。诚信度评价的是信用主体的诚信素质，其中既有包含主观的部分，如道德文化理念、精神素养、意愿，也有包含客观的部分如能力及行为，是一种综合性的评价；而社会信用信息只能是对信用主体客观的信用状况评价，不能、也无法涉及信用主体的主观精神世界评价。就立法技术而言，因为无法区分不履行义务是意愿问题还是能力问题，或者说区分起来难度过大，故立法时无须考虑行为的动机，无须区分意愿和能力。这恰恰表明

---

⑫ 吴晶妹：《三维信用论》，当代中国出版社2013年版，第28页。

⑬ 吴晶妹：《三维信用论》，当代中国出版社2013年版，第28－34页。

信用信息记载的是客观的状态而不是主观评价的立场。⑭ 信用主体的道德文化理念、精神素养、意愿如何，最终只能落实于客观的行为与结果之中，信用信息则是对此种行为与结果所体现的信用状态的记录。（2）可能性与现实性标准的矛盾。三维构成说中的诚信、合规与践约中同时都强调了信用主体的意愿、能力与行为结果。信用主体的意愿与能力是信用主体行为合规的可能性而非现实性。社会信用信息只能是对信用状况，即行为过程与结果的记录，因为意愿、能力有强弱之分，有变化的可能。以践约为例，在市场经济环境下，没有任何的交易主体能够在订立合同之后能够担保自身拥有百分之百的履约能力，因为市场有风险。抛开市场风险不论，违约责任的承担以无过错原则为主，无论当事人在履行合同中是否存在过错，只要无免责事由且没有履行合同的约定就应承担违约责任。如按照意愿与能力的标准，则即便最后违约，当事人仍然是守信的。这既否定了合同严守的规则，也否定了信用的践约度标准本身。

第二，将法律规范与道德规范混同。一维的信用没有具体的约定内容，存在于信用主体的潜意识中，是社会交往与交易的潜规则，是社会对信用主体要求的信用底线。⑮ 这等于将信用的认定标准进行了刻意的“留白”，同时此种标准还跨越法律进入了风俗与伦理道德的领域，那么任何的标准理论上都可能成为信用的认定标准。如此种信用底线的标准高于现行法律的标准，则无疑在现行法律体系外另创设了一套更高的行为准则；如果信用底线的标准低于法律的标准，由于法律已是道德最低限度的要求，一个比道德底线更低的信用底线，意义何在？综上所述，信用三维构成的观点更适于作为描述性的标准，而不宜成为法律规范性的标准进行使用。

3. 履行义务说评析

此说认为，社会信用是指具有完全行为能力的自然人、法人和非法人组织遵守法定义务或者约定义务的状况。⑯ 目前，各地方信用条例对于社会信用的相关规定也主要采纳此种观点。

相比意愿与能力说、三维构成说，履行义务说更为科学、合理，其作为

---

⑭ 罗培新：《社会信用法：原理·规则·案例》，北京大学出版社2018年版，第41页。

⑮ 吴晶妹：《三维信用论》，当代中国出版社2013年版，第29页。

⑯ 罗培新：《社会信用法：原理·规则·案例》，北京大学出版社2018年版，第38页。

法学规范性的标准进步主要体现在以下几个方面：（1）将与信用相关的主观的意愿与能力排除在外。单纯的主观意愿与能力并不构成信用与否的评价标准，只有当此种意愿与能力转为化客观的行为或结果时，才具有信用认定的价值与载体。（2）区分了法律与道德的领域。法定义务或约定义务的表述已明确将道德领域排除在外，法定义务是现行法律法规明确的义务，约定义务由当事人意思表示自由创设，违反义务承担责任，义务的履行受到国家强制力的保障。道德领域虽同样存在对行为的要求，却不具有强制性。因而，单纯的守德或失德信息不是信用信息，但“道德入法”成为法定义务或约定义务后，行为人的相关行为与结果构成信用信息。（3）明确了法律关系与一般行为自由界限。信用认定的标准由确定的法定义务或约定义务取代了笼统的“承诺”，明确了法律关系与一般行为自由的界限。不具有法律效果的承诺不能作为认定信用的标准，典型如生活中的请客吃饭、邀人出游、玩笑承诺等，行为人并未作出相应的意思表示，不受相应承诺的约束。此时，无论是履行承诺或违反承诺，相应的信息都不构成行为人的信用信息。（4）体现了社会信用信息标准的动态性。传统信用标准强调行为人履行意愿与能力，这就很容易造成信用认定的静态与固化。如行为人有较强的资力，通常就被认定为具有较强的信用。而履行法定义务或约定义务更强调行为人履行的状态。“状态”即强调了行为人履行的过程与结果，包含了时间的考量因素。相对较强的资力，状态更加强调此种资力行为人是如何获取的，是诚信经营、正常履约所获得的合法收益，还是违规经营、使用非法手段获得的违法利益。行为人获取资力的历史信息，更应当作为社会信用信息的认定标准。除上述四项明显进步之外，履行法定义务或约定义务的状态说还具有法体系与功能方面的明显优势。法定义务或约定义务的提法直接嵌入现行的法律体系之中，部门法及其研究成果都可以巧妙融入社会信用法的构造当中。综上，现行阶段我国应坚持履行法定义务或约定义务的状态说，并加强对于“法定义务”与“约定义务”的解释以实现社会信用、社会信用信息等规范概念的精准。

（三）社会信用信息之履行义务说的内涵

采履行法定义务或约定义务状态观点，社会信用信息是指可用于识别信息主体守法、履约状况的客观数据和资料。作为规范性的法学术语，为什么必须是义务来界定社会信用与信息？奥斯丁认为，有六个基本概念是法律中的必要因素，即义务、权利、自由、伤害、惩罚、赔偿等。匈牙利法学家索姆罗（Félix Somló）在《法学基础》（Juristische Grundlehre）一书中将奥斯丁的六个主要概念归纳为四个，即权利、义务、主权、国家。他认为，这四个概念是法律秩序在逻辑上的预设因素。[17] 本文认为，义务是链接权力、权利、制裁等概念的纽带，将履行义务的状态作为社会信用信息的标准，具有理论上更深层次的含义。

1. 正当性：履行义务是对社会契约的遵守

早期一些理性自然法学派学者与启蒙思想家用社会契约的思想解释国家、权力、权利与义务的起源与关系。霍布斯认为，人是一种凶残的动物，人对人像狼一样，但理性要求和平的状态。对此，理性产生了三条训诫：第一条训诫或自然法学就是命令人们要自保存；第二条训诫就是人应当放弃他的自然权利，但自卫这样的权利除外，这一互相的权利转让被称为契约；第三条是人们应当遵守他们已经签订的契约，这就构成了正义的来源和开端。[18] 洛克认为，任何人都不应受到另一个人的政治权力的管辖，除非是经过了他的同意。当一定数量的人通过每个个人的同意而形成一个社群，每个人都把自己置于他对所有社会成员的义务之下，服从大多数人的法则。立法权威理由在于保全社会并保全社会中的每一个人。[19]

在这些理性自然法学派学者看来，个体之所以服从政府的权力乃是出于自然法则的要求，无论是霍布斯口中自然状态下人与人是“狼与狼”的关系，亦或是洛克论述中自然状态下的人与人和平、善意和互助的状态，都是不可持久和稳定的。于是，出于所有个体安全目的，每个人都基于自己的意志签订了契约，让渡出自己的一部分权利，权利与义务随即诞生。服从权力、履行义务，正是履行契约的要求。卢梭在“论法律”提到，在自然状态中一切都是公共的，如果我不曾对一个人作过任何允诺，我对他就没有任何义务，但在社会状态中，一切权利都被法律固定下来，情形就不是这样的了。我们无须再问应该由谁来制定法律，因为法律乃是公意的行为；更无须

---

⑰ 王涌：《私权的分析与构建：民法的分析法学基础》，北京大学出版社 2020 年版，第 67 – 68 页。

⑱ ［美］弗兰克·梯利：《西方哲学史》，贾辰阳，解本远译，光明日报出版社 2014 年版，第 275 页。

⑲ ［美］弗兰克·梯利：《西方哲学史》，贾辰阳，解本远译，光明日报出版社 2014 年版，第 321 – 323 页。

问何以人们既是自由的又要服从法律，因为法律只不过是我们自己意志的记录。[20] 在契约中每个个体都承诺以让渡的权利换取安全、自由、财产受保护等公共福祉。

对于契约观点，梅因曾评价说，“自然法”把“过去”与“现在”混淆起来了。逻辑上，它意味着曾经一度由自然法支配的一种“自然法”状态；但法学专家并不明白地或确信地说到过有这样一种状态存在，这种状态除了偶然在幻想黄金时代的诗歌中能发现外，的确也绝少为古人们所注意到。自然法从实际的效果讲，是属于现代的产物。[21] 言外之意，这样一个签订契约让渡权利的过程，属于法学家的“空想”。纵然存在这样一个签订契约，承诺让渡权利的过程，身处后代的个人并没有直接参与，也不存在出于自主意志的承诺之说了。对此，本文认为，社会契约的观点是一种理论上的应然构建而非实证的研究，纠结于历史上是否有这样一个订立契约让渡权利的过程，个体是否亲自参与并无意义。契约说之意义在于解释权力、义务产生与行使的目的与正当性，一方面说明个体让渡权利履行以义务在于保障公共的福祉，一方面也明确了权力的边界。它被限制在促进社会公共福利的事务之上。[22] 除非个体不想拥有这样的社会生活，否则默认个体接受了此种契约，受到契约的约束。那么对个体义务履行状态的记录自然反映了其对于契约的遵守程度，也体现了其信用的程度。

2. 判断标准：义务有效力并由制裁保障

自然法学派和启蒙思想家构建的社会契约论解释国家、社会、权力、义务的起源与行使，但在实证法学派的学者看来，也许问题并没有如此复杂。在凯尔森看来，政治或意识形态的问题都是以超越法律的前提为基础的，绝对的价值不应当进入实证法的讨论。[23] 他认为我们应当首先明确“效力”与“实效”的区别。以小偷盗窃为例，一个法律规则禁止偷窃，它规定法官必须惩罚每一个偷窃者。即使在一个具体的场合下，这一规则缺乏实效，并未

---

[20] ［法］卢梭：《社会契约论》，商务印书馆2012年版，第44-49页。

[21] ［英］梅英：《古代法》，沈景一译，商务印书馆2011年版，第49页。

[22] ［美］弗兰克·梯利：《西方哲学史》，贾辰阳，解本远译，光明日报出版社2014年版，第323页。

[23] ［奥］凯尔森：《法与国家的一般理论》，沈宗灵译，商务印书馆2013年版，第5-6页。

被适用，但却仍然是有效力的。[24] 我们无须问法律义务从何而来，法律义务存在的意义是什么，意欲实现的价值是什么，只要法律义务的规范通过合法的程度设立且尚未被废止，它就是有效力的。对于约定的义务，凯尔森还特别进行了分析。他以民法中典型的私法行为契约为例，契约是由两个或两个以上的人一致的意志宣告所构成的，由契约所创造的规范可以是个别规范或一般规范。契约创造的规范源于双方平行的意志，但本身却不是意志。纵使一方或双方当事人不再有任何相应意志时，契约规范仍然是有效力的。[25]

义务一词在法律与道德领域都同时使用，但法律义务与道德义务不能等同。在凯尔森看来，前者远比后者要复杂。当我们在道德领域使用“义务”一词时，义务的概念与“应当”是一致的，成为某人道德义务的行为只不过是他根据道德规范所应当遵守的行为而已。[26] 而法律义务虽然也意味着“应当”，但履行义务是为了避免不法行为，即成为制裁条件的行为，只有制裁才“应当”被执行。他将制裁规范称之为主要规范（primary norm），将义务规范称之为次要规范（secondary norm）用以表达制裁规范与义务规范间的主从关系。[27] 在论述法律权利时，凯尔森再次提及了义务。如果权利是法律权利的话，它就必然是对某个别人行为、对别人在法律上负有义务的那种行为的权利。法律权利预定了某个别人的法律义务。我认为权利这一陈述只具有消极意义：就一定行为来说，我是自由的，并没有什么规范使我负有做这一行为或一个相反行为的义务。权利，不过是义务的关联（correlative）。[28]

法律义务与制裁的联系使得其区别于道德义务，而法定义务与权利的关联使得其可以成为权利的某种替代性表达。在社会信用信息认定中使用义务的表达，其实就是在间接谈及权利，由于权利的行使是相对自由的，无论作

---

[24] ［奥］凯尔森：《法与国家的一般理论》，沈宗灵译，商务印书馆 2013 年版，第 105 页。

[25] ［奥］凯尔森：《法与国家的一般理论》，沈宗灵译，商务印书馆 2013 年版，第 216 页。

[26] ［奥］凯尔森：《法与国家的一般理论》，沈宗灵译，商务印书馆 2013 年版，第 106 页。

[27] ［奥］凯尔森：《法与国家的一般理论》，沈宗灵译，商务印书馆 2013 年版，第 107 页。

[28] ［奥］凯尔森：《法与国家的一般理论》，沈宗灵译，商务印书馆 2013 年版，第 127－129 页。

为或不作为，因而并不能直接反应信用主体客观的信用状态，而义务是一种约束手段，由制裁保障，行为人不履行义务将导致制裁规范的适用。对义务的履行与否会产生肯定与否定的不同评价，使得信用认定具有了可行性。

二、社会信用信息认定之法定义务规范要义阐释

（一）法定义务中“法”的范围

法定义务的履行状态是社会信用信息认定的重要标准之一。法定义务中“法”的范围应当予以明晰。魏德士认为，法律渊源（rechtsquellen）是指客观法的（能够为法律适用者所识别的）形式和表现方式。[29] 法律渊源有广义与狭义之分。广义上的的法律渊源还包括法学文献、行政、法院实践和国民的观念。广义的法律渊源也可以称为是“社会学（soziologische）的法律渊源”，狭义的法律渊源仅指那些对于法律适用者具有约束的法规范。他认为，法律渊源的类型包括：跨国与国际规则、宪法、议会法、行政法规、章程、集体法上的规范合同、习惯法、法官法、法学家法、自然法。[30] 博登海默则将法律渊源划分为正式的法律渊源（the formal sources of the law）与非正式的法律渊源（the nonformal sources of the law）。[31] 正式的法律渊源包括立法（具体形式又包括委托立法与自主立法）、条约与其他经双方同意的协议、先例；非正式的法律渊源则包括“正义”“理性与事物之性质”、个别衡平、公共政策、道德信念和社会倾向、习惯法。[32] 凯尔森则反对法律渊源，将其定性为“一个比喻性并且极端模糊不明的说法”。[33] 他更倾向于用不同的规范理论来解释“法”。总之，关于“法”的认识学者众说纷纭。本文认为，作为我国社会信用信息认定法定义务中“法”的范围与标准，应

---

[29] ［德］伯恩·魏德士：《法理学》，丁晓春，吴越译，法律出版社2013年版，第98页。

[30] ［德］伯恩·魏德士：《法理学》，丁晓春，吴越译，法律出版社2013年版，第99-117页。

[31] ［美］E. 博登海默：《法理学：法律哲学与法律方法论》，邓正来译，中国政法大学出版社2004年版，第429页。

[32] ［美］E. 博登海默：《法理学：法律哲学与法律方法论》，邓正来译，中国政法大学出版社2004年版，第427-493页。

[33] ［奥］凯尔森：《法与国家的一般理论》，沈宗灵译，商务印书馆2013年版，第203-204页。

结合法的效力与法的形式予以具体分析。

1. 正式法律渊源

我国是成文法国家，成文法形式的正式法律渊源，如宪法、法律、行政法规、自治法规、经济特区经济法规、特别行政区的法律法规、国际条约与协定、法律解释等，具备法的效力与形式要求，应当认定属于“法”的范畴。不成文法中的习惯法，应当认定属于“法”的范畴。习惯法是不成文法中常见的一种，是被国家机关认可并具有法律效力的习惯规范的总称。[34]虽然习惯法在法的外部形式上不具备成文的特征，但其经由国家机关予以认可，具有了法的效力。同时，习惯法中的义务规范与权利、不法行为、制裁等相联系，由国家强制力保障实施，具备了信用的可评价性。

习惯、政策、指导性案例、道德规范、法学理论等非正式法律渊源不应认定为社会信用信息法定义务中的“法”。（1）习惯之排除。习惯区别于习惯法，习惯不具有法的效力，行为人违反习惯并不会遭受法律否定性的评价，对于习惯的遵从也主要出于行为人内心信念与风俗之维系。习惯中虽包含有当为或不为的行为要求，但并不具有强制性。同时，习惯还包含了历史、文化的因素，存在诸多落后于时代，与现代价值观不符的行为要求，如“祖宗的祠堂女性不可进入”“嫁出去的女儿不得继承家产”等封建陋习，蕴含消极的价值导向。（2）政策之排除。政策是国家或政党为了完成一定时期的任务而制定的活动准则。它包括国家政策和政党政策。[35]政策虽然形式上成文，但不具备法的效力。（3）指导性案例之排除。指导性案例由最高人民法院、最高人民检察院、公安部分别发布或者共同发布，对各级人民法院、人民检察院、公安机关在处理类似案件时具有应当参照的约束力。[36]我国的指导性案例不同于西方的判例法制度，“遵循先例”是英美法系国家的特点。我国的指导性案例仅是参照的约束力，此种参照限于同类型案件，也并非要求所有案件达成统一的裁判结果。（4）道德规范之排除。在社会信用立法过程中，部分学者担忧社会信用立法是在搞公民的“道德档案”工程。所谓“道德档案”，就是把有违社会公德、职业道德、家庭美德等道德规范的行为，记入公民违德信息综合数据库或者类似平台，供有关部门和

---

[34] 张文显：《法理学》，高等教育出版社、北京大学出版社 2018 年版，第 88 页。
[35] 张文显：《法理学》，高等教育出版社、北京大学出版社 2018 年版，第 91 页。
[36] 张文显：《法理学》，高等教育出版社、北京大学出版社 2018 年版，第 91 页。

企事业单位参考使用。[37] 道德规范不具备法的效力与形式。道德规范是开放的，道德内容有高、中、低层次的不同行为要求。其中最低层次的道德共识之行为已被纳入法律规范之中。（5）法学理论之排除。法学理论是一个综合性、普适性概念，如单纯指代学者的研究论著，历史上西罗马帝国《学说引证法》曾承认了五大法学家的解答具有法律效力。[38] 在我国当代学者论述之法学理论不具备法的效力与形式，因而不属于“法”的范畴。

2. 非正式法律渊源的转化形式

非正式法律渊源如吸纳或转化为法律规范，则应认定为社会信用信息法定义务中的“法”。此种吸纳和转化为有两种形式：一是吸纳和转化为一般规范。习惯可经由国家机关的认可成为具备法律效力的习惯法；国家和党的政策可以转化为法律的规定，如计划生育政策的相关要求被纳入了我国的《人口与计划生育法》；指导性案例或法学原理中的裁判原理可能被后续出台的司法解释所吸纳；道德规范中的某些要求可能经由后续的立法成为一般规范。如《民法典》第184条规定的“见义勇为”免责条款；第180条的英雄烈士保护条款等。

二是吸纳和转化为个别规范。习惯的援引，如我国《民法典》第10条规定：“处理民事纠纷，应当依照法律；法律没有规定的，可以适用习惯，但是不得违背公序良俗。”这里的“习惯”属于习惯或习惯法尚存争议。[39] 即便认定为习惯，由于法官在个案中对此种不违反公序良俗的习惯进行了援引。因而，援引的“习惯”已经具有了个别规范的效力，不同于日常社会生活中的习惯。公序良俗的解释，如《民法典》第143条规定，民事法律行为有效条件之一为不违反法律、行政法规的强制性规定，不违背公序良俗。公序良俗与法律、行政法规的强制性规定相对应，可以指向必要的道德规范，使得某些道德规范在案件中成为个别的规范。但法绝非接受某种崇高伦理的标准，“善良风俗”只是从道德秩序中剪裁下来、在很大程度上被烙上法律印记的那部分。[40] 法学理论则在裁判文书等个别规范中的条文阐释与

---

[37] 罗培新：《社会信用法：原理·规则·案例》，北京大学出版社2018年版，第44－45页。

[38] 何勤华：《西方法学史》，中国政法大学出版社1996年版，第39页。

[39] 李建伟：《法源意义上的习惯与习惯法》，载《政治与法律》2021年第11期。

[40] ［德］迪特尔·梅迪库斯：《德国民法总论》，邵建东译，法律出版社2013年版，第510－511页。

说理部分起到了重要作用。

3. “个别规范”探讨

个别规范（individual norm）为凯尔森所主张。凯尔森认为，法律是一般规范（general norm），但法律并不只是由一般规范组成的。法律包括个别规范（individual norm），即：它决定了一个人在一个不重复发生的状态下的行为并从而只对一个特殊场合才有效而且只可能被服从和适用一次。既然法律按照其本性来说是规范，那为什么只有一般规范才能被认为是法律。如果从其他方面来看，个别规范体现了法律的主要特征，这些规范也必须被承认为法律。㊶依照凯尔森的标准，个别规范可包括两类：第一类为司法与行政等相关的裁判、执法行为所创设；第二类为民事主体签订的合同、制定之章程、作出的单方允诺等法律行为所创设。其共同点在于规范的内容只对特定的相对人有约束力；不同点在于前者根据一般规范结合事实作出的裁判、执法，当事人的地位不平等；后者一般规范所授权，其内容依据行为人的意思表示而定，当事人地位一般是平等的。

本文认为，司法判决、行政执法所创设的个别规范属于社会信用信息认定法定义务中的“法”。理由如下：（1）上述个别规范具备法的效力与形式要件。上述个别规范的效力源于一般规范，一般规范体现为我国成文法形式的正式法律渊源，个别规范自然具备了法的效力；上述个别规范以公开、书面、成文的形式予以传达和告知相对人，具备了法的形式。为追求适用的普遍性与稳定性，一般规范只是抽象地规定了义务要求。此种抽象地义务要求落实于现实必须通过个别规范予以个别化和具体化。制定法和习惯法，可谓只是半制成品，它们只有通过司法判决及其执行才趋于结束。㊷ 与一般规范相比，上述个别规范中的法的效力仅约束特定相对人。（2）地方性的信用条例，也将司法判决、行政执法所创设的个别规范纳入进了公共信用信息归集目录。如《上海市信用条例》第 9 条规定，列入目录的失信信息包括：……（三）拒不执行生效法律文书的；（四）适用一般程序作出的行政处罚信息……。《广东省社会信用条例》第 15 条规定，公共信用信息补充目录

㊶ ［奥］凯尔森：《法与国家的一般理论》，沈宗灵译，商务印书馆 2013 年版，第 75－76 页。

㊷ ［奥］凯尔森：《法与国家的一般理论》，沈宗灵译，商务印书馆 2013 年版，第 207 页。

限制在下列范围内：……（四）行政处罚、行政强制、行政许可、行政确认、行政给付、行政裁决、行政征收、行政补偿、行政监督检查等行政行为以及司法裁判文书、仲裁文书中反映信用主体信用状况的信息；《河南省社会信用条例》第12条规定，公共信用信息记录内容包括：……（五）生效判决认定构成犯罪的信息。（六）拒不执行判决、裁定和调解书等生效法律文书的信息。上述行政与司法行为所创造的个别规范都是公共信用信息纳入和归集的依据。至于民事法律行为所创设的个别规范，可纳入“约”的范畴。

（二）法定义务中“义务”的范围

明确了社会信用信息认定“法”的范围，还须明确“法”中哪些包含了“法定义务。”法的三要素理论认为，法的要素包括法律概念、法律原则、法律规则。法律概念是具有法律意义的概念，是认识法律与表达法律的认识之网上的钮结，即对各种有关法律的事物、状态、行为进行概括而形成的法律术语。[43] 在法律原则与法律规则中都包含了法律概念，法律概念在其中起到表达、认识和提高法律合理化程度的作用，但并不直接创设法定义务内容。故以下就法律原则与法律规则展开论述。

1. 法律原则具体化创设的义务

对于法律原则是否存在及如何定义，法学家之间曾产生过影响广泛的争论。具有规范法学倾向的学者通常否认或不重视法律原则的存在及其作用，而具有价值法学倾向的学者则常常重视法律原则的存在及作用。[44]《布莱克法律词典》对法律原则的解释是：法律的基础性真理或原则，为其他规则提供基础性或本源性的综合性规则或原理，是法律行为、法律程序、法律决定的决定性规则。原则又被称为一般条款，规范则往往与规则互换使用。在埃塞尔的用法中，法律原则之于法律规范，有如内容之于形式。阿列克西则认为规则与原则的分别，只是两种规范类型的分别。总结起来，对于原则与规则存在实质差论和程度差别论，但对于二者之区别法学家予均以认可。[45]

原则并不直接创设“法定义务”，因而不应纳入社会信用信息认定法定义务的范畴，但法律原则的具体化，即在司法与行政相关裁判、执法中形成

---

[43] 张文显：《法理学》，高等教育出版社、北京大学出版社2018年版，第113页。
[44] 张文显：《法理学》，高等教育出版社、北京大学出版社2018年版，第119页。
[45] 朱庆育：《民法总论》，法律出版社2017年版，第44页。

的个别规范中的解释与适用，可以认定为“法定义务”。理由如下：(1) 法律原则的结构中并不直接包含作为或不作为的行为模求，缺乏具体的义务要求。法律原则的内容具有开放性，并不假定某一种情形下，行为人应当作为或不作为，因而更多体现的是价值导向或立法的精神。此种价值导向和立法精神须经过个案的解释后方得以具体化适用。如公序良俗原则要求行为人的法律行为不得损害公共秩序与善良风俗，否则将产生法律行为无效的后果。“公共秩序”与“善良风俗”本身即为开放性的概念，只有在个案中方得以明确。(2) 不同的法律原则之间可能存在紧张关系，只有通过具体化地解释适用后，此种紧张关系才得以被消解，义务才得以产生。不同的法律原则内在存在着紧张关系，如诚实信用原则、公序良俗原则、公平原则是对意思自治原则的限制。[46] 在个案中，不同的原则之间同样出现“冲突”，典型如泸州“二奶”继承案。当事人的遗嘱自由体现了意思自治原则，但将个人财产通过遗嘱方式赠与“二奶”则有悖于社会大众的善良观念。意思自治原则与公序良俗原则存在紧张的关系。[47] 此时，法官的裁判更多出于利益均衡的角度，只有通过法官的价值补充和利益衡量后，选择了维护公序良俗的立场。该案中当事人的权利与义务才得以明确。(3) 法律原则适用被严格予以限制，只有经具体化后方具有强制的效力。法律原则通常适用于规则空白、规则冲突的情形，在上述情形中由于缺乏行为要求或者要求相冲突必须借助于法律原则的解释予以个案适用。也只有通过个案具体化后的法律原则，其明确之义务才具有了强制的效力。法律原则的具体化还体现为法律规则的创设和形成，如德国法上“暴利行为”规则即源于善良风俗原则。[48] 但此时创设义务并具有强制效力的是暴利行为规则而非善良风俗原则。

2. 法律规则创设的义务

明确了社会信用信息认定法定义务中“法”的范围，但并非法中的所有规则（规范）都能包含法定义务。关于法律规则和法律规范是否为同一概念，学界有争议，这里权且作为同一概念使用。[49] 对于规则的分类，魏德

---

[46] 谢潇：《公序良俗与私法自治：原则冲突与位阶的妥当性安置》，载《法制与社会发展》2015 年第 6 期。

[47] 于飞：《公序良俗原则研究——以基本原则的具体化为中心》，北京大学出版社 2006 年版，第 211 页。

[48] 杨德群：《公序良俗原则比较研究》，中国社会科学出版社 2017 年版，第 35 页。

[49] 朱庆育：《民法总论》，法律出版社 2017 年版，第 44 页。

士认为典型的规则内容包括权利分配规则、权限规则、辅助规则与定义规则、法律参照与拟制、法律推定。[50] 凯尔森则将规则划分为强行规则与禁止规则。朱庆育认为，民法规则的传统分类包括任意规则与强制规则，强行规则、许可规则与授权规则。其中，强制规则若以当事人行为为规制对象，可再分为强行规则与禁止规则。[51] 张文显认为，依照法律规则的内容可将其分为授权性规则、义务性规则和权义复合性规则，而依据法律规则的强制性程度可将其分为强行性规则与指导性规则。[52]

二要素说将法律规则的结构分为行为模式、法律后果两部分。行为模式是指法律规则中规定人们可以作为、应该作为、不得作为的行为方式，它可以是课以义务的，也可以是授权的。法律后果是指法律规则中指示可能的法律结果或法律反应的部分。[53] 以行为模式、法律后果二要素观之上述规则的分类：强行规则指令当事人应为特定行为，而禁止规则消极地禁止某项行为。强行与禁止，对应了义务的作为与不作为方式，可纳入义务规则与强制规则的范畴。授权规则的功能在于授予特定之人以法律权力，并据以创造或适用法律规则。如立法机关被授予立法之权，法律主体享有之所有权等。[54] 权利分配规则、权限规则可纳入授权规则范畴。任意规则对行为人无拘束力，当事人可以依其意志排除系争规定之适用或修正其内容。[55] 绝大多数义务性规则属于强行性规则，指导性规则只有指导意义而不具有强行性，这是一种命令性较弱的义务性规则。[56] 当事人完全可以凭借自主意志，排除此种“指导”，故指导性规则可纳入义务性规则与任意性规则的范畴。定义规则无独立之权力内容，暂且不表。法律参照，指全部参照其他规则或者只参照其法律后果，规则的性质依被参照的规则性质而定。拟制与法律推定则属法律技术，应结合情况具体定性。

---

[50] ［德］伯恩·魏德士：《法理学》，丁晓春，吴越译，法律出版社2013年版，第62－64页。

[51] 朱庆育：《民法总论》，法律出版社2017年版，第54－55页。

[52] 张文显：《法理学》，高等教育出版社、北京大学出版社2018年版，第117－119页。

[53] 张文显：《法理学》，高等教育出版社、北京大学出版社2018年版，第116页。

[54] 朱庆育：《民法总论》，法律出版社2017年版，第58－59页。

[55] 朱庆育：《民法总论》，法律出版社2017年版，第50页。

[56] 张文显：《法理学》，高等教育出版社、北京大学出版社2018年版，第117－119页。

本文认为，对于社会信用信息法定义务判断具有意义的规则，从行为模式上可分为授权规则与义务规则，从法律效果的强制程度可分为强制规则与任意规则。权利、义务、责任存在结构上的关联性：（1）一方之权利即是相对方之义务。在权利的范围内，权利人得以享有行为的自由，而相对人享有尊重并不得侵害之义务。（2）权利范围之外是他人行为自由，即他人的权利。权利人行使权利超出必要的范围，则相对人不再承担与其对应的义务。超出的权利的范围，是他人行为之自由。任何人承担不得侵害之义务。（3）责任属于第二性的义务，行为人违反第一性的义务将导致第二性义务，即责任的产生。[57] 法定义务的范围应结合规则的内容与强制程度进行判断。

第一，除义务规则外可通过授权规则识别法定义务。授权规则是指示人们可以作为、不作为或要求别人作为、不作为的规则，特点是为权利主体提供一定的选择自由，对于权利主体来说不具有强制性。[58] 授权规则所授之权，可分为公法上的权力与私法上的权利两类，结合权利与义务的关联性可知：就公权力而言，其产生和行使必须出于法律的明确规定，“法无明文规定不可为”。宪法赋予了国家机关相应的立法权、行政权与司法权，基于上述权力所产生的规范性法律文件与具体行为，对应了公民遵从的法定义务，超出权力之范围为公民之自由。宪法同时规定了公民的基本权利，如人格尊严不受侵犯、人身自由、言论自由、举报监督权、选举与被选举权、受教育权等，公民之基本权利对应了国家机关的法定义务。私法上之权利依照不同标准可划分为人身权与财产权，支配权、请求权与形成权，绝对权与相对权。人格权与物权属于绝对权，任何第三人负有不得侵害之义务；债权可分为合同之债、侵权之债、无因管理之债、不当得利之债。其中，侵权之债、无因管理之债、不当得利之债属于法定之债，当事人不能通过意思表示排除适用。同时，当事人对于违约责任的承担没有约定的，适用法定的违约责任。上述情形，债权人享有请求权，债务人承担履行之义务，都可纳入法定义务的范畴。

第二，任意性义务规则应排除在法定义务之外。义务规则规定为特定条件下行为人当为或不为的行为内容。法定义务的标准一方面可从授权规则中

---

[57] ［英］哈特：《法律的概念》，许家馨，李冠宜译，法律出版社 2011 年版，第 75 页。

[58] 张文显：《法理学》，高等教育出版社、北京大学出版社 2018 年版，第 117 页。

予以识别，另一方面也可以通过义务规则直接予以规定和明确。除去定义规则、参照规则等具有辅助功能的规则外，法律规则的体系无外乎就是由授权规则与义务规则构成的。从法律规则的结构上来看，无论是授权规则或义务规则，都只是规定了“行为模式”而未确定其“法律效果”是否具有强制性。违反义务规则会产生否定性的法律评价，但此种否定性法律评价并不必然伴随对行为人的强制效力。如我国《民法典》第1043条之“家风和谐”规定。[59] 该条之表述中包含了应为的行为要求，但此种行为要求是一种指导性的，并不具备强制执行的效果和可能，属于任意性的义务规则。类似此种规则，应排除在法定义务的范围之外。

三、社会信用信息认定之约定义务规范要义阐释

（一）“约定义务”的独立价值

传统法律理论以一般性与抽象性为法律规范的特点。德国通说认为，法律行为，包括契约、社团章程等都不构成民法的法源，原因在于法律行为并不是法律规范。凯尔森却认为，法律行为具有规范创制的能力，属于个别规范。一般规范并非法律规范的全部。[60] 在这里明显出现了对法认识的两种观点，依照凯尔森的观点，个别规范由一般规范创设适用，将约独立于法似乎并无特别必要，广义的法定义务自然包含了约定义务，其共同点在于：（1）从社会基础上来看，约定义务与法定义务都带有承诺的意蕴。社会契约论解释了法定义务的起源，公民义务之承担源于为确保安全与公共福祉而对政府的权力让渡。在未让渡的权利范围内，平等主体之间依照私法自治的精神自行处理各自的事务，约定义务广泛存在于市民社会，与公权力的行使领域相对立，构成对政府权力的限制。但不管是法定的义务还是约定的义务，都出于行为人基于自由意志的承诺。（2）从效力上来看，约定义务与法定义务本身都是有效力的。约定义务由个别规范所创设，而个别规范源于一般规范创设；法定义务由一般规范所创设，具体化于裁判、执法创设的个别规范中。只要上述义务所产生的规范依据没有通过正当的程序废止，约定义务与法定

---

[59] 参见《民法典》第1043条规定：“家庭应当树立优良家风，弘扬家庭美德，重视家庭文明建设。夫妻应当相互重视，相互尊重，相互关爱；家庭成员应当敬老爱幼，相互帮助，维护平等、和睦、文明的婚姻家庭关系。”

[60] 朱庆育：《民法总论》，法律出版社2017年版，第42页。

义务本身都是有效力的。(3) 从结构上来看，约定义务与法定义务中都包含了作为或不作为的行为模式要求，都包含了特定的法律后果。行为人对于义务的履行状态具有法律的可评价性，对于强制性约定义务与法定义务的违反都将导致第二性义务，即责任的产生。责任的承担由国家的强制力予以保障和实施。本文认为，尽管约定义务与法定义务存在共同点，但约定义务有自身的特殊性与独立的价值。在社会信用信息认定中应区别于法定义务标准。

法律实践与社会之通识已习惯将“约”区别于“法”。虽凯尔森通过规范理论将个别规范纳入法的范畴，法律行为所创设之约也是法，但此终究为一种理论构造与解释路径。法律实践与社会之通识已习惯将“约”与“法”相区别。譬如，某快递公司由于交通拥堵而未能及时送达相应货物，我们通常评价该行为是违约，即快递公司违反了与当事人签订的运输合同准时送达的内容要求。深层次思考，才会意识到该行为同样违反了我国《民法典·合同编》有关运输合同的相关规定，应当承担法定的违约责任。作为“约”的合同与作为民法典中运输相关规则同时存在的前提下，我们先想到的是合同这一个别规范而非民法典中的一般规范。

“约”由当事人的法律行为所创设，“约”的内容具有多样性。法定义务是具体、明确的，而“约”的内容取决于当事人的意思表示，由法律行为创设。《民法典·总则编》第143条对于法律行为的生效仅作主体适格、意思表示真实、不违反法律、行政法规的强制性规定，不违背公序良俗三项限制，而对于约的具体内容则没有限制。《民法典·合同编》对于合同内容与形式之要求多为任意性条款，当事人既可以选择适用，也可以排除适用。在有名合同外，当事人还可以自行创设无名合同，参照性质最相近的有名合同与合同通则规定进行处理。在违约责任承担方面，意定的违约金优先于法定的违约责任进行适用。法定义务确立了社会行为的基础，而“约”的内容多样性，最大限度地保障了个体需求的实现。

现代社会以市场经济为基础，“约”的理念与信用文化是市场经济的本质属性。信用意识源于“约定必须遵守”的法谚。它要求契约订立者必须诚实不欺，遵守约定，不能擅自违背自己的诺言。市场经济从本质上讲就是信用经济，建立在信用基础上的市场秩序也是契约精神所要努力达致的结果。[61] 长期以来，我国社会普遍存在重视法定义务，轻视约定义务的风气。

---

[61] 顾敏康，肖伟志：《社会信用法概念》，中国计划出版社2021年版，第19－20页。

原因在于法定义务的背后体现了国家意志，由公权力介入并创设。对于拥有数千年封建中央集权传统与思想的中华文明而言，任何公权力的背书都使得普通民众颇为忌惮。在不流动的农耕社会中，借助于民间契约基本上就可以发挥信用功能，这种功能的发挥主要与乡土社会的不流动以及人与人之间的相互熟悉有关。[62] 而现代社会中的人成为独立的“原子”，人与人之间陌生关系使得守约的成本变得极高。一方面，违约应当承担相应的违约责任，但维权须花费当事人巨大的时间、精力、财力、物力，很多当事人权衡之下会放弃维权，自认“倒霉”。另一方面，由于信息的不对称，违约行为得不到广泛披露，进一步增加了违约人的投机心理。

综上所述，约定义务相对法定义务具有特殊性，在社会信用信息认定中应区别于法定义务标准予以独立，并与社会信用制度相结合发挥重要作用。

（二）“约定义务”标准与范围

1. 约定义务中“约”的特殊标准

“约”的含义甚广，狭义的“约”仅指契约，即合同。合同有单务合同与双务合同之分，均包含了约定义务。合同系典型的双方法律行为，除此之外，单方法律行为中亦包含了当事人特定的意思表示，可创设义务内容，如发布悬赏广告。除财产性的法律行为外，带有身份与伦理性的法律行为中也可包含义务。如缔结婚姻的约定、制定遗嘱等。自然人的法律行为外，社团通常还可以制定章程，形成决议，章程与决议之内容对于社团成员具有约束力。除法律行为外，近年来在社会治理过程中，国家机关与市场主体还鼓励行为人进行主动的信用承诺。如利用信用承诺简化市场主体在申请市场准入时的手续，降低制度性交易成本，激发市场活力。生活中还存在众多约定俗成的习惯与做法，日常还广泛存在共同协商、约定行动之行为。上述内容是否都应纳入“约定义务”范畴，颇值得思考。

本文认为，社会信用信息认定之约定义务判断，应遵循两项标准：（1）约定义务之法的效力性。“约”之所以产生源于法的授权，作为个别规范的“约”，效力来源于授权的一般规范。一般规范之授权并非毫无条件与限制。只有在一般规范的授权范围内，符合其限定的条件，“约”才具有法的效

---

[62] 翟学伟：《中国社会信用：理论、实证与对策研究》，中国社会科学出版社 2017 年版，第 89 页。

力。如我国《民法典·总则编》第143条规定，具备主体适格、意思表示真实、不违反法律、行政法规的强制性规定，不违背公序良俗。上述三项要件欠缺，将导致法律行为效力待定、可撤销与无效之法律后果。其中，民事行为能力与意思表示真实的已为《民法典》明确规定；不违反法律、行政法规的强制性规定属于参照条款，应参考刑法、行政法规等的相关规定；不违反公序良俗则属于开放性的条款，公序良俗之内容应结合个案予以认定。欠缺上述生效要件的约及其所包含的义务，不具有法的效力。（2）约定义务包含作为或不作为的行为要求，并具有强制性。约定义务的内容是双方当事人约定的特定条件下应当作为或不作为的要求。此种作为或不作为既可能是单方的，也可能是双方的。不包含任何应当作为或不作为的行为要求不属于约定义务；作为或不作为取决于当事人自由选择，属于约定权利。“应为”具有强制性，违反作为或不作为的行为要求将导致违约责任的产生。当然，违约人的违约责任是否最终承担取决于当事人是否向法院或仲裁机构提出主张，但这属于实然层面的问题，不否定约定义务本身的强制性。

2. 约定义务中“义务”范围

结合约定义务法的效力与强制性标准对现行之“约定义务”进行分析，可以得出如下结论：第一，涉及纯粹财产关系的合同义务属于约定义务。《民法典·合同编》第464条第1款规定，合同是民事主体之间设立、变更、终止民事法律关系的协议。表述排除了婚姻、收养、监护等有关身份关系的协议，与人身性协议区分是我国《民法典》对于合同的基本定位，其主要内容为财产关系的调整。当事人以合同形式对纯粹的财产利益进行自由支配，符合法律行为生效要件的，应认定为约定义务。

第二，涉及婚姻、收养、监护等有关身份关系的协议是否属于约定义务应具体区分。婚姻、收养、监护中可能同时涉及人身关系与财产关系。对此，《民法典》第644条第2款规定，婚姻、收养、监护等有关身份关系的协议，适用有关该身份关系的法律规定；没有规定的，可以依据其性质按照适用本编规定。这里“依据其性质”即应对上述身份关系协议内容的识别，只有财产关系的处理才可参照合同通则规定予以处理。原因在于人身关系与伦理密切联系，当事人的个性化约定极易与法律原则、公序良俗等一般性条款发生冲突，从而失去法的效力。譬如，夫妻双方在结婚时签订协议，若一方出轨导致离婚则出轨方“净身”出户。类似协议，因违反婚姻自由原则应认定无效，不属于约定义务。反之，若身份协议符合法律的规定，不违反公序良俗则应认定该协议有效，所创设之义务属于约定义务。单方民事行为、社团章程、决议行为与此同理，涉及财产关系的合同义务属于约定义务；涉及身份关系的协议义务应具体认定。

第三，信用承诺可以视为单方法律行为，纳入约定义务范畴。信用承诺广泛运用于当前的社会治理过程中，既可能发生在平等的民事主体之间，如行业信用承诺、市场信用承诺；也有可能发生在不平等的主体之间，如政府机关对于信用承诺主体的“容缺办理”程序。虽然法律行为主要运用于民法，但民法上的“法律行为”不可能作为一个最上位的概念，用来描述和解释一切法律部门的行为现象。广义的法律行为应是各法律部门中的行为现象的高度抽象。[63] 平等主体之间的信用承诺，若承诺主体适格、意思表示真实、不违反法律与行政法规强制性规定、不违反公序良俗应认定有效，准用单方民事法律行为进行解释，信用承诺之内容构成对己方的约定义务；而不平等主体之间的信用承诺，可以视作其他部门法律行为予以解释，所创设之义务纳入约定义务。

第四，习惯所创设之义务不是约定义务。习惯之形成受历史与文化的影响，形式各样，习惯所要求之行为内容可能是模糊的。如全国各地都有娶亲“送彩礼”的风俗习惯，但彩礼的金额与形式并不统一，因此行为的具体内容难以统一。除此之外，习惯本身并不具有法的效力，习惯所创设之义务并不能通过强制予以保障实施。因此，习惯所创设之义务不是约定义务。习惯可以被吸纳或援引成为合同、协议、章程、决议、承诺等法律行为的内容。如部分家族观念浓厚，往往在家族内部吸纳历史风俗制定了相关家族宗法，在不违反公序良俗的情形下，应认定其所创设义务属于约定义务。

第五，情谊行为所创设之义务不属于约定义务。除法律行为外，日常生活还广泛存在人与人之间的情谊行为。如朋友之间约定在特定的时间、地点聚餐，由某人请客“买单”；基于方便缘故，请求友人捎带、寄送物品等。上述情谊活动中虽包含特定行为人作为或不作为之要求，但当事人之间并没有创设法律关系之意图，不宜认定为约定义务。区分情谊行为与法律行为所创设义务区别，有利于保障人们日常的行为自由。

---

[63] 张文显：《法理学》，高等教育出版社、北京大学出版社2018年版，第141－142页。

四、结语

党的十九届四中全会将“完善诚信建设长效机制，健全覆盖全社会的征信体系，加强失信惩戒”作为“坚持以社会主义核心价值观引领文化建设制度”的重要内容，是“坚持和完善繁荣发展社会主义先进文化的制度”的重要组成部分。信用治理作为现代国家的新型治理手段，能够有效弥补传统治理方式的不足。社会信用信息贯穿了社会信用信息建设的各个环节，明确社会信用信息的规范要义与类型，有利于从从根本上扎实社会信用体系建设的理论根基，服务于信用治理的现实需要。未来，社会信用信息认定与各项标准仍应坚持在法秩序范围内解释，并逐步实现精细化。

法学教育改革研究

德法兼修融入法学本科教育的路径研究*

张立平**

摘　要：法学本科教育是培养各类法学专门人才的基础性环节，“德法兼修”对于法学专门人才树立正确的思想政治信念和良好的道德品格养成具有至关重要的地位。但目前存在对于“德法兼修”基本内涵的认识不尽全面，专题培训尚未普及，内容体系建设不够完整，课程设置参差不齐，实践环节较为薄弱，监控指导评价未尽严格等方面不同程度的问题。“德法兼修”具有教学主体的双重性，思政课程与课程思政的二维性，过程的动态性和环节严密性，以及实施的系统性等基本内涵。为此，需要依循主体、内容、过程、实效的路径和系统性角度予以较为全面的审视，并采取相应的对策。具体包括提升师资队伍“德法兼修”素养的主体保障，完善“德法兼修”知识内容建设的传授保障，严密环节上的“德法兼修”实施过程保障，加大设施场地基地建设的践行“德法兼修”物质保障，加强教学管理的践行“德法兼修”机制保障等。

关键词：德法兼修；法学本科教育；路径选择

法学本科教育是法学类高等教育的基本组成部分，是培养各类法学专门人才的基础性环节，对于法学专门人才树立正确的思想政治信念和良好的道德品格养成具有至关重要的地位。德法兼修是法学本科教育应有的题中之义，也是我国《高等教育法》所规定的人才培养目标在法学人才培

---

* **基金项目**：本文系湘潭大学课程思政教学改革研究专项项目：“德法兼修融入法学本科教育的路径研究”。

** **作者简介**：张立平，湘潭大学大学法学院教授，博士生导师。

养方面的内在规范性要求，① 更是习近平法治思想全面推进依法治国在法学人才培养上的内在政治性要求。但是，目前对于德法兼修融入法学本科教育鲜有专门的理论探讨，在知网中以“德法兼修法学本科”为关键词搜索，显示的专门性论文为零。因此，有必要通过“德法兼修”的概念厘定，充分认识德法兼修的基本内涵，针对存在的不足，探寻其融入的具体路径。

一、“德法兼修”融入法学本科教育存在的问题

法学人才培养具有多个层次，包括本科教育、研究生教育等，且每一层次尚可细分为多种形式或多个层面，因此“德法兼修”融入法学本科教育仅是其融入学历教育的一个层面，有其自身的特殊性。法学本科教育是法学专业的入门性教育，对于法学专门人才培养对象在正确的信念树立和良好的品格养成上具有“扣好第一粒扣子”的特殊地位和重要意义，但在实践中仍然存在一定的差距。

1. “德法兼修”基本内涵认识不尽全面

“德法兼修”融入法学本科教育首先需要明确其基本的内涵，但在诸多的论说或实践性描述中阙如，这就难免在“德法兼修”融入上缺乏内涵上的指引性和系统性，挂一漏万，或顾此失彼。虽然从实施的系统性而言，各种条件的满足与实施步骤的跟进未免受到各种主客观因素的制约，有一个先后相对的过程，但对于其基本内涵清晰认识，是及时发现其中存在的问题并有效寻求相应对策的理论先导。

2. 师资队伍“德法兼修”专题培训尚未普及

“德法兼修”对于师资人员的自身信念、品格养成、知识含量和教育技能均提出了更高的要求。它要求教师队伍更加广泛地树立中国特色社会主义信念及其法治信念，对马克思主义基本原理及其运用于法学学科有更好的掌握，对习近平法治思想、党的路线、方针政策有更加深刻的理解和及时的了解，对教学内容的灌输有更多更好的技巧等。而这些均需要有一定的专门培

---

① 《中华人民共和国高等教育法》第 4 条规定：“高等教育必须贯彻国家的教育方针，为社会主义现代化建设服务、为人民服务，与生产劳动和社会实践相结合，使受教育者成为德、智、体、美等方面全面发展的社会主义建设者和接班人。”第 5 条规定：“高等教育的任务是培养具有社会责任感、创新精神和实践能力的高级专门人才，发展科学技术文化，促进社会主义现代化建设”。

训。目前此类培训的内容主要包含在一般的师资队伍培训中，如“双带头人培训”“马工程课程培训”。前者不具有培训的专门性，后二者则不具有培训对象的普遍性。

3. 教材建设“德法兼修”内容体系不够完整

主要表现在两个方面。一是近年来虽然在中宣部、教育部的重视和组织下，编写了部分“马工程”教材，但在教材的体系上尚主要局限于思政性课程，以及法理学、宪法学及其他部分专业主干课程，不能较为全面地满足“德法兼修”的现实需要。“德法兼修”在其教材的体系性上应当涉及更多的课程，可以说任何课程都涉及“德法兼修”的内容。目前各门具体学科的教材在其教材体系中的定位实际上是与法学的具体学科分类标准相一致的。例如按照部门法标准，“法律文书”“律师法学”等方面的教材由于其学科内容的交叉性与综合性，即处于边缘学科的地位而一时难以纳入马工程教材的编写视野，但实际上对于法治信念培养，专业知识的全面掌握都具有非常重要的作用。二是在已经编写的“马工程”教材中，虽然在体现“德法兼修”方面有了较大的改进，但对于马克思主义基本原理、社会主义核心价值观、习近平法治思想等在具体法律制度或规范方面的运用和阐释仍有较大差距，有的教材主要是在绪论部分有所概括性阐释。

4. 课程设置体现“德法兼修”参差不齐

“德法兼修”不仅需要教材的内容系统性满足，也需要课程设置的系统性满足。但是，一些在目前学科分类中被视为比较边缘的课程，如“法律文书”“律师法学”“仲裁法学”“公证法学”“调解法学”等课程内容对法律职业操守的培养，法学专业知识乃至思政知识的综合运用，以及法律职业技能训练具有至关重要的作用，在一些法学院校却未予开设。这既影响到法学专业基础知识的全面掌握、必要的技能训练，也影响到信念和品格的有效培养。

5. 实践教学环节践行“德法兼修”较为薄弱

法学教学中的模拟法庭训练，实务部门的实习环节等，对于学生的正确信念树立和良好品格养成具有重要的践行性意义和作用。但是目前由于有的法学院校招生规模较大与师资力量的相对不足，场地建设的资金不足，实践基地建设的滞后等多方面原因，这些环节的教学往往遭遇一定的困境，或模拟训练缺乏场地难以有效开展，或实务部门的实习时间得不到保障，缺乏学校专业老师的及时指导等。

6. 教学管理层面“德法兼修”监控指导评价未尽严格

“德法兼修”涉及“教”与“学”两个方面，且各个方面均有一系列的环节组成，并受诸多条件的制约和影响，其在具体教学环节落实是否扎实，取得实效如何，存在哪些不足，需要法学院校教学管理层面的及时监控、指导和评价，并根据问题发生的原因，采取必要的对策。目前法学院校教学管理层面对“德法兼修”大都在理念比较重视和强调，但在具体的管理环节和措施方面仍有不够到位之处。对于思政课程、课程思政元素一般是在“教师课堂教学质量评价表”中作为课堂评价的主要内容之一，但在本科教学质量监控体系中缺乏专有细致的考核评价指标，本科教学督导环节对教师落实课程思政关注仍有不足，对切实贯彻德法兼修应有的人员与物质条件未予足够重视，及时排除等。

二、“德法兼修”的概念厘定

这些问题的有效解决首先需要厘定“德法兼修”的概念，明确其应有的基本内涵，进而探寻其有效的解决路径。“德法兼修”是习近平总书记2017年5月3日五四青年节来临之际考察中国政法大学重要讲话中提出的一个概念。习近平总书记强调：“全面推进依法治国是一项长期而重大的历史任务，要坚持中国特色社会主义法治道路，坚持以马克思主义法学思想和中国特色社会主义法治理论为指导，立德树人，德法兼修，培养大批高素质法治人才。”习近平总书记并在2020年11月16日至17日召开的中央全面依法治国工作会议上强调：“必须坚持建设德才兼备的高素质法治工作队伍，要加强理想信念教育，深入开展社会主义核心价值观和社会主义法治理念教育，推进法治专门队伍革命化、正规化、专业化、职业化，确保做到忠于党、忠于国家、忠于人民、忠于法律。”尽管习近平总书记在不同时期的表述有所侧重，但都共同指向“德法兼修”的法治人才培养理念，为进一步改革法治人才培养机制指明了方向。② 概念是反映事物本质属性的思维形式。“德法兼修”的定义，应当准确地反映德法兼修这一事物的本质属性，才能准确地揭示其基本内涵。既然“德法兼修”这一概念是习近平总书记在面临全面推进依法治国这一重大历史任务的时代背景下提出，因此如何理

② 刘谢慈，方媛：《“德法兼修”理念下高校法治人才培养机制的逻辑进路》，载《湖南工业大学学报》2021年第4期。

解“德法兼修”，也必须围绕习近平总书记这一讲话的特定时代背景和重要精神，而不能停留于一般道德意义上的泛化理解。

习近平总书记的讲话报道后，引起了法学高等院校的普遍关注和实践探索，并有不少论说，但对于“德法兼修”鲜有较为明确的定义。如有的论者指出“我国的法学教育和法治人才培养，要正视如何培养社会主义建设者这一根本任务，既要注重学生知识技能的培养，也要注重学生理念信念和职业伦理的教育”。③ 有的认为“无论是‘立德树人’还是‘德法兼修’，德育居于首要地位，具有把握方向、造就灵魂、塑造人格的重要功能”。为此，需要“在教育教学中以培树道德伦理和厚植理想信念为目标，大力推进‘课程思政’”。④ 有的认为德法兼修，需要“学校传承‘以民族大义为重、以人民利益为先’的红色基因”。⑤ 有的认为需要“坚持‘一课双责’，要求教师既要传授专业知识，又要进行价值引领，多措并举推进‘思政课程’向‘课程思政’转变”。法学专业教师要按照习近平总书记的要求要带头践行社会主义核心价值观，追求言为人师、行为世范，用自己的实际行动引导带动学生。⑥ 这些论说或实践探索从不同侧面或层面指出了“德法兼修”在人才培养上的方向性功能以及课程思政、红色基因传承、教师知行合一等某些具体内涵，对德法兼修的深入理论研究和实践探索提供了不少启示，但并无明确的概念厘定。

对一个事物予以明确的定义，未免仁者见仁智者见智，且与具体学科视角以及需要论说的主题和内容等有关。从语词结构来看，德法兼修，应当包括以下三个方面的内容，一是道德之修，二是法学之修，三是二者之间的内在关系。从其所应蕴含的基本内涵来看，则不能离开习近平总书记提出这一理念的时代背景和深刻精神要求。道德之修属于意识形态范畴，着重于信念树立和品格陶冶，法学之修属于专业学科范畴，着重于法学专业知识学习和

---

③ 卢春龙：《“四型人才”导向的“四跨”——中国政法大学法治人才培养新模式》，载《政法论坛》2019年第2期。

④ 梁平：《德法兼修：新时代卓越法治人才培养的实践进路探索》，载《河北法学》2021年第3期。

⑤ 张国圣，宋龙华：《红色领航 德法兼修——西南政法大学推动党史学习教育走深走实》，载《光明日报》2021年11月30日，第005版。

⑥ 胡明：《创新法学教育模式培养德法兼修的高素质法治人才》，载《中国高等教育》2018年第9期。

技能训练。道德之修决定着“为谁培养人，培养什么样的人，怎样培养人”等法学专门人才培养上的政治性目标与方向；法学之修决定着法学知识熟悉，法律职业技能掌握程度等法学专门人才培养上的专业质量。但二者之间具有既相区别又紧密联系，不可截然分割的辩证统一关系。首先，德是先导，是法学专门人才培养质量在信念和品格层面的保证，德的修为需要贯穿法学或法律专业知识培养的始终。法学人才的专业质量内在地包含着德的修为需要，离开德的修为的专业质量往往是半截子的，未免难以真正保证人才的社会有益性。这是因为德是行为的先导，专业知识和技能只是个体生存发展和为社会提供服务的工具，而如何运用这些工具，势必受行为主体自身的观念所主导和指引。并且，“德”作为一种观念层面的事物，又具有历史性、时代性和阶级性，以及不同层面的含义。有什么样的德，决定着法学专门人才具有怎样的信念和品格，并在其未来的专业性工作中在根本上为谁服务和怎样提供服务。我国当前处于社会主义初级阶段，以社会主义公有制为主体，多种经济成分并存，共同发展，这就要求我国法学专门人才培养所秉持的德，必须是马克思主义指引下的社会主义的德，并在具体内容上契合社会主义初级阶段经济基础的现实需要，建设中国特色社会主义的现实需要，全面推进依法治国的现实需要，并具化为法学学术伦理、法律职业伦理与相应规范。概言之，德为先导，也就是法学专门人才培养必须以中国特色社会主义制度在法治领域应有的信念和品格要求为先导，遵循与之相应的职业伦理与规范。其次，法学专业之修本身即内含着一定的道德要求。法律作为一定国家、一定时代统治阶级调整社会利益关系的产物，总是产生于一定的社会经济基础，执行一定的社会控制或治理职能，并为维护一定的统治阶级根本利益服务，因而也总是以一定的统治阶级所提倡和认可的意识形态为前提。法学作为一定法律制度的话语阐释系统亦然。我国的法律制度以根本大法宪法为依据，而根本大法是在马克思列宁主义、毛泽东思想、邓小平理论、“三个代表”重要思想、科学发展观、习近平新时代中国特色社会主义思想指引下，中国共产党带领中国人民进行革命、建设和改革的经验反映及其在国体、政体上的根本或基本制度设定。也就是说，我国法律制度从意识形态到根本大法到各种具体法律制度，都必须在国家根本理念及其方法论上具有内在的逻辑一致性，作为法学话语体系也必须正确地反映这种内在的逻辑一致性。这种逻辑一致性表明，我国法律制度及其话语体系应当内在地包含着对于法学专门人才培养在信念和品格上的相应内容与要求。在这一意义上，法学的专业之修，也同时包含着相应的道德之修，专业之修的质量也势必从另一方面影响着道德之修的质量。

以上可见，“德法兼修”可以定义为：法学专门人才培养应当秉持道德修为与法学专业知识及技能掌握并重，努力使受培养者成为具有中国特色社会主义法治信念及其相应职业伦理素养，品格优良，法学知识扎实，技能过硬的高素质法治人才。

三、“德法兼修”的基本内涵

“德法兼修”有着丰富的内涵，其内涵也可从不同视角予以分析和界定。

1. 从主体视角来看，“德法兼修”具有主体双重性

如果仅从法学教育的目标与对象而言，德法兼修针对的是受教育者。但是，法学教育包括“教”与“学”两个层面，“教”服务于“学”，“学”来源于教，“教”的质量直接影响着“学”的质量。而教的质量又取决于教育者群体，“德法兼修”也就首先要求教育者不仅具有扎实的法学根底和专业技能，而且自身在“德”的方面具有良好的修为，尤其是能够做到“知行合一”。如果教育者自身没有树立起坚定的社会主义法治信念，在各种错误思潮面前迷失方向，或者说一套，在具体的法律实践中又做一套，就势必对受教育者产生不良的影响。因此“德法兼修”具有教与学的主体双重性。

2. 从内容视角来看，“德法兼修”具有思政二维性

所谓思政二维性，也就是思政课程与课程思政在法学专门人才培养中不可或缺，二者同等重要。思政课程着重于法学专门人才对马克思主义基本原理和方法，社会主义核心价值观，中国革命和建设历史，党的路线、方针政策，尤其是习近平法治思想等的专门熟悉、理解和把握。课程思政则着重于法学专门人才对课程思政内容在各门具体法学知识中的融贯性理解和运用。没有思政课程，无疑会增加任课教师在专业课程教学中的课程思政难度和不适当工作，课程思政也难以起到应有的效果；没有课程思政，则思政课程的内容难以融贯和落实于各门具体法学知识，思政课程的效果也会不能彰显。例如，宪法中关于国体、政体以及国家基本经济制度的规定及其宪法学阐释，就建立在课程思政内容的基础上。宪法的序言实际就是中国革命、建设和改革史的浓缩版，如果学生没有对马克思主义基本原理，社会主义政治经济学，中国革命、建设和改革历史等的深刻理解，也就难以真正深刻理解我

国的宪法规范及其历史流变。宪法课程的教学中固然也需要通过课程思政对这些内容予以必要的讲解，但这毕竟属于思政课程的专门内容，不能喧宾夺主。各门基本法、部门法，都涉及马克思主义基本原理在这些学科和法律制度中的具体运用，同样与思政课程的内容紧密相关，在课堂讲授中同样既要融贯，又需详略得当。因此，“德法兼修”不仅具有思政二维性，而且具有二维基础上的有机交互性。

3. 从过程视角来看，“德法兼修”具有环节严密性

“德法兼修”是一个“教”与“学”的动态过程，有着不同的环节，各环节之间需要相互衔接，有机相扣。首先是教的环节。体现在作为人才培养主体即教师方面，具体又包括人才培养方案制定、教科书的选择、教学大纲拟定、教案准备、课件制作、课堂讲授、习题布置、课后解答、试题制作、模拟训练安排、实务指导、论文指导等诸多环节。其次是学的环节。体现在作为人才培养对象的学生方面，具体又包括课前阅读、课堂听讲与答问、课后练习、疑难请教、参加考试考查、模拟练习、实务实习、论文写作等诸多环节。“教”的环节与“学”的环节，在其完成上既具有主体上的独立性，又具有行为上的交互性，这在课堂讲授、课后解答、模拟训练、实习指导中尤为明显。二者在实现“德法兼修”这一任务时，“教”的环节相对于“学”的环节无论在时间还是人才培养的逻辑上都处于在先的地位，更为重要。因此，“德法兼修”环节的严密性，需要体现在“教”的环节严密性，其直接制约和影响着“学”的环节的顺利进行与完成。当然“学”环节的严密性也会对“教”的环节产生相应的影响。“学”的环节需要学生的自觉安排与刻苦，如果学生的自觉性与努力程度不够，也会使“教”的环节的顺利进行与完成受到不同程度的阻碍。教学环节的严密性是“德法兼修”融贯于教学始终的动态保证和效果保证。

4. 从工程视角来看，“德法兼修”具有实施系统性

“德法兼修”在实施上是一个具有系统性的工程，并且具有系统内部的多样性、复杂性和有机性。“德法兼修”的有效实现取决于它的系统性实施，涉及师资队伍建设、教材建设、课程建设、教学设施建设、教学实践基地建设、教学管理建设等各个方面。如果将每一个方面均视为一个相对独立的系统，则“德法兼修”在其实施的系统性上是由多个子系统构成的复杂系统，且这些系统之间有机配合，才能彰显其应有的效果。只要某一子系统在其建设方面相对滞后，或受到不应有的折损，其实施的效果就会受到相应

的负面影响。“德法兼修”既是一个教学的动态过程，也是一个使人才培养对象实现知行合一的动态过程，其实施的系统性程度及其有机运作对教学各环节的有效进行，在知识载体如教材，知识传授与学习条件如教师、课堂设备、模拟设备、实践基地，教学管理如教学指导等方面起着基本的保障与行为矫正作用。在这一系统中，师资队伍建设是“德法兼修”有效实施的人才保障，设施建设是物质保障，又在诸建设中起着重要的基础性作用。

四、“德法兼修”融入法学本科教育的具体路径

对于“德法兼修”融入法学本科教育的具体路径，也可以有不同视角的认识，或根据具体情况作出不同选择。如有的观点认为，面对当前法治人才培养机制存在的传统教育模式应用局限、跨学科交叉培养模式有待完善等现实困境，高校应依照“理论逻辑—价值逻辑—实践逻辑”的总体思路，以专业知识带动思政价值理念，并最终落脚于法治实践，实现知识育人、铸魂育人、实践育人的有机融合，在“德法兼修”的价值引领下构建法治人才培养机制。⑦ 有的观点认为，应坚持“德法兼修、明法笃行”的人才培养导向，以提升人才培养质量为核心，探索形成具有中国特色的“跨学科专业、跨理论实践、跨学院学校、跨国家地区”的“四跨”卓越法治人才培养模式。⑧ 有的认为，贯彻德法兼修，首先应加强法学基础理论的研究，特别是法治理论的研究；要培养“德法兼修”的高素质法治人才，法学教师要首先做到德法兼修，立德树人；加强法学学科建设着重提高法学教材体系的思想政治性与科学水平等。⑨ 有的则强调要牢牢坚持实践导向，完善课程教学和实践教学体系，加大实践课程建设，重视学生实践能力和创新能力的培养。要将对社会主义核心价值观的培养与践行融入教学活动的全过程，让其充分发挥对法学教育的引领作用，使德法兼备的意识厚植于学生心中。⑩

---

⑦ 刘谢慈，方媛：《“德法兼修”理念下高校法治人才培养机制的逻辑进路》，载《湖南工业大学学报》2021年第4期。

⑧ 卢春龙：《“四型人才”导向的“四跨”——中国政法大学法治人才培养新模式》，载《政法论坛》2019年第2期。

⑨ 刘仁山：《培养德法兼修高素质法治人才的中南共识与建议》，载《中国法学教育研究》2017年第4辑。

⑩ 王喆，齐小楠：《培养德法兼修的新时代法治人才》，载《吉林日报》2021年12月7日，第012版。

这些观点无疑从不同角度对“德法兼修”路径选择提供了启示，但大都仅着重于某个层面或环节。“德法兼修”的法治人才培养具有系统性和复杂性，需要依循主体、内容、过程、实效的路径和系统性角度予以较为全面的审视，并采取相应的对策。

1. 提升师资队伍“德法兼修”素养的主体保障

的确如前文有的观点所指出的，教师首先做到“德法兼修”是关键。无论教材的编写、课堂讲授、实践指导、论文指导等，教师的内在信念和品格都具有对自身言行的导向性作用，且一言一行都会对受教育者产生影响。应当说，教师队伍绝大多数在“德法兼修”上具有较强的自觉意识，但自觉意识只是教师队伍提升“德法兼修”素养的一个方面，“德法兼修”素养在教师队伍的全面提升涉及与之相关的丰富知识储备和技能掌握，需要相应的学习培训以及物质条件，并有一个渐进的过程。为此，应当不断加强对教师队伍在思政课程、课程思政方面的普遍性专题培训，提供相应的物质条件。

2. 完善“德法兼修”知识内容建设的传授保障

首先需要加大“马工程”教材建设。“马工程”教材不应仅局限于直接涉及思政课程及专业主干课程的内容，而应尽量做到较为全面的覆盖。尤其是对于“法律文书”“公证法学”“仲裁法学”等直接涉及法学知识综合运用或实践性环节的课程内容，应尽快纳入编写的范围。同时，对已经纳入编写的“马工程”教材，进一步提升编写质量。并对一些涉及西方法律文化和制度传播的教材参考书目编写明确具体的思政内容要求，并予以适当的指导和监管。如在序言、绪论部分要求有运用马克思主义基本原理的适当评价和分析等。其次是应加大课程体系建设。对于涉及法律知识综合运用和教学实践紧密相关的课程，要求法学院校尽可能开设，而不应由于属于所谓的边缘学科而受到忽视。

3. 严密环节上的“德法兼修”实施过程保障

无论“教”与“学”动态过程的每一环节，对于“德法兼修”都有着自身的意义和作用。以论文指导环节为例，学生选题及写作的过程与践行社会主义核心价值观，运用马克思主义基本原理发现和分析解决具体问题等都有着某些直接或间接的联系，而这作为本科学生难免缺乏自觉意识，教师的及时指导和提示就显得非常重要，不仅可以帮助学生提升论文写作的质量，也有利于学生加深对思政内容的理解和综合运用能力，更好地树立正确的信念和培养良好的品格。再如学生在实务部门的实践环节，实务部门的指导具有经验上的独特优势，但实务部门导师受自身的经验或利益局限，以及实务环境的复杂性，也难免发生某些误导。如果切实落实实务与教学单位的双导师制，既有利于为学生及时答疑解惑，也有利于其职业伦理的践行和素质的更好培养。

4. 加大设施场地基地建设的践行“德法兼修”物质保障

“德法兼修”是一个系统工程，涉及主体条件、物质条件、内容条件等各个方面。主体条件、内容条件的改善同样需要相应的物质保障。例如，教材质量的改善、师资水平的提升、课程的增加、模拟场地和设施、教学实践基地的建设等，都需要大量的相应物质保障。当然，物质保障往往受到经济社会发展条件的制约，普遍地完全满足需要也不大可能，需要教学主体方面在困难方面的某些克服，但“德法兼修”践行和效果的良好实现也不能仅仅依赖于教学主体的自觉意识，物质条件的保障也需尽可能予以逐步满足。

5. 加强教学管理的践行“德法兼修”机制保障

在管理上强化“德法兼修”也是法学院校的基本共识，但在具体的机制落实方面尚有进一步具化的空间。一是针对教学环节的严密性和有机衔接性进一步优化细则，强化其可操作性。二是在教学督导方面，强化督导老师对于课程思政的关注、指导和引导。三是在教学质量评价中进一步细化“德法兼修”践行的具体指标。目前，法学院校在教学督导听课的评价指标中一般都明确了坚持立德树人，政治方向和价值导向正确，注重提高学生思想水平、政治觉悟、道德品质、文化素养等方面的评价元素，但在最终院校整体的质量监控评价中的落实尚需加强。四是加强对师德师风的监督机制。院校管理部门既要注意对教师人员的关爱，帮助排忧解难，对极个别有违师德师风的教师亦应及时指出，予以必要的批评教育或纪律惩戒。

概念与体系*

——五种《法律职业伦理》教科书的比较性评论

朱　俊**

摘　要：法律职业伦理课程在我国各大法学院校均已按要求开设，而其采用的教科书也陆续面世。本文选取了市面上具有代表性的五种《法律职业伦理》教科书，从法律职业概念与教科书体系、法律职业伦理概念与教科书内容两个方面入手考察，认为作者们对法律职业有不同认知，对法律职业伦理有相同判断，对律师职业伦理在法律职业伦理中的地位有不同观点。从教学的立场来看，这五本教科书基本上都满足了法学本科和法律硕士研究生教学需要，只是存在法教义学层次和深度方面的提升空间。同时，它们也存在法学硕士研究生教学方面的理论供给不足问题。

关键词：法律职业伦理；法学教育；教科书

一、引言

自中国共产党十五大报告提出“依法治国，建设社会主义法治国家”后，法治便成为中国政治与法律生活中绕不过去的一个主题。通常，法治的成功离不开法治工作者的积极工作，但与此同时，法治的失败却也一定存在法治工作者方面的问题。正如习近平总书记所言，执法和司法过程中出现的不公正现象，有一个非常重要的原因，那就是一小部分干警没有与其职业相适应的职业良知。① 因此，法治工作者是否拥有以及拥有怎样的职业良知，

---

* **基金项目：**本文系重庆大学2019年研究生教育教学改革研究项目“法律硕士‘法律职业伦理’课程教学方法研究”（cquyjg19307）的阶段性成果。

** **作者简介：**朱俊，重庆大学法学院副教授。

① 中共中央文献研究室：《习近平关于全面依法治国论述摘编》，中央文献出版社2015年版，第97页。

直接影响着他们对于法治的贡献度。而这个职业良知，则来源于我们所熟知的法律职业伦理。正如民国法学家孙晓楼所言，执行法律的人一定要具备法律德性，即如果仅仅只具备了法律知识，万万不能视为法律人，法律人还需要具备高尚的法律德性。② 2002 年，国家将律师、法官、检察官以及公证员的职业资格考试统一为国家司法考试，其中法律职业伦理被纳入了考试范围。在各大法学院校的教育中，除北京大学法学院、吉林大学法学院、西北政法大学、中国政法大学等少数几所法学院校将法律职业伦理作为一门独立的必修课程或选修课程在开设外，其他的法学院校都只是在法理学课程中提及这方面的知识。③ 相较于法律职业伦理的法治重要性，我国法学院校的法律职业伦理教育已经远远跟不上法治实践的需要了。

习近平总书记 2017 年在考察中国政法大学时作出重要指示，法治与德治相结合，是中国特色社会主义法治道路的一个显著特征，法治与德治两者都要兼顾，都要做好；法学教育应当立德树人，一方面提高法科学生的法学专业素质，另一方面培养学生的思想道德素质。④ 为学习贯彻习近平总书记的重要讲话精神，教育部高等学校法学学科教学指导委员会随即修订了《法学本科指导性培养方案》，将“法律职业伦理”设置为十门核心课程之一；国务院学位委员会法律硕士指导委员会也修订了《法律硕士专业学位研究生指导性培养方案》，将“法律职业伦理”设定为必修课程；2018 年初，教育部出台了《法学专业类教学质量国家标准》，将“法律职业伦理”列为法学专业的核心必修课；2018 年 10 月，教育部会同中央政法委联合印发《关于坚持德法兼修实施卓越法治人才教育培养计划 2.0 的意见》，要求各大法学院校在法科学生的培养方面，应当加大法律职业伦理相关理论、技能、素质的培养力度，面向所有法学专业学生开设该门必修课程，实现职业伦理教育贯穿人才培养全过程。至此，我国各大法学院校都陆续修订了自己的本科和研究生培养方案，把法律职业伦理作为一门必修课来对待。

要将法律职业伦理这门必修课讲好，教科书无疑起着十分关键的作用。大体而言，法律职业伦理教科书一方面是人们掌握法律职业伦理基本理论与

---

② 王编：《法律教育》，中国政法大学出版社 1997 年版，第 9－10 页。

③ 王进喜：《法律职业伦理》，中国人民出版社 2020 年版，第 44－45 页。

④ 《立德树人德法兼修抓好法治人才培养 励志勤学刻苦磨炼促进青年成长进步 习近平在中国政法大学考察》，载《人民日报》2017 年 5 月 4 日，第 01 版。

知识的重要载体，另一方面也是人们学习法律职业伦理规范的基本材料。这就不仅是为从事法学专业学习并准备成为法治人才的人们提供专业训练，而且为人们支持自身法律职业生涯和整个法治事业提供学理上的支撑和精神上的动力。基于比较的视野，对不同的法律职业伦理教科书进行分析与评论，对于当前的法律职业伦理课程建设相当重要。

在市面上，国内学者编写的《法律职业伦理》教科书有十余种，其中有五种较为有代表性。这些教科书基本上都为中国各大法学院校采用，在不同层级的法学专业（包括本科和研究生）的法律职业伦理课堂作为教学书籍。

表 1　国内学者编写的五种《法律职业伦理》教科书

主编	主编单位	教科书名称	出版社	出版年份	备注
李　政	西北政法大学	法律职业道德	法律出版社	2017	卓越法律人才培养民商事法学系列教科书
许身健	中国政法大学	法律职业伦理	中国政法大学出版社	2019⑤	中国特色社会主义法治理论系列教科书
王进喜	中国政法大学	法律职业伦理	中国人民大学出版社	2020	21 世纪中国高校法学系列教科书、司法行政干部业务培训优秀教科书、北京市高等教育精品教科书
马长山	华东政法大学	法律职业伦理	人民出版社	2020	撰稿人包括：李学尧、陈景辉、陈新宇、王凌皞、马金芳、陆宇峰、陈林林、李忠夏、陈坤、郭春镇、蒋传光、周尚君、陈柏峰、李泽、钱大军、杨建军
郭　哲	湖南省法学会法学教育研究会、湖南大学	法律职业伦理	高等教育出版社	2018	邀请张文显作序作序，采用“面向 21 世纪课程教科书”同等封面

本文所要比较和评论的法律职业伦理教科书，即以上述五种为限。这种比较与评论，主要是从其法律职业、法律职业伦理概念与体系、内容等方面来展开。透过这样的比较和评论，试图为法律职业伦理教科书的编写和修订

⑤　本文写作时没有新版，但出版时已于 2021 年出版第 3 版。

提供一些启发。

二、法律职业的概念与教科书体系

既然是法律职业伦理课程教科书，则必然涉及何为法律职业这一核心命题。因为有关这一问题的不同解答，意味着对教科书内容体系的不同安排。或可说，法律职业门类的多少，直接影响着教科书的编写。

在李政的《法律职业道德》一书中，法律职业的界定围绕《关于完善国家统一法律职业资格考试制度的意见》（中办发〔2015〕25 号）展开，认为法律人应当具备相同的政治素质、业务素质、伦理素质、从业资格，是专业从事立法、执法、司法、法律服务与教育研究等相关工作的职业共同体。质言之，凡是担任法官、检察官、公证员、仲裁员（法律类）、政府部门专职行政处罚决定审核、行政复议与行政裁决的公务员、律师、法律顾问，都应当通过国家统一法律职业资格考试并取得职业资格；国家立法机关负责法律法规起草事务的公务员、行政机关其他行政执法人员、法学教育与研究人员，国家鼓励参加统一法律职业资格考试并取得职业资格。⑥ 在教科书章节安排中，李政的书除概述外，其他章节则各自关注一个职业门类的职业道德，为法官、检察官、律师、公证员、法律顾问、仲裁员（法律类）、行政执法人员的职业道德。

在许身健《法律职业伦理》一书中，法律职业的界定则围绕最高人民法院、最高人民检察院、司法部共同颁布的《国家司法考试实施办法（试行）》（2001 年）和司法部颁布的《国家统一法律职业资格考试实施办法》（2018 年）展开。前者认为法律职业仅包括法官、检察官和律师，后者则将之扩展为法官、检察官、律师、公证员、仲裁员以及行政执法人员。据此，该书界定法律职业为“获得法学学位或受过其他形式的法律教育、具备专门法律知识与技能、具有职业伦理素养、取得国家法律职业资格的法律工作者，其主体主要包括律师、法官、检察官、公证员、仲裁员以及行政执法人员六类”。⑦ 同李政的书一样，许身健的书也是按职业门类安排章节⑧，只

---

⑥ 李政：《法律职业道德》，法律出版社 2017 年版，第 4－5 页。

⑦ 许身健：《法律职业伦理》，中国政法大学出版社 2019 年版，第 21－22 页。

⑧ 许身健：《法律职业伦理（第三版）》，中国政法大学出版社 2021 年版。在该版本中，增加了立法者职业伦理。

是律师职业伦理所占篇幅远远大于其他法律职业伦理。

在王进喜的《法律职业伦理》一书中，法律职业的界定围绕中共中央办公厅会同国务院办公厅印发的《关于完善国家统一法律职业资格制度的意见》(2015年)、第十二届全国人大常委会第二十九次会议通过的《关于修改〈中华人民共和国法官法〉等八部法律的决定》(2017年)、司法部印发的《国家统一法律职业资格考试实施办法》(2018年)展开。王进喜认为，法律职业的宏观概念强调法律人必须具备相同的政治素质、业务素质、职业伦理素质和从业资格，是专业从事立法、执法、司法、法律服务、法律教育研究等工作的职业共同体；中观概念则强调法律人必须取得国家统一法律职业资格，由法官、检察官、行政机关中负责行政处罚决定审核、行政复议、行政裁决、法律顾问的公务员、公证员、仲裁员（法律类）和律师组成。其中，中观概念是王进喜坚持的观点。与其他版本不同，王进喜的书除概述外，有十二章关注律师职业伦理，其他章节则各关注一门法律职业，还特别关注了司法鉴定职业伦理。

在马长山的《法律职业伦理》一书中，法律职业的界定则完全从学理角度展开。首先，传统社会中的职业只有医生、神父、法官和律师，在现代社会则有了相当大的扩张，即便是理发师也是一门职业。在西方社会学上，职业的共识性特征至少包括三个方面，一是相关服务性工作建立在一套逻辑自洽而可实践的深奥理论体系上，二是区别于追逐私利的商业的职业的根本价值是服务大众，三是职业相对独立于国家与资本。其次，从职业社会学的角度讲，一国的法律行业能否被认定为一门法律职业，需要满足五个标准或具备五个载体，即法律知识、法学院、自治的行业组织、法律伦理和国家法的保障。最后，基于上述理由，马长山的书中的法律职业包括律师、法官、检察官、检察官、立法人员、公证员、政府部门和企事业单位中从事法律的专业性人员。⑨ 在马长山的书中，除绪论外，总论部分四章介绍法律职业伦理的基本理论，分论部分则按职业门类分别关注了法官、检察官、监察官、律师、公证员、仲裁员、立法人员、执法人员、人民调解员的职业伦理，还增加了三个章节的职业伦理培育与保障的内容。

在郭哲的《法律职业伦理教程》中，法律职业的界定围绕中共中央办公厅会同国务院办公厅印发的《关于完善国家统一法律职业资格制度的意

---

⑨ 马长山：《法律职业伦理》，人民出版社2020年版，第20-24页。

见》展开。即郭哲的书中的法律职业“定位于必须参加和国家鼓励参加国家法律职业资格考试的几类人”。具体来讲，法律人通常是指法官，检察官，政府部门中负责行政处罚决定审核、行政复议、行政裁决的公务员，公证员，仲裁员（法律类），法律顾问，律师，负责法律法规起草工作的人员，其他行政执法人员，法学教育与研究人员。⑩ 因此，在郭哲的书中，除绪论和总论外，分论则按章节分别关注一门法律职业。与其他版本不同，郭哲的书关注了法学专业教师的职业伦理。

在上述五种“法律职业伦理”教科书中，除马长山的书着眼于学理外，其他四版教科书对法律职业的界定均围绕相关文件展开。因此，它们之间有关法律职业外延的差异也就格外明显，即马长山认为，法律职业还应包括监察官和人民调解员。然而，即便是对法律职业的界定围绕相关文件展开，各版本的教科书都有各自不同的判断。在许身健的书的基础上，李政版的书特别关注了法律顾问这个职业，王进喜的书特别关注了司法鉴定这个职业，郭哲的书还关注了法学专业教师这个职业。为什么？

从李政的书法律顾问职业道德的内容来看，法律顾问主要由律师和法学专家学者担任，故其法律职业道德的内容则分别为律师职业道德和法学专家职业道德。其中，法学专家的职业道德又分为教师职业道德和法律人职业道德两个部分。⑪ 从这个内容来看，其他版本教科书不涉及法律顾问的职业道德或可以理解。因为它的内容完全可以由其他职业伦理涵盖。因此，王进喜的书中也承认法律顾问是法律职业的一个门类，却没有专章讨论其职业伦理。

王进喜指出，“在司法、执法和法律服务活动中，还涉及法律并未要求其初任职务必须取得国家统一法律职业资格考试的其他专业人员”，他们的活动具有专业性，且与法律职业人员的工作存在密切关系，对法治事业的发展具有直接影响，且法律通常也对这些人员的“资格取得、权利和义务、职业伦理等作了明确规定”，他们是“侦查人员、监察官、基层法律服务工作者和司法鉴定人员”。⑫ 那为何王进喜只关注了司法鉴定人员呢？作者在《编写说明》中坦言，“限于篇幅”。

---

⑩ 湖南省法学会法学教育研究会组：《法律职业伦理教程》，高等教育出版社2018年版，第11页。

⑪ 李政：《法律职业道德》，法律出版社2017年版，第184－186页。

⑫ 王进喜：《法律职业伦理》，中国人民出版社2020年版，第27－28页。

郭哲认为，法学专业教师既是老师又是法律职业人员，具有双重身份，同时受到教师职业伦理和法律职业伦理的约束。而之所以特别强调法学专业教师的职业伦理，乃是由他们所“担负的培养高质量的社会主义法治人才的使命所决定的”，核心内容是“对学生、对同事应尽的道德义务和国家应尽的职责”。⑬

毫无疑问，若是从法治实务的立场来看，李政、许身健、王进喜与郭哲等关于法律职业的概念在宏观上达成了共识，都遵从司法部《国家统一法律职业资格考试实施办法》（2018 年）的要求；但是，在中观层面，王进喜和郭哲等则对法律职业提出了更多的要求，认为与法律职业人员工作密切的其他职业的伦理也是法治事业应当关注的内容。马长山强调法律职业之于法治实践的重要性，主张通过重建法律职业伦理来构筑法治底线。可见，作者们关于法律职业的界定立场都是统一的。

比较而言，各版本教科书在章节安排上，除许身健版和王进喜版外，其他版本教科书均是各职业各占一章。质言之，对其他作者而言，律师职业伦理与其他职业伦理一样，没什么特殊性；但对于许身健和王进喜而言，律师职业伦理则明显重要得多。首先，“法律职业伦理”这门课程即便是在中国政法大学，最早也是在“律师学”课程基础上创新出来的；中国政法大学“法律职业伦理”硕士研究生培养方向也是在“律师学”硕士研究生培养方向的基础上开设出来的。按王进喜所讲，“在实务领域，其重要性日益凸显，识别法律职业伦理问题被许多国家视为律师的基本技能之一，甚至在一些国家出现了以律师职业伦理（职业责任）为专业的律师”。⑭ 意思是，法律职业伦理的知识基础是律师职业伦理。许身健基本上也持这一种观点，他发现，英美法系的法律职业伦理基本上都是以律师职业伦理为核心的，这样的安排能够有效衔接其他法律职业伦理的内容，因为律师不仅需要与律师、律师事务所、当事人接触，还要与法官、检察官、监察官等其他法律职业人员接触，在这些接触中，都需要遵循相应的行为规范。⑮ 毫无疑问，英美法

⑬ 湖南省法学会法学教育研究会组：《法律职业伦理教程》，高等教育出版社 2018 年版，第 253 页。

⑭ 王进喜：《法律职业伦理》，中国人民出版社 2020 年版，第 45 页。

⑮ 该观点来自许身健在教育部高等学校法学类专业教学指导委员会主办、中国政法大学法学院、中国政法大学出版社承办的“高等学校法学类专业法律职业伦理骨干教师培训班”（2018 年 1 月 6 日至 7 日）上的主题发言。

系的法律职业人员之间的互动基本上都是以律师为中心展开的，其以律师职业伦理作为法律职业伦理的核心，也就有其合理性。在我国，法官、检察官等法律职业人员流动到律师行业的不在少数，但从律师行业流动到法官、检察官队伍的，却很少见。当然，根据中共中央办公厅《从律师和法学专家中公开选拔立法工作者、法官、检察官办法》（2016 年）的要求，上海、广东、江苏、浙江、北京、陕西等地也有少量律师穿上了法官、检察官制服，实现了律师之于其他法律职业的“渗透式”流动。此外，我国各大法学院校毕业的法科生，是从事律师职业，还是其他法律职业的更多呢?《中国政法大学毕业生就业质量报告（2019）》记载，该校 2019 年毕业学生中有 2327 人落实就业单位，就业单位所属行业排在前面 5 位的分别是管理相关行业 694 人，服务行业 466 人，金融行业 221 人，教育行业 168 人，文体相关行业 116 人。从该报告所反馈的数据来看，该校学生就业的第一选择并非律师这一职业。质言之，无论是从职业流动，还是从学生就业意向来看，以律师职业伦理为中心安排法律职业伦理的教科书体系，在中国似乎还是有些“水土不服”。

三、法律职业伦理的概念与教科书内容

作为“法律职业伦理”的教科书，则各版本教科书都必须界定法律职业伦理这一关键性概念。且由于作者们对这一概念的不同界定与定位，导致各版本教科书在章节安排上有一些细微差别。

李政版教科书引用了《中国大百科全书·哲学卷》对职业道德的界定，认为一个职业普遍形成较为稳定的道德观念、行业习俗和行为规范，它们综合起来就是职业道德，并强调这是调节职业集团内部主体之间关系、职业集团与其他社会主体之间关系的行为准则与评价标准，对所有从事该行业的人员都具有特别的约束力。在此基础上，法律职业道德就是“法官、检察官、律师、公证员等专门从事法律职业活动的专业人员所应当遵循的行为规范的总和”，与其他职业道德相比，具有更强的象征性和感召性。这是法律职业人员的一种“具体的行为规范”。[16] 因此，在各职业的职业道德阐释中，作者首先介绍职业，其次概述职业道德，然后介绍职业道德内容，最后介绍职业责任。

---

⑯ 李政:《法律职业道德》，法律出版社 2017 年版，第 7－8 页。

许身健则明确区分了职业伦理与职业道德。他赞同孙晓楼的观点，认为二者存在实质与主观的区别，即前者是实质层面的伦理问题，在应然层面探讨行为规范问题；后者是主观层面的道德问题，关注某个具体行为的动机、态度、心理、心情等内容。[17] 正如台湾学者郑津津所言，伦理强调人的外在行为的秩序规范，道德强调个人人格的完善。[18] 许身健版教科书采用职业伦理而非职业道德概念，[19] 其认为，法律职业伦理就是法律职业人员“自主性地按照其职务角色所应该具备的义务及责任，形成的具有强制力的行为规范”。[20] 在职业伦理的阐释方面，许身健版教科书除律师职业伦理外，其他部分与李政版教科书基本一致。

王进喜也谈到了职业伦理与职业道德的区别，发现在我国的正式文件中，二者是混用的。在研究领域，二者也未完全区分开来，但是，无论是法律职业伦理还是法律职业道德，都存在忽视法律职业伦理/道德与法律的本质区别，但这种“区分存在相当的难度，因为同样的行为既可能受到法律的规制，也可能受到职业伦理/道德的规制”。因此，作者提出了一种妥协式的解决方案，即“为适应当前的话语习惯，以及教育部 2018 年发布的《法学类专业教学质量国家标准》中关于本学科名称的表述”，将之确定为法律职业伦理，强调它的法律性和实证性。[21] 在王进喜版教科书的职业伦理阐述方面中，与许身健版教科书一致。

在马长山版教科书中，作者一如既往地遵从学理进行阐释，并没有直接点名法律职业伦理的概念，只是提到“依据法律职业的角色责任，形成一套不同于大众道德的职业伦理规范体系”，包括法官“可以六亲不认”“避免卷入政治纷争”，律师“代表当事人利益的党派性伦理”等。这套法律职业伦理所欲实现的道德目标是“法治”。即是说，相比其他职业人群，法律职业人员担负着额外的道德责任，其个体行为之好坏，将直接影响整个法律人共同体的道德形象和法律的权威，“甚至会引发对于法治的质疑”。事实上，法律职业人员的这种角色伦理直面这个社会的价值冲突和利益冲突，遵从通过程序的思考，向后而非向前看，理性而非感性地参与，追求程序的真

---

⑰ 孙晓楼:《法律教育》，中国政法大学出版社 1997 年版，第 15 页。

⑱ 郑津津:《法律伦理学》，五南图书出版公司 2017 年版，第 1 页。

⑲ 许身健:《法律职业伦理》，中国政法大学出版社 2019 年版，第 35 页。

⑳ 许身健:《法律职业伦理》，中国政法大学出版社 2019 年版，第 36 页。

㉑ 王进喜:《法律职业伦理》，中国人民出版社 2020 年版，第 37－39 页。

而非科学的真，会与大众的伦理道德观念冲突。[22] 即便如此，基于法律职业人员所欲实现的法治目标对于我们这个社会的极端重要性，法律职业伦理仍然有其存在的必要性。在职业伦理内容阐释方面，马长山版教科书同李政版教科书一致。

郭哲版教科书则从职业伦理这个概念切入，认为它是一种职业社会学上的历史现象，在社会分工之后出现，以职业实践为依托。或可以说，每一门职业都有其职业伦理，只是它存在规范的多寡、疏密、组织化等方面的差异。它具有主体性、稳定性和强制性等特征，可分为三个不同的层次，分别是职业伦理意识层面、职业伦理行为层面、职业伦理规则层面。因此，法律职业伦理在概念上就应当包括法律人在履职过程中应当坚守的职业伦理意识、行为和规范。在规范层面，法律职业伦理包括法律职业共同体确立的职业规则、组织纪律、规章制度等；在适用层面，适用对象主要是法律职业人员及其辅助人员、所属机构，调整它们在职业身份活动中的行为。同其他职业伦理一样，法律职业伦理也有初级、中级和高级之分，初级法律职业伦理是最基本的底线论，中级法律职业伦理是法定的职责，高级职业伦理则是对法律职业行为的最高要求。[23] 在职业伦理内容阐释方面，郭哲版教科书跟李政版教科书一致。

从上述分析来看，有以下三个共同点值得关注。第一，除李政版教科书外，其他教科书均区分了法律职业伦理与法律职业道德，并将法律职业伦理作为研究对象。第二，无论是从学理角度，还是从法治实务角度，作者们对法律职业伦理的概念基本上都没有太大差异。他们都强调法律职业伦理的本质是规范，适用主体是法律职业人员。第三，在各版本教科书对各法律职业的伦理阐述中，他们基本上都涉及职业概述、职业伦理、职业责任。这说明，作者们对法律职业伦理这个命题基本上没有异议，只是对其学理认识存在程度上的差异。当然，这种差异并非作者们在知识层次上真有什么程度上的不同，而是马长山版教科书的所有作者均是从事法理研究的专家，而其他版本教科书的作者们则多是部门法研究的专家，他们在思维习惯方面存在明显差异，即前者首先考虑的是法理问题，而后者则首先考虑的是规范问题。

---

[22] 马长山：《法律职业伦理》，人民出版社 2020 年版，第 23、27、33 页。

[23] 湖南省法学会法学教育研究会组：《法律职业伦理教程》，高等教育出版社 2018 年版，第 12－13 页。

从教学的立场来看，这五本教科书是否满足了教学需要呢？在本科教学层面，这五本教科书均满足了理论教学与实践教学的需要。张文显在郭哲版教科书中表示，该书理论与实践结合得相当紧密，既从理论角度对现行的法律职业伦理进行了阐释，又从实践立场对现行法律职业伦理进行了具体描述。[24] 马长山版教科书也坦言，该书对标教育部2018 年《法学专业类教学质量国家标准》中的“法律职业伦理”课程。[25] 许身健也承认，“司法考试”作为法学教育的指挥棒，对法学教育指明了改革方向，我们不仅要重视法律职业伦理的教学，还要进一步增加其在“司法考试”中的内容和分值。[26] 在研究生教学层面，无论是法律硕士法学研究生，还是法律硕士非法学研究生，在全国法律专业学位研究生教学指导委员会修订的《法律硕士专业学位研究生指导性培养方案》[27] 中，都要求他们具备法律思维、法律解释方法和法律推理能力，能够将之灵活运用于实际的案件，分析、解决法律实务问题，熟悉法律实务代理、辩护业务，而这五本教科书均“结合典型案例组织研讨”学习，基本上也满足了法律硕士专业学位研究生的教学需求。王进喜在其教科书中认为，该书既可以作为法学本科生教科书，也可以作为学术型/专业型硕士研究生教科书，还可以作为法律实务参考资料。[28] 当然，如果将之与刑法或民法这类成熟的法教义学教科书相比较，这五本教科书实际上还存在不小差距，即它们的法教义学层次和深度还有待进一步提高。在法学硕士研究生教学层面，法学各专业学术型硕士的培养方案各不相同，但也有其共同点，那就是强调学生都应当具备较高的专业理论水平、较深的专业基础知识、较强的实践操作能力，具备马列主义的科学研究精神和较高的学术水平，即强调教学应有相当的理论深度，能够锻炼和培养学生的科学研究精神，提高其学术研究水平。从这个角度来看，除马长山版教科书在这个问题上稍有优势外，其他版本的教科书其实只具有参考资料的性质。这就要求参与学术型硕士研究生法律职业伦理课程的教师具有相当的理论水平和较高的教学水平，能够引导学生研究法律职业伦理中的基本理论问题。

---

[24] 湖南省法学会法学教育研究会组：《法律职业伦理教程》，高等教育出版社 2018 年版，序，第 3 页。

[25] 马长山：《法律职业伦理》，人民出版社 2020 年版，第 1 页。

[26] 许身健：《法律职业伦理》，中国政法大学出版社 2019 年版，第 5 页。

[27] 参见国务院学位办〔2017〕19 号文。

[28] 王进喜：《法律职业伦理》，中国人民出版社 2020 年版，第 1 页。

四、结语

目前，中国特色社会主义法治实践正在深入推进，对法律职业人员的业务素质和伦理素质都提出了更高要求，接受法律职业伦理课程教育的法科生，能否满足这种要求，一方面取决于课程教科书的质量，另一方面也有赖于教师的教法或讲法。而本文正是对教科书质量的一种观察。本文选取的五种“法律职业伦理”教科书代表了中国法学理论界对这门课程的深度思考。它既考虑我国法律职业伦理规范和学科的发展，也考虑我国法律职业人员的职业环境与前景；既要兼顾法律职业伦理的学理，也要兼顾法律职业伦理的实践。客观讲，从教科书的总论来看，即便是马长山版教科书，对于法律职业伦理的基本原理的阐述，也仍然停留在概念、历史、内容层面，并没有深入其中去探讨所有法律职业伦理共同具备的职业伦理之理论，即为何所有的法律职业都有法律职业的公益性、中立性、廉洁性、保密性等要求。以中立性为例，法官职业伦理要求中立，无论是在理论界还是实务界，已基本达成共识；检察官职业伦理要求中立，理论界的探讨还较少，实务界则似乎没有过多关注这个问题；律师职业伦理要求中立，理论界也少有深入探索，实务界更是对这个问题缺乏应有的关注，否则不会出现各地律师协会与司法行政部门对律师违反规定的处罚。从理论上讲，检察官作为法律监督机关而言，它代表国家保证宪法和法律的正确实施，需要应有的中立，只是这种中立与法官的中立不同。律师作为专业的法律服务人员，在为客户服务的过程中，不只是与客户一伙，还需要在服务过程中以其专业性为客户提供法律服务，客观分析客户所面临的法律抉择及其法律风险，更需要与客户保持适当距离，既不能以其专业性欺骗客户，也不能被客户反咬一口，律师需要在执业过程中与客户保持中立。简言之，“法律职业伦理”教科书在总论部分，应当以较大的篇幅在理论上阐释各法律职业伦理共有的品质，这对于当前进一步推进法律职业伦理建设至关重要。从教科书的分论来看，各版本教科书力图规范与实践结合，将案例引入教科书，但从严格的法教义学角度来看，这种引入仍然停留在表面，并没有达到民法或刑法教科书那样的深度，更多的是一种前职业阶段的警示教育。当然，警示教育并非不可取，但作为一种专业的知识训练和职业训练而言，警示教育还停留在初级阶段，无法满足法治中国建设对德才兼备的高素质法治人才队伍的需要。法律职业伦理教科书分论需要进入高级阶段，即引入法教义学方法深入探讨各法律职业之伦理要求与案件，引导学生把握职业底线，为其未来职业过程中遇到伦理疑难问题提供初步思考方向和行动指南。

当然，这是一种苛责，毕竟这门课程才刚刚开设，而教科书也才初创。但是，站在学科发展和学生发展角度来看，“法律职业伦理”教科书需要在倾听批评意见的基础上不断修订，以满足实务界对德才兼备的高素质法治人才的需求。

专 论

数字赋能乡村振兴地方立法：价值意蕴、现实困境与优化路径*

陈灿祁** 彭 媛***

摘 要：数字赋能乡村振兴地方立法具有对相关政策的调和功能、细化上位法的执行功能以及探索先行的创新功能。经过实证检视，数字赋能乡村振兴地方立法在“宏观—微观—客观”三个层面分别存在立法体系不完善、地方特色缺失与立法语言失范、数字技术供给不足的问题。应在解决数字基础设施这一关键问题的基础上，通过在“立法前—立法中—立法后”流程引入数字技术及其应用，在数字与立法的交互作用中提高数字赋能乡村振兴的立法实效，实现数字连接立法与乡村振兴，立法反哺数字与乡村振兴的目标。

关键词：乡村振兴；地方立法；数字赋能

数字技术是乡村振兴的有力支持。“十四五”规划和2035年远景目标纲要提出“加快推进数字乡村建设”；2022年中央一号文件强调“大力推进数字乡村建设”；为乡村振兴提供法治保障的顶层设计——《乡村振兴促进法》——亦规定“推进数字乡村建设”。目前，数字赋能乡村振兴立法主要以条款的形式存在于《乡村振兴促进法》及其配套地方立法①中，确保数字赋能乡村振兴有法可依。现行的数字赋能乡村振兴地方立法规制如何？其能为后续跟进的顶层设计和其他数字赋能乡村振兴地方立法提供何种启发？为

---

* **基金项目**：本文系湖南省教育厅优秀青年项目“‘三权分置’背景下湖南省土地流转法律问题实证研究”（19B569）。

** **作者简介**：陈灿祁，法学博士，湘潭大学法学院副教授、研究生导师，主要研究方向：经济法学。

*** **作者简介**：彭媛，湘潭大学法学院法律硕士。

① 本文所讨论和分析的地方立法是从狭义的法律视角而言，仅指地方性法规。

回答上述问题，有必要阐明数字赋能乡村振兴地方立法的价值，继而对数字赋能乡村振兴地方立法开展实证研究，以“宏观—微观—客观”为逻辑起点分析其存在的问题，进而以“立法前—立法中—立法后”为线索探明其未来的优化路径。

一、数字赋能乡村振兴地方立法的价值意蕴

数字赋能乡村振兴地方立法意义重大。对数字赋能乡村振兴而言，地方立法将数字赋能乡村振兴由一开始的政策推动过渡到法律保障，由中央的总体设计发展到地方的特色设计，使其更具法治稳定性和地方特色；对数字技术而言，地方立法将其与乡村、乡村振兴更加匹配，促进数字技术与乡村振兴的深度融合；对立法机关而言，数字赋能乡村振兴地方立法是在新时代背景下对自身立法理念与立法技术的挑战、创新与突破，是积极作为、履职尽责的体现。

（一）制度保障：数字赋能乡村振兴政策法律化

数字赋能乡村振兴是一项宏观且复杂的任务，需要依赖政策和法律的共同供给。基于政策和法律的不同属性，在新事物发生之时、新工作开展之际，往往是由更加灵活的政策供给先行。在数字乡村实践中，为了推动农业的数字化应用、农村的现代化发展和农民的数字化转型，从党中央、国务院到各级地方政府颁布了一系列的政策及规划方案。其中最早可追溯至2005年的中央一号文件《关于进一步加强农村工作提高农业综合生产能力若干政策意见的意见》，首次将“加强农业信息化建设”列入顶层设计。再至2018年的中央一号文件明确提出“实施数字乡村战略”以“弥合城乡数字鸿沟”。2019年12月，农业农村部、中央网络安全和信息化委员会办公室印发《数字农业农村发展规划（2019—2025年）》，强调要促进数字技术与农业农村经济融合发展，提高农业农村智能化水平。2020年7月，中央网信办、农业农村部、国家发展改革委等七部门印发《关于开展国家数字乡村试点工作的通知》，针对数字乡村试点工作进行战略部署。随后，浙江、广东、江苏等省份陆续发布数字乡村发展政策文件。2021年中央一号文件《关于全面推进乡村振兴加快农业农村现代化的意见》更是全面推进乡村振兴实施数字乡村建设发展工程。至此，我国数字乡村政策体系正逐步形成。

然而，在构建法治国家图景的过程中，数字赋能乡村振兴还应充分强调法律的重要保障和推动作用，以法治供给提升制度供给的整体效能。“法治

之治”相较于“政策之治”的优势在于通过体系化的法律整合和解释形成一个相对稳定、成熟的法治领域，为现实工作和问题提供稳定的预期与边界。② 数字乡村政策法律化在很大程度上可以实现政策有效性和法律稳定性的功能耦合，发挥两种制度手段的合力。当前正如火如荼开展的乡村振兴地方促进型立法将数字赋能乡村振兴政策予以法律化。这不是政策与法律的简单叠加，也不是将全部政策以法律化，而是将实践中已经成熟、稳定或常态化的政策予以法律回应，以基础设施数字化、产业数字化、生态数字化、文化数字化、治理数字化、服务数字化的法律条款形式为相关政策提供合法性依据和法治约束。如下文的基础设施数字化法律条款，即是借助相关立法，将《物联网新型基础设施建设三年行动计划（2021—2023 年）》中的“要加快推动农村地区水利、公路、电力、物流等基础设施数字化、智能化转型”进行了明确的法律规制。

（二）数字增效：数字技术深度融入乡村振兴

现代国家的治理关键在于地方治理，地方立法在地方治理的过程中具有引领作用，即反映社会需求、引导社会发展。现阶段，地方治理的一项重要任务便是全面推进乡村振兴，而数字赋能乡村振兴地方立法正发挥着引领各地乡村振兴的功用，增强了数字技术与乡村振兴的适配性和融合度。

数字赋能乡村振兴地方立法可以吸收固化很多行之有效的乡村振兴经验和改革成果，并对其进行规范化表达。早在 2000 年，福建省便提出建设数字福建，经过二十多年的发展，数字技术已在福建省的广袤乡村成为赋能农业农村现代化的重要手段。《福建省乡村振兴促进条例》单列“数字乡村”一章，规制了农村新基建、智慧农业、电子商务、乡村治理数字化和公共服务数字化等内容，为福建的乡村振兴设计了全套的数字赋能方案。此外，新时代数字经济的先行地——浙江省的数字乡村建设也一直走在全国前列。为推动数字技术与乡村振兴深度融合，《浙江省乡村振兴促进条例》亦单设“数字乡村”一章。此外，数字赋能乡村振兴地方立法还将补齐实践短板。为解决现阶段我国乡村数字基础设施较为薄弱③的短板，各地数字赋能乡村

---

② 谢忠洲，彭强：《法政策视域下乡村振兴战略的制度供给》，载《农村经济》2021 年第 6 期。

③ 苏岚岚，彭艳玲：《农民数字素养、乡村精英身份与乡村数字治理参与》，载《农业技术经济》2022 年第 1 期。

振兴地方立法强调数字基础设施建设和传统基础设施的数字化改造。亦直面“数字农业科技研究成果相对泛化，结合不同地区农业农村复杂情况的科技研究偏少”④ 的问题，强调加强农业遥感、物联网等新技术、新装备的应用，建设智慧农业，提高农业精准化水平。

沿着中国特色社会主义法治道路前进，数字赋能乡村振兴地方立法将在制度设计上不断促进数字技术与乡村振兴的融合，构建从基础设施、技术研发、科技转化到人才支撑、财政保障、市场支持、风险预防等方面稳定的法律秩序。数字赋能乡村振兴必然会在立法中获得显著的针对性、适用性和可操作性。

（三）立法提质：地方立法机关工作与时俱进

数字赋能乡村振兴地方立法是新时代地方立法机关应当肩负的历史使命。习近平总书记指出：“要把改革发展决策与立法决策更好结合起来，既通过深化改革完善法治，又通过完善法治保障改革创新，确保国家发展、重大改革于法有据。”⑤ 各地人大在乡村振兴这一重大社会变革中应主动承接地方立法，履行立法工作职能，为乡村振兴战略的有效实施提供保障。

在立法工作中，提升立法质量是各级立法机关的根本任务，“以良法促进发展、保障善治”。为实现这一目标，地方立法机关需对数字赋能乡村振兴地方立法作出准确的立法预测、科学的法案起草、精准的立法表达，确保高效的立法实施效果，力求凸显地方立法特色。正如相关学者所言，“地方立法的真正价值不在于立了多少部条例，也不在于上级立法机关和领导对地方立法有多么好的评价，而在于立法是否揭示了本地方的特殊性”⑥，数字赋能乡村振兴地方立法亦是如此。地方立法机关不应将数字赋能政策内容全盘法律化，也不应只笼统规定数字乡村建设，而是要有所为而有所不为：上位法及其他法律规定了的不再重复规定，不成熟、在试行的内容暂不予规定；具有地方特色的内容一定要规定，能解决地方实际问题的也要予以规定。试举一例，当全国各省还在将通用的产业数字化

---

④ 李健：《数字技术赋能乡村振兴的内在机理与政策创新》，载《经济体制改革》2022 年第 3 期。

⑤ 习近平：《在中央人大工作会议上的讲话》，载《求是》2022 年第 5 期。

⑥ 宋才发：《地方立法的质量、困境与出路研究》，载《山东行政学院学报》2022 年第 3 期。

纳入了乡村振兴地方性法规时，福建省已经在强调海洋产业数字化，独具地方特色，充分体现了福建省人大积极的立法作为。各地人大应将数字赋能乡村振兴立法作为践行立法理念、恪守立法原则⑦、检验立法能力和创新立法方法的一次契机，冲破固有的组织框架的束缚，产出有益于社会变革的法规。

顺言之，在目前严峻的国内外形势下，地方立法机关不管是进行数字赋能乡村振兴立法还是进行其他内容的立法，都需要秉承民主与科学立法、凸显“地方性事务”的立法理念，在立法技术和方式方法上不断进行创新，提高地方立法质量，如此方能为国家治理与人民幸福助力。

二、数字赋能乡村振兴的地方立法样本考察

本节将视野聚焦于为乡村振兴输送地方性法规⑧的乡村振兴促进条例，其中部分条款涉及数字赋能乡村振兴，以此为样本探究省域范围内数字赋能乡村振兴的法治设计。对数字赋能乡村振兴地方立法样本进行考察，既要分析其客观数据，如立法数量、所占比例；也要解读其内部样态，如基本类型和内容指向。就后者而言，数字赋能乡村振兴地方立法概括起来主要包括以下五种类型：数字基础设施建设、产业数字化、服务数字化、治理数字化、文化数字化。⑨

（一）数字赋能乡村振兴地方立法总体情况

我国数字赋能乡村振兴地方立法总体上呈现出从无到有、从少到多的趋势。2020年，湖北省率先出台乡村振兴促进条例，其中包含三条数字赋能乡村振兴法律条款；2021年和2022年涉及数字赋能乡村振兴条款的地方立法数量明显增多。“农为邦本，本固邦宁”，国家正用大历史观看待农业农村问题，将乡村振兴作为党和国家的伟大事业。地方亦紧跟国家发展战略，高度重视数字赋能乡村振兴，以立法的形式发挥数字技术助力乡村振兴的功

---

⑦ 具体为人民立法、公平正义、良法善治、法制统一的四大理念；科学立法、民主立法、依法立法的原则。

⑧ 截至本文定稿之日，湖北省、江西省、山东省、浙江省、天津市、福建省、四川省、吉林省、河南省、新疆维吾尔自治区、广西壮族自治区、广东省、西藏自治区、重庆市、上海市、河北省人大通过并发布乡村振兴促进条例，总计16部。

⑨ 文化数字化条款仅有一条，《广东省乡村振兴促进条例》第34条第1款中规定：“加强公共数字文化建设，建立保护档案和数据库”，因此本文未对其进行详细分析。

能。可以预计，在随后的几年间数字赋能乡村振兴地方立法数量将继续增多。但毋庸讳言，积极态势之下仍有隐患存在。实证调查显示，虽有个别省域凭借自身发达的数字经济优势和丰富的数字乡村建设经验，乡村振兴地方立法中的数字条款比例较高且设有“数字乡村”专章，如浙江、福建。但总体而言，有关于数字赋能的法治设计体量不大，数字条款所占比例较低。

（二）数字赋能基础设施——新型数字基础设施建设和传统基础设施改造

数字基础设施建设是数字赋能乡村振兴的根基所在，具有解放和发展生产力的重要意义，因此在进行数字赋能乡村振兴地方立法样本分析时要重点关注这一基础性工作的法治设计。

地方立法与上位法或顶层政策设计的“纵向重复”、地方立法之间的“横向重复”是地方立法语境中普遍出现的现象[⑩]，在数字赋能乡村振兴地方立法样本中（见表1），各地方立法机关对基础设施建设事项在规则表达层面稍显相似，基本可以概括为：加快新一代信息技术、移动通信网络、农业物联网等新型数字基础设施建设和农村交通、电力、水利等传统基础设施的数字化转型。应当指出，重复表达并非必然不可取。就数字基础设施建设本身而言，全国各地的需求存在共性，首先是满足“有”，其次是满足“好”。从这个角度来看，相似的规则表达情有可原。

但受地域经济、产业结构的影响，全国各地的基础设施实体建设存在相当大的差异。第一，数字基础设施存量差异。正常来说，经济越发达，数字基础设施建设越完善，地方立法对其规制的需求愈小。但在样本中，经济较为发达及数字基础设施较为完善的东部沿海城市，福建、广东、浙江、上海；中部城市，重庆、河南等仍对数字基础设施进行了规制，反而是经济较为落后及数字基础设施欠缺的西部地区并未涉及数字基础设施的规制表达，如新疆、西藏。第二，数字基础设施增量差异。根据相关研究表明[⑪]，东部、中部地区新兴数字产业发展动力充足，因此新型数字基础设施建设对于东、中部地区产业结构优化升级效果更加明显；对于西部地区而言，传统产

⑩ 胡萧力：《示范性立法的逻辑与实践展开——以我国地方行政程序立法为样本的分析》，载《行政法学研究》2018年第1期。

⑪ 李英杰，韩平：《数字经济发展对我国产业结构优化升级的影响——基于省级面板数据的实证分析》，载《商业经济研究》2021年第6期。

业发展（如种植业、畜牧业）较为成熟、稳定且新兴数字产业发展动力不足，因此对传统基础设施数字化改造对产业结构优化升级的影响效果强于数字基础设施建设。但各地的数字赋能基础设施立法样本均同时规制新型数字基础设施建设和传统基础设施数字化改造，未对其有更加针对性或地方性的表达。

表1　数字基础设施建设和传统基础设施数字化改造条款归纳表

地方性法规	数字基础设施建设和传统基础设施数字化改造条款
《福建省乡村振兴促进条例》	第52条：支持农村信息通信基础设施建设，推进农村新一代移动通信网络、农业物联网等新型数字基础设施建设，提升乡村光纤网络、移动网络、高清数字电视网建设水平和覆盖质量，加快农村交通、电力、水利等传统基础设施的智能化转型
《广东省乡村振兴促进条例》	第22条第2款：各级人民政府应当统筹推进数字乡村建设，完善农村宽带通信网、移动互联网、数字电视网和下一代互联网，加快农村交通、电力、水利等传统基础设施数字化改造
《浙江省乡村振兴促进条例》	第38条：县级以上人民政府应当按照数字乡村建设的要求，组织实施乡村数字基础设施提升工程，推进农村新一代移动通信网、农业物联网等新型数字基础设施建设，提升乡村光纤网络、移动网络建设水平和覆盖质量，加快农村交通、电力、水利等传统基础设施的数字化改造
《湖北省乡村振兴促进条例》	第24条：县级以上人民政府应当推进农业农村信息化和智能化，加强信息化基础设施建设，健全农业信息监测预警、发布机制，推动物联网、大数据、云计算、区块链、人工智能等现代信息技术在农业各环节和农村各领域的应用，发展智慧农业
《四川省乡村振兴促进条例》	/
《河南省乡村振兴促进条例》	第26条：县级以上人民政府应当加快农业信息化和数字乡村建设，加强信息化基础设施建设，促进现代信息技术与农业农村发展深度融合，实现农业农村数据资源有效整合和开放共享
《江西省乡村振兴促进条例》	第19条：县级以上人民政府应当统筹推进数字农业农村建设，完善信息化基础设施，推动新一代信息技术在农业农村领域的运用，建设智慧农业
《山东省乡村振兴促进条例》	第60条：县级以上人民政府应当加强乡村数字基础设施建设，利用现代信息技术，加快农业生产经营管理和教育、医疗、文化、卫生等公共服务数字化应用，构建线上线下融合的综合服务平台，为乡村振兴提供信息化保障

续表

地方性法规	数字基础设施建设和传统基础设施数字化改造条款
《吉林省乡村振兴促进条例》	/
《重庆市乡村振兴促进条例》	第20条第1款：市、区县（自治县）人民政府应当按照数字乡村建设的要求，提升乡村光纤网络、移动网络等乡村数字基础设施建设水平和覆盖质量，加快农村交通、电力、水利等传统基础设施的数字化改造
《天津市乡村振兴促进条例》	/
《上海市乡村振兴促进条例》	第11条第2款：各级人民政府应当加强乡村数字基础设施建设，支持完善村级综合服务设施和综合信息平台
《广西乡村振兴促进条例》	第19条第1款：县级以上人民政府应当引导和支持发展智慧农业，推动数字农业工厂、数字农业基地建设，加大传统基础设施的数字化改造，加大涉农信息服务提供力度，加强农民数字素养与技能培训，推进农业生产数字化转型升级
《新疆乡村振兴促进条例》	/
《西藏乡村振兴促进条例》	/
《河北省乡村振兴促进条例》	第67条第1款：县级以上人民政府及其有关部门、县级以上网信部门和省通信管理部门应当推进农村光纤宽带、移动互联网、数字电视网等新型数字基础设施建设，加快农村公路、电力、水利、物流、环保等传统基础设施数字化、智能化改造

（三）数字赋能产业兴旺——产业数字化

产业兴旺是乡村振兴的核心，三产深度融合是激发乡村生产力的关键，数字赋能乡村振兴的重要任务是助力乡村产业数字化，这一点在乡村振兴地方立法样本中体现得淋漓尽致：16部省域乡村振兴地方性法规均对产业数字化进行了制度设计，属于各省域数字赋能乡村振兴地方立法的重点内容。

乡村振兴地方立法样本中的产业数字化存在共识之处，如建设乡村电子商务平台。除山东省乡村振兴促进条例未涉及电子商务平台外，其余15部乡村振兴促进条例均有规定。其中天津（第24条）、上海（第47条）、河北（第34条）采用的是加快培养乡村电商人才的法律表述。这一共识最重要的意义在于构建全国统一的乡村电商平台系统，在国内大循环、统一大市场的背景下实现乡村产业发展的畅通。又如农业数字化[12]的立法共识，乡村振兴地方立法样本将农业作为产业数字化的重点对象，但各自有所侧重。以现代农业三大体系——产业体系、生产体系和经营体系——为分析视角，各地方立法中的农业产业数字化内容不尽相同：福建、浙江、新疆、吉林推进农业生产数字化转型，其中吉林省额外强调构建农产品质量数字化可追溯体系，本质上也是助力农业生产数字化；广东、天津、上海、广西、四川则是推进农业生产、经营管理数字化、智能化转型；湖北、河南、江西、山东、重庆、西藏在农业（农牧业）各环节和农村各领域推进现代信息技术应用，发展数字农业（农牧业）。与此同时，也有个别省份针对本区域的特色资源和区位优势进行数字赋能产业兴旺的创新，如福建省加大对海洋牧场、海洋信息与数字产业等新兴业态的扶持。乡村产业兴旺不应仅局限于农业或农牧业等第一产业的兴旺，还可能是乡村第二产业和第三产业的发展和兴旺，百业兴旺才能乡村兴旺。而如何推动农业一、二、三产业的融合发展是地方立法需要继续关注的问题。

（四）数字赋能生活富裕——服务数字化

生活“富裕”是乡村振兴的根本目标，亦是数字赋能乡村振兴的根本目标，数字技术为缩短甚至是消除城乡公共服务鸿沟提供了可能性，有近一半的乡村振兴地方立法样本在服务数字化方面进行了法治设计，力求满足乡村居民的公共服务需求。

服务数字化的具体路径主要包括农村教育数字化、农村医疗数字化、便民服务数字化。在样本中有将上述某几个路径合在一个条款中的，如《福建省乡村振兴促进条例》第 56 条、《浙江省乡村振兴促进条例》第 42 条、《广西壮族自治区乡村振兴促进条例》第 69 条、《河北省乡村振兴促进条例》第 67 条第 2 款规定，县级以上地方人民政府应当推进教育、医疗、社会保障、养老等服务数字化，推动乡村网络远程教育、医疗等应用普及，促进优质公共资源城乡共享；又如《山东省乡村振兴促进条例》第 60 条将数字基础设施建设与教育、医疗卫生、文化等公共服务数字化应用相结合。也有将某一个路径以单独条款的形式设计的，如公共文化服务数字化单独条

---

⑫ 数字赋能乡村振兴地方立法样本中还存在农业智慧化、信息化、智能化的表述，本文统一表述为农业数字化。

款：《广东省乡村振兴促进条例》第35条、《江西省乡村振兴促进条例》第29条第1款、《广西壮族自治区乡村振兴促进条例》第39条第1款均规定各级人民政府应当加强基层公共文化设施的数字化和网络建设，提升服务效能，丰富乡村文化生活；此外还有便民服务数字化单独条款：如《四川省乡村振兴促进条例》第54条第2款规定，地方各级人民政府应当健全乡村便民服务体系，提升乡村公共服务数字化智能化水平，支持完善村级综合服务设施和综合信息平台。通过考察地方立法样本我们还可以发现，服务数字化的方式主要包括公共服务数字基础设施建设和公共服务数字应用普及，各地立法机关对上述方式亦进行了不同的选择和类似的表达。福建、浙江选择乡村网络远程教育、医疗等公共服务应用普及；广东、江西选择公共文化服务的数字设施建设；四川、山东、广西则选择两者兼具，如此双管齐下推进乡村服务数字化进程。

（五）数字赋能治理有效——治理数字化

治理有效是乡村振兴的重要基础，乡村治理有效才能为产业兴旺、生态宜居、乡风文明和生活富裕提供秩序支持。乡村治理数字化转型是不可逆转的趋势，在实践中已有许多成功的示例，这为数字赋能乡村振兴治理有效提供了实践引导。

乡村治理是行政管理和村民自治相结合“双层治理”模式⑬，因此治理数字化的第一个切入点是基层政府管理数字化。如福建省加快互联网政务进乡村、信息技术进基层；浙江省推进政务服务、农村集体资产管理等领域的数字化改革；湖北、广西的乡村政务服务事项一窗式办理、信息系统一平台整合、社会服务管理大数据一口径汇集；上海市运用大数据、云计算等技术加强基层政务服务数字化建设，完善村级综合服务设施和综合信息平台；新疆各级政府构建网格化管理、精细化服务、信息化支撑的基层管理服务平台；西藏各级政府建设防止返贫大数据监测平台等。基层政府管理数字化的规范表达中既有对实践经验的总结和推广，如福建、浙江；也有对未来发展的规划和要求，如西藏、新疆，但毋庸置疑的是这些规范都将助力基层政府服务更高效、群众生活更便捷。治理数字化的第二个切入点是村民自治数字化。数字时代下数据共享的技术优势将有力打破官民之间的信息壁垒，如福

⑬ 王勇：《村民自治的规范与法理——兼论村民自治规范体系的完善》，载《法制与社会发展》2022年第4期。

建省“以数字化等形式充分公开村务”，这为村民数字化自治提供实践基础；湖北、上海、广西等地区支持推进的“综合性政务平台”为村民数字化自治提供实践平台。

上述数字赋能乡村振兴的具体内容均处在“促进型”立法语境中，故而存在些许共性。首先是政府的角色定位，在“促进型立法”中，政府具有主导性与服务性，从制定发展规划、行动指导再到措施落实都离不开政府的推动[14]，各数字赋能乡村振兴地方立法样本均强调政府需要在推动数字基础设施、薄弱产业与公共服务发展中承担职责，而不是管理的权力。其次是立法的规范模式，数字赋能乡村振兴地方立法样本主要是政策宣示性规范。这类规范主要是明确立法的政策取向，围绕着数字赋能乡村振兴这一主题，形成“政府应当怎么做”“达成什么目标”这些带有宣示性的条款。

三、数字赋能乡村振兴地方立法的问题分析

前文借助实证样本考察，检视了数字赋能乡村振兴地方立法的时间与数量分布、规范类型与内容指向以及基于促进型立法语境下的共性特征，基本理清了数字赋能乡村振兴地方立法的实践样态。接下来，笔者将在此基础上，以理论切入实践，从“宏观—微观—客观”三层面入手，对数字赋能乡村振兴地方立法表象下存在的具体问题展开剖析。

（一）宏观层面：数字赋能乡村振兴地方立法体系不完善

我国乡村振兴的地方法治环境正在形成，如综合性的乡村振兴促进条例，以及针对环境保护、农业发展、文化传播的专门性条例等构成了乡村振兴的法治生态、法律保障中的核心法律规范。然而其中的数字赋能的立法仍处于起步阶段，在立法规范和法律适用的过程中存在诸多困难。

其一是现阶段数字赋能乡村振兴地方立法体系不完整。由于目前的数字赋能乡村振兴地方立法主要是政策法律化的结果，因此先行供给的政策框架将影响后续的法律供给。而现实中数字赋能乡村振兴的政策顶层设计确实不够完善。国家虽然已出台了《关于开展国家数字乡村试点工作的通知》《数字乡村发展战略纲要》等各项有关数字赋能乡村振兴建设的纲领性文件，但目前数字赋能乡村振兴尚处于自上而下的各地试点探索阶段，组织化程度

---

[14] 郑曙光：《地方立法中促进型立法探析——以浙江地方立法实践为分析视角》，载《宁波大学学报（人文科学版）》2019 年第 1 期。

较低、人员配备不足、财政投入不够[15]，可以说数字赋能乡村振兴的顶层设计及政策框架还停留在初步形成阶段[16]。因此在后续的立法领域（本文主要强调地方立法领域）尚未能形成涵盖乡村居民、产业、生态、文明、社会、治理等方面完善的、系统的制度体系。

其二是数字赋能乡村振兴地方立法体系不合理，体系各部分内容失衡。部分立法过多过泛，而部分领域立法薄弱或缺失。数字赋能乡村振兴地方立法样本中的生态数字化条款、文化数字化条款基本为零，法律规范对此的关涉程度严重不足。另外，在乡村电子商务监管方面也存在一些困难。乡村电商平台中以次充好、货不对板的现象如何避免和规制？货品售后如何处理？卖方议价能力是否会加强抑或是减弱？总而言之，乡村电子商务新业态的监管体系还待建立健全。再者，立法是“立改释废”的统一，而地方立法工作中长期存在注重“立”的一端而相对忽视“改废释”一端的现象，导致地方立法工作体系不完整、结构不合理。[17] 地方立法机关目前仅局限于数字赋能乡村振兴增量型法律文件的供给，忽略了对存量法律规范的修订、解释和废止，新旧规范同在，自然无法建立起一个完整的法治体系。

（二）微观层面：地方立法特色缺失与立法语言失范

凸显地方特色和规范立法技术是提升立法质量的重要举措，但从微观视角分析数字赋能乡村振兴地方立法样本发现以上两个举措的贯彻效果均不尽人意。

整体而言，我国东中西部差异巨大、乡村地域差异显著，如数字基础设施存量不同、优势产业不同、人口流动程度不同、人文地理不同等现实情况。即便是同一省域范围内，各地的农业农村现代化、数字化程度也会存在差异，如江苏省苏南、苏中和苏北地区。因此，有必要立足村庄特色、资源、数字化基础和经济水平，分类有序推进、因地制宜探索不同类型乡村的数字赋能改造进程。但目前数字赋能乡村振兴地方立法样本中的内容彼此之

---

⑮ 秦秋霞，郭红东，曾亿武：《乡村振兴中的数字赋能及实现途径》，载《江苏大学学报（社会科学版）》2021 年第 5 期。

⑯ 文丰安：《数字乡村建设：重要性、实践困境与治理路径》，载《贵州社会科学》2022 年第 4 期。

⑰ 肖金明，王婵：《关于完善地方立法质量保障体系的思考》，载《理论学刊》2022 年第 1 期。

间同质化严重，属于推之四海皆准的地方性规范，尤其是以数字基础设施建设的重复性最高。

作为媒介，法律语言将立法者的抽象法律动机转化为具体的法条，将人们共同的法律意识定型为有确定性形式的法律文本，借以实现法的目的，这个转化与定型的过程并非随心所欲，而是有一定标准。⑱ 而这一标准即如《关于〈立法技术规范（试行）（一）〉的说明》所言，“条文表述尽量科学严谨，用语规范统一”。反观数字赋能乡村振兴地方立法的语言，即存在表述失范、缺乏严谨性的问题。例如《广西壮族自治区乡村振兴条例》第19条“推动数字农业工厂、数字农业基地建设，加大传统基础设施的数字化改造”之表述，对照其他省域的条款内容后可知，广西有将“数字农业工厂、数字农业基地”取代“新型数字基础设施建设”的嫌疑。而“数字农业工厂、数字农业基地”往往是指能够车间化、大棚式、脱离自然环境的高度设备化的新型农业，显然已经超出甚至是偏离了以新一代信息技术、移动通信网络、农业物联网等为代表的新型数字基础设施的概念。此外还存在法律用语不一致的现象。如在《新疆维吾尔自治区乡村振兴促进条例》中的“应用”一词既有作动词“运用”的含义，又有作名词“Application”的含义，且在特定语境中尚不能轻松确定其本意，需反复琢磨。无独有偶，“网络”一词在数字赋能乡村振兴地方立法中也存在抽象上“彼此间相互联系”和实体上“internet”的双重内涵，立法语言尚不统一。

（三）客观层面：乡村振兴数字技术供给不足

实践是认识的唯一来源，立法究其本质是一种人类探求社会规律的认识活动。实践中数字农业技术供给不足将导致数字赋能乡村振兴地方立法对数字技术的规范较少或是单一。因此需要充分探究数字技术在客观层面供给不足的体现，随后丰富其实践，为地方立法增容。

第一，数字基础设施相对薄弱，数字赋能根基不稳。数字基础设施建设既包括修建新型数字基础设施，也囊括传统基础设施数字化改造，这是数字赋能乡村振兴的基础所在。然而从乡村社会实情来看，数字基础设施建设的广度、深度和力度并不乐观⑲。首先，在广度方面，乡村的互联网普及率仍

---

⑱ 朱涛：《民法典编纂中的立法语言规范化》，载《中国法学》2017年第1期。

⑲ 董志勇，李大铭，李成明：《数字乡村建设赋能乡村振兴：关键问题与优化路径》，载《行政管理改革》2022年第6期。

有提升空间。截至2021年12月，农村地区互联网普及率已达57.6%，但与中国整体73%的互联网普及率相比仍有不小差距。其次，在深度方面，农业农村数字化应用明显滞后。实践中存在数字技术与水利业务融合不足的问题；农业大数据建设和农村数据资源体系建设也暂处于起跑的状态，数据整合共享、开发利用均不充足⑳。最后，在力度方面，政府和社会资本就乡村数字基础设施建设项目的投资疲软。根据数据显示，2020年全国县域农业农村信息化建设的财政投入仅占国家财政农林水事务支出的1.4%，政府投资力度严重不足；此外，对社会资金来说，农业产业资本回报率相对较低，社会资金主动进行数字基础设施建设的动力也存在不足。㉑

第二，涉农数字技术应用不足，数字赋能平台短缺。当前数字赋能乡村振兴较为成功的领域是乡村治理，即乡村治理数字化，典型案例有浙江省县域乡村治理数字化先行县（市、区）——德清的“乡村治理数字化平台”、建德的“乡村钉”平台和龙游的“村情通”平台。但其他省域的数字技术应用以及乡村振兴其他领域的数字技术应用并不充分，例如西、北部省份的农业仍采取传统的人力种植，基本的机械化尚未普及，更何谈数字化；乡村生态振兴领域的数字化和文化振兴领域的数字化进程甚是缓慢。数字技术应用的不足导致数字技术应用本身，以及使用过程中存在的风险尚未被立法者关注。

四、数字赋能乡村振兴地方立法的完善路径

不管今后的数字赋能乡村振兴地方立法仍然是以条款的形式附着于乡村振兴促进条例，还是出台专门性的数字赋能乡村振兴地方性法规，提升数字赋能乡村振兴的有效性是其不变的使命。面对数字赋能乡村振兴地方立法现阶段的困境，需重点突破数字赋能乡村振兴地方立法中的关键问题，再以立法具体流程为线索、数字应用为载体，着重在“立法前—立法中—立法后”环节加强数字技术应用，提高数字赋能乡村振兴的立法实效。

---

⑳ 秦秋霞，郭红东，曾亿武：《乡村振兴中的数字赋能及实现途径》，载《江苏大学学报（社会科学版）》2021年第5期。

㉑ 董志勇，李大铭，李成明：《数字乡村建设赋能乡村振兴：关键问题与优化路径》，载《行政管理改革》2022年第6期。

（一）关键问题突破：完善数字基础设施建设

完善的数字基础设施是数字赋能乡村振兴的硬件支撑、动力引擎。突破数字基础设施建设问题首先需要按照国家的相关规划，分析各自省域数字基础设施发展总体框架，采取加强新型数字基础设施建设路径抑或是传统基础设施数字化转型路径。若采取前一路径则继续加强乡村5G互联网、物联网等信息基础设施建设，提高乡村网络的速率、稳定性和覆盖度，为新兴数字产业和数字技术应用提供良好的环境；若采取后一路径则需要打造农村生产基础，如建设智能水田、智慧渔场、智慧水利、智能电网等，为农村生产提质增效；同时也要注重打造农村产业链基础，如建设现代化物流系统等，实现补链强链。[22] 当然对于经济能力较好的地区亦可以两者兼具，同步推进。以上目标的实现，需要地区政府加大财政投入，同时也需要加快引导市场资本流入、社会慈善力量进入，数字基础设施建设具有高投资的基本特征[23]，“政”“企”“社”合作、多方供给不失为一剂消解高投资性质的良方。

（二）立法前：数字化收集、分析乡情民意

“资源随着时间和地点而改变，因而没有适合所有环境的单一规则”。[24] 这是奥斯特罗姆就公共资源规则本地化的阐述，这点尤其适用于我国面积广袤而差异明显的乡村社会。关注地域性事务的地方立法如果能够回应数字赋能乡村振兴立法的差异化需求，必然会成为凸显地方立法特色高质量法案。“特色性（抑或是地方性）是决定地方性法规质量的重要因素。”[25] 而乡情、民意[26]恰好是体现本地特色、本地资源的最佳载体：对于数字赋能产业兴旺而言，需要依托乡村特色优势资源、依靠当地村民。对于数字赋能生态宜居而言，需要全面掌握乡村生态、生活环境现状；对于数字赋能乡风文明而言，需要了解当地特有的风俗习惯、保护当地的物质载体等。因此，数字赋

---

[22] 董志勇，李大铭，李成明：《数字乡村建设赋能乡村振兴：关键问题与优化路径》，载《行政管理改革》2022年第6期。

[23] 李琬，张国胜：《跨越“数字鸿沟”的数字基础设施建设供给政策研究》，载《当代经济管理》2022年第11期。

[24] ［美］埃莉诺·奥斯特罗姆：《公共资源的未来：超越市场失灵和政府管制》，郭冠清译，中国人民大学出版社2015年版，第5页。

[25] 史建三，吴天昊：《地方立法质量：现状、问题与对策——以上海人大地方立法为例》，载《法学》2009年第6期，第106页。

[26] 乡情是指乡村社会的基本情况；民意是指农民的意见、要求和愿望。

能乡村振兴地方立法首要任务是收集乡情、了解民意，全面掌握乡村面貌。

乡情、民意既可以是立法机关主动收集、了解，也可以是村民的主动表达，因此立法机关一方面要探索高效、精确的收集机制，另一方面也要保证健全、稳定的表达机制。对于收集机制而言，传统方式主要有实地调研、田野调查、入户走访等，费时费力且难以整理；现如今遥感技术、大数字技术的成熟和普及，可以对乡村基本生产、生活、生态面貌进行可视化的数据收集。对于表达机制而言，可以通过构建立法前数字应用或者在社交平台上发布相关话题，满足村民对乡情、意见的表达需求。乡村生活经历告诉我们，绝大部分的村民并非不愿表达，而是缺乏表达自身意愿的场所。乡情、民意的分析则可以利用大数据挖掘技术（包括关联分析、时序模式、分类、聚类、预测、和偏差分析等功能）实现对文本、图形图像、视频、WEB 等形式的复杂数据的挖掘（如图 1 所示）。具体而言，首先通过直接建立数据接口或者爬虫框架技术采集相关系统中的乡情民意信息；再对海量信息进行预处理，将不同类型的、分散的数据进行转换、清理；最后利用分析引擎，将收集的乡情、民意进行文本分类、聚类、关键词分类，最终形成统计报告，以供立法者参考。

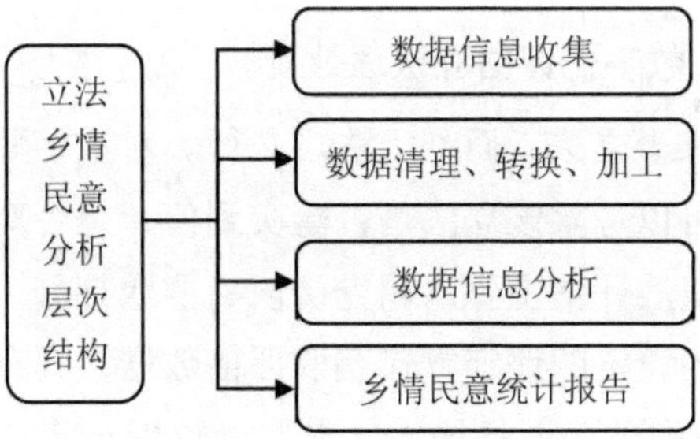

图 1　立法乡情民意分析平台层次架构

（三）立法中：数字化辅助优化立法草案

提升地方立法质量已成为新时代立法的重中之重，而起草地方性法规草案作为地方立法的基础性工作，草案质量与立法质量有着密切联系。[27] 因此提升地方立法质量有效的举措便是在起草法案时做到全面检索、科学起草、规范表达，力求实现立法草案的高质量。此外，本节所提及的立法数字应用

---

[27] 许安标：《我国地方立法的新时代使命——把握地方立法规律 提高地方立法质量》，载《中国法律评论》2021 年第 1 期。

开发其本质是指数字技术与立法的交互作用，即运用数字智能技术提高立法水平，将数字技术的有益因子注入立法文本、语言，这便是数字技术与科学立法之间的共生机理和共变关系。[28]

立法草案是对“现存的社会结构和法律秩序发出需要部分或全部调整的信息反馈”[29]，一部数字赋能乡村振兴地方立法草案的生成，不仅需要立法工作人员从法律、行政法规中查找合法性依据，还需参考兄弟省法规、相关部门规章、政府规章、司法解释，有时甚至还需要查阅行业规范、域外经验等资料来实现其合理性目标。[30] 大数据检索等数字技术对上述资料的收集和整理速率可以轻松超越人工极限，高效收集相关的法律法规、法学期刊、司法案例等资料，为立法工作人员提供立法参考。

再次缩小立法切入点，立法语言是法律的存在方式和实施工具，是法律思想的具体体现，其中包含着规范、特征、技术、伦理和价值等丰富的内容[31]，而“世界上的大多数纠纷都是由词语所引起的”，因此立法切不可在语言上出现差错。数字技术首先可以高效纠正错别字、改进句式和文本结构等初级语言问题，此外还可以对立法文本中的名词进行智能比对，审查并纠正立法语言的错误和偏差。

（四）立法后：数字化评估立法质效

天下之事，不难于立法，而难于法之必行。对数字赋能乡村振兴地方立法实施效果的评估可以考察该立法是否落实到位、是否对社会有所裨益。在前大数据时代，立法后评估主要以调查访谈、群众打分、社会问卷、专家评估或考核测评等人为设定的评定方式获取评估数据，具有以主观分数对客观现实进行主观评判的嫌疑。[32] 且评估样本数量较少，使得据其发现的规律的客观性和代表性不足。而在大数据时代，客观的法治工作数据统计或模型分

---

[28] 金梦：《中国人工智能立法的科学性探析》，载《中共中央党校（国家行政学院）学报》2019 年第 1 期。

[29] 刘佳明：《人工智能立法的运用及其规制》，载《湖南农业大学学报（社会科学版）》2021 年第 1 期。

[30] 李弓朋：《人工智能应用于地方立法的现实困境与应然路径》，载《人大研究》2022 年第 3 期。

[31] 刘平：《立法原理、程序与技术》，上海人民出版社 2017 年版，第 334 页。

[32] 朱未易：《构建地方法治建设监测数据指标体系的可能、原则与途径》，载《政法论丛》2018 年第 5 期。

析所得出的评估结果或结论，能够更加清晰准确地描述当下法律实施的状况与发展趋势。

数字化评估的第一个环节是评估数据的挖掘。凡是与数字赋能乡村振兴地方立法法律文本有关的实践记录载体，都可作为数字赋能乡村振兴地方立法评估的原始语料。例如政府及其相关部门制定的数字赋能乡村振兴的规范性文件、财政部门的乡建投入等台账。网络上的其他数据资源不可忽视，例如从涉农产业的商业机构网站、情报网站中获取数字产业发展数据；从社交平台、社区论坛议题中获取其他数字乡村建设的舆情，都是可以作为立法后评估的原始数据。数字化评估的第二个环节是评估数据的处理分析。根据某省立法部门的反映，他们缺乏的是针对各方面立法意见的信息汇总和分类的能力。[33] 恰好大数据技术中的词频统计、主题分析、情感分析等相关技术，可以将采集到的结构化和非结构化数据自动分类、常识校对[34]，从而进行准确的数据分析，弥补当前立法部门工作能力的不足，更重要的是得到了客观、全面和准确的立法后评估结论。

五、结语

在数字中国建设，乡村全面振兴的伟大历史进程中，数学赋能乡村建设的成效至关重要，地方立法应当肩负起细化国家法律、指导地方政策的时代使命。面对广袤的中国乡村、日益高涨的民众参与热情、有限的立法供给，立法数字技术有望推动数字赋能乡村振兴地方立法质效的提升，联合实现我国乡村振兴发展战略之目的。

㉝ 周翔：《作为法学研究方法的大数据技术》，载《法学家》2021 年第 6 期。

㉞ 曹瀚予：《大数据在立法后评估中的应用析论》，载《自然辩证法通讯》2018 年第 11 期。

两大法系著作权制度的融合及其对我国的影响*

邹　琳** 代　静***

摘　要：我国著作权制度兼采两大法系之特色，采用著作人身权和著作财产权合并立法的模式。探究两大法系以英、美、法、德等国为代表的西方著作权制度的形成和发展以及对我国著作权立法及演进的影响，利用马克思主义等先进的西方文明理念，在习近平法治思想的引导下进一步深刻理解和阐释两大法系的差异和融合及其对我国著作权制度形成的影响，有利于我国在坚持文化自信的同时，进一步完善我国相关立法，建设中国特色社会主义著作权法体系，为国际著作权制度的发展贡献自己的力量。

关键词：两大法系；版权；作者权；制度融合；社会主义著作权法体系

经济贸易全球化促使信息和文化交流国际化并相互交融发展，著作权制度也相应呈现出全球化、一体化趋势。我国著作权法的制定经历了从被动立法到前瞻立法、移植到创新，从实质达标到形式完善的发展过程，形成了涵盖国际著作权条约、著作权法律法规、部门规章、司法解释及相关政策文件的完整著作权法律制度体系。① 早期我国急于建立基础性著作权规范制度，兼采两大体系，以移植国际国外著作权相关法律为主。其中英美法系的著作权制度又称版权制度，起源于英国；大陆法系著作权制度又称为作者权制

---

* **基金项目**：本文为湖南省教育厅重点项目"'三高四新'战略背景下数字藏品产业发展法律问题研究"（22A0108）、2022年湖南省研究生科研创新项目"数字版权保护背景下视听作品的法律认定研究"（QL20220143）的阶段性成果。

** **作者简介**：邹琳，湘潭大学法学学部知识产权学院副教授。

*** **作者简介**：代静，湘潭大学知识产权学院2022级硕士研究生。

① 丛立先：《我国著作权法总体趋向与优化进路》，载《中国出版》2020年第21卷，第12-16页。

度，起源于法国和德国。② 版权制度和作者权制度在发展的过程中，随着著作权法制进程国际化，两大法系著作权制度从相互独立到逐步趋同。在当前全球化潮流进入瓶颈期，国际政治经济形势较为紧张的情况下，我国依然坚持促进全人类和平发展的政策方针的重大历史时期，梳理两大法系著作权制度发展及其对我国著作权立法的影响，有助于明晰我国著作权立法技能提升的发展路径，明确数字化时代新时期中国特色社会主义法治环境下著作权制度的发展方向，实现进一步自主创新。

一、两大法系著作权发展概述

（一）英美法系版权发展概述——以英美为代表

1. 英国版权制度

（1）英国版权制度的形成。《安娜法令》颁布之前英国出版史的发展路线主要有三个特征：文具商的版权、印刷专利（特许）和政府控制出版。③ 1476 年威廉·卡克斯顿将印刷机引入英国之后，保护出版作品权利的需求不可避免的激增。从事图书出版贸易的行会成员们在 1557 年还未设立其各自的公司章程之前就已经发展了某种形式的版权，比如皇家特许赋予这类公司更多的尊严和权力等，使其版权相关的权益主张得到了一定的确定形式。然而直到 1701 年文具公司在记录中才使用“版权”一词。在印刷术的早期，文具商用“拷贝”或“手稿”一词来表示今天所谓的“版权”，“文具版权”这个名称来自它的前身文具公司。其仅为公司成员所享有，“文具版权”代表文具商的自身利益。只有在符合公司规定的情况下所有者才可以发布作品，转让、出售或遗赠版权。文具商的版权主要目的是为公司内部提供秩序，这实际上意味着在图书贸易中所有行业的装订商、印刷商和书商都属于文具商公司。但是作者不是公司的成员，没有资格拥有版权，因此文具商的垄断意味着他们的版权在实践和理论上都是出版商的权利。直到《安娜法令》颁布后，版权作为作者权利的观念才得到发展。

印刷专利是君主授予出版作品的专有权，其基础是皇家特权。除了来源和受时间限制之外，印刷专利是一种与文具商的版权非常相似的版权。印刷

② 李明德：《两大法系背景下的作品保护制度》，载《知识产权》2020 年第 7 期。

③ Patterson L R. *Copyright in Historical Perspective* ［M］. Vanderbilt University Press, 1968：4.

专利也保护了独家出版权，在文具公司成立初期，印刷专利比公司的版权更受欢迎。在詹姆斯一世时期，皇家特权正处于鼎盛时期，印刷专利对文具商的价值是巨大的。然而，由于专利特权的期限较短，随着这种特权逐渐受到其他各种因素的限制，以及英国作家创作出越来越多经久不衰的作品，由于文具商版权在保护时间上不受限制的优势，其逐渐在重要性上超过了印刷专利。

英国早期版权法是为了限制出版商的翻印专有权，在 1483 年英国引入活字印刷术不久后，英国查理三世曾颁布鼓励印制及进口图书的法令，但却未禁止翻印。④ 但是后来，英国取消了图书进口自由，同时英国出版商也第一次获得了禁止外国出版物向英国进口的权利，但是在 1556 年，英国出版商印制图书的自由被取消，为了控制舆论，政府颁布了《星法院法》，在后续几十年中，为了限制图书的印制自由以及授予出版商印刷图书的权利，先后颁布了 4 部《星法院法》。

随着英国资产阶级爆发革命，一系列“星法院令”被废除，1662 年英国颁发《许可证法》以维护出版商的权益，由于 1694 年该法规未能够在议会上通过，许可证法案被终止，此后，英国盗印图书的行为十分普遍，这种现象引起了作家 D·笛福等人的注意，他们强烈要求改变这一状况。同时出版商们为了维护他们的翻印专有权，也强烈要求制定一部长期有效的成文法。1709 年英国议会通过了世界上第一部版权法《安娜法令》，这部法令在 1710 年生效实施，其首开世界著作权立法之先河，最突出的特点在于使著作权由最初的“印刷翻印权”演变成具有现代意义的“版权”。⑤《安娜法令》废除了以往的许可证制度，规定了著作权的保护期限以及明确了保护作者权益的具体标准，但是该法仅对图书的印制发行进行保护。

（2）英国版权制度发展。王权的特许和图书印刷出版商的要求形成了近代英国版权制度，“版权的早期需要来自印刷者和出版者，而不是作者”。在 1710 年，版权是出版商独家出版作品的权利，它的作用是防止文学盗版；到 1774 年，版权已经成为作者的权利，并仍然发挥着保护出版专有权的作用。自《安娜法令》问世后，英国陆续出现了许多综合性版权法和单行版权法，如 1814 年、1956 年的《版权法》、1734 年《雕刻著作权法》、1735

④ 郑成思：《知识产权论（第 3 版）》，法律出版社 2007 年版，第 16－17 页。

⑤ 胡开忠：《知识产权法比较研究》，中国人民公安大学出版社 2004 年版，第 5 页。

年《保护艺术家、设计师和画家权利的法令》、1814 年《雕塑版权法》及 1963 年的《表演者保护法》等。20 世纪中期英国新技术高速发展，为了解决发展过程中的版权问题，于 1988 年制定《版权、外观设计和专利法》，此法为英国现行版权法。

2. 美国版权制度

（1）美国版权制度形成。美国于 1790 年建立版权制度时，其是以已有的制度为基础形成的。美国在独立战争之前，仍是英国的殖民地，英国的版权法虽然未适用于美洲殖民地，但是美国人深受 1710 年的《安娜法令》和英国的一些相关判例法的影响，各殖民地授予独家印刷权，在殖民地时期，美国不存在图书贸易行会，即使有些殖民地逐渐发展出了小型的、无组织的图书贸易，但是没有制度背景可以产生文具商的版权。当出现图书贸易问题时，可以通过法律权利以外的手段处理，处理方法有两种，一种是禁止抄袭他人出版的作品的行业社会规范，另一种是由一个书商或印刷商代销另一个书商出版的图书。

诺亚·韦伯斯特是美国版权法的早期创始人之一，他敏锐地意识到文化独立的必要性，他在文章《论教育》中写道："美国人，解放你们的思想，像独立的人一样行动。你们做孩子的时间够长了，受着傲慢父母的控制，对他们的利益唯命是从。你们现在有自己的利益需要扩大和捍卫；你们有一个帝国需要通过你们的努力来建立和支持；你们有一个民族性格需要通过你们的智慧和美德来建立和发扬。"他急于在出版之前保护自己的作品，但当时美国并没有版权法。因此，在 1782 年韦伯斯特前往位于费城的美国大陆会议，为其作品寻求保护，虽然国会成员愿意支持他，但是《邦联条例》并没有赋予他们制定版权法的权力。因此，韦伯斯特不得不向各州立法机关寻求保护。他写了很多信，试图赢得他人的支持，他认为书籍将传播文化，并且是一种团结美国人民的新美国语言。1783 年 5 月，詹姆斯·麦迪逊获得了大陆会议的决议，建议各州授予新书的作者和出版商 14 年的版权。1783 年 1 月，康涅狄格州率先通过了版权立法，同年马萨诸塞州、马里兰州、新泽西州、新罕布什尔州和罗得岛州紧随其后。韦伯斯特在 1783 年获得了康涅狄格的版权，然后在 1785 年获得了宾夕法尼亚州、南卡罗来纳州和弗吉尼亚州的保护。到了 1786 年 4 月，除了特拉华州，美国的其他州以 1710 年英国颁布的《安娜法令》为蓝本，分别制定了著作权法，这些版权法规构成了 1790 年美国版权法的基石。美国的版权法源于宪法中的专利和版权条款，该条款规定，国会有权“通过在一定时间内保证作者和发明者对各自著作和发现的专有权，以促进科学和实用艺术的进步”。1790年国会正式制定了第一部著作权法《版权法案》。它规定版权保护期为14年，可再延长14年。但早期的美国版权深受英国影响，1790年《版权法案》紧跟《安娜法令》的框架，随后的修正案并没有从根本上改变这一框架。

（2）美国版权制度发展。国会于1790年颁布了第一部版权法，自1790年以来，该法案经历了四次重大修订：1831年、1870年、1909年、1976年。1790年版权法为地图、图表和书籍提供了版权保护，并规定对于已出版作品的侵权赔偿，在侵权人的财产中每发现一页，赔偿金额为50美分，其中一半归版权所有人所有，另一半归联邦政府所有。对1790年法案的后续修订反映出受保护作品或“著作”的类别逐渐扩大。因此，音乐作品、戏剧作品、照片、绘画和雕塑最终都被包括在可版权材料的定义之内。目前的法案几乎为所有以有形形式表达的东西都提供了保护，包括录音、录像带和计算机软件。

美国目前管理版权的法律是1976年的《版权法案》，它对以固定形式创作的作品提供保护，而不是像1909年的《版权法案》以作品的出版作为保护的先决条件。版权在作品创作时自动产生，不需要出版或向版权局注册就可以获得版权。随着社会发展，1976年的《版权法案》几经修订。1980年计算机程序作为作品得到了特殊版权保护，1989年美国签署了名为《保护文学和艺术作品伯尔尼公约》（以下简称《伯尔尼公约》）的国际条约，加入了伯尔尼联盟。《伯尔尼公约》要求成员国在版权问题上以对待本国公民的方式对待成员国公民。为了履行在伯尔尼条约下的义务，国会再次修订了1976年的版权法，取消了作品使用版权通知的任何要求，1990年，美国再次修订了《版权法案》，使美国版权法与伯尔尼联盟其他成员国的版权法更加一致，特别是在某些视觉艺术作品的归属权和完整性方面。1998年对版权法的另一项重要修正案是《数字千年版权法》，将美国的版权法推进到数字时代，其包括禁止个人规避版权保护制度的规定以及限制互联网服务提供商对侵犯版权的责任。许多专家认为，1998年的《数字千年版权法》是最全面的版权法更新。

（二）大陆法系作者权发展概述——以法、德为代表

1. 法国作者权制度

法国版权法是在18世纪与英国版权同时发展起来的。其哲学和术语基

于“作者权利”而非“著作权”，不同于普通法司法管辖区的著作权法所使用的哲学和术语。其很大程度上影响大陆法系地区版权法的发展，以及对国际版权法如《保护文学和艺术作品伯尔尼公约》的发展。法国版权法是在《知识产权法典》中定义的，该法典借鉴了欧洲版权法。“作者权利”的概念最早出现于16世纪，并在17世纪普遍为人所知。不同于英美版权，其根源在于印刷专利和皇室特权的实践，特权涉及的是作者作品的出版权，而不是作者本身的权利。

1551年亨利二世授予他的琵琶演奏家纪尧姆·德·莫莱特权，这是法国的第一个特权。通过这种皇家特权体系，国王将垄断权授予了特定的编辑，并实施了审查制度。1566年的《磨坊条例》是第一部要求图书管理员和编辑申请印刷专利的法律，该法令没有提到作者。法国著作权制定背景也是为了维护出版商的垄断权，⑥ 早在1777年国王就颁布了关于印刷出版方面的法令，确认作者有权出版和销售自己的作品。1789年法国大革命期间，这些特权被废除。然后国民大会颁布了新的立法。西耶斯神父提出了一项法律草案，旨在通过强制作者、出版商和图书管理员承担传播淫秽思想的责任。西耶斯和马奎斯·孔多塞还提出了“有限特权”的概念，反对永久特权，从而准备将拉辛、莫里哀、卢梭、伏尔泰等人的作品纳入公共领域。根据安妮·拉图尔内的说法，“第一次革命性的尝试是在法律上承认作者在文本上的权利，因此不是为了寻求作者的自由，而是迫切需要承担责任。”同年法国制宪议会在8月陆续通过了一系列法令，宣告了书商特权的废止。⑦

由于当时法国受到大革命“天赋人权”思想的影响，拒绝了书商希望通过政府监管，重新获得书籍出版上的特许垄断的立法思路。法国颁布著作权法将版权保护制度推入一个新阶段，资产阶级更进一步将著作权内容延伸到“人权”的高度。法国颁布的《1791年表演权法》和《1793年复制权法》标志着作者权体系诞生，其中《1793年复制权法》是为了保护作者的所有权和杜绝盗版现象。法国最高人民法院曾明确表示：“依据《复制权

---

⑥ 吴汉东：《知识产权基本问题研究》，中国人民大学出版社2005年版，第239页。

⑦ 法国大革命期间颁布的一系列法令，即《1789年8月4日法令》《1789年8月6日法令》《1789年8月7日法令》《1789年8月8日法令》和《1789年8月11日法令》。这些法令一般被称为《1789年8月法令》，其中规定了取消封建特权、解散封建农奴、废除国王特权等重要改革，被认为是现代法律制度建设的里程碑之一。

法》的立法精神，真正从侵权救济中获得补偿的权利人是首次出版的所有权人，即出版商。”但是这两部著作权法都未对著作人格权进行明确的规定。直到 1957 年的《文学和艺术产权法》首次对人格权明文规定。[⑧] 这部法令以“人格价值观”为理论基础，强调对作者精神权利的全面保护。根据 1957 年版权法，大多数作品在作者有生之年加上 50 年内受到保护。1985 年对其进行了重大修改，该法案于 1986 年 1 月 1 日生效。该法案引入了各种相邻的权利，并增加了音乐作品版权保护的期限，使作者的权利变为 70 年。这些法律随后被纳入 1992 年 7 月 1 日颁布的《知识产权法》。1997 年 3 月 27 日第 97－283 号法案将大多数作品的版权期限从终身后 50 年增加到终身后 70 年。由于欧盟指令要求在 1995 年 7 月 1 日之前实施，新的版权期限被赋予追溯效力至该日期。

2. 德国作者权制度

普特将马丁·路德在 1525 年发表的训诫中的序言提升为德国版权论述的基础文本，旨在使帝国和邦联国家授予的印刷特权合法，并使其延伸到德国内部。历史学家埃克哈德·霍夫纳曾说 19 世纪早期德国没有有效的版权立法。随后由于作家反对翻印行为要求保护自身合法权益，1837 年普鲁士王国颁布了德国第一部现代著作权法，该法是关于保护作品、科学和艺术方面的财产权的法律。其规定了用刑法手段来禁止翻印行为，并建立了保护著作权人的思想。但是随着德国继续分裂成小国，这项法律几乎不可能在整个帝国中执行。德意志帝国于 1870 年颁布了统一的《著作权法》，其保护范围包括文字作品、图片、音乐作品和戏剧作品等。1876 年，该法将摄影作品以及图画作品纳入著作权法保护，1901 年颁布的《版权法》适用于文学作品和音乐作品，调整了著作权的使用形式，成为 19 世纪学术改革的现代化例证。1913 年 2 月 28 日，德意志帝国与俄罗斯签订了《版权公约》，并于同年 5 月 14 日获得批准。该公约在德国与俄罗斯之间采纳了《柏林公约》的大部分条款（俄罗斯不是该公约的缔约国）。其中在对版权期限的保护与《柏林公约》不同。在《柏林公约》中引入的延长保护期即作者生命后 50 年（受任何缔约方确立较短期限的权利的限制），且德国也并未采用 1911 年英国版权法中的延长保护期。《版权公约》中规定，寻求保护的国家的法律对保护期是决定性的，但保护期不得延长至起源国版权有效期届满之

---

⑧ 孙新强：《论著作权的起源、演变与发展》，载《学术界》2000 年第 3 期。

后。随着无线电和电影等新技术的出现，修订著作权法的要求日益迫切，在1923年至1932年间，出台了密集的修订草案以便更好地保护作者的著作权。

德国现行的著作权法是1965年颁布，该法将著作权法的保护范围扩大到邻接权的保护，尤其是对表演者、唱片制作者、广播组织者以及电影制作者的保护；将对作品的保护期限由之前50年延长至70年。⑨ 关于版权第一所有权的相关规定，根据《美国法典》第17编第201条，为雇佣而创作的作品的创作者根本没有版权；排序者被视为作者。因此在美国境外使用的美国标准形式合同，不仅剥夺了创作者的权利，甚至使其所在国版权法的目标和意图受挫，从长远来看，造成了对这些国家的创造力来源及其文化标准构成威胁的局面。然而德国立法者是第一个发现并面对这个问题的人。其根据版权领域的5位科学家如格哈德·施里克、乌尔里希·洛文海姆、阿道夫·迪茨、马丁·沃格尔人等人起草的建议，德国议会制度的两院在2002年春天通过了"一部加强作者和执行艺术家的合同地位的法律"（简称：版权合同法）：取得联邦议院的一致通过，新法律于2002年7月1日生效。其规定了关于版权转让报酬的合同自由的限制，但任何人都不能将其权利完全转让给一个缔约方。

二、两大法系著作权制度融合

（一）两大法系著作权制度融合历史进程

从历史发展上来看，不同的国家对版权概念的理解是不尽相同的。法国将作者权利视为一种自然产权，不应受到国界的限制。在英美法系，各国在制定版权法时总体上采取了更为务实的路线，英美法系的版权概念侧重于复制权，禁止未经权利人许可的复制作品行为。⑩ 在经济全球化、知识产权现代化、一体化潮流的推动下，两大法系在著作权制度领域中呈现出趋同化和版权法本土化的特征。各个国家在著作权方面互相渗透、互相融合。

19世纪末期，欧洲大多数国家进入资本主义发展道路，随着各国科学

---

⑨ ［德］雷炳德：《著作权法》，张恩民译，法律出版社2003年第13版，第33页。

⑩ 许菁，卢金路，杨飞：《"一带一路"沿线国家版权制度比较研究》，载《出版发行研究》2018年第7卷，第73页。

技术和工业生产的日益发展，国际商业贸易不断扩大，形成了以出版业为主要形式的著作权贸易市场。在国际范围内，所有国家都设法通过谈判为其国民提供尽可能好的保护。随着版权作品市场的扩大，除非版权法具有国际意义，否则国家版权所有者的利益就无法得到充分保护。这些压力促成了1886 年《伯尔尼公约》的签署，这是国际上第一个关于著作权保护的国际公约。《伯尔尼公约》规定了所有成员国都必须遵守版权保护的最低限度，例如，规定所有成员国必须承认作者拥有表演、广播、改编和复制其作品的专有权，以确保成员国的版权法具有许多共同的特点。《伯尔尼公约》还规定版权保护不能以遵守任何登记手续为条件，从而确保作品在不需要版权通知或登记的情况下自动受到保护。其次规定作品受到的保护与作品原产国是否存在保护无关。如果一部作品来自伯尔尼联盟 160 多个成员国之一，它在所有其他成员国都有权受到保护。同时《伯尔尼公约》也规定了版权的保护原则和作品的保护期限，简化了许多国家互相之间提供版权保护的程序。尽管该条约创建了一个包括 5 亿人的版权联盟，但它本质上是一个欧洲协议，美国作为一个既是创造性作品的巨大生产者又是创造性作品的巨大消费者的国家，对该协议置若罔闻。美国在严格的限制条件下，于 1891 年才承认外国版权。早在 19 世纪 30 年代，英国就开始寻求在美国境内承认英国版权的协议。随着《伯尔尼公约》继续发展，1908 年的柏林修订版为作者提供了重要的保护，保证作者的版权期限为终身加 50 年，并规定这种保护源于创作行为本身。但是，这些基本原则并不能让美国考虑成为签署国。在1952 年，为了将美国及泛美版权公约中的一批国家纳入世界性国际版权保护范围，联合国教科文组织制定了《世界版权公约》，最终成功地将美国纳入了国际版权关系网络。1988 年美国最终成为《伯尔尼公约》的签署国，苏联和中国在内的其他主要国家也陆续加入了《伯尔尼公约》。随着发展中国家的加入，国际上开始对两项公约进行修订，试图解决发展中国家的需要。

1961 年，联合国国际劳工组织、教科文组织以及世界知识产权组织共同在罗马签订了《保护表演者、录音制品录制者与广播组织公约》（以下简称《罗马公约》），这是国际版权邻接权保护中的第一个世界性公约，其对表演者、录音制品录制者及广播组织享有国民待遇以及邻接权的相关内容进行了规定。但是在 20 世纪 80 年代许多发达国家不满现行条约制度下提供的保护标准，美国政府威胁要对那些没有提供充分保护的国家实施贸易制裁，并努力将知识产权纳入关税及贸易总协定的框架内，于是1994年签署《与贸易有关的知识产权协议》，其要求世贸组织成员遵守《伯尔尼公约》的实质性条款（关于精神权利的条款除外），并为知识产权的执行制定了明确的标准。随着科技迅速发展，互联网的出现引发了世界各地的立法倡议。1996年12月，世界知识产权组织在瑞士日内瓦召开会议，致力于制定第一个国际版权法修正案，日内瓦会议通过了《世界知识产权组织版权条约》和《世界知识产权组织表演和录音制品条约》两项条约。为了履行《世界知识产权组织条约》所规定的义务，大多数国家包括美国在内都被要求在几个方面修订其版权法，其中最主要的是保护版权所有者的作品，防止其作品被电子窃取时所使用的技术受到非法规避，1998年美国通过的《数字千年版权法》实现了这一目标。随后各国陆续制定版权法，以保护数字时代下新型版权。

（二）两大法系著作权制度融合具体内容

戈诺西德曾说术语或概念"趋同化"，如果不是具有独特意涵的话，那么它是迄今为止被运用于两种或更多知识产权有关累积性和一致性的特定方面。趋同化在更大程度上是各类信息内容联合运行的风向标，作为一种社会现象的趋同化是指国际版权法在特定的时空中所呈现出的某种特质。英美法系和大陆法系著作权制度的融合其主要体现在版权法的趋同化，法律趋同化是世界民商法律发展的一个特点，版权法的发展也呈现出趋同化特征。所谓趋同化是指随着社会的发展，不同国家的法律在国际交往逐渐密切的基础上相互吸收，相互渗透，从而趋于接近甚至趋于一致的现象，其主要表现在国内法律的创制和运作中包含了越来越多国际社会的普遍实践与国际惯例，并积极参与国际法律统一的活动等。⑪ 两大法系著作权制度的融合主要体现在以下几个方面：

1. 著作人身权的趋同

现代著作权制度诞生于英国，在其诞生之初，其仅仅规定了和经济相关的权利，其内容未曾涉及作者的人身权。16世纪初，出版商为了能够继续垄断印刷出版的利益，一些资产阶级中的出版商开始以维护作者的利益为由，游说国会立法保护作者许可他人出版书籍的专有权利，在此背景下，

---

⑪ 李双元：《国际民商新秩序的理论构建》，武汉大学出版社1988年版，第139页。

1709年颁布第一部著作权法——《安娜法令》，授予作者在特定时期印刷出版书籍的权利。自此，现代著作权制度展露雏形。⑫ 英国的第一部著作权法《安娜法令》，从主要保护出版商的权利到开始保护作者的权利，但是该法仍侧重的是作者的经济权利方面的，并未涉及作者精神权利。所谓的精神权利指的是著作权中的人身权，事实上，英美法系国家的立法早期是没有规定作者的精神权利。⑬ 在1928年的罗马会议上，《伯尔尼公约》规定了各成员国需要保护署名权和保护作品完整权。但是英国作为公约的创始国在1988年才引入著作人身权，美国于1989年加入《伯尔尼公约》，在1990年颁布了《视觉艺术法》，该法案只适用于视觉艺术的作者，其中包括雕刻、油画和印刷以及绘画，同时该法案也承认其所有权和作品完整权，但是不承认著作人身权能延期到作者死后，这是美国保护著作人身权的开端。不过英美法系中的国家并非不制定相关的著作人身权法律，其立法者认为在普通法中既有的规则就可以保护著作人身权。例如英国的恶意诋毁之诉、仿冒之诉。

大陆法系国家比英美法系国家更加重视对著作人身权的保护。法国在1793年《文学艺术财产法》确认了文学艺术作品的财产权，并通过国家立法给予保护。国民大会声称该法是“天才的权利宣言”，但是该法无法解决作者的个人利益与作品的公共利益之间的冲突。1830年法国承认了署名权，法院判决的马森诉缪塞特案、马奎诉勒库比案以及1902年的奎尼丁诉雷高克案进一步确认了作者的著作人身权。德国法学家通过研究人格与作品的关系得出著作人身权，1785年康德在《论非法的翻印》一文中将书的实物形式与书的内容予以区分，否认知识产权的概念，认为著作权是人身权，这是德国对于著作人身权最早论述。1895年基尔克在《德国私法》中也表达了著作权是人格权的观点。随后1901年的《文学和音乐作品著作权法》和1907年的《美术和摄影作品著作权法》以作品的人身权为基础，开始保护作者的人身权，德国在1965年著作权法中首次出现了著作人身权的法律术语。随着《伯尔尼公约》《世界版权公约》等国际条约的签订，越来越多的国家加入国际版权条约，大陆法系和英美法系中对著作人身权的相关规定呈

---

⑫ 王迁：《著作权法》，中国人民大学出版社2015年版，第146页。

⑬ 吴汉东：《西方诸国著作权制度研究》，中国政法大学出版社1988年版，第251－324页。

现出趋同化的特征。

2. 著作财产权的趋同

在著作财产权方面，两大法系几乎没有什么差异。因为在著作权法诞生之初，两大法系国家都是将复制权作为版权法的基础权利。在英国版权法中，作者财产权包括了复制权、发行权、公开表演权等，英国于1833年颁布《戏剧许可法》，赋予戏剧作品以公开表演权，随后在1842年又赋予音乐作品作者以表演权。然而美国是在1856将复制权扩展到公开表演权，但是此项权利仅适用于戏剧作品，随后在1897年版权修正案中才规定了音乐作品的表演权。在《伯尔尼公约》《世界版权公约》等国际版权条约的作用下，1976年美国《版权法》第106条规定了作者的复制权、演绎权、表演权、发行权和展览权五项。如今随着各国交往密切，签订了大量国际版权条约，且作为国际版权条约成员国在制定本国著作权法时，有必要考虑国际版权法的相关规定，两大法系国家的著作财产权在设立上基本获得统一。

三、两大法系著作权制度对我国的影响

（一）我国对两大法系著作权制度的借鉴

1. 近代版权制度

1840年鸦片战争爆发，中国沦为半殖民地半封建社会，进入了中国近代化的历程。法学近代化是自中世纪后期开始的波及整个世界的一场法学变革和进化运动。⑭ 随着西方先进法律思想的逐渐传入，中国开始了法学近代化。清朝末年，部分先进的知识分子开始走出国门，将版权理念传播到中国。1902年《伯尔尼条约》的汉语译本传入中国，这是中国人了解国际著作权最早的文本。中国为了履行1903年中美条约义务，20世纪末参考和借鉴了西方的立法经验，清政府制定通过了第一部近代史著作权法——《大清著作权律》，该法吸收大量欧美法律的观念，将著作权界定为“专有重制之利益者”，其未对表演权、邻接权等进行规定。该法律共有55个条文，其中日本法律条文占33条，移植量占91%，《大清著作权律》未能形成著作权体系。

辛亥革命胜利后，中华民国成立，此时版权问题仍是按照《大清著作

⑭ 何勤华：《法学近代化考论》，载《法律文化史谭》，商务印书馆2004年版，第281页。

权律》解决。随着资产阶级民主思想的传播，人们的版权意识逐渐提高，国内外的版权纠纷问题也日益严重，例如上海新算术各书在全国范围内被盗印，英商伊文思书馆控上海商务印书馆案等。⑮ 1913 年，美国要求与中国建立中美双边版权同盟，以更好地保护本国的商约版权。这一要求引起国内广泛的讨论，迫于论争的压力，北洋政府颁布了新的著作权法。北洋著作权法从体例上来看，总章目为五章，继承了著作权注册保护的制度，但是该法被认为是《大清著作权律》的翻版。与《大清著作权律》相比，该法只是增加确认著作权的设定质权，未经注册不得对抗第三人等内容外，二者没有什么不同。⑯ 1927 年，为了稳定社会秩序，巩固其政治统治，同时也为了应付西方列强在议决撤销在华领事裁判权之前对于我国司法状况的调查，南京国民政府开始建立新的法律体系。国民政府于下一年颁布了《中华民国著作权法》以及实施细则，该法吸取了《大清著作权律》和《北洋著作权法》的立法经验，并顺应世界著作权立法的潮流，其实施标志着我国近代著作权法律制度正式形成。⑰

我国近代著作权立法过程是十分艰难的。从立法动因上来看，近代著作权立法是一种被动式立法，是在外力推动之下发生的。自《大清著作权律》开始，我国著作权法的修订几乎都是在外力的推动下。清政府为了履行与西方列强签订的一系列不平等条约，不断修订我国著作权法以维持政府的统治。近代著作权立法体现出我国从兼采两大法系到融入大陆法系的发展过程，以日、德两国为代表的大陆法系的著作权法是我国清末修改著作权法律制度时的主要移植对象。但是由于版权概念是源于英国，并且第一部版权法《安娜法令》是在英国诞生的，清末著作权立法在不同程度上也受到了英国版权法的影响，例如著作权法中规定只授予著作人重制权以及注册取得制度等。直至 1928 年著作权法才设定表演权，真正形成了大陆法系的著作权法律体系。

2. 中华人民共和国成立之后的版权保护

1949 年中华人民共和国成立以后，我国便开始重新建立新的著作权保

---

⑮ 周林，李明山：《中国版权史研究文献》，中国方正出版社 1999 年版，第 178－192 页。

⑯ 胡开忠：《知识产权法比较研究》，中国人民公安大学出版社 2004 年版，第 9 页。

⑰ 姚秀兰：《近代中国著作权立法论》，载《深圳大学学报（人文社会科学版）》2005 年第 4 期。

护制度，但是由于经济方面的各种限制，在一段时间内并没有制定一部全面、完善的著作权法。直至1990年，我国颁布了《中华人民共和国著作权法》，该法的大部分规定适应当时的经济、文化等方面的发展水平，是一部体现了中国特色并借鉴国际著作权保护原则的法律。我们兼收并蓄、博采众长，根据本国的认识和需求，借鉴吸收了作者权体系下的邻接权概念，也引入了版权体系下的法人作品概念等。为了能够加入《伯尔尼公约》，我国在该著作权法中规定了外国人的作品首先在中国境内发表的，依照本法享有著作权。外国人在中国境外发表的作品，根据其所属国同中国签订的协议或者共同参加的国际条约享有的著作权，受该法的保护，该条款为我国涉外著作权提供了法律依据。

我国几乎是同时分别加入了以大陆法系立法模式为蓝本的《伯尔尼公约》和以英美法系司法实践经验为基础的《世界版权公约》，这就意味我国同时接纳和认可两大法系对“作品”提供保护的不同径路，希望对与中国友好交往的各个国家的作品提供他们满意的保护机制。当然，中国在履行保护外国作品的义务的同时，也需要构建集体管理组织，更加有效地为国内外作品提供全方位保护。为了更好地履行国际条约，1992年我国颁布了《实施国际著作权条约的规定》，该规定对我国《著作权法》及其他法律法规中与两大公约不相符的内容进行了调整。如版权保护客体范围、计算机软件作品保护的期限。此后我国又采取了一系列措施建立著作权的保护制度，这些措施使我国著作权保护体系开始国际化。在新的时期我国著作权法律制度发展迅速，为了加入WTO，符合《与贸易有关的知识产权协议》的相关要求，我国对著作权法进行了第一次修改。2001年《著作权法》修改中第10条“出租权”对应了《与贸易有关的知识产权协议》中第11条“应给予作者及其合法继承人准许或禁止向公众商业性出租其有版权作品的原件或复制品的权利”，颁布《计算机软件保护条例》将国内计算机软件著作权的保护期限延长至50年等。2009年WTO专家组裁决中国著作权法第四条违反《伯尔尼公约》和《与贸易有关的知识产权协议》，违反中国入世承诺，中美知识产权之争败诉促使中国2010年著作权法第二次修改。接下来的十年，我国对著作权制度主动进行了较全面的改变，逐步完善了我国著作权法制体系，其修改内容体现了我国国内发展的需求：2020年新施行的《著作权法》中涉及权利客体的种类从封闭式列举到开放化、优化著作权集体管理组织运行机制、对互联网领域涉及作品保护的技术措施规则进行完善等。综上，两大法系的著作权法规则特色及其不断融合丰富了著作权法的内容，促进了中国著作权法律体系的构建，加快了中国著作权法的国际化进程。

（二）移植过程中我国著作权制度存在的问题

我国在改革开放之后，并在我国加入多项著作权国际条约的背景下，开始起草新中国著作权基本法。因此新中国著作权法的形成与发展，不仅基于本国国情的需要，还兼顾了国际条约的实际要求，亦注意吸收了版权产业和著作权立法先进国家的有益经验。⑱ 但是我国的著作权制度作为“舶来品”，其在推行过程中难免会出现水土不服的现象。

1. 移植的著作权法与我国本土文化冲突

任何一种制度总是要嵌入特定的社会结构和社会文化中去，再好的制度如果不能成功地与社会结构相适配，那么这种制度的创新与变迁最终也不可能推动社会的发展和稳定。我国虽移植了英国、法国等西方发达国家先进的版权立法内容，但是各国之间文化存在差异及经济发展状况不同，造成著作权法移植过程中文化产生冲突。世界上任何一部法律都不可能仅仅是法律规范的堆砌，其同时也是一个国家特定时期的法律文化的载体，著作权法或版权法亦不例外。⑲ 从上述英国、美国、法国版权制度的形成和发展来看，西方国家更加注重对自由、平等、理性思想的保护，强调在版权领域中对智力成果的保护，但是中国长期时间受到重义轻利儒家思想的影响，往往我们是以集体为本位，忽视了对个人权利的保护。⑳

战国时期孟子曾提出“民本”的思想，但是未提出西方国家法律中的“民事权利”的概念，表现在我国法律形式单一、民刑不分、缺乏民主统治。中国五千年的发展史中所形成的专制主义、集体主义、人伦礼义已经深深地扎根于中国的传统中，以个人主义、自由主义、理性主义为基础的著作权法移植到中国的过程中，难免会出现排斥现象。㉑ 吴汉东教授指出传统文化影响的历史惰性、社会认同及法律移植的现实障碍等，对中国知识产权法

---

⑱ 丛立先：《我国著作权法总体趋向与优化进路》，载《中国出版》2020 年第 21 卷，第 12－16 页。

⑲ 赵克祥：《文化冲突与中国版权制度移植——基于典型话语的分析》，载《知识产权》2014 第 2 期。

⑳ 施凌波：《法律移植过程中我国版权制度的文化失真及其解决——基于比较法视域下的版权文化与制度研究》，载《法制与社会》2017 年第 1 期。

㉑ 王瑞琪：《浅析著作权法律移植与本土化》，载《法制与社会》2014 年第 14 期。

律的本土化产生了消极影响。因此有必要实现法律文化的现代化转型，即以新的法律理念模式和行为模式作为知识产权法律现代化的文化基础。㉒

2. 被移植国家与我国经济经济社会状况存在差异

18世纪60年代西方发达国家开始工业革命，至今已有两百多年的历史。随着工业革命进程的推进，西方国家的综合国力得到大幅度提升，科技发展迅速，其中在产业结构中第三产业所占比重日益增大，版权法便是第三产业繁荣发展的产物。在英国工业革命过程中，专利制度得到了巩固和渐进的发展。英国早期对知识产权保护的发展使其初步建立制度体系，专利与版权由此也成为英国知识产权保护中最重要的两个范畴。

无论是外国的还是本国的创作者，都希望自己创作的作品能够给自己带来经济收益，然而实现这种愿望的前提是该作品能得到法律强有力的保护。而在中国改革开放不久，第二产业尚处于上升期，第三产业在产业结构中所占比重比以农业为代表的第一产业低得多。因此，与这种经济制度相适应的文化会排斥以创造成果为基础的版权制度。再加上长期缺乏大工业生产，知识的传播受阻，版权便失去了其存在根基。

3. 消化不足和理解偏差使得著作权规则中存在些许矛盾

我国虽对两大法系国家的著作权法博采众长，但是各自移植部分著作权内容，出现立法内部逻辑不畅，引起了我国学者广泛讨论。如我国《著作权法》规定了法人作品、委托作品，但是对于法人作品的精神权利我国存在不同的意见。吴汉东指出，无论如何，法人应当享有诸如名称、名誉、信用等某些人格利益，这也是其作为民事主体所必须享有的权利。㉓而委托作品则直接忽视真实创作作品的自然人的人格权项，与作者权体系存在较大对立。同时，我国对于作品独创性的认定也存在认知偏差，著作权法中独创性的高低与有无之争是程度与性质之争，大量判决表面在很多情况下我们都采纳版权体系的观点，适用“独创新有无”标准。由于有学者认为在我国的制度体系之下，应该是只有达到了一定的程度，才能被称为“有独创性”，未达到该程度就被称为“无独创性”，㉔ 但随着我国产业的发展，有关录像

㉒ 吴汉东：《知识产权法律构造与移植的文化解释》，载《中国法学》2007年第6期。

㉓ 吴汉东：《试论人格利益和无形财产利益的权利构造——以法人人格权为研究对象》，载《法商研究》2012年第1期。

㉔ 王迁：《体育赛事现场直播画面著作权保护若干问题——评“凤凰网赛事转播案”再审判决》，载《知识产权》2020年第11期。

制品、摄影作品的独创性判定将存在一定问题。并且，如果我国采取作者权体系认可用来保护传播者的邻接权制度，就应当参照法律法系传统在司法实践中适用“独创性高低”标准，但现实中大量案例都采用了“有无标准”认定作品并对权利人提供了较高的保护。另外，中国著作权法对西方法律文本中外文词义从理解引入到吸收应用也可能存在一些误差。如对“模型作品”作品等《伯尔尼公约》中提及的概念“model”进行翻译后引入时，我们使用该概念的译文“模型”与我国传统汉字中“模型”的词义相结合进行立法，最终导致认识不清，定位不明。“模型作品”原应与“建筑模型”“产品设计模型”等概念等同，但中国语义上的“模型”通常是对已经建成的建筑、设施、立体产品或者动植物等按原系统比例缩小制成可供观察、赏玩的实物，可见二者的理解和适用情况将相去甚远。

四、两大法系著作权制度融合对我国的启示

前文的论述中可以看出，不同法系在制定著作权或版权规则时都是依据本国相关产业的发展需求，基本遵循本国法律传统，呼应各自的文化发展目标。在前半个世纪，世界经济、社会、文化的加速交流，以及各类国际组织如世界贸易组织、欧盟的推动下，法系的融合和趋同已经成为法律发展的必然趋势。现阶段各国虽受疫情和单边主义的影响，但是各国之间文化产业、理念、金融仍交流密切，在交流过程中所出现的线上博物馆，线上会议及线上展览等新型概念，给文化产业发展带来了许多数字基因，然而数字产业已成为新时代各国发展的核心。在数字化时代下，随着元宇宙、数字藏品等新兴概念出现，无论是大陆法系国家还是英美法系国家，都正处于探索阶段。我国可以在顺应法系融合的趋势下，借鉴和吸收两大法系中相应的各自特色和融合的经验，在符合中国特色社会主义法治理念的框架下，从以下三个方面完善我国著作权法，同时尝试担负大国使命推动国际著作权法朝着增加全人类文化福祉的方向发展。

（一）关注高质量发展，制定促进本国产业和科技发展的著作权制度

中国要实现现代化，必须实现创新成为第一动力、协调成为内生特点、绿色成为普遍形态、开放成为必由之路、共享成为根本目的的高质量发展，并且在经济、社会、文化、生态等各个领域都要体现高质量发展的要求。习近平总书记在党的二十大报告中明确指出，要加快构建新发展格局，着力推动高质量发展，强调“高质量发展是全面建设社会主义现代化国家的首要

任务”，“要坚持以推动高质量发展为主题”。其中报告指出推动高质量发展，建设现代化产业体系是高质量发展的重要支撑。

建设现代化产业体系，要抓住传统产业的改造提升，促进数字经济与实体经济深度融合。在推动共建“一带一路“高质量发展的过程中，法律扮演着中重要的角色。“一带一路”的相关政治、经济和文化目标能否取得成功，有赖于一套系统、完整、有效的法律安排作为辅助。[25] 随着经济自由化和全球化，版权贸易蓬勃发展，各国纷纷拟定以知识产权为核心的软性文化贸易发展战略，版权贸易迅速成为提升国家文化软实力的重要手段。我国需要建立和完善与文化产业相关的法律法规体系，制定能够促进本国文化产业和科技发展的版权制度，积极构建国家文化安全体系，均衡内容产业和互联网产业的发展，关注新业态和新兴商业模式，如将元宇宙概念引入视听作品的保护范围等，从而进一步打造良好的版权贸易与文化产业发展的营商环境，提升世界版权贸易的中国元素份额。有利于增强我国文化自信，向世界各国推介全球治理的“中国方案”。[26]

（二）贯彻利民为本，平衡著作权全面保护和适度限制规则

治国有常，利民为本，习近平总书记明确要求增进民生福祉，提高人民生活品质。必须坚持在发展中保障和改善民生，鼓励共同奋斗创造美好生活，不断实现人民对美好生活的向往。著作权是公民享有的一种民事权利，其实施效果与人民的美好生活息息相关。

21 世纪是一个信息技术普遍应用并不断呈现指数级发展的时代，当前人类的生产与生活已经离不开带有数字化软件的设备和用于沟通交流的互联网媒介，涉及著作权作品的保护的问题也越来越多地与数字化的技术保护措施密切相关。随着中国互联网的发展，数字版权产业在国民经济中所占的比重越来越高，传统互联网数字技术对版权侵权带来的便捷性严重困扰创作者和版权运营商，于是，通过采取技术措施进行自力救济并要求获得法律上的保护和认可越来越成为维护中国版权市场主体维护正常市场秩序的重要规则需求。我国规定的受著作权法保护的技术措施范围甚广：可采取技术措施的

㉕ 鲁楠：《“一带一路”倡议中的法律移植——以美国两次“法律与发展运动”为镜鉴》，载《清华法学》2017 年第 11 期。

㉖ 罗君名：《版权贸易视角下文化产业高质量发展研究》，载《边疆经济与文化》2020 年第 8 期。

主体囊括了著作权人、邻接权人以及其授权专有使用的专有权人；对权利对象的控制范围包括禁止未经许可的浏览与欣赏、向公众传播，也就是既控制接触访问又控制获取利用以及传播；技术措施的表现方式包括技术方法或手段、方式，也包括可以产生控制效果的设备等单独的或者组合的装置，甚至还包括一些拥有其他功能的装置中间的某一或某些部件。当然，对于作品的创作者，对其精神权利、财产权利及其相关权利的商业化运营提供全方位、高水平的保护是版权产业蓬勃发展的必要前提。

不过，作为发展中国家，中国现行法律采用的版权技术措施保护模式水平过高、限制与例外过少，在保护权利人合法利益的同时，也过分制约了公众对作品及相关客体的使用，加剧了版权人与公众利益之间的矛盾。为了平衡权利人和使用者、社会公众的权利利益平衡，保障使用者的利益，使权利人的著作权尽可能地不限制使用者的物权，需要制定包含范围较广的禁止规避技术保护措施的例外，使一些涉及使用者和社会公众切身利益的情形列入允许规避技术保护措施的范围，达到平衡权利人和使用者、社会公众之间的利益平衡，促进著作权产业的良性发展。著作权限制理论是平衡著作权相关权利人、使用者、社会公众利益，保障著作权法目的得以实现的理论基础。要使著作权的立法目的和宗旨得以实现，使著作权行业和市场持续、长远健康发展，就需要寻找一种能够使著作权各主体之间利益重新趋于平衡状态的机制。禁止规避技术保护措施的例外制度则就是调节这种冲击，使著作权各主体之间利益重新趋于平衡状态、同时又能满足保护著作权相关权利人实施的自救手段的要求，使权利人采取自救行为更符合著作权法立法目的，使权利人实施技术保护措施行为不损害使用者、社会公众在传统纸质传播时代的合法权益。因此，为了贯彻利民为本的思想，应当在法律层面设置具体的禁止规避技术保护措施的例外，并适当地进行一定的原则性规定，以应对著作权产业的发展情况。

（三）坚持互利共赢，推动版权产业跨境交流治理现代化

2022 年博鳌亚洲论坛年会“亚洲知识产权：趋势与机遇”分论坛在海南举行，中央宣传部副部长张建春指出中国版权事业迅速发展，迎来了前所未有的机遇与挑战。伴随我国进入新发展阶段，中国版权事业自身发展能力持续提升、潜能不断释放，版权建设对于构建新发展格局、推动高质量发展的支撑和推动作用日益凸显。此外，随着中国与世界深度互动，全面加强版权保护已经越来越成为进一步扩大对外开放的重要举措。

当今世界经济、社会、文化的加速交流，以及各类国际组织如世界贸易组织、欧盟的推动下，法系的融合和趋同已经成为法律发展的必然趋势。在数字化时代下，随着元宇宙、数字藏品等新兴概念出现，无论是大陆法系国家还是英美法系国家，都正处于探索阶段。数字内容、媒体融合、虚拟技术等领域成了跨境版权产业交流的最新热点。[27]数字环境对版权保护带来的新挑战和困难是全球化的，我国有必要进一步加强版权跨境交流合作，共同推动国际版权事业的健康发展。我国正在统筹建设文化强国、知识产权强国、版权强国，需要不断提升版权治理体系和治理能力水平现代化。张建春曾表示我国要全面释放版权激励创新创造的巨大活力，继续健全版权保护法律体系，加快推进版权重点领域改革发展；其次是持续提升版权引领高质量发展的强劲动力，以版权为抓手。最后要以版权为媒，与世界各国加强版权交流合作，促进版权产业跨境交流治理现代化，用版权推动构建更加美好的亚洲和世界，积极传播中国声音，为国际知识产权的发展贡献中国力量。

五、结语

综上所述，我国虽先后被动或主动借鉴了两大法系国家的著作权制度，但是也在中国特色社会主义法治建设进程中体现了自己的创新发展。当今经济贸易全球化背景下，两大法系著作权制度呈现出融合趋势，随着数字化时代的到来，各国版权贸易深度交流，给各国的著作权制度带来了新的挑战与机遇，我国应顺应著作权一体化的趋势，兼顾版权领域中新兴产业，立足于我国的政策如“一带一路”，制定促进我国版权产业发展的著作权制度，在中国《著作权法》中融入更多的中国特色，积极向国际传播中国声音，推动国际版权事业发展。

---

[27] 郑婉君：《文化产业发展现状、问题及建议》，载《中国国情力》2020 年第 3 期。

医疗告知后同意法则的一种本土司法逻辑*

——以2000年后中国台湾地区系列案例判决为考察对象

邓春梅**

摘　要：医疗告知后同意法则起源于美国，我国大陆《民法典》第1219条与台湾地区“医事法”第63条均对其进行了明确规定。2000以来，台湾地区“最高法院”系列典型判决以其“医疗法”第63条规定为指引，大大推动了告知后同意法则的中国本土化发展：正式确立其立法本旨为保障病人身体自主权；详细阐明医师术前应予说明的诊疗信息范畴；提出并发展了“实质说明”“预期拒绝即需说明”两项基本原则。台湾地区医疗告知后同意法则的司法本土化发展，为大陆地区加强病人权益的司法保护提供了有益借鉴，但其过于强调病人权益保护的内在价值倾向，对医师职业健康发展的负面作用也应该予以警惕。

关键词：告知后同意法则；司法本土化；实质说明；预期拒绝即需说明

一、问题的提出

起源于1960年代美国司法实践的告知后同意法则（Doctrine of Informed Consent），是现代各国与地区普遍采用、用以保障病人知情权和身体自主权的重要规则。其基本宗旨在于，通过要求医师披露诊疗相关信息，以使处于信息劣势地位的患者知悉治疗措施的利弊得失，进而能相对合理地选择诊疗

---

* **基金项目**：本文系湖南省社科基金项目“医疗纠纷自愿合意概念及其形成模式研究（18JD68）。

** **作者简介**：邓春梅，法学博士、博士后，湘潭大学法学院教授、博士生导师，“法治湖南建设与区域社会治理”协同创新中心研究员，主要研究方向：纠纷解决理论，法价值理论。

方案。①

海峡两岸的相关立法，均对该法则进行了相关规定。在大陆地区，《民法典》第1219条基本承袭了原《侵权责任法》第55条的规定：

> “医务人员在诊疗活动中应当向患者说明病情和医疗措施。需要实施手术、特殊检查、特殊治疗的，医务人员应当及时向患者说明医疗风险、替代医疗方案等情况，并取得其明确同意；不宜向患者说明的，应当向患者的近亲属说明，并取得其明确同意。”②

我国台湾地区“医疗法”第63条亦规定：

> “医院实施手术时，应取得病人或其配偶、亲属或关系人之同意，签具手术同意书及麻醉同意书；在签具之前，医师应向其本人或配偶、亲属或关系人说明手术原因、手术成功率或可能发生之并发症及危险，在其同意下，始得为之”。③

从法条文字表述来看，大陆、台湾两地法律表述大体接近；然而从法律适用与司法实践层面比较，二者差别明显：大陆法院判决中鲜见告知后同意

---

① 杨秀仪：《美国“告知后同意”法则之观察分析》，载《月旦法学》2005年第6期；郭明龙：《论患者隐私权保护——兼论侵害“告知后同意”之请求权基础》，载《法律科学》2013第3期；章瑛：《医疗告知后同意法则的刑法适用性研究》，载《华东政法大学学报》2014年第4期等。

② 此外，大陆地区相关立法主要有《医疗机构管理条例》第33条规定：“医疗机构施行手术、特殊检查或者特殊治疗时，必须征得患者同意，并应当取得其家属或者关系人同意并签字；无法取得患者意见时，应当取得家属或者关系人同意并签字；无法取得患者意见又无家属或者关系人在场或者遇到其他特殊情况时，经治医师应当提出医疗处置方案，在取得医疗机构负责人或者被授权负责人员的批准后实施。”《执业医师法》第26条规定：“医师应当如实向患者或者其家属介绍病情”等。

③ 参见中国台湾地区“医疗法”，载“植根法律网”，网址：http：//www. rootlaw. com. tw/LawSearch. aspx，2022年12月29日访问。本文所引台湾地区法律条文与司法判解，如无特别标注，均引自台湾地区“司法院”原任大法官、中国台湾大学黄茂荣教授创办的“植根法律网”。为行文简洁，后文不一一作注。2016年秋，本人访学台湾地区东吴大学法学院期间，有幸获得黄茂荣教授馈赠的网站会员帐号，在此谨致谢意。

法则的身影④；台湾地区判决文书中却存在着大量阐释与主张。围绕医师告知义务的立法本旨、具体内容、履行原则与有效抗辩等问题，台湾地区“最高法院”（后文简称“台高院”）典型案例判决的系列表述，生动展现了告知后同意法则的一种中国本土发展轨迹。大陆台湾政法文化一脉贯通，法律移植路径基本相同。鉴此，本文拟梳理分析台高院代表性判决中的相关表述，以为大陆地区告知后同意法则的本土化发展提供参考。

二、病人身体自主权之立法本旨

立法本旨的确立，决定了法律的基本精神与发展方向。台湾地区“医疗法”第 1 条开宗明义，规定了其基本宗旨：“促进医疗事业之健全发展，合理分布医疗资源，提高医疗品质，保障病人权益，增进国民健康”。然而，具体到第 63 条告知后同意法则的本旨，台湾地区“医疗法”并未作出明确规定。虽然台湾（地区）学界普遍认为，病人身体自主权是告知后同意法则的上位权利概念。⑤ 但在很长时间里，此种认识仅停留于一种学理宣示状态，并不具有立法规范性约束效力。

2005 年，台高院 94 年度台上字第 2676 号刑事判决（后文简称“2676 号判决”）的作出，根本性地改变了此种局面。通过 2676 号判决，病人身体自主权被正式确立为台湾地区医疗告知后同意法则的立法本旨。2676 号判决审理的是一则因心导管检查引发并发症，导致患者死亡的医疗纠纷案件，其基本案情如下：

1996 年 9 月 4 日至 8 日，病人王 × 到我国台南市立医院接受心导管检查后，因心导管检查并发症死亡。王 × 丈夫郭 × 遂以接诊医师蔡 ×、杨 ×，其间值班医师吴 ×、苏 × 联合诊疗行为存在疏失，构成我国台湾地区刑法上

---

④ 中国裁判文书网发布的明确适用告知后同意法则的医疗纠纷判决，只有 2016 年江苏南京市中级人民法院审理的一则民事上诉案件的判决书即“（2016）苏 01 民终 2699 号”判决书。判决书有关告知后同意法则的表述如下：“医方并没有尽到告知和沟通的义务，尽管签署了手术同意书但患方签字的时候手术同意书中没有任何内容，患方在医方分析利弊并告知后同意安装双腔起搏器，但手术中更改为单腔起搏器医方并未事先与患方进行过沟通，患方也未签字同意……医方的过错在于……改变未履行告知义务……但该过错与患者死亡结果并无引起与被引起的因果关系，故医方的医疗损害赔偿责任因欠缺侵权责任的因果关系构成要件而不成立”。

⑤ 杨秀仪：《告知后同意法则之司法实务发展》，载《台湾本土法学杂志》2005 年第 8 期。

"业务过失致人死亡罪"为由，向管辖法院提起刑事自诉。经审理，一审、二审法院均判医师无罪。郭×不服，又诉至台高院。经审理，台高院认为，原审法院对该案医师是否善尽告知义务、其行为是否符合"亲自诊疗原则"⑥ 等关键事实认定不清，作出"原判决撤销，发回台湾地区高等法院台南分院"的判决。

在诉至台高院之前，2676 号判决所审案件经历了近 10 年曲折冗长的一审、二审程序。至 2676 号判决止，台湾地区医疗告知后同意法则的法律宗旨始得清楚陈述：

> "其立法本旨系以医疗乃为高度专业及危险之行为，直接涉及病人之身体健康或生命，病人本人或其家属通常须赖医师之说明，方得明了医疗行为之必要、风险及效果，故医师为医疗行为时，应详细对病人本人或其亲属尽相当之说明义务，经病人或其家属同意后，以保障病人身体自主权。"⑦

此后，台高院 99 年度（2010 年）台上字第 588 号、第 2428 号民事判决（后文简称 2428 号判决），101 年度（2012 年）台上字第 1765 号民事判决、2637 号刑事判决，102 年度（2013 年）台上字第 192 号民事判决，103 年度（2014 年）台上字第 774 号民事判决，106 年度（2017 年）台上字第 505 号民事判决（后文简称 505 号判决）等均明确宣告：告知后同意法则的立法本旨，在于保障病人身体自主权。⑧

长期以来，医病关系深受传统父权文化的影响。⑨ 传统观念中，病人被

---

⑥ 台湾地区"医疗法"第 11 条规定了"医师执业之亲自诊察检验原则"，要求医师"非亲自诊察，不得施行治疗、开给方剂或交付诊断书"。

⑦ 参见中国台湾地区"最高法院"94 年度（2005 年）台上字第 2676 号刑事判决。

⑧ 如 2428 号判决指出："（告知后同意法则）旨在经由危险之说明，使病人得以知悉侵入性医疗行为之危险性而自由决定是否接受，以减少医疗纠纷之发生，并展现病人身体及健康之自主权。"505 号判决也有相似的陈述："按医师对病人进行诊断或治疗之前，应向病人或其家属告知其病情、治疗方法、处置、用药、预后情形及可能之不良反应等资讯，由病人或其家属在获得充分医疗资讯情形下，表示同意（包括明示同意、默示同意、推定同意）后，医师始得实施医疗计画，此乃所谓'告知后同意法则（doctrine of informed consent）'，其目的在于保障病人之自主决定权（人格权）。"

⑨ 叶肃科：《健康、疾病与医疗：医疗社会学新论》，三民书局出版有限公司 2008 年版，第 240－241 页。

定性为罹患疾病、需要医师救治、“孩童式”的受难者；医师则被成功塑造成值得信赖、散发父爱光辉、“救死扶伤的英雄”[10]。在此种认识下，医师具有绝对权威，医病互动呈现为“命令—服务”模式：病人被要求也愿意全心依赖医师的专业诊治；医师则不可能会被课予法律义务，需向病人充分说明诊疗相关信息。现代以来，受医疗服务商品化之市场逻辑冲击，医病冲突浮出水面，病人开始质疑医师团体的慈爱品质、医疗行为的公益属性。在此背景下，诊疗行为遂转变成“医师问诊建议—病人咨询比较—医病共同决定”的新型模式。支撑这种模式的根本观念在于，病人拥有身体自主权，是其身体利益的最佳判断者与最优守护人，拥有对其身体处置的自主决定权；医生则成为提供诊疗信息，协助病人选择理想方案的辅助专家。概言之，病人身体自主权构成了告知后同意法则的上位权利概念与现代法理逻辑。

台高院的权威判决将“病人身体自主权”确立为告知后同意法则的基本宗旨，正式确立了医病关系的现代平权模式，有力推动了医疗文化的现代转型。此一立法本旨的明确宣示，既是法律规范作用于医疗事实的司法适用结果，也是法则在台湾地区获得发展的重要体现，同时还为法则进一步完善指明了基本方向。

三、告知说明义务的实质内容与基本原则

告知后同意法则已经成为“台湾（地区）医疗法领域最重要的一个法则”[11]。2000年以来，台高院以告知后同意法则作为重要依据的判决约70份左右[12]，其中对法则的发展完善贡献最大的即2676号判决。[13] 除明确法则立法本旨外，2676号判决进一步阐明了医师履行告知说明义务的实质内容与

⑩ 陈学德：《医疗纠纷处理之法制与实证》，元照出版有限公司2015年版，第86页。

⑪ 参见《告知后同意法则之司法实务发展》一文。

⑫ 参见2000年以来中国台湾地区“最高法院”判决书，载植根法律网，http://www.rootlaw.com.tw/LawSearch.aspx，2022年12月29日访问。

⑬ 廖建瑜：《论医师说明义务之构建与发展———兼评最高法院94年台上字第2676号判决》，载《成大法学》2005第12期；王皇玉：《论医师的说明义务与亲自诊察义务——评九十四年度台上字第二六七六号判决》，载《月旦法学杂志》2006年第10期；杨秀仪：《告知后同意之伦理法律再思考：缩小理论与实务的落差》，载《月旦法学杂志》2008年第11期等。

基本原则：

"医师应尽之说明义务，除过于专业或细部疗法外，至少应包含：（一）诊断之病名、病况、预后及不接受治疗之后果。（二）建议治疗方案及其他可能之替代治疗方案暨其利弊。（三）治疗风险、常发生之并发症及副作用暨虽不常发生，但可能发生严重后果之风险。（四）治疗之成功率（死亡率）。（五）医院之设备及医师之专业能力等事项；亦即在一般情形下，如曾说明，病人即有拒绝医疗之可能时，即有说明之义务；于此，医师若未尽上开说明之义务，除有正当理由外，难谓已尽注意之义务；又上开说明之义务，以实质上已予说明为必要。"⑭

阐明医师应予告知说明之诊疗信息的实质内容，是告知后同意法则发展完善的题中应有之义。但现代医学日新月异，不同医疗行为的潜在风险、需告知事项不尽相同，单靠说明与举例，显然无法穷尽医师告知说明义务的全部信息范畴。因此，2676 号判决的上引判词，不仅对医师告知说明义务的实质内容进行细致阐释，而且提出了"预期拒绝即需说明""实质说明"两项基本原则。

预期拒绝即需说明原则——"如曾说明，病人即有拒绝医疗之可能时，（医生）即有说明之义务"。现代医疗行为属于高风险行为。在医疗市场中，医病双方相依共存，也存在直接的利益冲突。告知后同意法则以侧重保护病人身体健康权，帮助其实现身体自主权为根本目的。因此，如果病人术前知晓相关医疗信息，很可能会拒绝某个诊疗方案的话，医师自然应当披露说明相关信息，否则病人的身体自主权无以保障，身体健康权亦难以安妥。2676 号判决涉及的心导管检查即是如此，其引发并发症的概率非常高，因此有理由推定：若医师告知，病人王 × 很可能会拒绝检查。据此，2676 号判决审理法官主张，台南市立医院接诊蔡医师、杨医师应在施行心导管检查前详加说明；否则，医院及医师需对王 × 死于并发症之医疗后果承担责任。

此后，2428 号判决进一步发展了 2676 号判决提出的"预期拒绝即需说明"原则。2428 号判决审理的是台湾地区三军总医院医师吴 × 为病人蒋 × 实施脊椎内减压及加置固定器手术，导致蒋 × 术后"二肢能障碍"的上诉

⑭ 参见中国台湾地区"最高法院"94 年度（2005 年）台上字第 2676 号刑事判决。

案件。上诉人蒋×认为医师吴×术前未善为告知说明相关风险，否则自己就不会接受手术：

> “上诉人于原审一再指称：本件手术前，除‘手术原因’一项，门诊时有告知外，其余‘成功率或可能发生之并发症及危险’等事项，完全事先未做任何说明。”⑮

针对上诉人蒋×的控诉，医师吴×却认为，接受手术是蒋×充分了解比较相关诊疗信息后的慎重选择——上诉人实施手术的3年前，曾至台北荣民总医院就诊，该院医师即建议手术，为上诉人所拒，只作物理治疗；上诉人亦曾至其他医院药物及物理治疗，疼痛均未改善，这才接受吴×建议施行手术。简言之，吴×认为自己无需履行告知说明义务，因为医师未告知手术风险等信息，对病人决定实施“脊椎内减压及加置固定器手术”并遭受“二肢能障碍”损害之结果没有影响，因为病人早已通过其他途径充分掌握了相关信息。

对于吴×上述抗辩，2428号判决之主审法官支持的却是病人蒋×提出的理由：“他（医师）没有说明这个风险，不能反推我们（病人）不会做其他的选择”。⑯

2428号判决清楚地表明：医师由“预期拒绝即需说明”原则，不能反向推导出“预期不拒绝，即无需说明”的结论——禁止此种反向推理的根本原因在于，台湾地区告知后同意法则的核心精神即2627号判决总结的“实质履行原则”。

四、实质履行原则的抗辩事由及其判定标准

实质履行原则是2000年以来台高院适用告知后同意法则的根本精神与一贯主张。所谓“实质履行”，2627号判决明确指出，即“以实质上已予说明为必要”。何谓医师“实质上已予说明”？通过阐明医师常用抗辩事由的法律效力，台高院细致阐释了实质履行原则的法定标准问题。

首先，2627号判决明确表示，仅有病人手术同意书签名，不构成医师

⑮ 参见中国台湾地区“最高法院”99年度（2010年）台上字第2428号民事判决。

⑯ 参见中国台湾地区“最高法院”99年度（2010年）台上字第2428号民事判决。

实质履行的有效抗辩：

> “若仅令病人或其家属在印有说明事项之同意书上，贸然签名，尚难认已尽说明之义务……本件上诉人即被害人……之夫郭×主张蔡×……实施心导管检查之前，并未告知此次医疗行为之风险、术后并发症等事项，……郭×于原审供称：‘手术同意书是护士拿给我签的，蔡医师没有告诉我要做心导管’……原审……所载向上诉人提示之‘手术同意书’，即系原判决上开所称之‘心导管检查说明书’，若系由护士交予……，虽其上载有应告知事项之内容，然能否即谓主治医师蔡×已尽告知义务？……上诉人均未受高深教育，于签署时是否了解其内容？原判决未深入审究，遽以上诉人已在心导管检查说明书上之见证人栏签名，即谓蔡×先前已有告知，尚嫌率断。”⑰

可见，2627 号判决之主审法官认为，上诉人郭×（死者配偶）虽在载有应告知事项之心导管检查说明书之见证人栏签名，但说明书是由护士交付的，医生在护士交付前未向病人实质说明手术风险等相关信息，且被害人与上诉人非医学专业人士，况且“均未受高深教育”，很难理解说明书具体内容，所以医方不能以“病方签有同意书即证明医师已善尽告知义务”作为抗辩理由。

现代医学是高度复杂精密的专业知识。医疗市场中，医师拥有信息储备的绝对优势。告知后同意法则的设置，正是为了削弱医师的信息优势地位，平衡医病双方的博弈武器。若医师告知义务未获实质履行，仅仅流于形式——仅以患者或其亲属在手术同意书的签名为准，病人的知情权则并未真正实现。病人通过医师善尽实质说明义务，从而自主选择医疗方案的身体自主权也无从谈起。

2428 号判决进一步廓清了实质履行原则之常见抗辩事由的法定标准与法律效力。针对病人对“医师吴×未善为告知说明义务”的指控，吴×提出的直接抗辩理由有三：手术时医师已按当时法规要求履行口头说明义务并取得病人同意；上诉人已亲笔签立手术同意书，并亲笔抄写手术风险提示相关内容；上诉人自述曾负笈美国，并于新加坡及南非等国担任企业主管多

---

⑰ 参见中国台湾地区“最高法院”94 年度（2005 年）台上字第 2676 号刑事判决。

年，非不识字或不能了解书面文义之人。

吴×之抗辩是否表明其已善尽告知说明义务，2428号判决之主审法官的态度是：

> “医方上述抗辩理由之二、三项证据确凿，理由成立；但上诉人于原审一再指称：本件手术前，除‘手术原因一项，门诊时有告知外，其余成功率或可能发生之并发症及危险等事项，完全事先未做任何说明，且故意安排病患手术前匆促时段交签同意书，此种略诱之同意，应视为无效并有违医疗法之立法意旨’等语……原法院未依上揭意旨，行使阐明权，使上诉人就吴×医师有无告知手术成功率或可能发生之并发症及危险之事实声明证据，迳为此部分不利于上诉人之论断，即嫌速断……该事实既未臻明了，本院自无从为法律上之判断。上诉论旨，执以指摘原判决关此部分为不当，求予废弃，非无理由。”⑱

显然，主审法官虽然认为责任医师抗辩理由之二三证据确凿、理由成立，但仍然重申实质说明原则——以术前医师亲自实际说明为必要，并进一步扩展了“仅有同意书签名不构成充分抗辩”之内容，即病人能够理解同意书上风险提示等信息，并亲笔手抄及签名，同样不能当然证明医师已完成告知说明行为。

2010年，台高院99年度（2010年）台上字第1355号民事判决则阐明了载有风险提示等内容的病历记录的抗辩效力问题。1355号判决涉及的医疗纠纷，即台湾地区著名的马偕医院新竹分院“肩难产事件”：2005年10月始，孕妇甲某在马偕医院新竹分院医师乙某处接受产前检查。2006年2月，甲某入住新竹分院待产，乙某负责接生。因胎儿体积过大，生产过程中发生肩难产，造成产妇甲某多处损伤、新生儿丙某肢体轻度残障。甲某遂将马偕医院新竹分院与医师乙某诉至法院，要求给予损害赔偿。该案历经一二审程序，最后上诉至台高院。

产妇甲某认为，正是因为医师乙某未善尽告知说明义务，才使自己在信息不完整的情况下选择了自然方式生产，进而致生肩难产损害事件。甲某指出医师乙某：

---

⑱ 参见中国台湾地区“最高法院”99年度（2010年）台上字第2428号民事判决。

“经由……超音波检视，已知甲某所怀为较大胎儿，属自然生产时肩难产之高危险人群，本应依医疗法之相关规定，告知甲某如采自然产方式生产，可能发生肩难产而造成产道过度裂伤……等并发症，甚至导致胎儿死亡之情形，并建议宜采剖腹方式生产。……（乙某）未为告知及建议，终使甲某仍以自然产方式分娩，而发生肩难产。”⑲

对此，医师乙某辩称自己已于产检、待产诸环节，多次告知上诉人甲某胎儿过大之事实，且告知其肩难产发生之可能性，并建议采取剖腹生产方式，但均为甲某拒绝。同时，医方提交了甲某的怀孕产检记录表、待产住院护理记录表，上面载有甲某表示自己“感觉……尚可忍受，……医师乙某……协助探视、解释胎儿大的风险性并一同讨论”等明确记录，用以抗辩甲某的指控。

针对上述事实争点，1355 号判决指出，医方提供的上诉人甲某怀孕产检记录表、待产住院护理记录表，存在事后补注“应告知事项的嫌疑”，理由是：（1）病历字迹笔墨深浅不一，其中关于“肩难产”风险提示等内容事后补加迹象明显；（2）病历有关剖宫产建议等医师应告知说明内容与甲某产检、待产时病床号不匹配。据此，台高院作出“原审法院事实认定不清”的判断。可见，对于医师提交的“载有风险提示等内容”的医院病历记录，台高院的态度是，它构成医师善尽实质说明义务的有效抗辩，但若病历资料有造假嫌疑，其抗辩效力则存在瑕疵。

从“病人签名的手术同意书”，到“病人手抄风险提示等内容并签名的手术同意书”，再到“记载风险提示等的病历记录”，台高院结合案件不同情境，逐一释明实质履行原则之常见抗辩事由的法律效力问题。而抗辩事由法律效力的明确，也清楚展示了医师善尽告知义务的法定标准，即要求主治医师本人用易于理解的语言，亲自向病人解释说明诊断结论、建议方案的成功率及并发症风险等相关内容，以使本来处于信息弱势地位的患者，在信息掌握上处于一个较好的位置来权衡诊疗措施的利弊得失，从而自主决定是否将自己置于医师建议方案的风险之下。⑳

---

⑲ 参见中国台湾地区“最高法院”99 年度（2010 年）台上字第 1355 号民事判决。

⑳ 赵西巨：《论知情同意法则的疆域扩展——医生对非医疗信息的告知》，载《东方法学》2010 年第 5 期。

综上，2000 年以来台高院的典型案例判决，始终遵循告知后同意法则的立法本旨。其对医师应予说明之具体内容的细致阐明，为判断医师是否善尽告知义务提供了相对确定的评判标准；“实质说明”“预期拒绝即需说明”两项基本原则的提出与发展，则构成了相对灵活的司法准则。确定的实质标准与灵活的司法原则相辅相成，共同推动了告知后同意法则在我国台湾地区的本土化发展，使之呈现为一种病人权益的强势保护姿态。台湾地区告知后同意法则的司法经验，为大陆地区加强病人权益的法律保护提供了有益借鉴。但病人的身体健康与生命安全，最终有赖于医病双方权益的平衡发展。目前，医疗纠纷高发，医师不堪事故责任追究之重负，已经导致台湾地区医护人才大量流失，防御性医疗普遍盛行。不少医院易引发纷争的主要科室，如内科、外科、儿科、妇产科、急诊科，甚至陷入“五大（科室）皆空”的窘迫境况。因此，对于台湾地区这种过于强调病人保护的司法价值倾向，难免构成对医师职业健康发展的某种伤害，而这也是告知后同意法则适用于大陆地区司法实践时需要特别警醒的。

论行政公益诉讼第三人的正当性、类型与规则设计*

谭达宗**

摘　要：在行政公益诉讼实践中已然涌现第三人参加诉讼的丰富案例。在立法尚处于模糊状态的情况下，有必要对行政公益诉讼是否应当引入第三人，第三人有哪些类型，具体规则如何设计这三个核心问题进行探究。本文所作努力包括：首先，针对实践中反对行政公益诉讼引入第三人的主要观点进行了逐一回应，以证成引入第三人的正当性；其次，在梳理行政相对人、共同被告转化型、实际行使行政权的主体、协力参与机关、被告以外的权限争议机关等第三人实践类型的基础上，建构出行政公益诉讼中私益救济功能第三人与公益维护功能第三人并存的二元结构；最后，在二元结构的指导下，对是必要参加还是普通参加、是举证权利还是举证责任、如何配置上诉权与再审申请权等具体规则进行了设计。

关键词：行政公益诉讼第三人；私益救济功能第三人；公益维护功能第三人

一、问题的提出

2018 年《行政诉讼法》修订后以单款嵌入的方式正式确立了行政公益诉讼制度。为满足具体规则供给的需要，最高人民检察院与最高人民法院联合发布了《关于检察公益诉讼案件适用法律若干问题的解释》。然而，短短 27 七个条文的司法解释并未完成行政公益诉讼制度的体系化建构，仍有一

---

* **基金项目：**本文系湖南省教育厅优秀青年项目“行政公益诉讼的客观诉讼机制研究”（20B548）。

** **作者简介：**谭达宗，湘潭大学法学院副教授。

些制度内容需要在探索中逐渐成形。本文聚焦于在立法中并未明确，在司法审判中已然展开的行政公益诉讼第三人实践，旨在通过具有代表性的案例，集中讨论当下行政公益诉讼第三人实践存在的三个核心问题：是否应当引入第三人参加诉讼，第三人有哪些类型，具体规则如何设计？

二、行政公益诉讼引入第三人的正当性分析

截至 2020 年 6 月 11 日，裁判文书网中公开的 1700 多件行政公益诉讼案件中，涉及第三人参加诉讼的案件达到 300 多例。从实践层面来看，行政公益诉讼中引入第三人参加诉讼的案件已非个例。然而，在立法未明确规定行政公益诉讼第三人制度的前提下，对于引入第三人参加诉讼的正当性仍存在一定的争议。例如，2019 年 4 月 28 日《检察日报》刊载的论文《“精准专深”完善公益诉讼顶层设计》明确提出“引入行政公益诉讼第三人制度”；与之相对，针对江口县检察院诉铜仁市国土资源局、梵净山自然保护区管理局案，最高人民检察院原行政检察厅行政检察二处徐全兵处长在进行点评时认为“允许第三人参加诉讼不符合行政公益诉讼的客观诉讼属性”。①

通过对裁判文书网中的涉及行政公益诉讼第三人的案例作全样本分析，有两个代表性案例在裁判书中对引入第三人参加诉讼提出了明确的反对意见。

案例 1：平川区黑土地种植专业合作社与区检察院、区扶贫办、区财政局上诉案

本案涉及行政相对人黑土地合作社违规套取扶贫专项资金的问题。为此，平川区检察院在诉前阶段分别向区扶贫办和区财政局发出检察建议书，要求采取有效措施对违规行为造成的资金损失及时追回。因两个行政机关未依法履行职责，平川区检察院列其为共同被告提起行政公益诉讼，黑土地合作社在诉讼中以第三人身份参加诉讼。原审判决确认平川区扶贫办对涉案扶贫项目监管不到位的行政行为违法，责令区财政局继续履行依法追回违规发放资金的法定职责。

第三人黑土地合作社不服一审判决的结果，提起上诉。被上诉人平川区检察院提出的答辩意见明确指出：“黑土地合作社不符合行政公益诉讼第三

---

① 谢丹，杨俊：《贵州铜仁市江口县人民检察院诉铜仁市国土资源局、贵州梵净山国家级自然保护区管理局不依法履职案》，载《中国检察官》2018 年第 12 期。

人的身份。”为此，其具体阐述了四点反对意见：（1）法院判决支持检察院诉讼请求后，平川区财政局按照法院判决依法追回平川区扶贫办违规发放的扶贫资金是一个将来的具体行政行为，行政机关与黑土地合作社之间未形成行政法上的法律关系，故上诉人欠缺作为行政法第三人的资格；（2）将黑土地合作社列为行政公益诉讼第三人，极易造成针对第三人私权的嫌疑，违背了公益诉讼的本质，使公益诉讼目的不能实现；（3）将黑土地合作社作为行政公益诉讼第三人，违背行政法运行原理，会导致司法权直接取代行政机关首次处理权的结果；（4）将黑土地合作社作为行政公益诉讼第三人，会剥夺第三人行政复议或者行政诉讼救济的权利。②

案例 2：枝江市检察院诉市人防办案

本案涉及迅达公司建设的迅达·领秀之江商住楼一期工程按照规定应当缴纳易地建设费 4555724.16 元，而枝江市人防办在审核该工程易地建设费时认定为应缴纳 1760000 元，迅达公司实际缴纳 1700000 元，欠缴费用达 2855724.16 元。在枝江市检察院就该问题向市人防办发出检察建议后，市人防办仍未依法履行督促迅达公司缴纳费用的监督管理职责。枝江市检察院遂向法院提起行政公益诉讼。

市人防办在答辩意见中提出，应当通知迅达公司作为第三人参加诉讼。针对该意见，法院认为：“本案系行政公益诉讼，法院审查的是行政机关的行政行为是否合法、是否损害公益，行政相对人的私益是否受到损害，可以另案起诉。故，被告认为应通知枝江迅达公司作为第三人参与诉讼的观点，本院不予支持。”③

对上述两个案例中的反对意见作进一步整理，可将其归纳为以下四个相对独立的理由：诉讼目的冲突；第三人资格欠缺；侵犯行政机关首次判断权；剥夺第三人救济权利。由于以上理由基本能够覆盖目前实务界对行政公益诉讼是否应当引入第三人制度存有的疑虑，值得在理论上逐一探究。

（一）诉讼目的是否冲突?

认为引入第三人制度与行政公益诉讼的诉讼目的相冲突的观点，实质是一种将公共利益与私人利益视为二元对立的立场。在这种立场下，行政公益诉讼的目的是督促行政机关依法履行法定职责进而维护公共利益，行政私益

② 甘肃省白银市中级人民法院（2019）甘 04 行终 20 号。

③ 湖北省枝江市人民法院（2019）鄂 0583 行初 30 号。

诉讼是为私人利益受到损害的主体提供权利救济途径，两种诉讼制度是一种平行关系。由于第三人是当事人在诉讼中的一种表现形式，故与行政私益诉讼具有内在的逻辑一致性，却难以与行政公益诉讼追求公共利益的目的相匹配。上述案例 1 中被上诉人提出的第二个反对意见与案例 2 中法院的反对意见均属于此观点的具体表现，也是当前反对行政公益诉讼中引入第三人制度的最主要理由。然而，“诉讼目的冲突论”在行政审判实践中的事实存在（只是一定范围内存在），并不能直接得出应然层面具有正当性的结论。基于以下三点理由，本文认为这一反对意见不能成立。

1. 实践中公共利益与私人利益存在融合的情形

从行政审判实践来看，公共利益与私人利益的关系根据具体情形可分为相互分离与相互融合两种类型。前者如在张岳某诉如皋市公安局、如皋市公安消防大队案中，张岳某向如皋市公安局、如皋市公安消防大队举报，要求对如皋大润发商业有限公司存在安全的隐患予以查处。该安全隐患使得公共利益处于危险状态，但与张岳某本人并无利害关系，此类情形属于公共利益与私人利益相互分离的类型；④ 后者如在赵大某、饶德某、葛文某等诉峨边彝族自治县政府、综合行政执法局案中，垃圾填埋场的建立、运行造成环境污染，在对公共利益造成损害的同时也切实损害到包括起诉人在内的周边居民的环境权益，此类情形属于公共利益与私人利益相互融合的类型。⑤ 在公共利益与私人利益相互融合的案件类型中，公共利益保护的目的与私人权利救济目的能够达成一致，“诉讼目的冲突论”明显具有片面性。

2. 实定法并不明确排斥行政公益诉讼发挥部分私益救济的目的

如果仅仅从《行政诉讼法》第 25 条第 4 款规定的内容来看，似乎可以认为行政公益诉讼的目的在于监督依法行政与维护公共利益。⑥ 然而，如果从体系解释的角度出发，并不能轻易得出行政公益诉讼排斥私益救济的诉讼目的。因为，真正设定行政诉讼目的的条款来自总则部分的第 1 条，即

---

④ 江苏省高级人民法院（2018）苏行申 1075 号。

⑤ 四川省乐山市中级人民法院（2019）川 11 行初 186 号。

⑥ 《行政诉讼法》第 25 条第 4 款规定：“人民检察院在履行职责中发现生态环境和资源保护、食品药品安全、国有财产保护、国有土地使用权出让等领域负有监督管理职责的行政机关违法行使职权或者不作为，致使国家利益或者社会公共利益受到侵害的，应当向行政机关提出检察建议，督促其依法履行职责。行政机关不依法履行职责的，人民检察院依法向人民法院提起诉讼。”

“保证人民法院公正、及时审理行政案件，解决行政争议，保护公民、法人和其他组织的合法权益，监督行政机关依法行使职权”。由于第25条第4款属于“诉讼参加人”的分则内容，而总则部分具有统领整个行政诉讼制度的地位，除非分则部分明确规定例外，私益救济的诉讼目的应当能够贯彻全文。在总则部分明确私益救济属于行政诉讼目的之一的情况下，即便第25条第4款正面表达的内容指向了监督依法行政与维护公共利益，但并无反面排除规定，作出反对意见般的推定过于武断。

3. 行政机关与行政相对人在诉讼结果上具有一体性特征

在行政公益诉讼中，如果行政机关在作为形态下被检察院提起行政公益诉讼，该行政行为因违法而被撤销或变更，此时若存在行政相对人的信赖利益，诉讼结果必然对行政相对人产生不利的实际影响。典型如行政机关因违法授予许可被法院判决撤销；如果行政机关因不作为被检察院提起行政公益诉讼，由于不作为案件的基本结构表现为“违法行政相对人＋不依法查处的行政机关＋公共利益受损”，诉讼结果上无论是确认违法判决或履行判决均意味着行政相对人存在违法行为，进而承担相应的不利后果。典型如行政机关因未履行对违法侵占农田的违法行为进行查处，被判决责令履行监管职责。因此，在行政公益诉讼中，无论是行政机关作为还是不作为的情形，行政行为的合法性判断与行政相对人的私益救济具有一体性特征。换言之，无论是否在行政公益诉讼中引入第三人参加诉讼，只要对被诉行政机关的行政行为合法性作出判断，同时也是在对第三人的权利义务作出处分。从上述一体性特征来看，问题甚至不在于行政公益诉讼是否应当排斥私益救济，而在于事实上无法排斥。

（二）第三人资格是否欠缺?

案例1中被上诉人提出的第一个反对意见认为，法院判决行政机关履行依法追回违规发放的扶贫资金是一个将来的行政行为，行政机关与上诉人之间未形成行政法上的权利义务关系，因而上诉人欠缺作为第三人的资格。首先必须承认的是，在逻辑上来看，具体案件中特定主体是否欠缺第三人资格与行政公益诉讼是否应当引入第三人参加诉讼属于两个相对独立的问题。然而，由于当前行政公益诉讼实践中不作为案件比重颇高⑦，在“违法行政相

⑦ 黄学贤：《行政公益诉讼回顾与展望——基于“一决定三解释”及试点期间相关案例和〈行政诉讼法〉修正案的分析》，载《苏州大学学报》2018年第1期。

对人 + 不依法查处的行政机关 + 公共利益受损”的基本结构当中，否定行政相对人具有利害关系在很大程度上相当于排斥在行政公益诉讼中引入第三人参加诉讼的常见情形。问题在于，作为行政机关依法应当查处对象的行政相对人，是否真如反对意见认为的那般，因不具有利害关系而欠缺第三人资格呢？基于以下两点理由，该结论不能成立：其一，反对意见人为地限缩了第三人的范围。事实上，立法中对第三人的设定包含了同被诉行政行为有利害关系与同案件处理结果有利害关系两种类型。⑧ 案例 1 中对于利害关系的认定仅仅注意到了第一种类型，以该行政行为尚未发生为由，认定上诉人不具有第三人资格，实际上犯了以偏概全的错误；其二，反对意见不符合第三人逐步扩张的发展趋势。从《行政诉讼法》关于第三人规定的历史沿革来看，最初 1990 年出台的《行政诉讼法》将第三人限定为“同提起诉讼的具体行政行为有利害关系”，2014 年第一次修订明显扩大了第三人的范围，即将“案件处理结果有利害关系”增加进来。在立法上明显具有扩大第三人范围，进而强化私益救济功能的意图情况下，将行政公益诉讼中的行政相对人排除在利害关系之外，显然是不合适的。

（三）是否侵犯行政机关首次判断权？

“行政机关首次判断权”最初是由日本行政法学者田中二郎在吸收美国“司法谦抑性”观点后提出的理论。由于行政具有主动性、积极性和裁量性，司法权具有被动性和消极性，在司法审查过程中，如果行政机关对于其职权范围内的事项并未作出相应的判断和处理，法院不可以代替行政机关提前处理，而是需要等待行政机关自行先予处理后，再对其作出的行政行为进行合法性审查，以体现司法权对于行政权的尊重。⑨ 案例 1 的第三个的反对意见认为，在被告行政机关尚未作出依法追回违规发放的扶贫资金的行为之前，将行政相对人列为行政公益诉讼第三人，侵犯了行政机关的首次判断权。基于以下两点理由，该反对意见难以成立：其一，在不作为案件中，通常行政机关已在诉前程序行使了首次判断权。由于行政公益诉讼分为诉前与

---

⑧ 《行政诉讼法》第 19 条第 1 款规定：“公民、法人或者其他组织同被诉行政行为有利害关系但没有提起诉讼，或者同案件处理结果有利害关系的，可以作为第三人申请参加诉讼，或者由人民法院通知参加诉讼。”

⑨ 李荣珍，王南瑛：《论行政首次判断权原则及其司法适用》，载《海南大学学报》2019 年第 3 期。

诉讼两个阶段。在诉前检察建议阶段，行政机关虽未全面履行职责而导致被诉至法院，但在通常情况下，行政机关多表现为承认在检察建议之前未依法履行职责，在检察建议后采取一定的履职措施。因此，在经过诉前阶段之后，行政机关已然对自身行为的违法性进行了判断和作出初步的处理，只是履职情况尚未达到充分、全面进而恢复受损公共利益的程度。其二，在作为型的案件中这一理由更加无法成立。由于侵犯行政机关首次判断权以行政机关尚未判断和处理为前提，因而在作为型的案件中，行政机关已经作出了处理，这一理由便不成立。

（四）是否剥夺第三人救济权利？

案例1的第四个反对意见认为，将行政相对人黑土地合作社列为行政公益诉讼第三人，会剥夺其申请行政复议或提起行政诉讼的救济权利。这一反对意见实际在表达：因行政相对人以第三人身份参加行政公益诉讼，当行政公益诉讼产生生效裁判，第三人再欲通过行政复议或行政诉讼寻求救济时将面临案件受到生效裁判拘束而不被受理的局面。基于以下两点理由，该反对意见难以成立：其一，以第三人身份参加行政公益诉讼同样可以实现权利救济的目的。第三人作为当事人的一种类型，享有除专属于原告以外的所有诉讼权利，按照现行法的规定，若一审裁判对其产生不利影响，有权提起上诉。没有理由认为只有通过行政私益诉讼的方式才能实现权利救济。其二，在行政相对人不通过第三人身份参加诉讼的情况下，只能等待行政机关根据判决结果对其作出监督查处的行政行为后，才能申请复议或提起诉讼。此时，行政机关作出的行政行为同时也是行政公益诉讼生效裁判的内容，违法行政相对人已根本不可能通过提起行政私益救济途径推翻已生效行政公益诉讼裁判，而只能寄希望于通过审判监督程序寻求救济。可见，恰恰是排斥违法行政相对人以第三人身份参加诉讼，才会导致剥夺救济权利的结果。

通过上述分析可以发现，行政公益诉讼审判实践当中反对引入第三人参加诉讼的理由均难以成立。从另一方面来说，引入第三人制度的正面效益却是较为直观的，如体现对利害关系人权利的尊重和维护，有利于增强判决的确定性和稳定性，减少诉讼周折，实现诉讼的最佳效益等。[⑩] 在今后行政公益诉讼的立法或司法解释当中，应当尽早明确第三人制度的适用。

---

⑩ 李广宇：《理性诉讼权观与实质法治主义》，法律出版社2018年版，第53页。

三、行政公益诉讼第三人的类型分析

由于不同类型的第三人在行政公益诉讼中的诉讼地位和相应的规则设计存在差异，在明确行政公益诉讼应当引入第三人制度之后，紧接着的问题就是第三人应当包括哪些类型。为此，本文拟从实践层面梳理已经存在的第三人类型，并进一步从理论上进行功能定性。

（一）行政公益诉讼第三人的实践类型

通过对裁判文书网进行检索，可以将涉及第三人参加的行政公益诉讼的案件分为两种类型：分别是行政相对人、行政机关作为第三人参加诉讼。

1. 行政相对人作为第三人参加诉讼

从审判实践来看，裁判文书网中涉及第三人参加行政公益诉讼的案件为316例，其中属于行政相对人作为第三人参加诉讼的高达272例。从学术研究来看，已发表的涉及行政公益诉讼第三人问题的论文虽为数不多，但均主要聚焦于行政相对人作为第三人参加诉讼这一类型。⑪ 可见，此种情形是行政公益诉讼第三人的最常见情形。这主要是因为，在行政公益诉讼案件当中，行政相对人与被诉行政机关的违法行为往往是造成公共利益损害的混合原因，行政相对人以第三人身份参加诉讼具有查明案情、减少讼累、维持判决的既判力等功能。

从参加的具体形式来看，行政相对人作为第三人参加诉讼呈现出不同的形态：（1）被动参加形态。如在渝北区检察院诉区林业局案中，因康中清、胡朝银、邹从华、杨正木与案件处理结果有法律上的利害关系，法院依法通知其作为第三人参加诉讼。⑫（2）主动参加形态。如在南丰县检察院诉县资源局案中，涉案的违法行为人，抚商合和公司主动申请作为第三人参加诉讼，法院予以准许。⑬（3）诉讼代表人形态。如在麦积区检察院诉区水务局案中，因未依法缴纳河道采矿管理费的是包括天水方公司在内的31家企业和个人，法院公告通知其参加诉讼，最终以推选诉讼代表人的方式参加

---

⑪ 练育强：《行政公益诉讼第三人制度的实证反思》，载《行政法学研究》2019年第4期；张颖杰，文贵元：载《湖南文理学院学报》2019年第9期。

⑫ 重庆市渝北区人民法院（2019）渝0112行初150号。

⑬ 江西省抚州市临川区人民法院（2019）赣1002行初39号。

诉讼。⑭

从行政相对人实际参与诉讼的表现来看，由于目前第三人参加诉讼的规则不明，不出庭或不提交证据的案件居多。然而，也存在该类第三人积极举证的现象。例如，在甘谷县检察院诉县交通运输局案中，第三人甘谷县汽车站提交了多份证据材料，包括：国有资产产权登记表、营业执照、站务会议记录、交通局原局长的证言、同期其他房屋租赁协议书、与张全新的房屋租赁经营合同公证书等。⑮ 虽然上述证据最终并未被法院采信，但该案至少说明了行政相对人因与行政公益诉讼的审判结果具有利害关系，存在积极参与诉讼的内在动力。

2. 行政机关作为第三人参加诉讼

行政机关作为第三人参加诉讼，主要表现为共同被告转化的第三人，实际行使行政权的第三人以及权限争议型第三人这三类情形。

（1）共同被告转化的第三人。在《行政诉讼法》中，共同作出行政行为的情形，参与作出行政行为的各个机关为共同被告，如果原告方遗漏了共同被告，则由法院告知原告追加被告，若原告不同意追加则应当将其列为第三人。在已公布的行政公益诉讼案件中，此种共同被告转化型第三人多集中于国有资产保护性质的案件。在这类案件中，农业局等业务部门主要负责生猪规模养殖、农机建设、水稻标准化育秧等专项补贴的申报、审查、监督等职责，财政部门主要负责资金的发放以及违规发放后的追回等职责。一部分案件中，检察机关在诉前分别向业务部门和财政部分发出检察建议书，在仍未依法追回违法发放补贴资金后，检察院仅以财政部门为被告，诉讼中业务部门被法院列入第三人参加诉讼，典型如泾县检察院诉县财政局案；⑯ 另一部分案件中，检察院仅以业务部门为被告，法院将财政部门列为第三人参加诉讼，典型如龙海市检察院诉市农业机械管理站案。⑰

（2）实际行使行政权的第三人。实际行使行政权的第三人主要表现为受委托主体或具有内部管理关系的主体两种类型：其一，受委托主体作为第三人。以提升行政效能为导向，享有法定职权、承担法定职责的行政主体可

---

⑭ 甘肃省天水市泰州区人民法院（2018）甘0502行初12号。

⑮ 甘肃省天水市泰州区人民法院（2019）甘0502行初1号。

⑯ 安徽省宣城市中级人民法院（2019）皖18行终157号。

⑰ 福建省漳浦县人民法院（2018）闽0623行初45号。

能出于人员编制局限、地域限制以及专业化不足等原因，将行政管理权对内作出层级委托或横向委托，[18] 对外向能够承担公共管理职能的组织作出委托。在行政委托的情形中，作出委托的行政主体具有被告资格，但对案情却并不一定细致了解。从应诉的角度来看，受委托的主体因实际行使行政权，由其以第三人身份参加诉讼将更有利于案情的查清。例如，在铁东区检察院与四平市林业局、第三人市叶赫林场案中，叶赫林场受被告市林业局的委托对辖区内森林资源行使执法权。在诉讼中，市林业局向法院提交的证据材料主要是向叶赫林场作出的委托书、第三人向其发送的执法报告文件以及向叶赫林场发出的交办文件等；叶赫林场提交的证据材料更加翔实，重点在于其在执法过程中对违法行为人的调查文书、处理决定书、督促违法行为人履行恢复林地原状的执行文书等。[19] 其二，具有内部管理关系的主体。内部管理关系主要是行政主体为了分解行政任务，进行精细化管理，通过内设行政机构或者所管辖的事业单位来达成行政管理目标。例如，在天长市检察院诉市环境保护局案中，天长市检察院以市环境保护局为被告提起行政公益诉讼，具体负责环境保护日常监管职责的环境卫生管理处被列为第三人参加诉讼。[20]

（3）权限争议型第三人。在体量庞大的不作为案件当中，有些行政机关提出的答辩理由是该法定职责属于另一行政机关，自身并不承担该项职责，此时，核心的法律争点便在于解决权限归属的争议。这类争议高频率地发生在政府工作部门与所属政府之间，乡镇政府与县级政府工作部门之间以及横向的政府工作部门之间。在该类案件中，有的法院会将与被诉行政机关具有权限争议的另一行政机关列为第三人参加诉讼。例如，在嘉峪关市检察院诉市农林局案中，被告认为其对涉案土地没有监管职责，该案土地属于集体土地，对于违法占地的行为应当由市国土资源局以及村集体履行监管职责。该案中，法院将涉及权限争议的新城村村民委员会列为第三人参加诉讼。[21]

值得注意的是，理论界对于将被告以外的权限争议机关列为第三人存在

---

⑱ 叶必丰：《论行政机关间行政管辖权的委托》，载《中外法学》2019 年第 1 期。

⑲ 吉林省四平市铁东区人民法院（2017）吉 0303 行初字第 13 号。

⑳ 安徽省天长市人民法院（2018）皖 1181 行初字第 1 号书。

㉑ 甘肃省高级人民法院（2018）甘行终 366 号。

一定的反对意见。主要原因在于我国并不存在机关诉讼，如果通知被越权机关作为第三人参加诉讼，等于承认法院有权对行政机关之间的权限争议进行裁决。[22] 然而，本文对此观点持有保留意见，因为权限争议是行政审判实践当中经常遭遇的争点，如果仅仅依靠行政系统内部共同上级机关进行权限裁决的方式予以处理，不利于纠纷的及时化解。[23] 更重要的是，行政公益诉讼的不作为案件中存有大量的消极权限争议，无论是否将涉及权限争议的另一方行政机关列为第三人，在判断被诉行政机关是否具有法定职权时，必然在两个机关之间进行职权归属的判断。虽然法院的裁判并不能直接对涉及权限争议的另一方行政机关产生效力，但将涉及权限争议的另一方行政机关列为第三人，对助力职权归属的查明具有促进作用。

（一）行政公益诉讼第三人类型的功能性审视

上述第三人类型属于实然层面的现象，为更好地服务于应然层面的具体规则设计，有必要在理论层面对现有第三人实践进行功能性审视。本文认为，行政公益诉讼第三人在整体上存在私益救济与公益维护的双重结构。具体而言：

1. 私益救济功能的第三人

由于行政私益诉讼在性质上属于主观诉讼，《行政诉讼法》第 29 条规定的“与被诉行政行为有利害关系”和“与案件处理结果有利害关系”主要指向类似于原告的公民、法人或者其他组织。与之相对，行政公益诉讼由于在性质上属于客观诉讼，第三人的制度设计理应侧重于公共利益的维护。问题在于，第三人在原初意义上就是当事人在诉讼中的特别表现形式，在行政公益诉讼中完全否定私益救济功能不仅不符合“利害关系”作为行政诉讼第三人基本标准的定位，也是对实际上广泛存在的私益救济需求的不合理排斥。换言之，只要在规范层面承认《行政诉讼法》第 29 条对行政公益诉讼同样适用，在实践层面正视当下行政公益诉讼中行政相对人参加诉讼是第三人的最常见类型，行政公益诉讼第三人制度承担部分私益救济功能的正当性就可以得到确认。只不过，由于行政公益诉讼的原告被限定为人民检察

㉒ 练育强：《行政公益诉讼第三人制度的实证反思与理论建构》，载《行政法学研究》2019 年第 4 期。

㉓ 吴晓华，张海燕：《行政诉讼第三人类型化研究》，载《贵州警官职业技术学院》2005 年第 1 期。

院，私益救济功能所指向的主体变成了与被诉行政机关具有一体性的行政相对人。

更重要的是，否定行政相对人在行政公益诉讼中的第三人身份，将导致行政公益诉讼对私益救济空间的完全排除。因为，这不仅意味着行政相对人在行政公益诉讼当中的缺席，还意味着行政相对人将面临无法通过另行提起行政私益诉讼来推翻行政公益诉讼生效判决的困境，而只能诉诸审判监督程序寻求救济。为此，一方面，有必要在立法或司法解释中明确将行政相对人作为行政公益诉讼第三人的一种类型；另一方面，需要在对该类第三人的具体规则进行设计时，注意维持私益救济功能与公益维护功能之间的平衡。

2. 公益维护功能的第三人

由于行政公益诉讼具有不争的公共利益导向，此项功能的第三人设定在正当性上无须多加证明，前述行政机关作为第三人参加诉讼即属于这一功能所对应的范畴。在行政公益诉讼审判实践的基础上，从理论上对公益维护功能的第三人进行扩容，有利于强化监督依法行政的应责性和促进公共利益的有效恢复。

具体包括：（1）多个行政机关共同作出行政行为，各机关应当作为共同被告，在检察机关遗漏共同被告的情况下，法院在诉讼中将其列为第三人参加诉讼；（2）由多个机关协力完成申报、审查、批准、决定、执行等环节的多阶段行政行为，在将终局行政行为作出机关作为被告之外，将前阶段协力参与的其他机关列为第三人参加诉讼；[24]（3）当行政机关为了提升执法效能，通过受委托主体、内设机构等受其管辖的主体来实际行使行政权时，将实际行使行政权的主体列为第三人参加诉讼；（4）当案件涉及行政机关之间的权限争议时，在以其中一个机关作为被告提起行政公益诉讼的情况下，将涉及权限争议的另一机关列为第三人参加诉讼；（5）其他具有公益维护功能的主体。

四、行政公益诉讼第三人的具体规则设计

在确定行政公益诉讼第三人的类型后，需要结合类型差异着重解决以下几个具体规则设计方面的问题：

㉔ 杨海坤，马生安：《中外行政诉讼第三人制度比较研究》，载《中外法学》2004年第3期。

（一）确定必要参加第三人的范围

由于《行政诉讼法》第89条第4款将遗漏当事人列为裁定撤销原判、发回重审的情形，此时如果将所有遗漏第三人的情形均作发回重审的处理将导致程序空转和阻碍公共利益的及时恢复，反之则将剥夺第三人的救济权利，这使得如何区分普通参加第三人与必要参加第三人成为一个突出的问题。[25] 尤其是在行政公益诉讼中，由于第三人在功能上具有私益救济与公益维护的双重结构，比之行政私益诉讼更加复杂。

1. 域外立法例的经验

立法例上，区分普通参加第三人与必要参加第三人的成熟经验主要来自德国，根据其《行政法院法》第65条与第66条的规定，可以得出以下几个方面的结论：其一，必要参加第三人与普通参加第三人均属于原被告以外的法定权利受到裁判影响的主体，但前者的特殊之处在于裁判同时应对第三人合一确定。其二，法院对于必要参加第三人具有应当通知的义务，对于普通参加第三人具有通知与否的裁量权。其三，与普通参加第三人必须在当事人请求范围内采取攻防措施不同，必要参加第三人可以提出不同的实体请求。其四，普通参加第三人不是法院裁判的对象，必要参加第三人因法院怠于通知而未能参加诉讼，将导致原判决被推翻。[26]

2. 二元结构下必要参加第三人的范围界定

（1）私益救济功能第三人的参加模式分析。在行政公益诉讼中，无论是在作为案件中判决撤销行政机关对行政相对人的受益行为，还是不作为案件中责令行政机关履行对行政相对人作出侵益性监管措施，抑或是判决确认违法判决，均呈现出行政机关与行政相对人在诉讼结果上的一体性特征。被告败诉时裁判书的内容即包含了对行政相对人权利义务的处分，完全满足必要参加第三人之裁判必须合一确定的标准。

然而，在私益救济与公益维护的二元结构下，并不能简单照搬行政私益诉讼的必要参加第三人规定。可以想见，若在制度上确定该类第三人有提出独立诉讼请求的权利，法院对其承担应当通知的义务，在一审法院遗漏此类第三人的情况下应当作发回重审的处理，将导致私益救济与公益维护之间的

㉕ 黄先雄：《我国行政诉讼中必要参加诉讼第三人制度之建构》，载《法商研究》2018年第4期。

㉖ 何海波：《中外行政诉讼法汇编》，商务出版社2018年版，第687－688页。

剧烈冲突。因此，可行的方案只能是从功能性平衡的角度出发，将其设定为普通参加第三人类型。

（2）公益维护功能第三人的参加模式分析。公益维护功能第三人所涉及的类型众多，包括共同被告转化型、协力参与机关、实际行使行政权的主体、被告以外的权限争议机关等。从第三人参加模式来看，可将其分为两类：其一，将共同被告转化型第三人关确定为必要参加第三人。因为《行政诉讼法》第26条第2款已为此类第三人进行了明确设定，且法院在对被告作裁判时必然涉及对该类第三人的合一确定，符合必要参加第三人的标准。其二，将协力参与机关、实际行使行政权的主体、被告以外的权限争议机关确定为普通参加第三人。这主要是因为这几类第三人参加诉讼主要起到辅助事实查清的作用，法院裁判也并不直接对其产生效力。㉗

（一）明确第三人的举证权利与责任

第三人参与诉讼的实效性在很大程度上取决于其能否通过举证来支持其诉讼主张。然而，对于不同类型的第三人，举证是一项权利还是责任，是一个立法上有待明确的问题。在私益救济与公益维护的二元结构背景下，可作如下设定：其一，明确私益救济功能第三人享有举证权利由于行政相对人与行政机关在诉讼结果上具有一体性特征，若行政机关在诉讼中不提供证据证明行政行为的合法性，出于维护行政相对人合法权益的考虑，应当允许其提供证据证明行政行为的合法性；㉘ 其二，明确公益维护功能第三人承担举证责任。由于公益维护功能的第三人集中体现了行政公益诉讼监督依法行政与保护公共利益的客观诉讼属性，该类第三人的举证理应设定为举证责任性质。具体可分为由共同被告转化型第三人承担的实质举证责任，由协力参与机关、实际行使行政权的主体、被告以外的权限争议机关承担的形式举证责任。这种分类的理由在于，只有共同被告转化型第三人才在被告败诉时直接受到生效裁判的效力拘束。

（二）第三人上诉权与再审申请权的配置

《行政诉讼法》第29条第2款规定了在一审判决对第三人施加侵益影响时，第三人有权提起上诉。《关于检察公益诉讼案件适用法律若干问题的

㉗ 王彦：《论行政诉讼参加类型的架构》，载《行政法学研究》2006年第2期。

㉘ 张耀泽：《行政诉讼一审中第三人举证规则——以新行政诉讼法第三十四条为视角》，载《人民司法》2016年第31期。

解释》第30条第3款规定了因不能归责于第三人的事由未参加诉讼，生效裁判对其产生侵益影响时，第三人有权申请再审。因此，在以权利救济为导向的行政私益诉讼中，第三人的上诉权与再审申请权已在立法中清晰确立。然而，在行政公益诉讼第三人具有私益救济与公益维护的二元结构背景下，仍然要对不同类型的第三人是否具有上诉权与再审申请权进行针对性分析，具体而言：

1. 对私益救济功能第三人的配置分析

无论是一审判决还是生效裁判对作为行政相对人的第三人产生侵益影响，出于维护自身合法权益的需要，该第三人极可能会提起上诉或申请再审。因此，是否赋予行政相对人上诉权或再审申请权成为一个亟待明确的问题。如果完全拒绝赋予上诉权或再审申请权，将导致这类型第三人的名不符实；如果完全肯认这两项权利，则可能导致公共利益继续遭受损害。因此，可对这两项权利的行使（尤其是上诉权）施加一定的限制。如明确该类第三人提起上诉或申请再审需要满足不会导致公共利益继续遭受损害的前提，且授予法院是否受理此类案件的裁量权，由法院在个案中对私益救济与公益维护进行平衡。

2. 对公益维护功能第三人的配置分析

由于公益维护功能第三人中的共同被告转化型第三人属于必要参加第三人，无论从理论上还是实践中，该类第三人享有上诉权和再审申请权并无任何争议。需要注意的是，由于法院裁判无法直接对协力参与机关、实际行使行政权的主体、被告以外的权限争议机关产生效力，因而无须对其配置上诉权和再审申请权。

五、结语

在行政公益诉讼制度体系尚未健全的现阶段，需要学界对司法实践中出现的制度雏形、争议问题予以关注。在将行政私益诉讼视为主观诉讼，将行政公益诉讼视为客观诉讼的一般语境下，很容易得出反对行政公益诉讼引入第三人的结论。问题在于，行政公益诉讼第三人案例的不断涌现说明了这种制度存在现实的社会需要。为此，本文从实践中梳理、提炼出私益救济功能第三人与公益维护功能第三人的二元结构，以期对行政公益诉讼第三人制度的建构起到一定的推动作用。

译　文

风早八十二与日本马克思主义法学*

［日］森 英树**著　宋海彬***译

1989年6月19日，风早八十二先生故去了。他在二战前就已经成为一位马克思主义法学和社会政策研究领域的学者，战后又一直以国会议员和律师的身份活跃于日本社会。他的律师职业所承担的最后一件工作，就是事关自卫队判决的“百里基地诉讼案”。① 1989年6月20日，日本最高法院下达了该案的判决，而他却在此前一天去世了，享年89岁。

风早先生同他那些老友故交——平野义太郎、山之内一郎、铃木安藏等人一起，作为战前日本马克思主义法学的开拓者、理论和实践上的领导者而

* 本文为国家社科基金项目“20世纪日本马克思主义法学发展史研究”(23BFX208)阶段性研究成果；本文首次发表于日本名古屋大学法学研究科编：《名古屋大学法政论集》1990年3月号（总第130期），后收入［日］森英树：《马克思主义法学史研究》，日本评论社2022年版，第5章。译文已获得授权。

** **作者简介**：森英树，日本名古屋大学教授，研究领域为宪法学、日本马克思主义法学发展史，是上世纪70年代日本马克思主义法学研究领域最大成果——《马克思主义法学讲座》八卷本的执笔人之一，代表作有《现代宪法上的安全问题》（日本评论社2009年版）、《马克思主义法学史研究》（日本评论社2022年版）等。

*** **译者简介**：宋海彬，西北政法大学教授，日本札幌学院大学（2005—2006）、北海道大学（2013—2014）、东北大学（2022—2023）访问学者。研究方向：法理学、民族法学。

① “百里基地诉讼案”，1977年发生的一起因日本自卫队在茨城县小川町（现为大美玉市）设立百里基地，引发土地出售合同纠纷，进而涉及日本自卫队合宪性判断的民事诉讼案件。历经1977年2月17日水户地方法院、1981年7月7日东京高等法院和1989年6月20日日本最高法院三审，均以反对基地设立的原告败诉告终。案件编号：日本最高法院昭和57年（才）第164号、第165号；判例载日本最高法院民事审判集第43卷6号，第385页。译者注。

为世人所熟知。刊载本文的第130期《名古屋大学法政论集》，对稻子恒夫先生荣休进行了纪念。稻子恒夫先生是在日本苏联法学研究开创者——山之内一郎的指导下从事马克思主义法学研究的，他所从事的社会主义法的专业研究，在更广的范围内担当起了进一步开拓和推进日本战后马克思主义法学的任务。山之内一郎曾与风早八十二之间有过密切交往②，稻子先生则始终与日本社会生活和政治实践保持紧密联系的学术生涯，不论是理论层面还是实践层面都具有极为广阔的活动领域，我也在本文中表达对他们的缅怀之情。同时，我也以此为契机，尝试从日本马克思主义法学发展史的视角出发，对同样是历史先驱人物的风早八十二在二战之前的理论构建轨迹加以回顾和追索。③

---

② 从东京大学毕业，山之内一郎是在1920年，而风早八十二是在1922年。山之内一郎成为九州大学法律与文学学院的教授是在1925年5月，而风早八十二前往九州大学任教的时间是在1926年11月。二人一起遭遇“九大内定事件”被命令停职是在1927年11月，而1929年11月停职期满后，又被解除职务。此后二人活跃于无产阶级科学研究所、产业劳动调查所等据点，保持着与实践活动的密切关联。此外，参照山之内一郎、稻子恒夫等：《日本苏联法研究的回顾与展望》，载福岛正夫等编：《社会主义法研究》，劲草书房1958年版，第831页以下。

③ 在对风早马克思主义法学以及刑法学理论轨迹的研讨方面，有佐伯千仞、小林好信：《刑法学史》，载鹅饲信成等编：《讲座：日本近代法发达史》第11卷，劲草书房1967年版，第280页以下；吉川经夫：《刑法学与马克思主义》，载天野和夫等编：《马克思主义法学讲座》第1卷，日本评论社1976年版，第94页以下。笔者对此的相关研究，参见拙作《日本马克思主义法学的遗产及其继承》，载《季刊科学与思想》，新日本出版社1972年版，总第3期；《日本马克思主义法学的前提》，载天野和夫等编：《马克思主义法学讲座》第1卷，日本评论社1976年版，第61页以下；《马克思主义法学及其周边》，载《宪法理论研究新闻》1985年10月号。

一、风早八十二的成长历程

对自身经历的回顾，风早生前留有几部作品④，我也曾直接从其本人那里听闻到一些。⑤ 我就以这些为素材，紧扣后文论述所需，对风早战前在理论和实践方面的轨迹做一简要回溯。

（一）从出生到学生时期

1899年（明治32年）8月10日（户籍登记簿上是24日），风早出生于日本冈山县山手村的字片山。父亲风早壮吉是银行职员，后来作了该村的村长，母亲名叫喀库，风早是他们的第二个儿子。之所以起了个“八十二”这样罕见的名字，就是源自风早是他们“八”月“十”日出生的第“二”个儿子。风早三岁丧母即被送去台湾基隆，由居住在那里的姐姐姐夫（中村丰太郎、稻子夫妇）扶养到8岁。其后被在大阪中学做教员的哥哥（后来去朝鲜当了中学校长）风早实马收为养子，并在其资助下，进入京都府立一中三高一部丁类（法国文学与法律）。中学期间，由于“养父母是禁酒

---

④ 《学问上的觉醒（一）》，载《法的科学》1976年总第4卷；《战前日本式的法西斯主义与法学和法学者》，载《法社会学年报》第28卷（1975年）；《战前黑暗时代的资本主义研究与治安维持法》，载《经济》总第146期（1976年）；《穿行于镇压风暴之中》，载日本工人安全中心：《生命月刊》1969年第9期。以上4篇论文后来收入风早：《治安维持法五十年》，合同出版社1976年版。《学问上的觉醒（二）》，载《法的科学》第5卷（1977年）；《我与法律时报》，载《法律时报》1978年第3期；《先达平野义太郎与我》，载《法律时报》1980年第4期；《追忆大河内一男先生》，载《劳动法律旬报》总第1105期（1984年）；《与山田学兄的初次会晤》，载《山田盛太郎著作集》第3卷，岩波书店1984年版；在《对牧野法学的总批判》（载《法律时报》第49卷第8期—第52卷第2期，1977—1980年）一文中随处都有回顾性的内容（该论文试图对牧野的罪刑法定主义否定论进行“内在批判”，文章对于启蒙主义刑法理论所进行的历史检验已经完成过半，但事实上并未全部完成就结稿了）。再者，1942年内务省警保局安保科下发的绝密资料《最近共产主义运动研究资料》当中收录的《风早八十二讯问笔录》，只要能对其官方性质详加留意甄别，其资料价值也不低。风早著作的目录，在上述《治安维持法五十年》有所辑录，在“风早八十二先生追思会”执行委员会1989年10月21日发布的“资料”当中，又对此进行了增补，但战前的部分不全，还不是风早著作的总目录。

⑤ 1975年9月28日，笔者与吉川经夫、樱木澄两位教授一同前往东京武藏地区风早先生的住所进行拜访。本文所记述的内容就是基于前注所列举的文献和此次拜访所得。

禁烟的清教徒"[⑥]，自己也在1914年受洗于京都的今出川教会，成为一名"虔敬的基督徒"。[⑦] 但在入学三高的当年，养父母前往台北任职，风早就独自一人入住了三高的YMCA学生宿舍。由此被"解放"了的风早，对于家庭环境所赋予的基督教会的世界观开始"陷入怀疑而摸索新的事物"[⑧]，走向自身思想独立之路。

当时正当大正民主之时，尤其是在风早三年级的时候，1918年（大正7年）7月23日富山爆发了"米骚动事件"，又正巧在风早20岁生日那天波及了京都。对这一切的目击，成为风早"唤起对社会关心的巨大契机"[⑨]。再加上后来成为庆应义塾大学教授的佐原六郎当时比风早高一个年级，也是住校生。风早从他那里受到了极大的影响，在劳动问题等方面可以说是"受到了启蒙"[⑩]。日后风早走向社会政策研究，其基础就是在这里形成的。眼见着激变的时代，特别是参加了成立于1918年11月东京大学新人会，为组建支部而直接在京都市议会大会堂里召开了以"打倒军阀、批判官僚"为主题的"民主演讲大会"[⑪]，大受震撼的风早在第二年的九月入读东京大学法学部。对风早而言，选择东大无非是"要逛一逛东京的小娃憧憬"[⑫]，但选择了法学部，却开启了受到美浓部达吉、吉野作造等该时代的进步学者影响的日子。

进入大学之后的风早入住了东京大学YMCA会馆的学生宿舍，当时担任会馆理事长的就是吉野作造先生。经过大约一年时间的犹豫不决，在赤松克、平贞藏两位三高时期亲密学长的劝导下，风早搬进了集体宿舍。一切批判绝对主义的新思潮都反映着当时的社会状况，抱着这样的关切，风早也开始了对各种各样思想的接触。在这样的智识环境中，在吉野的劝诫之下，风早完成了意大利学者阿尔诺德从立宪主义立场出发对俄罗斯虚无主义批判的作品《虚无主义与虚无主义者》一书的翻译，在毕业之际以《虚无主义

---

⑥ 风早：《治安维持法五十年》，合同出版社1976年版，第20页。

⑦ 风早：《治安维持法五十年》，合同出版社1976年版，第22页。

⑧ 风早：《治安维持法五十年》，合同出版社1976年版，第22页。

⑨ 风早：《治安维持法五十年》，合同出版社1976年版，第42页。

⑩ 风早：《治安维持法五十年》，合同出版社1976年版，第43页。

⑪ 但是在石堂清伦、山利忠所编的《东京帝国大学新人会记事》（经济往来社1976年版）一书中，却没有相关的记录。

⑫ 风早：《治安维持法五十年》，合同出版社1976年版，第44页。

研究》的书名出版了⑬。对新思想的翻译和出版在当时形成了高潮，风早也作为新人会学生位列其中。

在这样洪水一般翻译、介绍的东西当中，当然也就包含着马克思主义文献⑭，风早与马克思主义的相遇也就这样开始了。除此之外，他也接触到了当时在英国的野坂参三给新人会本部所送来的欧洲劳工与社会主义运动方面的情报。1921年秋，他更是目睹了新人会向致力于马克思主义研究的“纯粹思想团体”的发展过程⑮（转年之后的1922年7月15日，日本共产党成立）。此种与马克思主义的相遇对风早所产生的影响，在1920年12月召开的新人会演讲大会上风早的演讲题目——《从唯物史观所见之日本历史》（新人会记录所存为“唯物史观与日本历史”⑯）就可略见一斑。实际上，风早申请牧野英一助手任职之际所提交的论文，就是由本次演讲的草稿誊写而来［这篇论文没能保存下来，据说是以《资本论》第一卷英文版和马克思主义的介绍为线索，批判君主制（也就是天皇制）的文章］。

（二）助手时期

就这样，凭借上述论文和法文版译著，风早开始了牧野研究室的助手生活。在全部两年的任职期间，虽然风早有意控制自己对新人会活动的参与，只想潜心研究工作，但作为牧野的“杂役”被要求“从早上8点到下午4点，禁止个人的学习”，如何让这种“非常约束”⑰和自己的研究并行不悖，让他很伤脑筋；同时在研究工作上，对于自己酝酿已久的社会学关切与刑法研究上传统的“实在法教义学”⑱，如何分别进行梳理追索，同样也让他苦恼不已，可以说是处于双重的“脚踩两只船”的挣扎苦斗之中。作为

---

⑬ 大镫阁出版社，1922年版。系该书法文译本（Henri Bellenger, Le nihilisme et les nihilistes, Paris, 1920）的日文再译，出版之时用了笔名“风间徹二”。

⑭ 例如高畠素之翻译的《资本论》1920年开始出版发行，河上肇的《社会问题研究》1919年1月创刊，堺利彦等人主持的《社会主义研究》1919年4月创刊。此外，1918年11月第一次世界大战结束后，从战败的德国还流出了大量的文献。

⑮ 风早：《治安维持法五十年》，合同出版社1976年版，第49页。同时可参见石堂清伦，山利忠：《东京帝国大学新人会记事》，经济往来社1976年版，第6页。

⑯ 石堂清伦，山利忠：《东京帝国大学新人会记事》，经济往来社1976年版，第373页。

⑰ 风早：《治安维持法五十年》，合同出版社1976年版，第55页。据说由于这个“规矩”，牧野研究室的助手很少有人能干完任期。

⑱ 风早：《治安维持法五十年》，合同出版社1976年版，第56页。

研究上挣扎苦斗的结果，同时也是因为高田保马的规劝，风早面向与刑法学之间本就存在密切关联的社会学，积极开展了对19世纪法国社会学者加布里埃尔·塔尔德的研究，发表了相关论文和译作⑲，而在《不能犯论》这篇助手时期总括性的研究论文当中，则对“实在法教义学”谱系进行了归纳（该文载《国家学会杂志》1924年第38卷，第1—3期。从刊发于《国家学会杂志》这一点，就可以看出该论文并未得到牧野的指导⑳。然而，这篇论文虽为脱离牧野而自立之作，但因其依据的是当时席卷学术圈的新康德主义方法论，依据风早在后来的回顾来看，该文在内容上出现了“思想性的退步”㉑。即便这样，风早正是以这篇文章作为就职论文，前往美浓部达吉担任创设委员而设立的九州大学法律与文学学院（成立于1924年9月，院长由美浓部达吉兼任），担任刑法与刑事诉讼法教官，并接受指令前往欧洲留学，因为在当时大学教授履历当中，留学是不可或缺的（论文刊发、教官选拔和赴欧留学，全都出自美浓部的指令）。由此，一条通往大学教授的坦途，大概已经如期可见了（附带提及的是1923年，风早已与第一任妻子高田玉江完婚，赴欧留学即二人同往）。

（三）留学时期

留学中的风早（1924年5月—1926年11月）满怀对时下学问的关切，并未前往拥有法学院的巴黎大学，而是选择了索邦大学文学院社会科学系，在该学院社会学教授、杜尔凯姆学派公认的代表人物鲍尔·福考奈特的指导下开展刑事社会学研究。这之间除了有4个月旅居柏林（1925年9月—12月）之外，1925年8月，风早出席了在伦敦召开的第五届国际监狱会议，并接受意大利刑法起草人、著名的罗马大学教授恩里克·菲利㉒的邀请，前

---

⑲ 译著有《塔尔德的社会学原理》（岩波书店1923年版，原本为Tarde, Les lois sociales, Esquisee d'une sociologie, Ed. 8, Paris 1921）和《模仿的法则》（而立社1924年，原本为Les lois de I'imitation, 3me ed., Paris 1900），论文有《塔尔德法律进化的社会学研究》，载《国家学会杂志》1923年第3—7期；《塔尔德的刑事社会学与刑法》，载《国家学会杂志》1923年第8期。此外还可参见塔尔德：《舆论与集团》，稻叶三千男译，未来社1964年版。

⑳ 在刑法解释研究方面，风早与他人共同完成了论文《法人的刑事责任》，刊登在《法学志林》1922年第9期，就是在牧野的指导之下写作和发表的。

㉑ 风早：《治安维持法五十年》，合同出版社1976年版，第64页。

㉒ Enrico Ferri，律师、意大利社会党领袖、国会议员，由于后来支持法西斯运动而受到负面的历史评价。

往罗马居住了 3 个月（1926 年 1 月—3 月）。正是在那里，风早翻译了贝卡利亚《论犯罪与刑罚》，从而开启了专注于刑事社会学研究的历程。在这个意义上，风早在留学中并未出现对马克思主义的自觉接触，但他从后来留学巴黎的宇贺田顺三（后来成为同志社大学行政法教授）、菊池勇夫（后来也是同志社大学教授，专业是社会法）等人身上看到了这些人所表现出来的对马克思主义强烈关注，也就产生了“日本怕是有啥事情要发生”㉓ 的预感。实际上，就在风早产生这种预感之前的 1924 年 12 月，日本知识界已经发生了新的状况——福本和夫凭借在《马克思主义》杂志上发表的“经济学批判领域中马克思《资本论》的范围”一文而登场，到后来的高潮阶段甚至被称作“福本主义”，席卷了日本思想界。如此这般形成的风早与马克思主义之间的所谓“感性接触”，导致他对于自己正在从事的杜尔凯姆学派的社会学研究，逐渐酝酿出了一种批判视角。

（四）九州大学时期

对于 1926 年 11 月回国的风早，国内的情况远远超出了他的预料，等待他的是伴随天皇更替，以“昭和”时代的开启为象征的一个激变的时代。虽然作为大正民主成果的普选制在风早还在欧洲留学的 1925 年 5 月就确立了，但与此相对立的《治安维持法》却于一个月之前的 1925 年 4 月先行发布了——日后作为刑法学者的风早将陷入与它的长期斗争之中。构成《治安维持法》上首要对象的日本共产党，在紧挨着风早回国之后的 1926 年 12 月 4 日召开了五色温泉重组大会（日本共产党三大），调整了党的阵营。在所谓“天下不谈马主义，白昼如漆难见光”㉔ 的知识氛围中，早在 1925 年就出版了马克思主义法学著作的平野义太郎首次发出了“法律上的阶级斗争”的呐喊。伴随马克思主义迅速向大学渗透，各种运动高涨，从 1925 年起就出现了与《治安维持法》首次遭遇的“学联事件”。

作为上述状况的一个组成部分，九州大学也出现了高涨的学生运动，面对校长对此的惩戒，又引发了进一步的斗争。风早在回国之际接受了九州大学的副教授任命状，在 1925 年 11 月末就职（第二年 4 月升任教授），从就职之日起就卷入了这场校内纷争的漩涡之中。在其后的大约 1 年间，各种各样的校内问题让尚处草创期的法律与文学院摇摇欲坠，风早则完全奔走其中

㉓ 风早：《治安维持法五十年》，合同出版社 1976 年版，第 66 页。
㉔ 风早：《治安维持法五十年》，合同出版社 1976 年版，第 66 页。

而基本无暇执笔写作，但他却在准备刑法和刑事诉讼法讲义的过程中，“走到了杜尔凯姆的实证主义一元论的尽头”而“再度转向资本论”，由此“感觉到自己首次理解了资本论的唯物辩证法，而于内心雀跃欢喜”㉕。因此，对于风早而言，自觉地从马克思主义那里探寻自身学术思想根基，应该可以确定是发生在1927年的事情。此外，伊豆公夫（原名赤羽寿，后来成为历史学家，活跃于无产阶级科学研究所和历史研究所；也当过歌手，艺名赤木健介。1989年11月7日去世，享年82岁）、稻叶秀三（后来在昭和研究会中与风早有交往）等人，都是风早在九州大学时的学生。

在上述学生处分引发的内部纷争事件当中，风早等东京大学毕业的教师占据了主动，一度乘势掌握了学校的内部行政，在人事、经营、图书等问题上简直就要搞成派系斗争了。即一方以木村龟二（当时专业为法理学）为中心，加上宪法学的山之内一郎、国际法学的大泽章、国际私法学的西山重和和民法学的杉之原舜一，另一方以风早为中心，加上政治学的佐佐弘雄、商法学的东秀彦、法制史学的泷川政次郎和外交史学的藤泽亲雄，各自组成五人团伙相互对立。这种对立陷入了泥潭，最终在美浓部等人的介入之下，决定各打五十大板，对两派各自的三位核心人物责令停职（木村、山之内、杉之原和风早、东、泷川）。这六位教官1927年11月停职，实际全都自行离职了。㉖ 因此，这一“事件”基本上不存在什么政治或思想性质，无非是年轻教授之间围绕支持或抵制木村龟二在学院内部行政管理的主导地位而发生的对抗。后来，不管是风早还是山之内，都对这一“事件”进行了反省。㉗

㉕ 风早：《治安维持法五十年》，合同出版社1976年版，第68页。

㉖ 该事件的具体情况在九州大学五十周年纪念会编《九州大学五十年史·通史》（内部资料，1967年）第271页以下有详细记载，本章的叙述也多有参照。另外还可参照九州大学五十周年纪念会编《九州大学五十年史·学术史（下卷）》（内部资料，1967年），第317页以下，以及九州大学七十五年史编委会编《九州大学七十五年史·史料编（下卷）》（内部资料，1989年），第48页以下。1927年10月25日《福冈日日新闻》曾报道称：在1927年9月的教授会上，木村龟二对于风早所提出的刑事诉讼法专业教官人事手续上的错误，狠狠地进行了批评，这在创设以来就一直缺乏团结的教官当中，扣动了激化矛盾的扳机。此外还可参见藤野英一：《九州大学法律与文学学院的法学六教授退职事件》，载《法律时报》1985年第7期。

㉗ 例如山之内在一次座谈会上的发言。有关该座谈会的情况，可参见山之内一郎、稻子恒夫等人所撰写的《日本苏联法研究的回顾与展望》一文的前言部分注释2（载福岛正夫等编：《社会主义法研究》，劲草书房1958年版，第401页）。

（五）无产阶级科学研究所时期

虽然九州大学教官身份的解除要等到两年停职期满之后，但在受到停职处分转年的1928年3月，风早就回到了东京（也是机缘巧合，风早抵达东京站的3月15日，正是“3·15”事件爆发之日）。在东京，风早同时当了好几所大学的外聘教师（在中央大学、横滨专科学校，即今天的神奈川大学，讲授刑法；在明治大学、日本大学讲授民法；在武藏高等学校，即今天的武藏大学，讲授法学通论。摄影家土门拳，就是风早在横滨专科学校所教的学生）。在这些大学的学术刊物当中可以看到，风早不断地发表论文，从马克思主义的批判视角出发，对自己留学时期积累的研究成果进行了新的论述。从翻译贝卡利亚的作品和对其历史意义的阐明㉘开始，风早就从马克思主义立场出发，将杜尔凯姆、福考奈特、菲利等杜尔凯姆学派作为“小布尔乔亚理论”而加以批判，进而以这一系列作品㉙为轴心，面向上述法国素材，风早实现了对旧体制和私人所有制的批判㉚。马克思主义者风早正式登场了。

由于这样的理论研究工作，风早在1929年10月无产阶级科学研究所成立之时就加入其中，也就是水到渠成的事情了。在无产阶级科学研究所的核心人物寺岛一夫（又名佐藤一郎）的劝说之下，风早在该所成立之日入所并担任该所的中央委员，专业上归属于该所下设的“法律研究会”。此后，

㉘ ［意］贝卡利亚：《犯罪与刑罚》，风早八十二译，载《法律学研究》1928年第9期—1929年第1期；风早八十二：《贝卡利亚刑罚制度批判的历史意义》，载《法学新报》1929年第5、7、9期。以上译文和论文合并为［意］贝卡利亚：《犯罪与刑罚》，风早八十二译，刀江书院1929年版。该书1938年收入岩波文库时仅为原著的翻译，没有再附上面这篇论文。1938年的岩波文库版后经风早和妻子风早二叶共同修订，又在1959年出了新版，就是现在市面上所见的版本（风早二叶，律师，本姓藤井，1958年与风早结婚，1971年离婚，现名五十岚二叶）。

㉙ 《恩里克·菲利与犯罪社会学》，载《中央公论》1929年）第6期；《杜尔凯姆学派的刑事责任理论》，载《法学新报》1930年第1、3期；《小资产阶级的犯罪理论》，载《中央公论》1930年第1期。这三篇论文后来全部收入风早八十二：《政治犯罪诸问题》，研进社1948年版。

㉚ 《法国旧体制的刑法制度》，载《法学新报》1928年第7、8、10期；《法国革命前的社会和经济领域的犯罪》，载《法学新报》1929年第11期。这两篇论文后来收入法兰西学会编：《法国的社会科学》，刀江书院1930年版。《社会机能说的意义与无意识》，载《我等》1930年第11卷第1期。

风早使用“大村哲三”“松崎良一”等笔名，逐步深入日本法律问题之中，提出了新刑法学的倡议㉛。1930年6月，截至当时一直是该研究所负责人的奈良正路被宣告为“阶级叛徒”（从该所机关纪要上的记录来看，真相尚不明确㉜）并遭到驱逐。随后，奈良正路重新组建了“法与国家理论研究会”，自己当了负责人。这一时期的风早围绕贝卡利亚的历史评价、判例研究方法等问题，对奈良正路（笔名“今泉荣太郎”）进行批判，二人之间发生了若干论争，潜在背景就是上述研究所的变故（杉之原与奈良之间的论争，也具有同样的背景㉝）。

就这样成了马克思主义法学理论阵营重要人物的风早，在末弘严太郎的安排之下，承担了日本评论社《现代法学全集》第30卷当中《治安维持法》的写作任务，运用社会法学实证分析方法对该法进行彻底批判。《治安维持法》于1928年6月基于紧急敕令而全面修改，且在1928年的“3·15”事件和1929年“4·16”事件上已经开始大显神威。对这样的法律进行正

㉛ 《让罪刑法定复活吧》，载《法律春秋》1930年第8期；大村哲三：《无产阶级犯罪概念的提倡》，载《中央公论》1930年第3期；《政治犯引渡制度上政治犯的概念》，载《法律时报》1930年第4期。这三篇论文后来全部收入风早八十二：《政治犯罪诸问题》，研进社1948年版。松崎良一：《强盗犯罪防范法的法西斯本质》，载《法律时报》1930年第7期；《关于前科登记制度的立法化》，载《法曹会杂志》1929年第7、8期，等。

㉜ 参见《无产阶级科学》第2卷第9期第167页上“所内成员异动”一栏的记载。“异动”当中也包括推荐奈良的浅野研真“辞去中央委员”、高仓辉“退出”等情况。此外，从当时还在东京健在的奈良正路本人那里听到的说法是“毫无根据”。在奈良正路唯一的回忆文字《我的成长》（载奈良正路：《入会权论》影印本，农山渔村文化协会1981年版）一书中，对这一事件并无只字提及。

㉝ 1929年，奈良以笔名“今泉”发表了《关于风早所译贝卡利亚〈犯罪与刑罚〉》（载《新兴科学的旗帜下》1929年第12期）一文，对风早提出了批评。次年，风早写了《关于贝卡利亚刑罚制度批判的历史意义》一文（载《我等》1930年第1期），对奈良进行了反击，而奈良又继续以“今泉”的笔名在《无产阶级科学》1930年第4期上发表了《对贝卡利亚研究上出现的法律问题的探讨》，对风早进行了进一步的批评。风早刊载于《帝国大学新闻》1930年第328—329期上的《有关普选判例与判决研究的新兴法学的立场》一文，则对奈良的《以判例为中心的普选法》（日本评论社1930年版）一书提出了批评。此外，奈良和杉之原（笔名“松沼”）之间围绕租赁契约问题也发生了争论，有关这方面的文献，参见本文“前言”注释2当中笔者的论文《日本马克思主义法学的遗产及其继承》，载《季刊科学与思想》总第3期，新日本出版社1972年版，第134页以下。

面批判，不但在学院派的刑法学那里几乎看不到[34]，就是在马克思主义阵营里，也还没有任何系统性的工作，而这正是风早的论文之所以具有重要地位的原因所在。但就在 1930 年 8 月行将出版之际，风早的论文被禁止刊发，已经印制的三万册全部收回焚毁。这本书还没有公之于世，就被葬送了[35]。不仅如此，为风早提供外聘教师职务并为其论文发表提供条件的上述各大学也一致解聘了风早。更有甚者，风早的爱妻在这次论文禁止刊发之前的 7 月 6 日又不幸离世。失意中的风早几乎到了折笔自弃，下决心不再做一名刑法学者，至少是不再做与国家刑罚权直接对抗的刑法学者了。

再三考虑之后，经由社会学研究领域的故交古野清人居中联络，风早把当时自己与刑法相关的 1 万册藏书全部卖给了天理图书馆，得生活费 3000 元。由此醒悟了的风早，在 1930 年 10 月只身前往“产业劳动调查所”并加入该所。正是由于加入了这个产业劳动调查所，风早完全因强权所迫脱离法学——这样一个转折期的标志性事件，放在风早整个人生轨迹当中，就不能仅仅从这种消极意义来看待了。之所以这样说，是因为当时的马克思主义法学已经展现出朝着阐明经济社会的方向发展的自觉倾向，风早的行为也同样显示出他对当时的自己“还仅仅只是抱持一种阶级性的同情立场”[36] 的反省，从而决心要进一步将自身理论活动的范围转换到更富于实践契机的理论战线当中去。在那个时候，风早把住所从中野地区搬到了劳工街区的莆田，也是此种决心的直接表现。不出所料的是，就在加入产业劳动调查所之后，风早就迎来了莆田警察署作出的行政执法管束 50 天的“洗礼”（经由美浓部援手相助才得以释放）。在 1931 年 1 月刊行的《无产阶级科学》第 3 卷第 1 期上，风早以“大村哲三”的笔名发表了他在刑法领域的最后一篇论文——《最近日本立法的特质》，从接下来第 2 期刊发的他的论文《关于当

㉞ 参见吉川经夫的论文：《刑法学与马克思主义》，载天野和夫等编：《马克思主义法学讲座》第 1 卷，日本评论社 1976 年版，第 103 页以下。此外还可参见小田中聪树：《治安维持法》，载《法律时报》1978 年第 13 期，第 39 页以下。

㉟ 对于这篇论文，现在只知道其草稿的前半部分被收入风早《政治犯罪诸问题》一书之中，至于全文就无从知晓了。

㊱ 风早：《政治犯罪诸问题》，研进社 1948 年版，第 9 页。

前提交议会的产业法规》就可以看到，他已经完全转向社会政策学了。[37] 虽然无产阶级科学研究所的活动一直持续到了 1933 年 1 月，但在这一时期，风早和它的关系已经疏远了。

(六)《讲座》、产业劳动调查所与从事共产党活动的时期

野坂参三是日本共产党成立之初就入党的党员，1924 年由他所组建的产业劳动调查所当然也就是深受日本共产党影响的组织（不过，野坂本人在历经多次逮捕之后，1931 年 1 月流亡苏联）。在进入产业劳动调查所之后没有多久的 1931 年 1 月，风早担任了经济部长和《产业劳动时报》主编。风早在此后的工作中与野吕荣太郎结为知己，再加上与旧友平野义太郎之间的交谊，从而进入了从 1931 年下半年开始启动的《日本资本主义发展史讲座》（以下简称《讲座》）的作者群。虽然该《讲座》从首版发行的《财政史》和第 7 版（终版）发行的《矿山业的发展》（风早模仿鸠山一郎而用了“丸山一郎”的笔名）一直都出版了，但此间的风早由于在产业劳动调查所从事的活动而被逮捕（1932 年 7 月 28 日，东京地方法院判定风早违反《报纸法》，处罚金 100 元），执笔《讲座》而使用笔名，也是因为这种“紧迫的镇压危险”。

为了把自己确立的立场贯彻到底，在野吕荣太郎的亲友、同为产业劳动调查所成员的山口信次和今野良藏的介绍下，风早在 1932 年 12 月加入了日本共产党。这在当时当然是非法活动。在风早向党的工作迈进的时候，日本共产党在 1931—1932 年担任委员长的风间丈吉推行的 31 纲领草案期间，因所谓的间谍 M（松村升，原名饭塚盈延）引发了热海事件（1932 年 10 月），其后多人相继被捕，导致党组织受到严重破坏。但在此后的 32 纲领之下，日本共产党又出现了二战前最大规模的力量扩张，历经山本正美的重组（1932 年 11 月—1933 年 5 月）之后，到 1933 年 5 月，进入了野吕荣太郎的改组重建时期。这之间风早一直担任调查部部长、情报部部长、《赤旗》编辑局委员（局长是谷口直平）等要职而持续工作，当然也就没有时间去从事那些日常写作活动。虽说《赤旗》报纸上也刊发了诸如“粉碎天皇制政

---

[37] 在无产阶级科学研究所的机关刊物上，风早此前还发表了几篇论文：在 1929 年的第 1 卷第 2 期上发表了《1929 年的欧洲法律学界》（笔名“田村重吉”），在 1930 年的第 2 卷第 10 期上发表了《关于工人的生产管理问题》（笔名“大村哲三”），以及在 1930 年第 2 卷第 12 期上发表的《法与国家理论研究会报告》。

府剥夺产劳所合法性的阴谋”等几十篇论文，其中也有一些是与法律问题相关的，但哪些是风早执笔所写，直到今天也都无从确定。然而，随着1933年11月11日风早与野吕荣太郎等人一起被捕，前后也就一年时间，这些活动就结束了。

（七）战时抵抗时期

由于违反《治安维持法》被逮捕讯问[38]，风早两年间一直被羁押在上野地区六本木警察署所辖的市谷刑务所，到1935年11月13日才由东京地方刑事法院作出拘役2年、缓刑3年的判决宣告释放。其间风早曾经提出“告白书”，对共产党“打倒天皇制”的方针进行批判，表示要“努力树立国体观念”，这也就是所谓的“伪装投诚”。但风早战后公开[39]的回顾文字当中表示，那时他已察觉到此前日本共产党运动当中“存在若干必须加以克服的错误”，由此能够看出这次的“告白”也并非完全“伪装”。这里所说的“错误”，在于“过于强调运动的思想方面，而对于经济的、政治的和组织的方面则明显重视不足”。由此出发，风早效仿恩格斯的著作，把“联合民众并加以组织化的任务，必须对民众的状态和要求进行具体地、也就是科学地把握”的课题，明确为“日本工人阶级状况”，并把它确定为自己从今往后的研究任务。[40] 在风早看来，在这方面的工作《日本资本主义发达史讲座》做得也是不充分的，而1936年7月“共产学术事件”以后，作为囚犯迭出的“讲座派”的接续者，风早以自己的理论研究对这方面的内容作出了补充。

日本共产党的干部当中，野吕荣太郎已在1934年2月庾毙狱中，最后一位中央委员袴田里见也在1935年3月被捕入狱。到风早出狱的时候，全国性的党组织已经全部毁灭了。1935年7月，第三共产国际通过了反法西

---

[38] 在司法省刑事局思想部1935年12月第18号的《思想月报》上收录了东京地方刑事法院1935年8月27日作出的预审终结决定书，见《思想月报》文生书院，1973年影印版，第107页以下。

[39] 风早：《治安维持法五十年》，合同出版社1976年版，第111页。同样的内容在《日本社会政策史》的战后新版当中也有记述。参见风早：《日本社会政策史》，日本评论社1947年版，“新版寄语”，第3页。

[40] 风早：《治安维持法五十年》，合同出版社1976年版，第111页；风早：《日本社会政策史》，日本评论社1947年版，“新版寄语”，第3页。

斯人民阵线的方针，出席此次大会的小林阳之助[41]在转年的1936年2月受野坂参三（冈野）、山本悬藏（田中）二人“致信日本共产主义者”的感召，于1936年7月回国，并着手通过人民阵线运动重建日本共产党。在这样的背景下，冈部隆司开始参加日本共产党的活动[42]，加上此前同为产业劳动调查所成员之时就彼此视为知己，风早一直保持着与冈部的接触，主要在合法写作的活动领域承担当时共产主义运动的任务。[43]

风早出狱不久就同佐藤嘉子结了婚，这很有可能是他为了不管是理论上还是时间上都能迎来一个新局面，才刻意为之的[44]。之所以这样说，是因为刚出狱的风早处在“连咋样能好好吃顿饭都不知道”的迷茫状态。就算这个暂且不论，他先是在平野义太郎的帮助之下，翻译了皮亚尼茨基《德国的法西斯独裁》并以《论德国法西斯主义》为名出版（署名采用了笔名“吉田荣一”，丛文阁1936年版）[45]，却又因为版税问题而立刻陷入苦境[46]；同样还是因为生活的原因，他在为平野义太郎指导下的《经济评论》写稿之外，又在村山重忠的帮助下联系上了国策财团法人“协调会”，得到了为其机关刊物《社会政策时报》写稿的机会，这样才总算是有了一个确保刚才所说的“合法写作”的工作场所。虽然他在那里下笔千言，既要做好对组建人民阵线的保密，又要在最大限度内发出对抗的声音，但还是通过自己

---

[41] 1929年出国，在德国加入共产党，希特勒政权成立后又前往莫斯科。在日本的活动终结于1937年被捕，1942年34岁之时死于狱中。

[42] 冈部在12月小林被捕之后，就成了领导核心，后于1940年被捕，1942年29岁死于狱中。1938年2月冈部与大山弥江结婚，就是风早当的媒人。

[43] 据说风早1936年5月在“协调会”里面发现并阅读了刊登在英文版《国际新闻通讯》上的冈野的论文，从而立刻得知了“冈野－田中致信”的方针。

[44] 风早与嘉子之间虽然育有两个女儿，但在二战以后的1958年就离婚了。

[45] 本书是对组织论者O. Piatntiski流亡巴黎时为支持人民阵线所写La dictature fasciste en Allmagne. Paris1935. 一书的全译本。该书与风早当时的政治理念相吻合，由三编组成：第一编对成功确立了法西斯的社会民主党进行了批判，第二编论述纳粹体制不具备民众基础，第三编对包含共产党在内的各种社会抵抗活动的期待。本身读起来就不容易，敏感词节又多，而且为了应对审查，风早竟然采取了大量使用片假名对原文词汇直接音译的办法，要把这些内容传递自己心目中的听众——工人和人民大众，无疑还是很困难的。

[46] 风早：《治安维持法五十年》，合同出版社1976年版，第104、121页。当时与平野义太郎一起完成的《马城・大井宪太郎传》（1938年版），虽然是二人合著，但确是由风早一人自费出版的。

的积极工作，包括为《中央公论》《文艺春秋》《日本评论》《知性》等当时的综合刊物撰写稿件，甚至还加入了后藤隆之助领衔的近卫文麿私家智囊团——“昭和研究会”，㊼ 开展了战争时期马克思主义特殊的合法理论活动。伴随着战时体制的推进，风早的工作也更具批判色彩，保持着对时局的迎合和批评之间非常微妙的连接与交错。这一时期，风早下力气发表了一系列心血之作㊽，其中的主要篇章后来都收录到了《日本社会政策史》（日本评论社1937年版）、《劳动的理论与政策》（时潮社），以及战后出版的《日本劳动事故》之中。

1940年7月，风早因涉嫌重组日本共产党而再度入狱。各地共产主义团体也都先后遭到逮捕取缔，战前日本的共产主义运动彻底熄灭了。如同他后来被采访时所说：“被捕的时候使命已经完成了，当时一想到这一点，我是很满足的”㊾，风早为自己图谋的“战时抵抗”，争取了五年的命数。

（八）狱内与疏散时期

被捕后的风早在残酷的刑讯之下，从1941年8月18日到9月29日之间竟有多达13次的讯问笔录，11月5日以违法治安维持法而被起诉。到了1943年12月战况恶化，风早因养父病重而从市谷刑务所假释，被直接疏散到千叶县的佐仓地区。为了能在疏散地获得缓刑，风早出版了所谓的审判指导用书——《全国民事惯例类编》（日本评论社1944年版）。这项工作的主体部分是吉野造作编纂工作的继续，后者曾经在1929年被列为明治文化研

㊼ 1938年春在当时担任内阁计划委员会的老友稻叶秀三的介绍下，风早加入了昭和研究会。稻叶的介绍，使风早在后来的“计划委员会事件”当中也受到怀疑。风早在昭和研究会的报告，后来在该研究会发行的《我国在长时段建设期内的劳动政策》（1939年10月10日）当中，被收录为第二部分（但是没有风早的署名）。有关昭和研究会的情况，还可参见昭和同人会编：《昭和研究会》，经济往来社1968年版；酒井三郎：《昭和研究会》，TBS·BRITANNICA有限公司1979年版。

㊽ 风早在这一时期发表了众多的论文，对其中的重要篇章，经过改换题目，或依据不同场合不仅改换了用语，而且在内容上都进行了大幅改动之后，通过部分节录或重新组合的方式，收入到正文所罗列的新的著作之中。因此，这里大量的“收录”，都不是在一般通行的意义上进行的。尽管如此，在对此作出明确说明的前提下，我在这里对这些论文的原始出处和收录情况开列如下：《日本社会政策史》（本书经过战后日本评论社1947年新版，现在市面上出售的是1951年发行的上下两册的青木文库版）、《劳动的理论与政策》、《日本劳动事故》（该书影印版曾在1971年2月的《生命月刊》杂志上全文刊发）

㊾ 风早：《日本社会政策史》，青木文库1951年版，“新版寄语”，第9页。

究会编的30卷“明治文化全集”（1927—1930年）的第13卷，史料整理是其中的一部分内容，但在风早执笔的部分却被强行要求出具了“投诚告白书”。如此以来，在该书开篇的“前言”当中高喊“大东亚建设的天职”和“大东亚战争胜利”，在长达百页的“题解”当中又对“与国体不相协调的民事惯例的残留”情况进行了斥责。对于这里“残留”的分析，如果采取法社会学性质的批评，那当然可以成为一种令人感兴趣的写作手法，但是“题解”的立论却是一以贯之的，即无论如何也要从贯彻“国体”之“日本法理”的宗旨出发，其思想基础就是当时压倒性的共同体理论。如同风早在战后进行自我批判时所说的那样，这是一种用“奴隶文字”推进“奴隶思想”[50]的典型。留下这些战前最后的文字，风早迎来了日本的战败。此前被起诉的案件，在未经历任何判决的情况下也就无疾而终了。

二、风早八十二的马克思主义法学

概观风早在战前的人生轨迹，1924—1926年的留学、1930年论著被禁和行政拘留、1933年被捕、1940年被捕，这些所谓的外在际遇在其履历上划出了一条条的分界线，在每条界线后面不仅是生活环境上的巨大变化，而是和这些变化相对应，在理论研究的对象领域方面也发生了明显的转换。我们按照时间顺序对此略加整理，可以概括出以下三个时期：第一，作为刑法学者而开端的学生和助手时期。这一时期的风早通过东京大学新人会开始关注社会问题，由此产生对社会学的兴趣。第二，无产阶级科学研究所时期。这一时期的风早在留学之后，特别是在九州大学时期接触了马克思主义，开始以刑法学和刑罚理论为中心，专意于自身马克思主义法学的确立。第三，战时抵抗时期。这一时期的风早经历了《讲座》、产业劳动调查所和日本共产党的工作及被捕入狱，在由此产生的“反思”之中和后来人民阵线活动的发展过程中，转向了社会政策和劳动政策的研究。至于1940年被捕以后的问题，如同本文后面所述，笔者将其作为第三时期的特殊延长期来看待。因此，笔者在此就按照上述三个时期的划分，对风早马克思主义法学思想的生成与发展，进行理论上的探讨。当然由于篇幅所限，只能作出一个基本概要。

对于这个问题，有必要做一个前提性的交代。历来，上述第一期作为

---

[50] 风早：《治安维持法的五十年》，合同出版社1976年版，第102页。

“马克思主义之前的风早”，基本上都不加以考察。而对于第三期而言，1930年论著被禁之后风早就终止了法学研究，在以往的研究著述中，此后的风早或者被作为“社会政策的风早”[51]来看待，或者在与“伪装投诚”问题的关联上来进行考察[52]。但在本文里，鉴于在一位法学家持续的智识活动中各个环节都是彼此关联的，笔者把这两个时期同样列入马克思主义法学史来加以考察。因此，特别是对于第三时期，笔者同样尝试抱持一种法学视角的关切。之所以如此，当然首先是由于本文对“风早的理论活动在日本马克思主义法学史上居于何种位置”这样一种问题意识或视角使然，与此同时，也是因为笔者也想借此对战前马克思主义法学所谓“时代局限的一面”加以呈现。

（一）塔尔德研究与“批判的自由法论”的探索

第一，学生时代发表的阿尔诺多作品的翻译[53]主要是出于吉野作造的鼓励，更多是一项完成他人要求的工作，因此对风早后来的思想形成并没有产生什么具体影响。实际上，从当时社会思想的变动格局来看，通过屠格涅夫蔓延开来的俄罗斯虚无主义本身就是靠近批判绝对主义体制的武器的一条通道，阿尔诺多所依据的立宪主义又孕育着对明治宪法体制的批判视角，从而在风早思想自我形成的过程中，这些也都促成了其向着对绝对主义这种前近代体制的批判者的发展。

第二，与此相对，在助手时期风早倾注精力进行的塔尔德研究，虽然也是出于高田保马的推荐，但其中却大量包含着促进他走向思想独立的契机。对塔尔德的研究不仅是风早抵达马克思主义的一个必要的中间环节，而且在他后来进行“日本工人阶级状况”分析的时候，这仍然构成他的所谓“情

---

[51] 例如松下雄辉：《马克思主义法学的展开》，有斐阁1981年版，第168页以下；户塚秀夫：《战时社会政策论的回顾》，载《社会科学研究》1969年第1期，都采取了这样的做法。

[52] 关于这一点最为完整详细的研究，可参见高畠通敏：《生产力理论》，载思想的科学研究会编：《共同研究·转向》中卷，平凡社1960年版。此外以下著作也有论及——中岛诚：《转向论序说》，密涅瓦书房1980年版，第245页以下；石田雄：《日本的社会科学》，东京大学出版社1984年版，第148页以下；小林杜人：《“转向期”的人们》，新时代社1987年版，第78页以下。

[53] 即以笔名“风间徹二”出版的《虚无主义研究》，大镫阁1922年版，系从法文译本（Henri Bellenger，Le nihilisme et les nihilistes，Paris，1920）对该书所进行的日文再译。

感基点”。正是在这个意义上，有关塔尔德的研究就在风早的思想基础当中占据了一域之地。熟读塔尔德主要著作的风早[54]，在翻译了其代表作《社会学概论》和《模仿的法则》的同时，也将其理论用于形成自己学术方法论的突破口，尝试从自己刑事社会学专业的视点出发，进行理论上的吸收和提取。

塔尔德社会学曾在19世纪末法国思想界有着与杜尔凯姆平分秋色的地位，后来却败落了。[55] 究其原因在于他试图运用“模仿·斗争·发明”的法则，来对经历了产业革命而出现混乱和变动的法国“社会”加以说明，这就无法突破个人主义（风早所说的“绝对个人主义”）和心理学的框架，因此就属于“法则论”而谈不上体系，更欠缺“社会”性。而在这些方面，杜尔凯姆紧紧抓住的则是“社会事实”这种超越了个人心理和意识的存在，从而在对社会的把握上就有了更多“社会性”。在这样的对决之中，塔尔德的败落就是必然的了。

在《塔尔德法律进化的社会学研究》一文的前半部分，风早对塔尔德的理论进行了忠实而精心的追索，各处的注释当中也透露出他对上述塔尔德在思想史上落败原因的觉察。例如：在坚持“社会的特质无疑存在于心理”的同时，也发出了“但仅仅认识了作为心理存在的社会是不是就足够了呢?”这样的疑问，认为“要想呈现社会的本质就必须要有社会性的方法”[56]，而对于塔尔德所谓“历史的个体原因说”而言，那些“非社会性”的批评是切中的。[57] 但是对于风早而言，塔尔德的社会学对其社会现象的阐明“确实是出发点”，以便“把法律进化问题放在社会学的视野下加以研究”，因此在这篇论文的后半部分，风早就对塔尔德社会学的“法则论”能否对“法律进化”现象作出很好的说明进行了验证。[58] 风早所努力从事的工作，就是试图把塔尔德的一般社会学适用于法律社会学，适用于刑事社会学

---

[54] 除了翻译的两本著作之外，举如 La criminalité comparée，Paris 1886；La philosophie pénale，Paris 1890；Les transformation du droit，Paris 1893；La logique sociale，Paris 1895；L'opposition universelle，Paris 1897，风早均有所涉猎。

[55] 塔尔德：《舆论与集团》，稻叶三千男译，未来社 1964 年版，“解说”部分。

[56] 风早：《塔尔德法律进化的社会学研究》，载《国家学会杂志》1923 年第 4 期，第 68 页。

[57] 《国家学会杂志》1923 年第 5 期，第 115 页以下。

[58] 《国家学会杂志》1923 年第 6 期，第 53 页以下。

（论文《塔尔德的刑事社会学与刑法》）。结果不管在哪一步，他都遭遇了理论迷途，时不时在注释中表示菲利、杜尔凯姆，乃至于马克思也都各有其道理[59]，最后竟然彻底中断了这项研究工作。仅限于通过对其著作主旨的阅读与追索，我们就能够作出这样的推断：风早所用以追求“社会真实”的方法论框架本身就存在着上述局限，而这正是塔尔德研究未完结就终止了的原因所在。

年轻的风早所从事的塔尔德研究，即便在其一元论的方向和“法律进化”论的构想上均存在牧野的影响，但对于“历史当中个人与社会、自由与必然、存在与应当之间都是怎样的关系”这些构成法学方法论基底的问题，仍然显示出了一条清晰的解决路径。那时的风早并没有直接求助于单纯的社会必然论，相反，值得注意的毋宁是在“作为个体集结而成的社会”当中所孕育出的视角。同时，从这里也完全可以看到他打破塔尔德研究的僵局，随后转向杜尔凯姆学派研究的必然性。

第三，接下来，在上述与社会学研究之间既发生关联又保持距离的过程中，风早推进着他的刑法学专业研究。受聘助手后不久撰写的《法人的刑事责任》，对麦斯特尔 1920 年 11 月为巴黎监狱协会所作的演说进行了介绍，着眼于从法人拟制说向实在说的转换，承认了法人的犯罪能力。由于该文是按照牧野的指示写就，所以不免还要从主观主义和教育刑主义出发论述了若干不同意见。若仅就风早自己而言，其主旨则应该在于即便立足“法人实在说”承认法人具有刑事责任，但考虑到其与“刑法的属人性”之间的关系，仍然要对“法人的社会心理学本质”及“刑罚的实证效果”进行验证。[60]

风早以一篇“不能犯论”完成了他的助手资格论文。虽然“不能犯与未遂犯的区别”是刑法解释论上的一个老问题，但风早在该文中对其中的任何一条区别都置于“在我国当下是否正当”[61] 的考量下进行了论述。出于助手资格论文的性质，对该问题在比较法制史和法理论史上的展开所进行的追索就差不多占据了过半的篇幅，然而其目的却是要表明，在“概念法学

---

[59] 风早：《塔尔德的刑事社会学与刑法》，载《国家学会杂志》1923 年第 8 期。

[60] 风早：《法人的刑事责任》，载《法学志林》1922 年第 9 期。另，该论文作为牧野自己的论文，被收入牧野英一：《刑法研究（第 3 卷）》，有斐阁 1927 年版。

[61] 风早：《不能犯论》，载《国家学会杂志》1924 年第 1 期。

立场与自由法学观点的对立”[62] 的这种学说状况中，正是由于要坚持后者的立场，在自由法论将“目的”引入解释之际，必须对“目的”本身要“抱持批判立场从而给予更为合理的根据”。这里所谓“批判立场”，当然不是要与牧野所倡导的“刑法学的自由法论”“平起平坐而两相对立”，而仅仅是为了“展示自由法理论的学理根据”[63] 所作出的论断。但是我们完全可以看到，在风早那双潜伏在论述后面的、竭力找寻以“对目的的限制性状况”为起点的“目的解释正当性”的目光中，已然孕育着对高歌“自由法论”而大谈“解释无限性”的牧野刑法学[64]的警诫和批判。不仅如此，“社会”作为“自由法论的刑法学”所鼓吹的“刑法的目的”，在诸如“李斯特的社会利益保护、萨莱耶的社会防卫观念”那里，“社会”概念都表现出一种无规定性，正是对此的疑虑[65]，在带来与牧野理论的前提发生冲突的同时，又让贯穿塔尔德研究始终的课题——“社会的本质究竟为何”的问题一再浮现出来。

正是基于自由法立场，风早才以“附着于法律之上的目的是否具有合法性基础的目的”的追问为其“批判立场”的拱心石。然而，对于此中“普遍妥当之方法”，他却诉诸当时在日本有巨大影响的新康德主义法哲学家施塔姆勒的“正法论”。这样的理论依据不仅在主旨上是唐突的，内容上也缺乏说服力。施塔姆勒的方法在于严格界分法的形式与内容，一方面通过“法的纯粹形式”来担保普遍妥当性，另一方面在内容上由“向往自由的人们的共同体”基于“聚合性的、自主而不可侵犯的意志”所汇聚而成的“内容可变的自然法”来确定“正法”。[66] 从法律思想史来看，这就是一种面对 19 世纪后半期以来被迫发生变化的统治秩序，对于其表现形式的法所提出的确保其形式而（在特定指导思想的范围内）承认其内容变化的理论。从风早的“批判立场”来看，就算以施塔姆勒为依据，那种对“法的内容变化”加以确认并予以正当化的“正法”概念是否能够对他所探寻的目的

---

[62] 风早：《不能犯论》，载《国家学会杂志》1924 年第 1 期。

[63] 风早：《不能犯论》，载《国家学会杂志》1924 年第 1 期。

[64] 在论文集《罪刑法定主义与犯罪表征说》（有斐阁 1918 年版）、《刑法研究》第 1 卷（有斐阁 1919 年版）当中，牧野已经倡导将自由法论引入法律解释，表达了其有关刑法上“解释的无限性”的思想。

[65] 风早：《不能犯论》，载《国家学会杂志》1924 年第 3 期。

[66] Rudolf Stammler, Die Lehre von dem Richtigen Rechte, Berlin 1920, S. 3 ff.

的“合理性”和“合法性”问题给予清晰的解答，显然还是需要进一步深入推敲的。但作为结论，风早却仅仅提出了非常抽象的主张，认为该法律问题（即“不能犯与未遂犯的区别”）应当在“作为纯粹形式的社会理想”的基础上加以解决，“从形式方面对普遍妥当的根据作出揭示就已经足够了”，“至于具体适用问题，面对结局各异的具体场合，只能委托给法官加以把握”，从而终结了讨论。[67] 虽然风早在该论文一开头就写下了这样表明心迹的话：“依据施塔姆勒的批判方法对具体法律事件的正当性问题做出判断，这在过去或许就已经失败了”，但“就算要以失败告终，为了学理思维上的满足，我们仍然不得不坚持这一立场”[68]，很显然，他在方法论上是混乱迷茫的，也放弃了在内容上进一步深入推敲。

就这样，对于填充法的内容的“社会”到底是什么，对其“正当程度”又如何判断，风早继续着自己的追问，离开了塔尔德，走向探寻杜尔凯姆社会学的留学之旅。[69]

（二）资产阶级法学评价、小资产阶级法学批判与无产阶级法学

第一，从1924年5月留学，经过任职九州大学并因内部纷争遭遇停职后去往东京，到风早再度进入著作圈，这中间有四年多的一段空白。在这一空白期之后，1928年7月中央大学学术期刊《法学新报》上发表了论文《法国旧体制的刑法制度》（但未能全部完成，在把第一部分“旧体制里的犯罪”当中的一篇专论——《法国革命前的社会和经济领域的犯罪》单独发表之后就终结了），风早的名字总算又在学术出版界出现了。风早在该文

---

[67] 风早：《不能犯论》，载《国家学会杂志》1924年第3期。

[68] 风早：《不能犯论》，载《国家学会杂志》1924年第1期。

[69] 对于此间的情况，在本文注所提及的《风早八十二讯问笔录》的第4—5页当中，即在1941年8月18日第二次讯问的记录里，风早做了回顾，现原文转录如下：“如同大家都知道的，牧野博士是一名实证主义者，是他给我介绍了孔德的实证哲学，使我在从事法学研究的同时也学习了大量的社会学著作。但我那时很早就对这种实证主义产生了疑问。这是因为，对于“如此存在”与“应当如此存在”是不是两回事在所不问，实证主义直接从“如此存在”出发，原模原样地描述“应当如此存在”，也就是混同了“存在”与“当为”。因此，我就开始研究从实证主义进入康德哲学的施塔姆勒的法哲学，希望以此来解决这个问题，但是没有实现。就这样，我暂时放下这个“当为”的问题，而致力于对现实的“存在”进行彻底的分析，这就一头扎进法律社会学的研究中去了……”虽然这里有关以牧野介绍为契机的内容，多半是面对“讯问笔录”有意谈到的，但对于我们了解风早留学之际的心境也还是有所帮助的。

“序说”的开头就写道：“法律从其作为一种社会现象，作为一种制度，即法律制度来看，是由生产关系乃至社会关系的变更与发展所赋予的，可以看作是后者的形式化”。[70] 通过这样一篇简洁明了地陈述了马克思主义原则的论文，风早再度登场了。

在这里风早继续写道：“对于后者（即生产关系乃至社会关系），它（即法律制度）是条件（而非原因）。这就是说，特定的生产关系乃至社会关系，并非由于特定的法律关系才得以产生或消灭的，而是通过它来维持自己的规律”。[71] 同时我们还必须看到的是，他在此基础上，参照马克思《资本论》第1卷第2章开头所说的“所谓法的关系，就是由经济关系赋予其内容的那种平等私有者之间的意志关系”这样一个备受争议的著名论点，[72] 明确地指出“法律关系追随生产关系乃至社会关系的必然过程，却并不是一件如影随形、轻而易举的事情”[73]。由此，风早的关切就指向了“与封建制度逐渐崩坏过程同步的商业资本主义逐渐形成时代”的旧体制末期，“封建刑罚制度”的“社会脓疮”已然开始破裂，对其的控诉就如同脓疮切除手术一般，涌现出来了“各种各样的批判”。[74]

1928年9月开始，风早在日本大学期刊《法律学研究》上陆续发表了他翻译的贝卡利亚《犯罪与刑罚》，与此相关联，从1929年5月开始，《法学新报》杂志连载了他的《贝卡利亚刑罚制度批判的历史意义》。所有这些工作，当然就是对上述“批判”所具有的意义问题进行的深入研究。凭借由此汇集而成的单行本《犯罪与刑罚》，风早也就正式在学术界崭露头角了。在当时的“日译本序言”，风早以一句提问开篇——“今天为什么要在此推出这本100多年前的著作呢?”其所以如此，既不是因为人们“忘记了贝卡利亚是近代刑法学的开山鼻祖”，也不在于“要把他作为启蒙哲学家来加以研究这件事情本身”。相反，“最基本的关键之点在于，要把他的作品放在新兴资本主义对封建刑罚制度的批判上来理解，换言之，要能够明确地把握在他和他的作品的产生当中所具有的辩证法性质”。而风早强调，对这种辩证法性质的把握只有从如下的认识出发才是可能的——“封建末期的

---

[70] 风早：《法国旧体制的刑法制度》，载《法学新报》1928年第7期。
[71] 风早：《法国旧体制的刑法制度》，载《法学新报》1928年第7期。
[72] 风早：《法国旧体制的刑法制度》，载《法学新报》1928年第7期。
[73] 风早：《法国旧体制的刑法制度》，载《法学新报》1928年第7期。
[74] 风早：《法国旧体制的刑法制度》，载《法学新报》1928年第7期。

生产关系乃至社会关系是隐藏在法国大革命之前的刑罚制度之下的底层根基，只有在这个根基被资本所有制的生产关系乃至社会关系所革除之后，与这种基础性的变化相适应，法国大革命的全部法律制度产生了，贝卡利亚也才在刑罚制度领域发出了他的改革呐喊”。⑮

在这样“理解了他的启蒙哲学的本质，从而把握了他的刑法学的真正生命”的情况下，“处于资本主义发展现阶段的我们，才能从他身上学到自己应当采取的态度”，而这才是风早所认为的贝卡利亚研究的意义所在。⑯这就要求我们把贝卡利亚的法学理论放在历史性的“根基变动”的过程中加以“辩证地”把握，从而此种把握的内容就被明确为把“生产乃至社会关系”作为“基础”，而把“改革的呐喊”与“所有法律制度”一起放在“基础”之上的位置。风早作出这样的明确，心中想起的显然是马克思在《经济学批判导言》当作“一般结论”的那个历史唯物主义公式，但是值得注意的是，就风早的关切而言，他的目光所投向的却是与从“基础”到“法律制度的产生”相并列的，那种引领“基础性的变化”的“改革呐喊”的历史意义问题。

就这样，我们从文献上就看到了一个作为马克思主义者的风早突然就登场了。至于此中发展变化的过程，虽有战前马克思主义高涨期的背景，但却缺乏能够用以考察推断风早自己理论发展变化的作品。我想提请大家注意的是，风早虽然站在了马克思主义的原则立场上，但他的主要关切却是探索在那种历史条件下指向法律“批判”的“改革呐喊”的各种有效条件，进而由此出发，引出了“处于资本主义发展现阶段的我们所应当采取的态度”问题。对此我若斗胆略加推演，这就可以说是从其相对独立性出发，对法及其理论在发挥历史进步作用上所要求的具体条件的探索。从这样的观点出发，风早为贝卡利亚的历史意义附加了“启蒙主义”的“自然法理论”，甚至看到了其中的“法曹社会主义倾向”，并给予了这样的高度评价——“这种与以权利乃至法律为中心的社会主义相近似的主义”，诚然“在 19 世纪后半期的德国和意大利已经是陈腐的反动思想了，但在一个世纪之前的法国

---

⑮ ［意］贝卡利亚：《犯罪与刑罚》，风早八十二译，刀江书院 1929 年版，“日译本序言”，第 1—3 页。

⑯ ［意］贝卡利亚：《犯罪与刑罚》，风早八十二译，刀江书院 1929 年版，“日译本序言”，第 2 页。

却完全是革命思想”。⑦

众所周知，这样评价引发了风早与菊池勇夫之间，以及与今泉荣太郎（奈良正路的笔名）之间的“论争”。⑱ 菊池认为贝卡利亚不属于“法学家社会主义”，今泉虽然也认为贝卡利亚具有“法学家社会主义”倾向，但却对风早对此所给予的这样高度的评价提出责难。对前者而言，“法学家社会主义”是具有特定历史阶段属性的，而且还伴有批判含义，用这个概念来说明贝卡利亚的积极意义是否真的妥当，确实是一个问题，但风早用了“法学家社会主义”的“倾向”，就已经回答了这个问题。（顺便做一点补充，战后风早在《对牧野法学的总批判》的论文中再次对贝卡利亚作了详细研究，虽然对于自己战前贝卡利亚的评价问题，风早认为“总体而言”放在今天也是妥当的，但对所谓的“法学家社会主义倾向”的评价问题却只字未提⑲）。

对于后者，虽然风早给出了这样的反驳：“我从来既没有想过也没有说过这样的评价原原本本放在现代也是还妥当的”⑳，所以他的回答是那样的评价在那样的时代是妥当的，但究其原本，风早的目的是探求“处于资本主义发展现阶段的我们所应当采取的态度”问题，因此这才是争点所在。奈良的批评和责问本身确实有些过于生硬，但就风早而言，从他自己对贝卡利亚的评价出发能看出什么样的“真正的生命”，对于“处于资本主义发展现阶段的我们所应当采取的态度”又能得出什么结论，这些也都是不明确的。

大致说来，所谓的“真正生命”就是资产阶级民主主义的反封建性，“我们应当采取的态度”就是对当时天皇制绝对主义“法律制度”的批判，显然，对于此中从前者到后者的关联，风早已经作出了暗示。正因为如此，对奈良批评意见的反驳一旦触及争论的核心，就势必要突破那个高危时代的控制底线。但如果要像风早那样，对该历史阶段指向法律批判的“改革呐喊”的历史有效性进行验证，那么问题的焦点却又只能存在于对“现阶段”

⑦ 风早：《贝卡利亚刑罚制度批判的历史意义（中）》，载《法学新报》1929年第7期；［意］贝卡利亚：《犯罪与刑罚》，风早八十二译，刀江书院1929年版，第363—364页，但在此译著收录之时，对“革命的”三字进行了缺字留白处理。

⑱ 相关情况及文献，参见前一节的介绍。

⑲ 风早：《对牧野法学的总批判（11）》，载《法律时报》1979年第1期。

⑳ 风早：《关于贝卡利亚刑罚制度批判的历史意义》，载《我等》1930年第1期。

各种各样的“批判”的评价当中了。

第二，就此而言，风早在该时期的思想特点就在于，在上述高度评价近代启蒙主义自然法理论的同时（在该时期为《明治文化全集》所写的“题解”当中，风早对布瓦索纳德也有很高评价[81]），在同样是以留学成果为基础所发表的论文当中，对杜尔凯姆学派作出了严厉的批判。为突破在塔尔德研究中遭遇的方法论瓶颈，风早曾经求助于杜尔凯姆学派，在这些研究在这一时期相继发表的时候，风早也一律将其打入“小资产阶级理论”的对象范围。

归结而言，风早对杜尔凯姆的批判集中于其实证性“社会”图景所呈现出的“社会的空洞化”，从而无非是“完全非实证的、抽象哲学缺陷的自我暴露”[82]。对此，风早批判道：在杜尔凯姆学派那里，由于“把社会及社会意识看作是在任何方面既没有内在矛盾也没有阶级性的平面化、均质性的东西”，是“在模糊了阶级性的情况下进行所谓合理解释”，而“这就在现实当中制造出了给统治阶级的一切刑罚都披上了社会性外衣这种不合理的结果”。[83] 这种“由合理解释带来的阶级性的模糊”，正是把杜尔凯姆学派归于小资产阶级理论的根据。风早尝试从这样的立场出发对福考奈特的刑事责任理论进行批判[84]，最终未见完成，其中内里也就无从探知了。

此外，与批判杜尔凯姆学派相呼应，风早在 1929 年第 6 期的《中央公论》上发表了《恩里克·菲利与犯罪社会学》。意大利实证法学派的菲利已于 1929 年 4 月去世，风早留学期间受到过他的关照，这篇论文是就是追悼他的。在这篇纪念文章里，风早用了过半的篇幅回忆了自己与菲利的相见，但在末尾对菲利表示缅怀的同时还是提出了“我们的任务何在”这样的问

[81] 风早：《〈性法讲义〉题解》，载明治文化研究会编：《明治文化全集（第 13 卷）》，日本评论社 1929 年版，第 30 页以下。

[82] 风早：《杜尔凯姆学派的刑事责任理论（一）》，载《法学新报》1930 年第 1 期。又见风早：《政治犯罪诸问题》，研进社 1948 年版，第 193 页。

[83] 风早：《小资产阶级的犯罪理论》，载《中央公论》1930 年第 1 期。又见风早：《政治犯罪诸问题》，研进社 1948 年版，第 243 页。此外，该文也是马克思主义同志会理论刊物特集《世界新学说》中的一编。

[84] 风早：《杜尔凯姆学派的刑事责任理论（一）》，载《法学新报》1930 年第 1 期。又见风早：《政治犯罪诸问题》，研进社 1948 年版，第 193 页。

题。他在总结[85]中说道，“我们真正认识菲利实证主义的折中特质吗，换言之，我们是否已经站在了能够对他加以扬弃的那个点上了呢?”，这里的“那个点”，当然就是从马克思主义出发对实证主义刑事学法的批判。关于这一点，该文针对菲利在其大力倡导的“犯罪原因三类型论”以及其中“社会原因论”当中，对经济条件与非经济条件等量齐观的做法，就行了“折中性”的批判，进而明确提出“私有财产，以及交换和分工造成了现在经济组织的个体性、分离性和非计划性的特质，从而削弱了社会情感”[86]，应当从这些方面寻找犯罪原因。虽然与对杜尔凯姆学派的批判不同，风早没有把菲利归结为小资产阶级理论，但在对二者进行的实证主义批判方面却并无不同。

虽然以上风早所进行的批判严格说来确实是对实证主义的批判，但需要注意的是他通过“扬弃实证主义”的通道抵达了马克思主义，以及由此出发对“社会”的关切。对风早而言，杜尔凯姆学派所谓“事实判断与价值判断在对象领域上没有丝毫不同，二者是同一科学方法的不同机能”的“主张是正确的”，但面对他们在价值判断上的含混模糊，以及“将对社会的探寻引向共同体意识的所谓实在”[87]，抑或在“社会真实”上的敷衍暧昧和错误判断，就不得不进行批判。

尽管如此，当我们看到风早对贝卡利亚（以及霍布斯、洛克、普芬道夫等近代自然法理论，还有布瓦索纳德）所给予的高度评价，就能看到在这样的实证主义批判当中存在很大的偏差。诚然这些都是从两者的“历史意义”出发的研究结果，因而也就不存在论证目的一贯性上的不同。那既然是这样的话，这样的偏差就应该是由那个“历史意义”的测度标准造成的。其所已如此，大概与下述情况之间不无关联：即风早在从事上述工作的同时，向着当时“无产阶级法学”急速靠拢，而这种“新兴法学”一方面对天皇制绝对主义发起果敢的挑战，尤其是集中对其半封建性质的侧面进行

---

[85] 风早：《恩里克·菲利与犯罪社会学》，载《中央公论》1929年第6期。又见风早：《政治犯罪诸问题》，研进社1948年版，第256页。此外，该文也是马克思主义同志会理论刊物特集《现实世界的把握》中的一编。

[86] 风早：《恩里克·菲利与犯罪社会学》，载《中央公论》1929年第6期。又见风早：《政治犯罪诸问题》，研进社1948年版，第252页。

[87] 风早：《杜尔凯姆学派的刑事责任理论（一）》，载《法学新报》1930年第1期。又见风早：《政治犯罪诸问题》，研进社1948年版，第193页。

重点批判，另一方面，由此形成的批判谱系很快也将矛头转向了社会法西斯主义。就后者而言，风早的一个鲜明表现就在于，在1930年3月以大村哲三的笔名向《中央公论》投稿的所谓“宣战书式”的论文——《无产阶级犯罪概念的提倡》当中，风早再度把菲利搬上了审判台，明确提出：“世界最大的社会民主主义的刑法学家”的“社会党人菲利”，作为“犯罪阶级性的抹杀”者，对其“社会民主主义的犯罪观”和其“改良主义的观点”，必须予以“彻底批判”[88]。

第三，在无产阶级科学研究所的短暂舞台上，针对当时的刑事法律及刑事法学，风早也开展了一些深入的理论研究活动，但限于篇幅和主题就不能详加研讨了。在此还是仅从风早马克思主义法学的展开这一角度出发，对以下内容加以考证。

在风早成为一名马克思主义者的20世纪20年代末，以治安维持法的出台为标志，日本的“治安立法”到达顶峰并开始大显神威。虽然学术界对此的反应极其迟钝，但蓬勃兴起的马克思主义刑法学或者“无产阶级（刑）法学”却开展了大量的实践应对工作，当然包括面对不断遭遇镇压而积极从事的法庭审判斗争。在风早利用留学成果所开展的研究工作当中，很多都被迫中断乃至未及完成就终结了，就是因为眼前急速增加的实践课题日益占据了理论工作的重点。当时风早的重点当然是要从本质上对治安维持法等法律进行揭露，但同时更为重要的还在于对学院派刑法理论的批判，其目标就对准了“改良主义的新派理论”。而针对牧野刑法学，尤其是从他所谓“解释的无限性”出发所带来的罪刑法定主义否定论，风早摆出的“复活罪刑法定主义”的论战阵营，则是其中最具代表性的工作。

只不过对于风早的马克思主义刑法学而言，概念法学抑或自由法学，主

---

[88] 大村哲三：《无产阶级犯罪概念的提倡》，载《中央公论》1930年第3期。又见风早：《政治犯罪诸问题》，研进社1948年版，第154—155页。以所谓“教唆抢劫事件”为契机，1930年5月制定的《关于防范及处分抢劫等行为的法律》，实际承担的是“治安立法”功能。伴随该法出台所引发的争议，风早投入大量精力在批评法案本身的同时，也对支撑该法案的牧野“改良主义刑法理论”进行了批判（参见风早以松崎良一的笔名发表的《抢劫犯防止法的资产阶级本质》，载《法律时报》1930年第7期。在这些批判当中，风早当然又从政治层面出发，把社会民主党、社会民众党和劳农党三党在法案审议过程中发表反对声明、提交修正意见的做法称作“巧妙欺骗大众的社会民主主义者对资产阶级的支援”而加以责难。通过这些内容，我们就可以明显地看出风早在这里所说的“倾斜”上的用力点所在。

观主义还是客观主义，报应刑也罢，教育刑也好，诸如此类的问题都不是只能二选一的单选题。从刑法理论上来说，那就是“自从资产阶级克服了过去与自己对立的东西而作为统治阶级登场，……刑法上新旧两派所争论的那些东西就已经站在了共同基础之上而不再具有什么本质区别了”[89]。单个来看，旧派及其客观主义属于资产阶级法学，新派及其主观主义属于小资产阶级法学，风早对二者都作了有罪判决。此外从一般法学上来看，风早在评论奈良正路的大作《以判例为中心的普选法》的时候，由于该书对于舍弃形式主义的概念法学而采纳实质主义的自由法理论，从而对有关普选法的限制问题做出了限定性解释的几个判决表示认同，风早对此加以批评的时候说道：“若是概念法学的解释（刑法上也就是罪刑法定主义）方法则如何如何，若是自由法学则又如何如何，实际上这些都不是真正的问题。并不存在必须采用哪一个的必然性。对法院来说，在他们迎合反映当时社会力量对比关系的××××（此处缺四字，似为“统治阶级”）的时候，当然全部都是自由法学吧（当然大致说来，在资本主义最初阶段是概念法学，在现阶段则不得不是自由法学）”。[90] 由此就可以看到，风早的“新派批判”或“自由法理论批判”完全是“现阶段”批判的重点使然，在方法论上绝没有任何“拥护旧派”的意思。

至于在风早这些论述的背后是不是存在某些解释方法或解释建议，在这一点上答案是模糊的。即便他的论文题目就叫“复活罪刑法定主义”，其中专门批判了“自由法的解释方法”，但对于“法律解释的本质究竟为何？我们应该采取的哪种解释，在理论和实践上才是有价值的，等等”却并没有给予回答，而只是用这样一句话就结束了全文——“本文仅仅指出了自由法理论在实践上的一种弊害，也仅仅是从对症下药的角度出发，认为对复活严格罪刑法定主义加以提倡，就是我们当前所面临的任务”。[91]

如此一来，我们就能够看到，风早在其刑法专业上的工作主要是对当时占据统治地位的刑法制度和理论进行正面批判，至于从马克思主义阵营出发

---

[89] 风早：《小资产阶级的犯罪理论》，载《中央公论》1930年第1期。又见风早：《政治犯罪诸问题》，研进社1948年版，第236—246页。

[90] 风早：《普选判例与判例研究的新兴法学立场（下）》，载《帝国大学新闻》1930年第329期。

[91] 风早：《复活罪刑法定主义》，载《法律春秋》第3卷第8期（笔者手中没有该杂志的原版。又见风早：《政治犯罪诸问题》，研进社1948年版，第186页）。

加强刑法学自身的建构，就实在是无力顾及了。不仅刑法学是这样，虽然论文《治安维持法》遭遇封禁让风早彻底断了在法学领域继续执笔的念头，但却因此造就了《天皇制治安立法批判》这样一个风早思想的最高点，而且与此同时，在这篇文章当中风早还写道："于我等而言，凡卓具成效之奋斗其所重者，绝非经由法律技术之巧言强辩而求道理上于无产阶级有利之解释而已，切因此中道理乃实际通行无阻之力量对比关系，故于法律外行大斗争，方谓真任务。若独就解释而为，则实属歧途。毋宁于敌对之统治阶级所固执之解释为何而原样曝光之，将其无理之处荒谬之所进行揭露，方为关键所在"[92]，从而暗示了当时反体制的刑法解释内中所具有的界限。顺着这样的想法，在这篇论文当中风早对奔赴"法律之外的斗争"进行了重点强调。

（三）"第三条道路"与社会法、劳动法论

第一，1930年8月《治安维持法》被禁止发行之后，风早在刑法学领域就再无容身之地了。在他用笔名所写的几篇多少还与法律问题相关的论文当中，有一篇批判律师布施辰治的文章——《关于工人的生产管理问题》，发表在无产阶级科学研究所的机关刊物《无产阶级科学研究》1930年第10期的卷首。伴随1929年经济危机的发生，企业在经济大萧条直接冲击之下纷纷停薪、倒闭，致使工人蒙受被解雇的巨大打击，为反抗这样的状况，布施辰治在同为无产阶级科学研究所机关刊物的《法律战线》上发文，呼吁工人组成"工厂管理战线"来进行斗争。对此，风早告诫到："资本主义时代的工厂管理必然是一种协同性的管理，正因为如此，在本质上就是法西斯的"。在此基础上，他提出："要想让工厂管理活动具有××（革命）性质，就必须要以尖锐的××（革命）形势为前提"。笔者在此不去追问这些立论妥当与否，而只是明确风早此处所做的批判乃是基于这样一个论断——在工人阶级不夺取权力的情况下提倡合法的生产管理斗争，其实就是对推行"社会民主主义指导下的工厂管理"的"资产阶级政府的支持"，而"最终的结果就绝对必然地要落在那种协同性的管理上"[93]。

---

[92] 风早：《治安维持法》，载末弘严太郎主编：《现代法学全集（第30卷）》，日本评论社1930年版（该书被禁止发行）。又见风早：《政治犯罪诸问题》，研进社1948年版，第50—51页）。该文系"资本主义第三期的法律解释方法"这一节开头的第一篇。

[93] 参见风早以笔名大村哲三所发表的论文《关于工人的生产管理问题》，载《无产阶级科学》1930年第10期。

第二，如前一节所述，风早从入职产业劳动调查所到参加《日本资本主义发展史讲座》，论文写作就大幅减少，自从转向党的工作更是彻底潜入地下，从出版界销声匿迹了。历经被捕入狱，在四年的空白期之后，1936年风早复出，但已经变成一名社会政策和劳动政策的研究者了。

和1930年前后相比，此时的时代已经完全不同了。在1936年的"2·26"事件、1937年7月7日全面侵华战争爆发和1938年4月的国家总动员法制之后，战时统制一步步强化，以1938年7月成立的"产业报国联盟"为代表的组织加快了法西斯化的进程。在这一时期，所有的左派工人运动，不管是"日本工会全国协议会"还是日本共产党，全部遭到镇压和破坏。经过从1936年7月对"讲座派"的抓捕到1938年11月对"唯物主义研究会"的抓捕，那些持批评意见的知识分子也几乎全被镇压掉了。1936年1月成立的全日本劳动总同盟（全总）在侵华战争开始之后，立即作出了终止罢工、服务战争的决议，本身就是合法工人政党的社会大众党也在1937年11月进行了同样的转变。

而此时寄身"协调会"的风早却一篇接一篇集中发表了一批论文。1937年他将这些论文集结起来，出版了《日本社会政策史》。在该书"前言"中，风早这样写道："为最大程度地充实国防力量、巩固后方并为确保战后的运营管理提供各种必要条件，乃是当前的紧迫任务……涉及范围极为广泛且彼此相互关联。正是因为当前这种状况，那么在工人状况的整体改善方面就总要做点什么吧。现在就连战争居然也成了一个契机，让人们认识到生产力的真正本源乃是人的劳动，而且就算它不想成为这个契机恐怕也是不可得的吧……"[94]。而在1938年《劳动理论与政策》一书结集出版的时候，风早又在"前言"中这样问道："值此世界史上的大事件——日支事变突起，国内强力管制的经济体制转眼之间就确立起来了。工人及农民战线也出现了重大转变。大量知识分子在突如其来的打击之下，面对新的事态茫然无措，有的把自己转化成了官僚机构的一分子，大多数则袖手作壁上观。但除此二者之外，就没有第三条道路可走吗？知识分子是国民当中最强有力的批判者，如果他们能够像战场上的勇士那样抱定决心，难道就不能担负起他们自己的积极使命吗？如果能对时局当中的各种矛盾给予科学的阐明，对于眼

[94] 风早：《日本社会政策史》，日本评论社1937年版，"前言"，第2页。

下的艰难局势难道还是无法期待出现巨大进步的一天吗？……”[95]。此外，他还通过各种综合杂志发出这样的呼吁：

——“全日本劳动总同盟和其他的工会组织都拥有自己独立的组织机构，但实际却在有形无形的强力管制之下失去了自主性，在各自纲领上也都改换门庭了。由此之故，如果把问题限定在既有的这些群众组织之内，那么一旦离开了他们，在哪里还能找到联系群众的办法呢？放弃这些组织，就意味着对民众本身的放弃”。[96]

——“对产业报国运动抱持消极旁观态度的人既不是什么国民之友，也不是什么国民政治的指导者，这些本来无需多言。国民只有在组织起来以后才能发挥各自的微小力量，然而现实中却把这样的特性当做缺陷，从而对于这种本来可以以这种方式加以壮大的东西，却采取了完全否定或者机械僵化的态度。因此这里的要害在于，通过国民的原动力给他们自己注入活力和促使这种原动力的形成，仅此而已。”[97]

如上所见，风早在 1930 年前后的主张与其在 20 世纪 30 年代后半期的主张之间存在明显的不同。对“协作性管理”的“法西斯本质”严加批判、杜绝与“社会民主主义”的联系，这样的风早现在面对推行协同性工人运动的全日本劳动总同盟和具有法西斯性质的产业报国运动，却突然变成另一个风早，居然倡导大家向他们靠拢甚至参与其中。在风早身上究竟发生了什么呢？

第三，众所周知，当时风早所有主张的思想基础在于大河内一男等人的“生产力论”，也就是那种“主张以一国生产力发展为目标，进行社会结构合理改造的理论”。这实际上是在任何针对现行战争政策的批判全都遭到封杀的情况下，披上顺应时局的外衣，通过生产力上不合理性的揭露来继续对它的批判，也就是那个时代所谓“经过伪装的马克思主义者的抵抗”[98]。与此同时，在风早这里我们所看到的不仅仅是他与当时国家政策之间那种受制约的对抗，还有他的那种问题意识，即在条件极为苛酷的日本，如何落实共产国际七大有关反法西斯人民阵线的路线，从而首先就在于如何在日本形成

---

[95] 风早：《劳动理论与政策》，时潮社 1938 年版，“前言”，第 1—2 页。

[96] 风早：《强力管制下的劳动问题》，载《中央公论》1938 年第 10 期。

[97] 风早：《产业报国运动与国民劳动体制》，载《中央公论》1939 年第 10 期。

[98] 高畠通敏：《生产力理论》，载思想的科学研究会编：《共同研究·转向（中卷）》，平凡社 1960 年版。

抵抗和变革的社会主体。就像风早自己在战后所回顾的那样，对于那些理论活动而言，“贯穿其中的一条红线，就是自下而上地夺回人民大众的自主性”，而这里使用的“自主性”只不过是为了躲避政府的文字审查，实际就是“政治自由”的替代词。[99] 那么与此相同，“国民原动力”就是“人民阵线力量”，“国民指导政党”就是“重建共产党和无产阶级政党”，“国民指导组织”就是包含“指导政党”在内的“人民阵线委员会”，“国民扶助任务团”就是“地方的和业内的革命工作者”。[100]

这样一来，在表面上依存于产业报国运动、大政翼赞运动、近卫新党等等的同时，提倡让抵抗、变革的主体“夺回自主性”“形成原动力”，从而实现“巨大进步”，这能否成为在“前提条件”极为贫乏的时代所应当采取的“第三条道路”呢？这样问题又一次迫切地摆在了人们面前。对于风早自身而言，当时所作出的选择“就如同缘木求鱼，形式逻辑上就叫二律背反”，但“正因为知道是缘木求鱼，所以才要突破这个矛盾”[101]。对此，他在战后作出了这样的总结和反省——“战前的‘天皇制法西斯主义’把进步言论和出版自由连根铲除了，在那样的情况下，抱定被捕入狱的牺牲觉悟来追求真理”就是“最好的方式”，而“第二等好的方式是和就是和蛹一起在静默蛰伏中等待‘春’的来临”，[102] 对于除此之外的“第三条道路”，他并不认同。然而与此同时，对自己《日本社会政策史》当中所运用的写作手法，风早在战后又说过这样非常自得的话：“只要努力的话，就算是面对疯狂镇压，正确的东西也还是能够合法地表达出来的，这本书不就是明证吗？”[103] 那么，所谓“正确的东西”是什么呢？

第四，社会政策是从属于再生产过程的，风早在社会政策史分析上所抱持的基本视角在于，对于由“生产过程的一般规律和日本再生产过程的特殊类型”的二重性所规定的社会政策，通过“一般因素和特殊因素的二重

---

[99] 风早：《日本社会政策史》，日本评论社 1949 年版，“新版寄语”，第 10 页。

[100] 高畠通敏：《生产力理论》，载思想的科学研究会编：《共同研究·转向（中卷）》，平凡社 1960 年版，第 238 页。

[101] 风早：《大后方社会政策的课题》，载《文艺春秋》1938 年第 8 期。该文又收录于风早：《劳动理论与政策》，时潮社 1938 年版，第 265 页。

[102] 风早：《我与〈法律时报〉》，载《法律时报》1978 年第 13 期。又参见风早：《治安维持法五十年》，合同出版社 1976 年版，第 156 页。

[103] 风早：《日本社会政策史》，日本评论社 1949 年版，“新版寄语”，第 8 页。

认识”来加以阐明。[104] 这显然是以风早在参加《日本资本主义发展史讲座》写作的时候对日本资本主义的分析视角和方法为基础的，即平野义太郎所论述的，日本资本主义具有垄断资本主义性质的同时，“还附加了半封建隶农制的资本制度作为补充，从而具有这两种形态深度复合的特征和在发展基础上的脆弱性”。[105] 从这样的视角出发，虽然名称上叫作“社会政策”，但实际是“从属于资本运动法则，由合乎资本目的的要素与资本之前的或资本以外的恣意偶然的要素相竞合”而孕育出来的，因此“对于具体社会政策，就必须把这两种生产关系一起作为基础，用于各自不同领域的分析批判”[106]，这样的话，我们才能够把遵循“资本运动法则”的真正“社会政策”，也就是那种“为了把个别资本通过牺牲劳动力来阻止利润率降低的各种手段，抑制到能够维持资本总体利润率的合目的限度之内，社会总资本所采取的用以劳动力保全的政策措施”，[107] 和“与资本制度这种历史基底相对应”的“福利”性质的社会政策区别开来。因此，在风早看来，后者就不是真正的社会政策。“‘福利’性的‘社会政策’不是‘社会政策’，‘福利’是取代‘社会政策’的概念”，但“没有‘社会政策’的‘社会政策’，那就只能是零”。[108]

在此基础上，面对战时管制经济的推行，风早有针对性地指出：“适逢前所未有的大事变，政治经济随即进入以军需生产力为核心的新阶段，对人力资源不仅在数量上，更在质量提出了新的要求。与此相呼应，各种打着社会政策旗号出场的新措施当然只能在合目的的意义上才能成为社会政策。反过来说，那些能够让局面真正打开的社会政策，就必然要在国家生产力发展上具有合目的性。那么，为了对这里的社会政策和那些似是而非的东西进行严格界分，其前提就在于对合目的的社会政策的本质加以明确……看它们是真正意义上的社会政策，还是属于此前或此外的东西。”[109] 虽然这里初看之下也就是字面上对“确立合目的性的社会政策”以提高“军需生产力”的

---

[104] 风早：《日本社会政策史》，日本评论社1937年版，“前言”，第3页。

[105] 平野义太郎：《日本资本主义社会的机构》，岩波书店1934年版，“序言”，第2页。

[106] 风早：《劳动理论与政策》，时潮社1938年版，第79—80页。

[107] 风早：《劳动理论与政策》，时潮社1938年版，第90页。

[108] 风早：《日本社会政策史》，日本评论社1937年版，第13－14页。

[109] 风早：《劳动理论与政策》，时潮社1938年版，第8081页。

呼吁，只要仔细考察其间的立论宗旨，我们应当注意的就是这里精心安排的文字当中的逻辑关系——通过对“真正的社会政策”与那些“似是而非的东西”（即“福利”）之间辨识性的分析和批判，来谋求“局面的真正打开”。

风早把“福利”放在与“真实的社会政策”相对置的位置并强迫其实现，但为什么“真正”打开时局的，也就是抵抗的逻辑，因此就是所谓“正确的事情”呢？这是因为，“真正的社会政策”是沿着“资本运动规律”，“社会总资本为了合目的性的劳动力保全所采取的政策措施”，正因为此这样，“工人大众的自主运动的压力”就必然是不可或缺的，风早也就对这种“自主性”的伸张拓展寄予了深深的期待。风早坚持从“政治与经济”“分配政策与生产政策的一体两面”来把握社会政策⑩，其中真义也正在此。大河内等人所谓的生产力理论对“总资本的理性”投以期待目光，而独有风早一人瞩目于劳动大众作为变革主体的“自主性”，所以如此，无非是对历史认识的规律性把握充满了确信。

第五，这一时期的风早在社会法、劳动法领域内也投入了大量的精力。在社会法领域，由于“以（第一次）世界大战为分水岭，日本资本主义出现了显著的内在变化……与技术性构成相比，资本的有机构成方面更加不均衡……资本的集中显示出了惊人的速度”，从而“在政策主体上也发生了变化”，“隐藏在官府身后的垄断资本以世界大战为界，正式登台并大显神通”，最终在社会政策立法上造成了一些值得注意的改变，即“从战前劳动保护完全缺失，历经自上而下对赤贫者施与宗教性的随机福利阶段，又上了几个台阶”之后，终于出现了“以承认价值规律和产业分工的根本地位为前提”的立法。与此同时，由于受制于日本资本主义的“深层体制矛盾”，在社会保障方面“与其他资本主义国家相比，即便在数量上也都出于倒数第几名的位置”，而欲求提升即应该“从量的问题向质的问题转化”。但是，“由于日本资本主义制度内在的不均衡性和由此造成的脆弱性……根本不具备通过社会政策（产业责任）的方式来实行大众政策的能力”。而“此种状态竟然能够任其存在，其中一个重要原因还是在于工人大众方面自主性的缺失”。因此，“最为重要的事情……就在于提高国民大众自主性”，只能从这里寻求出路。正是从这样的思路出发，风早在立法方面历数工厂改革法、工

⑩ 风早：《劳动理论与政策》，时潮社 1938 年版，第 82 页以下。

业劳动者最低年龄法、工人募集取缔令、健康保险法、工人灾害扶助法、退休津贴累积法、职业介绍法、单亲母子扶助法，等等，均主张排除那些“福利”性质的扶贫政策因素，而在“产业责任”化和提高数额方面提出了要求。[111]

虽然在社会法领域这种“自主性”的制度化保障是难以企求的，但在劳动法上却仍然是焦点所在。在这一领域，针对上述社会政策和社会法，风早断言：“质言之，既然是为了改善工人的状况，而且来自其他方面的保护无论如何又都不足，但却始终不允许工人自主地团结起来为自我改善而斗争，一切问题都只能通过保护来解决，这不是本末倒置又是什么呢?!”进而指出：“铲除这些堵塞通道的人为障碍……为了提高工人物质文化水平而保证他们在经济政治活动上的自由，也就是保证他们在团结的权利、集体交涉的权利、罢工的权利等方面都能获得工会法的保护，从自主性的角度来看就是极其重要的，而在目前自主性领域已经濒临覆灭的情况下，对自主性的殊死捍卫就甚至可以说是再度带有了政治意识的性质”。就这样，风早对“自主性”一词的真义作出了明确的说明。[112] 而通过阅读这些文字，我们完全可以明确，在风早提倡要积极踊跃地参与全日本劳动总同盟（全总）以及产业报国运动的背后所包含的，正是这些理论化的战略意图。

国家总动员法出台后，劳动关系上一切具有法律效力的规定竟然全都只能由政府授予，对此风早作了实质性的揭露：“劳动法的天然属性在于市场规律，在于等价交换”，也就“无法与现阶段相适应”，因此，“劳动法若要保持自己本来的属性，则势必完全与国家总动员法背道而驰，也就当然被后者所抛弃了”。[113] 但另一方面，他又在探索那种“既不绝对否定劳动法的固有原理，也不绝对消解总动员法，而能够在相对的意义上，让与时俱进地发

---

[111] 风早：《日本社会政策的本质》，载《社会政策时报》1937年第200期。该文又收录于风早：《日本社会政策史》，日本评论社1937年版，第449—460页。

[112] 风早：《团结权法律确认的当下意义》，载《法律时报》1937第3期；该文又收录于风早：《日本社会政策史》，日本评论社1937年版，第434—435页。只不过在收录的时候，该文最后一句话被删除了。即：“如此一来，这种（要求对团结权进行合法确认的）斗争必然要与工会组织化方面自主与官定、集体主义与整体主义之间的斗争相交织，从而也就必然与夺回自主性的问题合流一处。”这句话对表达风早的写作意图而言显然是很重要的，而这种删除本身也是对出版时所面临危险的直接表现吧。

[113] 风早：《国家总动员法上的劳动规定》，载《法律时报》1939年第3期。

现某种新原理成为可能”[114] 的途径。

众所周知在历史的真实情况上，“自主性”当然是无法夺回的，风早是把“夺回自主性”作为不可或缺的前提才进而提出了“工人大众的组织化”倡议，但却仅仅只是倡议的部分被吸纳到“自上而下的翼赞体制”当中去了。我们首先可以说，风早的悲剧在于，即便在20世纪40年代我们确实能够看到他所指示的方向，但他对“国民劳动重组”的持续鼓吹却还是得建立在实现“自主性”这个全部赌注的指望上。至于更为深层的一面则在于，对于他对时局从历史高度出发所表达的拥护态度和进行的正当化论证，我们姑且不论当时的时代并不具备那样的条件，但那些出于“伪装”而发表的迎合时局的诸多言论却只是一再表明，所有能够支撑他那些拥护和正当化言论的根据，实际上全都被那个时代抛弃了。

这里所说的“更为深层的一面”，在上文已经提及的风早为1941年《全国民事惯例类编》所写“题解”一文当中，我们透过字里行间就能够加以体察。风早对彻底斩断了战争时期所有抵抗想象的各种困难作出了充分的考虑，又试图在最大限度上对这些困难进行合法的挑战。正是对于这样的风早，我们不妨要更深一层地追问，他对革命主体客观情况的严格洞察何以逐渐稀薄化了，其中的责任又该由谁来承担呢？

三、结语

在上述素描式介绍的基础上，笔者尝试在结束全文之前，对风早马克思主义法学的总体特质和意义作如下简要的总结：

第一，如上所述，风早为确立其战前马克思主义法学所做的工作在每一步上都受到外在条件的制约，不管是刑事社会学的研究、“批判性的自由法论”，还是确立“无产阶级刑法学”，以及后来从社会政策史出发对社会法、劳动法的理论研究，他进入核心地带之迅速足以令人惊异，但却没有实现其理论体系化的结果就宣告终结了。毋宁说，风早的历史功绩就在于他常常置身理论最前线，几近孤立无援却能把白刃战坚持到底。假令我等身处那样残酷的环境之下，对于如此坚韧不拔的理论斗争，又能在哪一方面有几分当担呢？我想这样的反躬自问当然会让我们看到，虽然伴有马克思主义理论发展过程中的必然的历史限度，风早业绩的历史内涵和意义已然是非常重

---

[114] 风早：《国家总动员法上的劳动规定》，载《法律时报》1939年第3期。

大的。

第二，我们可以明确，风早作为法学家，在他向马克思主义靠拢、抵达乃至立足其上的每一步上都没能最后完结，但他一路追踪并努力把握的确始终都是法律上层建筑和法律意识形态相对独立性的内涵和意义问题。风早在其作为马克思主义者出现的第一篇论文——《法国旧体制的刑法制度》当中表现了对《资本论》第 1 卷第 2 章的关注，该论文在 1928 年刊发，堪称一件日本马克思主义法学发展史上值得瞩目的事情。就像我们已经看到的，在风早从其马克思主义法学出发的所有理论活动当中，一个始终如一的核心方向在于，对法和法律理论的历史地位和意义进行揭示和论证，尤其是对它们实现自身进步性的历史任务所需要的具体条件进行探索。

第三，我们还可以看到，与上述内容相连，风早所做的这些论证和探索工作与他一开始就确立的问题关切——“社会”之间，始终存在着关联。年轻时代的风为了探求填充法律内容的“社会”和其“正当性”而开启社会学的研究，历经批判实证主义而转向马克思主义，加上对治安维持法进行法社会学方式的批判，再到面对《资本主义发展史讲座》成果的社会化接受而对这一事业的继承，所有这些在理论方向上都具有内在的一贯性。在这个意义上，当风早不得不放弃法学研究的时候，他选择了社会政策和劳动政策作为自己下一个理论战场，这里面就具有一定的必然性。可以说，直到风早潜入地下进入“社会”之中，决意成为极少数的实践者，都和这一点不无关联。

第四，成为实践者的风早却在“夺回工人大众自主性”的社会可能性上孤注一掷，又遭遇了具有历史必然性的实践错误，只给后人留下了应当在理论加以分析阐明的一些焦点问题。由于风早计划构筑人民战线的说法系出“伪装”，而从其担当主体方面来看，在 1936 年末的时候，政党和工人劳动战线组织的层面就已经失去这种可能性了；在 1937 年后半年的时候，社会大众党、全日本劳动总同盟（全总）已经奔向战争协助并开始镇压合法左翼组织了；在 1939—1940 年，战时法西斯法制通过国家总动员法等法律法令已然确立了，因此所谓“人民阵线”的内涵和意义显然早已一步步发生了变化，但风早在其探寻“自主性”的“第三条道路”上却基本没有什么改变。在我们看来，这里已经远远不是什么单纯实践状况判断上的错误那种战术问题了，而是潜伏着一个更为深刻的问题，就是在我们欲求探明“社会”和“社会法、劳动法”的时候，如何才能将上述那种历史性的主体契机内在性地转化到自己理论之中呢?[115]

[115] 与风早同时代的加古佑二郎也从马克思主义法学立场出发，考察了社会法和劳动法的基本原理，相比而言，风早的显著特点在于更加侧重对社会法和劳动法领域理论问题的研究。实际上，加古的工作不像风早那样直面鲜活的实践要求，而是身处京都，自始至终都秉持那种学院派内部的思维。其相关研究的具体内容主要体现在两部作品上。一个是当时未发表的论文——《法的主体视域下的劳动法》(1936 年 3 月 10 脱稿，收录于加古佑二郎:《近代法的基础结构》，日本评论社 1964 年版)；另一个是加古在立命馆大学讲授《社会法》的讲义，由他人记录笔记而形成的非卖品《加古先生讲授社会法》(恒星社 1936 年印行)。加古长期处于所谓的“沉潜”状态，和风早之间应该没有什么接触。加古 1936 年年初开始抱病卧床，当年 8 月入院，到第二年 7 月就去世了，所以并没有看到风早所经历的 20 世纪 30 年代最后几年那种时局事态。但是，左翼合法杂志《改造》1935 年 12 月刊发了加古的“社会法的界限”一文，而另一份致力于构筑人民阵线的杂志《世界文化》也在其 1936 年第 5 期上刊发了加古的“法学的政治性”的论文，在这两篇加古晚年所发表的论文当中，却能够鲜明地看到他“工人大众”的立场。

书　评

新时代生态文明建设的历史溯源之作

——浅评《中国古代环境资源法律探研》

张小虎* 胡 旻**

党的二十大开启了以“中国式现代化”全面推进中华民族伟大复兴的新时代新征程，在生态文明建设领域，二十大报告在“中国式现代化”的五个特征中开宗明义地指出：中国式现代化是人与自然和谐共生的现代化。我们坚持可持续发展，坚持节约优先、保护优先、自然恢复为主的方针，像保护眼睛一样保护自然和生态环境，坚定不移走生产发展、生活富裕、生态良好的文明发展道路，实现中华民族永续发展。① 在人与自然的关系、当代与未来发展的关系上诠释了生态文明新形态，从可持续发展的高度，为实现共同富裕注入了“代际公平”层面的新内涵，足见生态文明建设在推进中国式现代化进程中的重要地位和作用。习近平生态文明思想是建设中国特色社会主义生态文明的思想纲领和行动指南，是习近平新时代中国特色社会主义思想的重要组成部分，也是马克思主义基本原理同中国生态文明建设实践相结合、同中华优秀传统生态文化相结合的重大成果。由此，研究中国传统生态法律文化，对深入理解和贯彻习近平生态文明思想具有重大的理论和实践意义。

回顾历史可以发现，我国生态观历史和生态法律文化源远流长，自古有之。习近平生态文明思想作为新时代我国发展的理论和实践总结成果，同样

---

* **作者简介**：张小虎，湘潭大学法学院副教授，研究方向：外国环境法、中外法制史。

** **作者简介**：胡旻，湘潭大学法学院硕士研究生，研究方向：环境法学。

① 参见习近平：《高举中国特色社会主义伟大旗帜 为全面建设社会主义现代化国家而团结奋斗——在中国共产党第二十次全国代表大会上的报告》，载《中国人大》2022 年第 21 期。

也汲取了丰厚的传统生态法律文化。我国生态观和生态法律制度的历史画卷，同样也是习近平生态文明思想的溯源之卷，习近平生态文明思想正是在我国肥沃的生态理论土壤中孕育而生的，而刘海鸥教授所著的《中国古代环境资源法律探研》一书正是对我国古代生态文化发展的全面总结，对于学习贯彻习近平生态文明思想、了解继承传统生态文化具有深刻的工具价值和学术价值。

《中国古代环境资源法律探研》的主要内容由上、下两编组成，且均采取断代史的方式为我们详细解读了中国传统生态法律文化的发展历程：上编主要从理论层面入手，为我们展现了古代生态观从无到有，再到不断趋向科学、先进的发展进程；下编从制度层面出发，主要叙述了古代生态法律制度的演进和发展过程。这样一种生态思想和生态法律制度结合，再利用断代史的模式使其明确区分、一目了然的叙述方式，全面地、综合性地展现了古代环境资源法制发展的历程，将丰富的中国古代生态文化的画卷展开在读者面前。

以史为鉴，可以知兴替。研究我国生态观史和生态法律制度史的目的，不应仅仅停留在其本身，更是要为当下习近平生态文明思想寻找坚实的理论和实践后盾，用以支持当下生态文明的发展，使其适应时代要求的同时也符合人类文明的发展方向。在笔者看来，《中国古代环境资源法律探研》一书对中国传统生态文化的剖析与解构，对提升习近平生态文明思想体系的深刻理解有重要作用。中华民族优秀传统生态文化，于新时代生态文明建设而言，有着重要的影响及传承力量。

一、“天人合一”与“系统工程”思路

上古时期，我国劳动人民已提出“天神一体”的观点，史料《周易》中又有将天、地、人称为三才，主张“三才和合”的观点，这种将人类与自然视为一体的统筹观一直贯穿整个中国古代生态观的发展和演进。无论是“三才”还是“五行”，中国古人将天地万物视为同源一体，超越了西方人与自然二元对立的思维方式，用整体性、系统性的思维看待天人关系。先秦时期的管子也提出，自然生态系统是一个复杂的自然综合体，而各生态系统之间相互联系、相互制约，它包含土壤、地形、水分、阳光等多方面的自然要素，这些要素都从各自不同的角度影响着生物的生长和发育。可以发现，中国古人不仅将人与自然视为一个整体，还将自然本身的生态系统内的各个

因素之间的共存状态，同样看作一个有机的整体，即人来源于自然，归属于自然，并作为自然生态系统内部的一个有机组成部分，随自然规律和生态圈循环而运动。这样一种人与自然和谐共生、互利互惠、良性博弈的思想，是为现代发展可借鉴的良策。

习近平生态文明思想同样非常重视整体论、系统工程的思路，并指出应当按照系统工程的思路，全方位、全地域、全过程开展生态环境保护建设，要“统筹生产、生活、生态三大布局”“坚持山水林田湖是一个生命共同体的系统思想”等。习近平生态文明思想继承了《周易》中天、地、人三才和合的基础理论，将其结合时代发展演变为生产、生活、生态的三大布局，并提出统筹发展，以系统工程思路建设新时代生态文明事业，不仅延续了先人整体论的智慧，更是加入了适应当下时代发展的全新理念。习近平的系统工程生态观不仅强调自然本身的整体论，更强调人作为自然的一部分，所参与的人类生产活动与自然环境同样应是一个和谐统一的整体，只有将人类发展融入自然，与自然和谐共生，才能更好地利用自然予以我们的资源，取得更长足的发展。

二、“时禁”制度与绿色发展理念

“时禁”制度产生之初就是体现古人尊重自然、顺应自然规律、保护自然等理念的一种行为模式，是在人类生产活动的发展进程与自然规律产生的矛盾中的一种退让性的选择。“时禁”制度要求生产活动要顺应天时，根据作物自然生长的环境、时序的要求来决定农耕生产的时间和内容。在处理发展和环境生态保护方面的问题上，中国古人已经有了一定意识启蒙，并通过时禁制度有所表征。例如，产生于先秦的生态保护文献《月令》中就详细规定了时禁的具体内容。《月令》按照四季气候的变化，分别规定了适应于各个时节的各类农耕生产活动，还对关于植物、动物、土地、水源等方面的保护形成了一套专门规范，如“春季应及时清理、掩埋腐烂的尸体；冬季是野生动物的蛰伏期，人们应当做好收藏、积聚和储备”② 等诸如此类的规定。“时禁”制度的出现，说明我国古代人民已经拥有探寻自然规律，利用自然规律从事生产的意识，并已有尊重自然、顺应自然、保护自然的理论

② 刘海鸥：《中国古代环境资源法律探研》，中国社会科学出版社2021年版，第84页。

依据。

在20世纪末，我国曾有过一段“先污染，后治理”的粗放式发展路子，虽然这种模式是现代化必经之路，但是到了21世纪的社会主义初级阶段，我国已经具备了绿色发展的意识，进行了绿色发展的一系列战略部署，致力于在遵循自然规律、不破坏自然生态系统平衡的前提下谋求发展，即并未坐等产业升级完全实现后再回头治污，而是坚持一体化、系统化理念，纵深推进污染防治攻坚战。然而，反观当今中国的发展进程，人类活动和自然环境的矛盾依然存在，并且相比于古代生产水平低下时的简单性的矛盾，现代发展所面临的矛盾存在复杂性和严重性的特点。首先，人类科技发展所带来的环境问题具有多样性。习近平指出，从生态环境来看，大气、水、土壤等污染严重，雾霾频频光临，生态环境急需修复治理。污染源的来源的多方面，以及随着发展不断产生的新型污染都为我们的环境治理提升了难度。其次，随着人口不断增加，资源消耗的水平和速度都在不断攀升，习近平提出，过去，能源资源和生态环境空间较大，可以放开手脚大开发、快发展。现在，环境承载能力已经达到或接近上限，难以承载高消耗、粗放性的发展了。资源是有限的，人类不断膨胀的需求是无限的，如何解决和平衡发展与不可逆的资源消耗、资源浪费之间的关系，也是我们不得不面对的一大考验。

新时代生态文明建设汲取了“时禁”制度的核心思想，并创造性地转化为绿色发展理念。习近平指出，绿色发展注重的是解决人与自然和谐问题。即我们不能放弃发展，但同时也要重视生态环境保护的重要性，要将发展和绿色生态结合起来，探索一条低碳绿色、循环发展的路子。这与“时禁”制度所表达的人与自然博弈，并相互促进，取舍有度的生态观是一脉相承的。2020年9月22日，国家主席习近平在第七十五届联合国大会上宣布，中国力争2030年前二氧化碳排放达到峰值，努力争取2060年前实现碳中和目标，首次明确提出“碳达峰、碳中和”的“双碳”目标。在当代，气候变化已经成为制约人类可持续发展的全球性环境问题，世界各国的二氧化碳过量排放导致温室气体猛增，地球生命系统遭遇严重威胁。实现碳中和是我国贯彻新发展理念，推动高质量发展的必然要求，我国在联合国宣布“双碳”目标，不仅彰显了勇于担当、敢为人先的大国责任，响应《巴黎协定》的协议精神，还对我国的经济发展和能源结构转型方面具有深刻性和高度建设性的意义，实现“双碳”目标能够帮助我国摆脱能源依赖，构建新型的经济模式和产业模式，形成新的科技优势，对加强国际合作、构建新发展格局方面也有不可替代的重要作用。

现代环境法中，我国还独创了“三同时”制度，用以保证建设项目从设计时起的全过程都要考虑到环境保护问题，并建设相应的环境保护设施。《环境保护法》第 41 条规定：“建设项目中防治污染的设施，应当与主体工程同时设计、同时施工、同时投产使用。防治污染的设施应当符合经批准的环境影响评价文件的要求，不得擅自拆除或闲置。”“三同时”制度要求新兴建设项目从设计施工与投产使用的全过程都带有绿色生产、绿色发展的理念，并将环境保护设施的建设贯穿始终，这能够使我国的发展进程在根源上就是健康的、可持续的。在发展事业建设中不盲目向自然“进军”，时刻保持谦抑的心态，顺应自然、保护自然、尊重自然规律，这种理念是对古代“时禁”制度发展性、批判性继承，既保留了尊重自然规律进行人类生产的科学理念，又结合了现实发展探索出适合当下的道路。只有在发展中考虑自然因素，将环境保护和生态平衡始终作为发展中要进行坚持落实的原则问题，才能真正实现可持续的长足性发展，才能为人类真正带来价值。

三、特定区域保护制度与主体功能区战略

中国自古以来便是一个幅员辽阔，国土面积庞大，地形地貌多样的国家，这就要求在不同地形环境的区域应实行不同的环境保护措施，不同气候、不同土壤环境的区域采取不同的农业生产手段。而在中国古代，劳动人民和统治者就已经意识到这一点，在《晏子春秋》中就有“橘生淮南则为橘，生于淮北则为枳，叶徒相似，其实味不同。所以然者何？水土异也”③的说法，比喻同一种作物在不同的环境下就会发生不同的生长变化。表现在具体制度上，中国古代规定了特定区域保护制度。秦汉时期，苑囿众多。所谓苑囿，是指皇家畜养禽兽草木鱼鳖以供游猎之地，禁止百姓垦殖、放牧、樵采和狩猎。④ 对于这些特殊区域，秦汉时期颁布了许多特殊的禁苑诏令，构成了古代特殊的自然保护区，这与现代的动植物自然保护区有一脉相承之势。明、清两代，骑马游猎盛行，是皇家贵族间最具有代表性的娱乐项目，

---

③ 李波：《中华成语典故（下）》，内蒙古大学出版社 2010 年版，第 133 页。

④ 刘海鸥：《中国古代环境资源法律探研》，中国社会科学出版社 2021 年版，第 117 页。

为此设立了特定区域如猎苑、围场等。由于这些区域生态环境优越，又由皇家贵族专用，所以采用不同于普通国土的环境保护制度。这些特定区域一般与皇城或离宫相结合，依托湿地等生产力较高的自然环境，区域内禁止百姓生产、生活等日常活动。⑤ 对于因地制宜、特定区域特定保护的意识，明、清两代已有一定的制度基础和理念发端。

当今中国同样具有国土辽阔，地形地貌多样的特点，对于整体的环境保护目标同样需要采取因地制宜的方针。对此，新时代生态文明延续并发扬了这种具体问题具体分析的治理方式和治理观念，并将其发展性地表述为主体功能区战略，即依据各地区所具有的生态环境特征、环境资源承载力、开发潜力等因素的不同，将特定区域确定为特定主体功能定位类型的一种空间单元，据此为每种区域规划不同的发展计划和路径，并划定生态红线，规定不同区域依据其环境现状在提升生态功能、改善环境质量和促进资源利用方面必须遵守的限值。从根本上讲，主体功能区规划就是依据不同区域的人口、资源、环境、经济状况等自然条件和社会条件，确定不同区域的发展定位方向，明确空间生产的功能与结构，确定开发政策与强度，加快经济发展模式的转变与空间结构的调整，推进各功能区域内的空间生产，逐步形成资源环境保护与经济发展需求相协调的国土空间开发格局，实现国土空间的高效利用。因而，主体功能区规划本质上就是一种空间生产与再生产。⑥

这种因地制宜的发展方针，不仅是对马克思主义“具体问题具体分析”的一种生态实践，更是对古代明、清特定区域保护制度的一种继承和发扬。习近平指出，主体功能区是国土空间开发保护的基础制度，也是从源头上保护生态环境的根本举措……要加快完善基于主体功能区的政策和差异化绩效考核，推动各地区依据主体功能定位发展。不同于古代为了皇家利益而采取的特定区域保护，我国当代的主体功能区战略是对其一种批判性的继承，即为了整体利益而进行的特别保护。对不同区域功能采用不同治理方式的思路，在保留其先进性的同时将其做了适应当下发展的改善，是适合我国发展、应当坚持努力贯彻落实的战略措施。

---

⑤ 刘海鸥：《中国古代环境资源法律探研》，中国社会科学出版社 2021 年版，第 276 页。

⑥ 叶海涛，沈利华：《我国主体功能区规划的空间政治学解析》，载《学海》2022 年第 4 期。

四、崇俭禁奢制度与绿色生活方式

宋代苏轼所著《超然台记》中有名句：人之所欲无穷，而物之可以足吾欲者有尽（苏轼：《超然台记》）。意思是人的欲望是无穷的，而能满足我们欲望的物质却是有限的。老子也有“知足不辱，知止不殆，可以长久”（《道德经·四十四章》）的著述，认为人应当克制欲望，才能取得长足发展。中国自古以来便有勤俭节约、崇俭禁奢的传统文化，并已有节约资源、保护环境的意识。

表现在环境制度上，战国时期的《法经》中《杂律》即有一篇“淫侈踰制”，专门对勤俭节制，提倡节约生活做出了规定。西汉时期，统治者对秦王朝奢靡浪费的不正之风犀利鞭笞，并反对战国时期盛行的厚葬之风，汉文帝还成为帝王去世后薄葬的代表。魏晋南北朝时期，对崇俭禁奢理念的提倡更盛，颁布了许多从俭去奢的法令条文，如《定婚葬律令诏》《正风俗诏》《崇俭诏》《禁奢丽诏》等，从民间婚礼葬礼的布置，到贵族皇家的日常用度等，都进行了相应的限制规定，此外还有许多占山护泽令，弛山泽之禁，让老百姓进入山林川泽种树，鼓励种植经济树木。⑦ 唐代也有《示节俭敕》《禁断奢侈敕》等相关诏令。说明汉代及后期统治者已经意识到，秦代奢靡腐败之风是其走向灭亡的重要原因，其危害不仅仅止于政权动摇，威胁到封建统治，还会对人类赖以生存的自然环境造成严重威胁，影响人民的正常生活。这一系列崇俭禁奢的法律诏令，不仅对当时皇家贵族的奢靡生活风气进行有效抑制，还对环境资源保护、扼制污染等方面发挥了重要作用。

在改革开放后经济快速发展的当今中国，勤俭禁奢制度并未随着时代发展而消亡，反而转化为更加适应于当下时代发展的不同形式。在保留了自古流传下来的节约资源的基础上，结合当今经济形式下的生产生活方式和科技发展水平，走一条绿色生产生活方式的新兴道路的环保理念应运而生。人口基数庞大是我国的特殊国情，不可再生资源的有限性与中国式现代化发展的无限性存在突出矛盾。早在 2005 年习近平总书记时任浙江省委书记时，就有强调大力发展循环经济的论调，他提出，按照循环经济的要求，主动调整产业结构、布局，大力发展高效生态农业和现代服务业，促进开发区生态化

⑦ 刘海鸥：《中国古代环境资源法律探研》，中国社会科学出版社 2021 年版，第 145 页。

改造；以推行清洁生产为重点，促进企业节能降耗和减污增效；大力发展再生资源产业，加强资源循环利用；坚持科技创新和制度创新，提高循环经济发展水平；积极创建生态城市和村镇，推动资源节约型和环境友好型社会建设。利用科技发展带动生产生活方式变革是当下时代发展的一大特点，只有用绿色生产方式带动经济发展，再利用经济发展回馈和充盈绿色生产生活方式，才能真正实现可持续发展，才是不牺牲环境利益取得的发展。对此，习近平指出，推动形成绿色发展方式和生活方式，是发展观的一场深刻革命。这就要坚持和贯彻新发展理念，正确处理经济发展和生态环境保护的关系，像保护眼睛一样保护生态环境，像对待生命一样对待生态环境，坚决摒弃损害甚至破坏生态环境的发展模式，坚决摒弃以牺牲生态环境换取一时一地经济增长的做法，让良好生态环境成为人民生活的增长点、成为经济社会持续健康发展的支撑点、成为展现我国良好形象的发力点，让中华大地天更蓝、山更绿、水更清、环境更优美。⑧ 在取得巨大发展成就的前提下，我们不应当仅停留在过去消极地“少用、不用”的状态，更要结合当下的技术水平发展循环经济，开发新能源，利用科技手段减少能耗，才是对古代崇俭禁奢理念发展性地继承。

五、重刑峻法与严密的责任制度

先秦时期，就有统治者利用重刑峻法来压制破坏环境的行为，对于在街道上丢弃垃圾、乱砍滥伐树木等行为进行严格的刑法规制。例如商朝有“殷之法，弃灰于公道者断其手”（《韩非子新校注》卷九《内储说上·七术》），即在道路上丢弃垃圾将处以断手之刑；《管子》中有“由动封山者，罪死而不赦。由犯令者，左足入，左足断；右足入，右足断”，其刑罚之重可见一斑。在《唐律疏议》中有“毁伐树木、稼穑者，准盗论”（《唐律疏议》卷二十七《杂律》“弃毁官私器物”），即对砍伐树木，破坏森林的行为也将处以盗窃重罪。古代统治者利用重刑竣法对破坏环境的行为进行规制，虽然带有落后的侵犯人权的色彩，且主要为了维护统治阶级的专治利益，但也侧面反映了统治者对环境保护的重视态度，对有损于环境的行为零容忍，并采取重刑威慑以提高民众对环境问题的重视程度。

---

⑧ 参见习近平：《在十八届中央政治局第四十一次集体学习时的讲话》，载 http：//www. gov. cn/xinwen/2022 –07/29/content_ 5703396. htm，2023 年 3 月 4 日访问。

在中国特色社会主义法治建设大潮中，我国法治完善和贯彻程度前所未有。在这样的形势下，习近平在全国生态环境保护大会上指出，“用最严格制度最严密法治保护生态环境，加快制度创新，强化制度执行，让制度成为刚性的约束和不可触碰的高压线。”⑨ 在继承了古代对环境问题规定严密的法律责任的做法同时，用先进的法律制度和法治体系保障相关责任的科学性和可执行性，是当下我们要研究的课题。2020年5月，最高人民法院发布的环境资源年度典型案例中，江苏省南京市鼓楼区人民检察院诉南京胜科水务公司、郑巧庚等12人污染环境案引发了巨大社会关注。该案中12人分别被判刑1年至6年不等，公司被罚款以及被判赔的环境修复费用共计高达4.7亿元。在如此之高的赔偿判决令人唏嘘不已的同时，也让人感受到国家对环境问题治理的决心。从严重的刑事犯罪，再到由轻微环境危害行为产生的行政责任、民事责任，对于不同的环境行为应采取相适应的惩罚措施。古代环境法对责任主体的环境危害行为不问其过错与否，有行为就有责任，即采取客观过错论，且所有环境责任均为刑事责任，这在立法科学性和人权保障程度方面都是相当落后和欠缺的。现代环境法摒弃了古代环境法的落后体制，将环境责任依据其行为危害程度区分为环境民事责任、环境行政责任以及环境刑事责任，并在责任构成上加入了主观方面的判断，即区分过错责任与无过错责任，并详细区分了责任主体、责任形式以及相应的免责事由，形成了一套完善的环境责任法律体系。从责任制度上保障环境建设事业的进行，是环境保护最强有力的手段，完善环境法律责任制度、加强环境执法，是保障环境法有效实施，抵制环境违法行为和生态文明建设的最强有力保障。

建立严密的责任制度，不仅是对公民行为的制约，同时也是对司法和行政人员的权力范围和行使权力方式的规制。2016年中央全面深化改革委员会会议上，审议通过了《关于省以下环保机构监测监察执法垂直管理制度改革试点工作的指导意见》。会议指出，开展改革试点的目的是，“建立健全条块结合、各司其职、权责明确、保障有力、权威高效的地方环保管理体

⑨ 习近平：《用最严格制度最严密法治保护生态环境——牢固树立绿水青山就是金山银山理念述评（二）》，载《人民日报》2020年8月16日。

制，确保环境监测监察执法的独立性、权威性、有效性。”⑩ 明确干部职责和环境问题责任主体，是使我国各项环境政策落实和贯彻的前提。对干部严密的责任制度能够起到激励政绩、明确工作重心的作用，对于我国的生态文明建设来说是一种良好的推动力。

人类文明的发展从来不是与历史割裂的，而是一代又一代的人们站在前人的肩膀上不断开辟时代的疆土，在生态文明方面亦然。习近平生态文明思想的宏伟蓝图处处都能在中国古代生态观和生态法律文化中找到其缩影，而《中国古代环境资源法律探研》一书正是搭起了当代生态文明与古代生态文化的桥梁，为我们针对性、精准性地了解古代生态文化开辟了新的视角。

正如书中所言“回顾中华五千年文明史，坚持人与自然和谐关系，坚持和合整体论，始终是中国传统生态文化恒定不变的价值取向”。⑪ 中国生态文化史将一个“和”字贯穿始终，并衍生出一系列环境保护制度，无论是“时禁”，还是“天人合一”“仁爱一体”，古代生态观从未脱离人与自然之间“和”的关系。习近平生态文明思想正是在继承了这样一种“和”的观念的前提下，提出“人与自然和谐相处”，“良好生态环境是最普惠的民生福祉”等一系列适应于当下时代发展的伟大目标。人与自然的关系问题在人类历史上一直是一个艰深的课题，西方“人类中心主义”的观点将人与自然放在对立面，主张人类利益高于一切，这种理念在实践中已经得到否定，无限掠夺自然终将会使人类自食恶果。人类只有真正尊重自然、顺应自然、保护自然，才能真正实现对双方都有益的发展目标，实现人类命运共同体、人与自然和谐相处等习近平生态文明思想的宏伟蓝图，这才是人与自然关系问题的终极答案。

---

⑩ 习近平：《用最严格制度最严密法治保护生态环境——牢固树立绿水青山就是金山银山理念述评（二）》，载《人民日报》2020 年 8 月 16 日。

⑪ 刘海鸥：《中国古代环境资源法律探研》，中国社会科学出版社 2021 年版，第 316 页。

从民事实质诉讼法视域审视我国民事诉讼法律责任

——评《民事诉讼法律责任研究》

肖　文*

长期以来，我国法学界对民事诉讼法律责任相关问题缺乏必要的关注。① 但与民事诉讼法律责任相关的社会问题却频繁出现在社会公众视野之中，并由此引发了人们对相关问题的思考。② “民事诉讼法律责任”虽非我国民事诉讼上的立法概念，但《民事诉讼法》第十章其中“对妨害民事诉讼的强制措施”的规定系从对妨害民事诉讼行为人的制裁手段即民事诉讼的承担方式立场把握妨害民事诉讼与相应法律后果之间的关系，这表明“妨害民事诉讼的强制措施”本质上系以民事诉讼法律责任为法理依据。一个社会的运作需要通过规则来事先确定某些事项由谁来负责，并在纠纷出现的时候能够通过一种机制来确定具体由谁来负责。③ 民事诉讼法律关系主要由当事人与法官的民事审判关系和双方当事人之间的诉争关系组成，无论民事审判关系抑或诉争关系在民事诉讼程序运行过程中出现“纠纷”，均有赖于民事诉讼法律责任规则加以处理。此为以民事诉讼法律责任为研究对象的逻辑原点。李喜莲教授的《民事诉讼法律责任研究》一书最主要的贡献也

---

* **作者简介**：肖文，江西理工大学法学院讲师。

① 在中国知网以“民事诉讼法律责任”为篇名进行检索，共获得有效20篇文献，其中学术期刊14篇，学位论文3篇，会议论文2篇，报纸1篇。检索时间：2022年5月28日。

② 譬如，2022年1月11日，《人民法院报》第7版以专题形式发布了4例扰乱法庭秩序被处罚的典型案例。又如，2020年6月17日，“海南中院审判长庭审时疑似爆粗口并驱赶律师”的新闻被腾讯网、新浪网、搜狐网等争相报道，《新京报》于6月18日发布张晋法官撰写的《审判长将律师“赶出”法庭，究竟妥不妥》一文，海南中院于6月19日18时40分通过官方微博对此事进行公开回应。

③ 李拥军：《法律责任概念的反思与重构》，载《中国法学》2022年第3期。

在于此，即从民事诉讼法律责任的本源出发构建起我国民事诉讼法律责任的理论体系，并厘清了民事诉讼程序法律责任与实质诉讼法律责任的关系。④这弥补了现有相关研究成果的不足⑤，不仅为推进民事诉讼法律责任“本土问题”的理论研究奠定良好的法理基础，亦为指导司法实务从民事诉讼法律责任体系的高度解决具体的法律适用问题提供有益参考。

通过阅读发现，《民事诉讼法律责任研究》一书主要分为七章，其中内容可归纳为三大部分。第一部分为民事诉讼法律责任的理论体系，主要是指第一章。该章节从认识论、本体论、价值论三个层面对民事诉讼法律责任的基础理论予以阐释。作为我国民事诉讼法律规范的构成要素之一，民事诉讼法律责任指民事诉讼法律关系主体在诉讼中实施违法或者不当诉讼行为而应承担的包含实体责任和诉讼责任的综合性法律责任，构建民事诉讼法律责任制度具有实现民事诉讼法秩序、兼顾诉讼程序公正与效率等多重价值。

第二部分为我国民事诉讼法律责任制度的现状分析，主要包括第二章和第三章。第二章剖析了民事诉讼法律责任制度的立法现状。现行《民事诉讼法》及相关司法解释、《刑法》、《法官法》等确立了对违法审判行为的制裁及对当事人和其他诉讼参与人违法诉讼行为的规制，但囿于“重实体、轻程序”观念，苏联民事法律关系理论及对民事诉讼法缺乏正确的认识等因素，目前民事诉讼强制措施的具体规定欠科学，制度内容难成体系。第三章分析了我国民事诉讼法律责任制度的运行现状。通过分析责令退出法庭措施及民事拘传的运行现状、民事罚款和民事拘留的适用现状，认为民事强制措施在实践中存在适用要件不清、适用程序混乱、适用错误的救济途径缺失等问题，要因为强制措施的性质及功能定位欠合理、强制措施的具体规定欠规范、法官对强制措施的具体适用有顾虑等。

第三部分为我国民事诉讼法律责任制度的构建，主要涉及第四章至第七章。第四章论证了构建我国民事诉讼法律责任制度的理路。民事诉讼法律责任是完整的民事诉讼法律规范不可或缺的一环，应将现行《民事诉讼法》第十章的章名由“对妨害民事诉讼的强制措施”改为“民事诉讼法律责

④ 李喜莲：《民事诉讼法律责任研究》，清华大学出版社2021年版，代序页。

⑤ 现有相关研究成果多采用具体问题具体分析的方法提出解决具体问题的方案，虽对解决实务中的具体法律适用问题有指导作用及影响，但仅停留于因时制宜的策论层面。

任”，整合现行法律规范中的相关规定，实现民事诉讼法律责任制度的系统构建，以此督促民事诉讼法律关系主体切实履行所负义务，实现民事诉讼程序“自治”的法律效果。第五章论述了民事诉讼法律责任制度的具体内容。从民事诉讼的基本构造和民事诉讼法律关系主体的主要类型出发，通过充实程序性法律责任、诉讼实体法律责任及设置个人责任规范法官的诉讼法律责任，通过完善民事诉讼强制措施、细化当事人之间的诉讼法律责任及明确其他诉讼参与人的诉讼法律责任充实诉争法律关系主体的诉讼法律责任。第六章阐述了民事诉讼法律责任的构成要件及实践验证。参照侵权法律责任构成要件及民事诉讼法律责任的特殊性，以虚假诉讼、逾期提供证据为实例，论证民事诉讼法律责任的构成要件主要包括法官、民事诉讼当事人、其他诉讼参与人等主体要件，法官存在违法审判行为、当事人及其他诉讼参与人存在违法诉讼行为等客观要素，以及法官及当事人的行为存在过错或者重大过失等主观要件。第七章论述了民事诉讼法律责任追责程序的完善。“程序性”追责程序是对民事诉讼法律责任争议的审理裁决程序，是民事诉讼法律责任制度落地的保证，因法律制度本身不健全、学理上及实践部门不重视等因素，存在民事诉讼法律责任的追责程序欠完备、追责主体和裁决主体单一、追责程序行政化、追责程序监督机制阙如等问题；应明确法院、当事人和其他诉讼参与人为民事诉讼法律责任的承担主体，法院为民事诉讼法律责任的追责主体，下设法官惩戒委员会为法官违法行为的裁决主体，依据民事诉讼违法行为的性质及诉讼法律关系主体的义务分配规则设计相应的追责程序，完善当事人权利受侵害的救济程序。

应当说，该书关于民事诉讼法律责任的研究论证逻辑较为清晰。该书开篇即从理论体系的高度奠定了民事诉讼法律责任研究的地基，而后从法律规范的逻辑结构及制度运行现状的双重视角分析了民事诉讼法律责任的现状，再从建构理路、具体内容、构成要件、责任落实等方面予以系统阐述。值得一提的是，其中关于实践现状部分灵活运用裁判文书统计、发放问卷、实地访谈等实证分析方法，这对于读者客观、全面地掌握了我国民事诉讼法律责任司法实践的现状尤为重要。法学研究缺乏的是法学理论的应用和操作研究，是法律实施效果的测量，是法律经验的归纳，是“有理无数、莫谈学术”的精神。⑥ 但是，当下法律实证研究的数据普遍不足，当前中国法律相

⑥ 白建军：《论法律实证分析》，载《中国法学》2000年第4期。

关基础数据的数量虽然愈发丰富，但整体质量不高，当研究者采取抽样数据时，样本的信度和效度较低。⑦ 我们可以基于此，对书中部分观点提出商榷性看法。

民事诉讼法是诉讼程序规范和实质诉讼规范之法律，随之相伴而生的民事诉讼法学，也应当以集合这两种诉讼规范的民事诉讼法为研究对象。⑧ 基于此，李喜莲教授从具体法律责任形态角度，将民事诉讼法律责任划分为民事诉讼程序法律责任与实质诉讼法律责任，笔者对此亦十分认同。但在民事诉讼法律责任的构成要件之主体要件问题上，笔者认为作者关于法官等司法人员为“当然”主体、民事诉讼当事人为“主要”主体的定位，值得商榷。

其一，民事诉讼具有公法特性和解决私权纠纷之本质，民事诉讼的三角构造决定了民事诉讼法律责任的承担主体只能是作为诉讼主体的法院和当事人。随着我国民事诉讼中愈发凸显当事人的主体地位，居中裁判的法官在双方当事人诉讼攻击防御中的角色扮演愈发弱化，掌握攻击防御方法的一方当事人方能取得最终的“胜利”。诉讼攻击防御方法是指当事人因主张和证明支持法律关系的诉讼形成之法律事实（诉的理由、请求原因或要件事实）而承担的诉讼责任，诉讼责任（又称诉讼负担）作为民事诉讼法的固有概念，是指当事人因作为或不作为一定诉讼行为而承担的不利益诉讼后果。作为诉讼攻击防御方法的诉讼责任有二：主张责任和证明责任。⑨ 法官等司法人员及其他诉讼参与人因不实质上参与诉讼攻击防御行为，二者作为民事诉讼法律责任主体仅承担诉讼程序规范意义上的诉讼法律责任，其中主张责任及证明责任与法官并无实质关联。因此，将法院、当事人分别界定为民事诉讼法律责任承担的“当然”主体、“主要”主体的观点或失之偏颇。

其二，该书第一章已明确将民事诉讼法律责任之内涵界定为“既包括实体法律责任，又包括程序法律责任的综合性法律责任”。⑩ 从民事诉讼法律规范角度来看，当事人作为民事诉讼法律责任主体所承担的法律责任形式既包括实体性法律责任，也包括程序性法律责任，而法官等司法人员则仅承担程序性法律责任。从语义上分析，“当然”较之于“主要”，具有更为毋

⑦ 程金华：《迈向科学的法律实证研究》，载《清华法学》2018 年第 4 期。

⑧ 陈刚：《民事实质诉讼法论》，载《法学研究》2018 年第 6 期。

⑨ 陈刚：《民事诉讼法的实质规范和程序规范》，载《法学杂志》2021 年第 2 期。

⑩ 李喜莲：《民事诉讼法律责任研究》，清华大学出版社 2021 年版，第 17 页。

庸置疑的合理性。在民事诉讼法律责任主体的确然程度排序上，作者认为法院（即法官等司法人员）的确然程度高于当事人。实际情况是，在承担民事诉讼法律责任的“舞台”上，当事人应当是比法官等司法人员更为不可或缺的“演员”。易言之，较之于法院，当事人作为民事诉讼法律责任承当的“当然”主体更为适宜。

其三，我们还可从“民事诉讼法律责任制度的具体内容设计”部分的论述得到这一认识。依照书中观点，法官作为民事诉讼法律责任承担的“当然”主体，应从充实程序性法律责任及诉讼中的实体法律责任，以及科学设置法官的个人责任等方面予以规范化。⑪ 然深入分析不难发现，其中具体内容并非对“民事”诉讼法律责任的“充实”，而是一种“弱化”。就程序性法律责任而言，主要涉及宣告法官违反程序的诉讼法律行为无效，明确程序重作要件，对程序重作的实体要件予以进一步解释；就诉讼中的实体法律责任而言，主要包括整合与法官惩戒及法官责任密切相关的现行法律规范以明确法官的实体性行政法律责任及其适用条件，整合现行法律规范中涉及司法赔偿责任的合理内容以明确法官应承担的国家赔偿责任、刑事责任等。就法官的个人责任而言，其中主张通过设置制裁性程序约束机制予以规范化。质言之，不论是程序性法律责任、诉讼中的实体法律责任抑或法官个人责任，其与“民事”诉讼法律责任的关联度或显不足。

相对而言，作为“主要”主体之当事人民事诉讼法律责任的完善建议更具备“当然”属性。在完善民事诉讼强制措施方面，作者首先提出应明确强制措施的适用条件，即对各种妨害诉讼行为的危害程度予以细化，借助比例原则指导不同强制措施的适用，以此实现当事人承担民事诉讼法律责任的合理化；其次提出应规范强制措施的适用对象，拘传仅适用于特定被告（即负有赡养、抚育、抚养义务的被告和确认身份关系案件的被告）及必须到庭作证的证人，责令退出法庭的适用应兼顾当事人的庭审权和法庭辩论权利；再者提出因规范民事罚款和拘留措施的适用程序，譬如赋予当事人适用罚款措施的程序启动权、赋予承办法官适用罚款的决定权、严格院长对拘留措施的决定权等。在细化当事人之间的诉讼法律责任方面，作者结合民事诉讼程序流程提出三点建议，即在起诉阶段，应将被告按期答辩规定为一项义

---

⑪ 李喜莲：《民事诉讼法律责任研究》，清华大学出版社2021年版，第119－120页。

务，不履行该义务则承当按原告起诉状所作判决之不利法律后果；在审前准备阶段，应明确双方当事人按期举证义务及逾期举证的诉讼法律责任；在开庭审理阶段，应明确双方当事人出庭参加诉讼义务及真实陈诉义务，否则承当违法不到庭或不真实陈诉的法律责任。⑫ 相较于作为“当然”主体的法官，作为“主要”主体的当事人所承担之民事诉讼法律责任显然更契合我国现行民事诉讼法律规范的逻辑结构。

笔者无疑“弱化”法官在实现民事诉讼法律责任制度运行中的重要地位，事实上，当事人是否应当承担民事诉讼法律责任，如何承担民事诉讼法律责任，以及当诉讼程序错误导致当事人权利受损时如何实现权利救济等，均有赖于作为民事诉讼法律责任主体的法官作出判准。然而，即便司法责任制是规范民事审判权的重要制度依据，但实践中法官承担民事诉讼法律责任的广度、深度和效度较之于当事人，仍有不小距离。尤其是，据某调研结果显示，我国法官与当事人之间的信任程度并不高。⑬ 即便本案法官客观上能做到中立裁判，但对于于己不利的裁判，一方当事人势必难以信服。对于法官而言，在社会分工系统中，法官以其审判工作所涉智力和体力劳动为当事人提供服务，若其获取生活资料的数量不能与社会生活水平的增长构成合理比例，枉法裁判将作为交易手段弥补物资匮乏便成为法官角色世俗化的催化剂。⑭ 这直接或间接地刺激民事诉讼程序运行中民事诉讼法律责任问题的产生。诚如民事诉讼双方当事人构成民事诉争架构的对立主体一般，如何基于民事审判关系衡平当事人与法院在民事诉讼法律责任制度运行过程中的角色定位，是开展民事诉讼法律责任研究无法回避的现实问题。令人欣喜的是，李喜莲教授已然意识到法官等司法人员承担民事诉讼法律责任的应然属性，并于第七章就追责程序提出具体构想，这为后续开展民事诉讼法律责任的研究提供了新的方向。

---

⑫ 李喜莲：《民事诉讼法律责任研究》，清华大学出版社 2021 年版，第 121 – 128 页。

⑬ 纪格非，王琛：《我国法官与当事人关系的实证调研与分析》，载《司法改革评论》2010 年第 0 期。

⑭ 唐仲清：《枉法裁判原因论》，载《广西社会科学》2002 年第 5 期。

图书在版编目（CIP）数据

湘江法律评论．第18卷 / 黄明儒主编．-- 湘潭：湘潭大学出版社，2023.12
ISBN 978-7-5687-1327-6

Ⅰ．①湘… Ⅱ．①黄… Ⅲ．①法律—文集 Ⅳ．①D9-53

中国国家版本馆CIP数据核字（2023）第254144号

湘江法律评论（第18卷）

XIANGJIANG FALÜ PINGLUN (DI–SHIBA JUAN)

黄明儒 主编

责任编辑：刘文情
封面设计：张　波
出版发行：湘潭大学出版社
社　　址：湖南省湘潭大学工程训练大楼
电　　话：0731-58298960 0731-58298966（传真）
邮　　编：411105
网　　址：http://press.xtu.edu.cn/
印　　刷：长沙创峰印务有限公司
经　　销：湖南省新华书店
开　　本：710 mm×1000 mm 1/16
印　　张：22.25
字　　数：477千字
版　　次：2023年12月第1版
印　　次：2023年12月第1次印刷
书　　号：ISBN 978-7-5687-1327-6
定　　价：88.00元